Rubyではじめるシステムトレード

坂本タクマ【著】

「使える」プログラミングで
検証ソフトを作る

Pan Rolling

CONTENTS

はじめに ·· 7
  なぜ自作か　8
  なぜ Ruby か　9
  本書でやること、やらないこと　11
  Ruby のバージョン　14
  開発環境　16
  本書の読み方　16

第 1 部 準備編　19

第 1 章 Ruby をはじめよう ············ 21
  1-1 Ruby のインストール　21
  1-2 最初のプログラム　22

第 2 章 Ruby の基礎の基礎 ············ 31
  2-1 Ruby の書き方　31
  2-2 オブジェクト　33
  2-3 数　35
  2-4 メソッド呼び出し　36
  2-5 文字列　38
  2-6 変数　41
  2-7 配列　44
  2-8 ハッシュ　46
  2-9 シンボル　49
  2-10 true, false, nil　51
  2-11 条件判断と繰り返し　53
  2-12 イテレータ　59
  2-13 メソッドを作る　62
  2-14 クラス　66

第 3 章 プロジェクトの準備 ············ 81
  3-1 作業フォルダを作る　81
  3-2 Ruby コマンドプロンプトのショートカット　85
  3-3 実習の進め方　86

目次

第2部 データ編　　91

第4章 株クラス　　95
- 4-1 仕様　　95
- 4-2 予習　　97
- 4-3 実装　　109

第5章 銘柄リストを作る　　125
- 5-1 仕様　　125
- 5-2 予習　　127
- 5-3 実装　　149
- 5-4 銘柄リストを作る　　171

第6章 銘柄リストを読み込む　　177
- 6-1 仕様　　177
- 6-2 予習　　178
- 6-3 実装　　183
- 6-4 動作チェック　　191

第7章 ネットから株価データをダウンロードする　　193
- 7-1 仕様　　193
- 7-2 予習　　196
- 7-3 実装　　200
- 7-4 株価データをダウンロードする　　224

第8章 ダウンロードした株価データから株オブジェクトを作る　　229
- 8-1 仕様　　229
- 8-2 予習　　230
- 8-3 実装　　250
- 8-4 動作チェック　　267

第9章 Pan Active Market Databaseから株オブジェクトを作る　　271
- 9-1 仕様　　272
- 9-2 予習　　273
- 9-3 実装　　283
- 9-4 動作チェック　　297

CONTENTS

第3部 シミュレーション編　　303

第10章 シミュレーションソフトの設計図　　307
- 10-1 売買ルール　　308
- 10-2 トレーディングシステムとシミュレーション　　310
- 10-3 その他の部品群　　311
- 10-4 設計図を仕上げる　　312

第11章 トレードクラス　　317
- 11-1 仕様　　318
- 11-2 予習　　321
- 11-3 実装　　325
- 11-4 動作チェック　　335

第12章 Array クラスの拡張　　339
- 12-1 仕様　　340
- 12-2 予習　　344
- 12-3 実装　　356
- 12-4 動作チェック　　370

第13章 Indicator クラス　　375
- 13-1 仕様　　376
- 13-2 予習　　377
- 13-3 実装　　389
- 13-4 動作チェック　　399

第14章 テクニカル指標を作る　　403
- 14-1 クラスファイルを自動的に読み込む　　404
- 14-2 移動平均（Moving Average）　　409
- 14-3 移動平均乖離率（Estrangement）　　414
- 14-4 移動平均の方向（Moving Average Direction）　　416
- 14-5 真の値幅の平均（Average True Range）　　420
- 14-6 動作チェック　　423

第15章 Tick モジュール　　429
- 15-1 仕様　　429
- 15-2 実装　　432
- 15-3 動作チェック　　447

目次

第 16 章 Rule とその子クラス 449
- 16-1 Rule　　450
- 16-2 Entry　　455
- 16-3 Exit　　460
- 16-4 Stop　　463
- 16-5 Filter　　465
- 16-6 動作チェック　　467

第 17 章 売買ルールを作る 473
- 17-1 すべてのルール共通のお約束　　474
- 17-2 移動平均乖離率による仕掛け　　476
- 17-3 移動平均乖離率による手仕舞い　　480
- 17-4 ストップによる手仕舞い　　483
- 17-5 真の値幅の平均によるストップ　　487
- 17-6 移動平均の方向フィルター　　492
- 17-7 動作チェック　　495

第 18 章 TradingSystem クラス 501
- 18-1 仕様　　501
- 18-2 実装　　504
- 18-3 動作チェック　　519

第 19 章 結果の出力 527
- 19-1 Stats クラス　　527
- 19-2 Recorder クラス　　534
- 19-3 動作チェック　　555

第 20 章 Simulation クラス 559
- 20-1 仕様　　559
- 20-2 実装　　562
- 20-3 動作チェック　　576

第 21 章 シミュレーションする 581
- 21-1 仕様　　582
- 21-2 予習　　584
- 21-3 実装　　593
- 21-4 実行　　607

CONTENTS

第22章 もうひとつのシステム ………………… 613
  22-1 システムの設計   615
  22-2 必要なクラスを作る   617
  22-3 実行   632

付録1 　参考文献   637
付録2 　困ったときは   641
付録3 　テンプレート集   649

4コマ漫画
  シストレあるある   90
  執筆秘話   301
  巨大戦艦   635

【お知らせ】
本書内のソースコードは、http://www.panrolling.com/books/gr/gr121.html よりダウンロードできます。

はじめに

　どうにかして株で儲けたい。そのためにはシステムトレードが有効らしい。しかし、プログラミングが壁になって二の足を踏んでしまう。そういうトレーダーは多いだろう。
　そういう人達のために本書は書かれた。自分の手を動かし、トレードアイデアをプログラムで表現する喜びを味わうのが本書の目的だ。
　世の中には、プログラミングを学んだけれども何を作ったらいいか分からない、という人もいる。それに対して、我々の作りたいものははっきりしている。トレーディングシステム検証プログラムだ。このように明確な動機づけがあることは、プログラミングを学ぶ上で大きな利点になる。
　トレードで勝つためには、判断するときに極力感情を排除することが重要だ。そのために、明確なルールに従って機械的に売買する、システムトレードと呼ばれる方法が存在する。その準備としてコンピューターを使って売買ルールの有効性・収益性を検証するわけだが、それが完全に感情を排した作業かといえば、そうでもない。かなりの力仕事で、無味乾燥な単純作業も多いが、その推進力となるのはやはり感情だ。
　儲けたいという情念が指先からほとばしり、キーボードを通じてコンピューターへと伝わっていく。それが筆者のプログラミングスタイルだ。トレードで負けた日の、プログラミングの進むこと！「感情」や「敗北」をこうして有効利用できる。素晴らしい世界だ。
　こういう感じになるのは、もしかしたら Ruby という表現力豊かなプログラミング言語を使っているからかも知れない。ややこしいお膳立てをあまりすることなく、わりとストレートにやりたいことを書ける。そんな Ruby に出合わなかったら、筆者は今ごろシステムト

レードをやっていなかっただろう。

　多くの人をこの素晴らしい世界にお誘いしたくて、「プログラミング言語 Ruby を学びながらトレーディングシステム検証ソフトを作る」という主題の元、本書を執筆した次第である。

なぜ自作か

　システムトレードを支援するソフトもいろいろ出てきているのに、なぜ検証ソフトを自作するのか。
　メリットはいろいろある。初期投資が抑えられるというのもそのひとつだが、それは大した問題ではない。
　例えば、

- 売買ルールに関して細かい制御ができる
- 新しい指標を追加するのも思いのまま
- 結果の統計数値も、自分の必要なものが追加できる
- プログラミング自体が面白い。熱中できる

といったことがある。もちろん、これらが可能になるためにはある程度の技術は必要だ。
　プログラミングが楽しいかどうかは人それぞれではある。少なくとも筆者にとってはプログラミングが楽しいからこそシステムトレードをやっているという部分はある。
　また、システムトレードとプログラミングには似た部分がある。

- 論理的に考える
- 少しずつ進んでいく
- 知識の積み重ねができる

何か作業すれば、何かしら進む。それがたとえ失敗に終わっても、「これじゃダメなんだ」という知見が得られる。これが、システムトレードとプログラミングに共通した良さだ。筆者の見立てでは、システムトレードに向いている人はプログラミングにも向いている。

もちろんいいことばかりではない。自作の主なデメリットは、

●プログラミングを学ばなければならない
●時間がかかる

これらは、ちゃんと利益が出るようになれば実に些細なことだ。しかしそうなる前にこういった理由で挫折してしまう人が多いのもまた事実だ。

そこでRubyが登場する。

なぜRubyか

本書では、Rubyというプログラミング言語を使ってトレーディングシステム検証ソフトを作っていく。

「Rubyとは」というようなことはもはや言いつくされており、ここで長々と説明することはしない。ごくかいつまんで言えば、まつもとゆきひろ氏という日本人が開発し、Ruby on Railsというアプリケーションの登場によって世界に爆発的に広まったオブジェクト指向プログラミング言語、だ。

特長を3つ挙げるとするならば、

●純粋なオブジェクト指向
●簡潔な文法

● スクリプト言語

といったところか。

「オブジェクト指向」とか「スクリプト言語」がなんなのかはおいおい説明する。何しろ一番に言いたいのは、Ruby は、

「読みやすくて書きやすい」

ということだ。

　もちろんこれは主観的な問題で、書き方によっても大きく違ってくる。ただ、いろんなお膳立てをあまりすることなくやりたいことをパッと書けるというところは、これからプログラミングをはじめようという人にとってもいい感じなんじゃないだろうか。

　個人のシステムトレーダーは孤独なものだ。一人でなんでもしなくちゃならない。検証も、発注も、専業トレーダーでない人は仕事もやらなくちゃいけない。そんな忙しいなか、プロの開発者でもない人が自分でプログラミングし、そのプログラムを何年にもわたってメンテナンスするためには、読みやすく書きやすいということは、一番大事なんじゃないかと筆者は考える。そういう目的のために、Ruby はベストの選択のひとつだと思う。

　ただし、完璧な言語というものはない。もちろん Ruby にも弱点はある。その中でも最大のものは、「Ruby は遅い」ということだ。Ruby で書いたプログラムは、ほかのもっと速い言語のプログラムよりもだいぶ遅い。最近のバージョンはかなり速くなったとはいえ、それでもやっぱりほかに比べれば遅いだろう。

　これは、たくさんの計算が必要なトレーディングシステムの検証には痛い。書きやすさを選ぶか、実行速度を選ぶか。これはなかなか難

しい問題だ。

　結局、筆者は書きやすさを選んだ。筆者の技術では、ほかの言語を選んだならば儲けるところまでいく前にプログラムが破綻するんじゃないかと思ったからだ。過去の経験も踏まえての判断だ。結果として、この選択は成功した。

　だからといって、Rubyが初心者向けのちゃちい言語というわけでは全然ない。機能はものすごく豊富で、ライブラリまで含めれば広大な世界だ。もちろんいきなり全部覚える必要はないが、使いこなせる範囲を少しずつ広げていくことで、気がついたらびっくりするほど作業が効率化している、ということがよくある。

　もうひとつ、Rubyのありがたい点を挙げると、

● 無料で使える

ということがある。無料で使えるプログラミング言語はほかにもたくさんあり、Rubyだけの特長ではないが、なんにせよありがたいことだ。「タダで使えるものを金儲けに使っちゃっていいのか？」と、多少の罪悪感を抱かないでもないが、もちろんいい、いいに決まっている。

　……Rubyの宣伝をするのが本書の目的ではなかった。すでに得意なプログラミング言語がある方はそれを使えばいい。これからプログラミングをはじめようという方には、筆者ならRubyをお勧めしたい、という話だ。

本書でやること、やらないこと

　本書では、実際にトレーディングシステム検証プログラムを作りながらプログラミングを学んでいく。プログラミングの経験のない方に

も読んでいただけることを目指しているが、それと同時に、本当に「使える」プログラムを目指してもいる。これを両立するために、ある程度機能を絞り込んで、ややこしいところを詳しく解説するという形をとることにする。

◎やること
● CUI
●株価データのダウンロード
●日本株での売買ルール検証
● 1 銘柄ごと、1 売買単位でのシミュレーション
●寄り付き、ザラ場、大引けでの仕掛け、手仕舞い
●売買ルールの部品化、着脱
●「移動平均乖離率システム」と「ブレイクアウトシステム」のプログラム化

◎やらないこと
× GUI
×日本株以外（FX、先物など）での検証
×マネーマネジメント
×ポートフォリオの運用シミュレーション
×日々の仕込み
×発注
×システムトレーディングについての解説
×シミュレーション結果の評価
×勝てる売買ルールの提供

　CUI というのは、文字によってコンピューターと入出力のやりとりをすることだ。Windows 付属のコマンドプロンプトから命令を入

力するのが基本パターンになる。それが本書のプログラムのスタイルだ。

それに対してGUIというのは普通のWindowsプログラムのようにメニューがあり、ボタンなどがあって、マウスでぽちぽちやって動かすソフトだ。

Rubyの基本はCUIだ。GUIやブラウザで表示するWebプログラミングもできるが、もともとはCUIだ。別途ライブラリをインストールすることなく標準ライブラリの範囲でできることをする、という方針のもと、本書ではCUIスタイルをとることにした。

チャートを表示したりという華々しい機能はないが、システムトレードの検証ではそれで十分と考えている。もし結果の折れ線グラフなどを表示したければ、Excelなどほかのソフトを使ってできる。

また、単純化のため、シミュレーションは1銘柄ごと、1売買単位で行うこととし、資産総額や相場のボラティリティなどによって建玉を変えるマネーマネジメントルールは取り入れない。ポートフォリオを組んで資産の増減を検証するのではなく、1銘柄ごとに別々に検証していく。また売買手数料も、1日定額制などややこしいものもあることだし、思い切って考慮しないことにした。信用取引の諸経費なども省略した。

検証の対象は株とする。銘柄が多くてかなり大変だが、コンピューターパワーを存分に活用できる分野でもある。株で検証できるようになれば、FXや先物に移行するのは簡単なはずだ。

日々のシグナル出しや発注機能は備えていない。筆者自身は、そういうものは証券会社の売買ツールを使って行っている。

ザラ場での仕掛けや手仕舞いは本書の自慢だ。寄り付きや大引けの売買のみで検証する人も多いようだが、ザラ場での取引を可能にすることでやれることが広がる。ただ、そのぶんプログラムが多少ややこしくなる。

売買ルールの部品化こそが、本書の核となるところだ。ルールの組み替えが容易で、検証作業がグンと楽になる。設定ファイルをちょっと書き換えるだけでルールを「着脱」できることを目指す。

なお、本書では株やシステムトレードについての解説はしない。これらについては読者がある程度知っているものと仮定し、ここまでがすでにそうであったように、投資用語の解説なども特にしない。疑問点はご自分でお調べいただきたい。拙著『**パチンコトレーダー**』（パンローリング）にはひととおり用語解説が掲載されている。

本書では「移動平均乖離率」と「ブレイクアウト」のふたつの売買システムをプログラムにする。これらの用語が何を意味するか、くらいはやはりあらかじめ知っておいていただきたい。

構成は、大きな流れとして乖離率システムを作ることを本線とし、最終章で総復習としてブレイクアウトシステムを作る、という形になる。

ただし、これらのシステムが利益を生むことを保証するものではない。本書に出てくるルールはあくまでプログラミング学習のための例であって、検証上も実践上も収支がプラスになることは意図していない。勝てるシステムは、ぜひともトレーダーである読者自身が発見していただきたい。

Rubyのバージョン

本書で使用するRubyのバージョンは、1.9.3だ。

その前に、Rubyというのは「プログラムを動かすためのプログラム」であって、Ruby自体が日々改良を加えられ、バージョンアップを繰り返している、ということを知っておいていただきたい。同じRuby言語で書かれたプログラムでも、それを動かすためのRuby自体のバージョンが違えば、動作しないこともある。特に大きなバージョ

ンアップのときには注意が必要だ。

　執筆時点での最新版は、Ruby 2.1.1 だ。内部事情をぶちまければ、ずっと1.9系で本書のプログラムを開発していたのだが、原稿の完成が延びに延びている間に Ruby がどんどんバージョンアップしていき、ついに 2.0 がリリースされてしまった。これは大きなバージョンアップだ。最新版で動かなかったらどうしようかと思ったが、幸いなことに手直しなしで動かすことができた。Ruby 2.0 の互換性に救われた。その後リリースされた2.1 でも同様に動いた。よって、本書のプログラムは Ruby 2.0 や 2.1 でも動かすことができる。

　ただし、2.0 以降の新機能は使っていない。エラーの際の出力なども 1.9 のものを掲載している。従って、本書の正式な対応バージョンは Ruby 1.9 とする。1.9 系の中でも、執筆時点での最新版である 1.9.3 を使う。

　以前からの Ruby ユーザーの中には、いまだに 1.8 系を使っている人もいるかも知れない。しかし残念ながら、本書のプログラムは 1.8 では動かない。Ruby1.8 と 1.9 の間にはかなりの差があり、互換性を保つのが難しいからだ。

　1.8 系に比べて、1.9 系はだいぶ速い。ものにもよるが、筆者が以前に書いたコードで調べた限りでは1.8 の2〜3倍程度までスピードアップするものもあった。十分乗り換える価値はある。

　1.9 では機能も大幅にアップされており、よりエレガントなコードを書くことができるようになった。コーディングを1.9 スタイルにしたことが、1.8 では動作しない一因になっている。

　1.8 から 1.9 への乗り換えはなかなか頭の痛い問題で、筆者も 1.8 時代に作ったシミュレーションソフトを、本書執筆にあたって 1.9 対応にしようと試みたのだが難航し、ほぼ全面的に書き直すことになった。しかしその結果、前よりいいものができたので苦労は報われた。

開発環境

まず OS に関してだが、本書は Windows 環境を前提にしている。本書用のプログラムは、WindowsXP 上で書かれたものである。

Ruby のプログラムは、テキストエディタがあれば書ける。テキストエディタというのは、簡単に言えばパソコンで文字を書くためのソフトだ。Windows についているメモ帳もテキストエディタだ。

ただし、メモ帳でプログラムを書くのはちょっと心もとない。せめてプログラムが見やすくなるよう文字の色分けをしてくれるようなものを使いたい。

秀丸エディタというのが有名だ。筆者がよく使っているのは EmEditor というやつだ。これらは有料だが、無料のソフトでもいいものはたくさんある。自分が使いやすいものを探そう。

筆者が実際にプログラムを書くのに使っているのは、Linux の世界の超有名エディタ Emacs の Windows 版である Meadow だ。これは機能がとんでもなく強力ではあるが、手になじむのに時間がかかるため、誰にでもお勧めするというわけにはいかない。

また、Ruby のプログラムを動かすには Windows 付属のコマンドプロンプトを使う。Ruby をインストールすると、コマンドプロンプトを Ruby 実行用に設定した Ruby コマンドプロンプトというものが一緒にインストールされる。本書ではそれを使うことにする。これについてはのちほど詳しく説明する。

本書の読み方

プログラミングは脳内だけで学ぶことはできない。手を動かして実際に書いてみる以上の上達法はない。本書に掲載されているプログラムは、できればすべて読者自身の手でエディタを使って入力してみて

いただきたい。

　ふだん日本語のローマ字入力しかしない方は最初は手がつりそうになるかもしれない。しかしその苦しみを乗り越えた先には、黄金が待っている。保証はできないが、待っていると信じてやり抜いていただきたい。

　もちろんただ入力するだけでなく、1行1行内容を理解していただきたい。筆者自身もたくさん経験したが、プログラミングには随所に「壁」がある。しかし、モチベーションさえ保てれば必ず突破できる。幸い、われわれには「金持ちになる」という素晴らしい動機がある。

　とはいえ、どうしてもキツいときには疑問を残しつつ先に進んでもよいだろう。こっちの部品がないとあっちが作れない、というような作業の都合を優先したため、必ずしも「やさしい順」にプログラムが掲載されてはいない。前に分からなかったことが、あとになって分かることもあるだろう。最終的な目標は、読者自身が、試したいテクニカル指標や売買ルールをプログラム化できることだ。それさえ見失わなければよい。

　本書だけでRubyのすべてをカバーできるわけではない。参考文献に掲げるような書籍は、本書を読む途中はもちろん、のちのちまでも役に立つものなので、どれかはお手元に置いておかれることを強くお勧めする。

　書いたプログラムが動くかどうか確かめるには、動かしてみるしかない。書いては動かすことを繰り返すことで学習が深まっていく。学習だけでなく、一般にソフトウエア開発はそうやって行われている。書いて、動かし、修正する。この繰り返しだ。

　それでは、宝の山を目指して、大いなる一歩を踏み出そう！！

第1部

準備編

第1章

Rubyをはじめよう

　Rubyをはじめるのはとても簡単だ。面倒な設定をすることなく使えるインストーラーが配布されている。最初のプログラムを書いて実行するところまで、超特急でとばそう。

1-1　Rubyのインストール

　それではさっそくRubyをインストールしてみよう。

　まずRubyをダウンロードする。ブラウザでRubyのホームページ http://www.ruby-lang.org/ja/ を開き、リンクから「ダウンロード」のページに行く。その「Windows版Rubyバイナリ」のところにある「RubyInstaller」のリンク（http://rubyinstaller.org/）に飛ぶ。

　そのページで、Downloadボタンをクリックし、飛んだ先のページの上の方、「RubyInstallers」のところにあるRuby 1.9.3-p545というところをクリックすれば、ダウンロードできる。

　ダウンロードされたファイル、rubyinstaller-1.9.3-p545.exeをダブルクリックすると、インストールが開始される。以下、指示に従ってインストール場所を指定したりすれば完了する。特に問題なければ、何も設定を変えず、そのままインストールすればよいだろう。

　なお、ここに示したRubyのバージョンは執筆時点のもので、今

後バージョンアップされたときには、適宜読み替えていただきたい。本書ではRuby 1.9系を正式な対応バージョンとするが、2.0系や2.1系でも本書で作るシミュレーションプログラムは動作することを確認している。

1-2 最初のプログラム

インストールも終わったところで、最初のプログラムを動かしてみよう。

プログラミングの世界では、最初のプログラムとして"hello world!"などとスカしたことを表示するのが定番となっている。しかしわれわれトレーダーとしては、もっと別の言葉のほうがテンションが上がるんじゃなかろうか。

「絶対金持ちになってやる！！」

とか

「10億円儲けてやる！！」

とか。

ほかの言葉でもいい。とにかく、自分の決意をここに表明しよう。そして、トレードや私生活で苦しいこと、嫌なことがあったときには、河原に石を投げに行く代わりにこのプログラムを動かして自分を奮い立たせよう。それからこの本を途中で放り出したくなったときにも。

ここでは、Rubyプログラムの動かし方として、2つの方法を紹介する。irbによる実行と、Rubyコマンドプロンプトによる実行だ。

1-2-1 irbで実行

Rubyの実行環境として手軽なのは、irbと呼ばれるものだ。インタラクティブに、つまり対話的に、われわれの命令を実行してくれる。説明よりも、やってみるほうがはやいだろう。

スタートメニューから、＜すべてのプログラム＞→＜Ruby 1.9.3-p545＞→＜対話的 Ruby（irb）＞とたどって irb を立ち上げよう。

```
irb(main):001:0>
```

というような表示のある画面が立ち上がるはずだ。この最後の＞の後に、

```
puts "絶対金持ちになってやる！！"
```

と入力してみよう。

　putsの後には半角スペースを入れる。なくても動くが見やすさの

ため。ただし、半角でなく全角スペースを入れると（日本語入力オンの状態でスペースを入れると）、エラーになるので注意。セリフの前後の "" は半角で。日本語入力をオンにするには、<Alt- 半角 / 全角 >（Alt キーを押しながら半角 / 全角キーを押す）。なお、puts というのは、文字を出力しろ、という命令だ。全体では、

```
irb(main):001:0> puts "絶対金持ちになってやる！！"
```

となっているはずだ。

　ここでエンターキーを押すと、画面は、

```
irb(main):001:0> puts "絶対金持ちになってやる！！"
絶対金持ちになってやる！！
=> nil
irb(main):002:0>
```

というふうになる。

　おめでとう！！　これで無事、最初のプログラムが実行できた！！
　1行目がみなさんの打ち込んだ命令、2行目がそれを Ruby が実行したものだ。3行目の => nil というところは、返値というもの。nil というのは、何もないということ。返値についてはここではまだ分からなくていい。4行目は、次の入力を待っているところだ。
　いかがだろう。案外簡単ではないだろうか。もしこのとおりに表示されないときは、本当に例のとおりに打ち込んであるか確かめてみよう。
　次はもうちょっとすごいことをやってみようか。
　今の続き、4行目の > のあとに、

```
10.times {puts "絶対金持ちになってやる！！"}
```

と入力してみよう。↑キーを押すと前に入力した文が再び出てくるので、その前後に 10.times {} をつけ足せば簡単だ。入力できたら、またエンターキーを押す。すると……。

```
irb(main):002:0> 10.times {puts "絶対金持ちになってやる！！"}
絶対金持ちになってやる！！
絶対金持ちになってやる！！
絶対金持ちになってやる！！
絶対金持ちになってやる！！
絶対金持ちになってやる！！
絶対金持ちになってやる！！
絶対金持ちになってやる！！
絶対金持ちになってやる！！
絶対金持ちになってやる！！
絶対金持ちになってやる！！
=> 10
irb(main):003:0>
```

素晴らしい！！ これだけでも、プログラミングのパワーが分かる。同じことを10回書くか、1回書いて9回コピーしなきゃならない仕事を、たった1行のプログラムでやってのけた。この 10.times {} というのが、「10回やれ」という命令だ。

もっと欲望を拡大し、100回表示させたいときにはどうするか。そう、もうお分かりだ。

```
100.times {puts "絶対金持ちになってやる！！"}
```

だ。

　このやり方で、1000 回でも 10000 回でもやることができる。ただし、あまり多くしすぎるとなかなか終わらなくなる。そういうときは、<Ctrl-c>（Ctrl キーを押しながら c を押す）で途中終了できる。

　そのほかにも、

```
1 + 1
2 * 3 - 5
Math.sqrt(2)
```

などと入れて遊んでみよう。最後のは「$\sqrt{2}$」を表している。このように、irb を電卓として使うこともできる。

　なお、irb では、途中で改行を入れてもわりとうまいこと解釈して、続きから入力を受けつけてくれる。

```
irb(main):007:0> 1 +
irb(main):008:0* 2
=> 3
```

　こんなふうに、1 + と書いたところで間違ってエンターキーを押したとしても、次の行でその続きを受けつける。そのとき、入力待ち行の最後のところが * になっている。これが出たら、続きを入れろってことだな、と思っていただきたい。

1-2-2　コマンドプロンプトで実行

　irb によるプログラムの実行は、ちょっとしたものをその場で動かしてみるのには便利だが、長いプログラムを書いたり同じプログラム

を後から何度も実行するようなことには向いていない。そういうときには、プログラムをテキストとして保存しておいて、コマンドプロンプトから呼び出して実行するのが普通だ。

　Rubyをインストールすると、面倒な設定をしなくてもRubyコードを実行できるRubyコマンドプロンプトというものも一緒にインストールされる。それを使ってみよう。

　と、その前に、プログラムを書かなければならない。テキストエディタで以下のように記していただきたい。

```
# coding: Windows-31J

puts "絶対金持ちになってやる！！"
```

　最初の1行はおまじないみたいなものだ。Rubyに、プログラムが書かれている文字コードを教えている。「マジックコメント」と呼ばれる。3行目は、もはやおなじみだ。

　書き終わったら、適当な名前で適当な場所に保存する。ここでは、Cドライブのルートに be_rich.rb というファイル名で保存してみる。全体では "C:\be_rich.rb" だ。拡張子は .rb にするのがRubyプログラムでは一般的だ。

　これで最初のソースコードができあがった。ソースコードとは、一般に、テキストで書かれたプログラムのことだ。ソースとかコードなどとも呼ばれる。ソースコードをテキストファイルとして保存しておけば、何度でも使える。このとき、エンコードの種類は Shift-JIS にする。Windows用のテキストエディタなら、そのまま保存すれば大概そうなるはずだ。今後、本書のソースコードはすべて Shift-JIS とする。

　それではいよいよ、このプログラムを実行してみよう。

＜スタート＞→＜すべてのプログラム＞→＜Ruby 1.9.3-p545＞→＜Ruby コマンドプロンプトを開く＞とたどって Ruby コマンドプロンプトを立ち上げる。

```
C:\Documents and Settings\T.Sakamoto>
```

のように表示されていると思う。T.Sakamoto のところは筆者のパソコンの場合で、みなさんの環境ではそれぞれ別の文字になっている。今現在、ここがカレント・ディレクトリーになっている。カレント・ディレクトリーというのは、「今いる場所」だ。ここから、先ほどソースコードを保存した C ドライブのルートに移動する。そのためには、cd ¥と入力し、エンターキーを押す。

```
C:\Documents and Settings\T.Sakamoto>cd \
```

だ。cd というのは、カレント・ディレクトリーを切り替えるコマンドだ。

```
C:\>
```

となる。
　ここで、

```
C:\> ruby be_rich.rb
```

とやる。すると、

```
C:\> ruby be_rich.rb
絶対金持ちになってやる！！
```

```
C:¥>
```

となるはずだ。これで実行できた。

　なお、cd コマンドでカレント・ディレクトリーを移動するのは、Ruby はカレント・ディレクトリーにあるソースファイルを読みに行くからだ。ただし、絶対パスを指定して、

```
> ruby c:¥be_rich.rb
```

とやれば、どこからでも実行できる。

　ruby のあとに実行ファイル名を指定してやれば、そのファイル内のプログラムが実行されるわけだ。これが、Ruby でプログラムを動かす基本的な流れになる。

　さて、ここからはまた、コードをいろいろ書き換えて遊んでほしい。同じことを 10 回表示するにはどうすればいいんだったか？ 100 回、1000 回では？　プログラムを書き換えては上書き保存し、Ruby コマンドプロンプトに戻って実行する。↑キーを押すと前に入力したコマンドが出てくるので、何回も実行するときに便利だ。

　どうだろう。だんだんプログラミングが楽しくなってきたのではないだろうか。

　保存したソースコードを「スクリプト」と呼ぶこともある。映画などの台本という意味だが、Ruby はこのスクリプトを直接読み込んで実行するので「スクリプト言語」と呼ばれる。人間に読めるテキストファイルを解釈して実行するので「インタープリター」とも呼ばれる。

　それに対して、ソースコードをコンピューターに理解できる機械語に変換したファイルを作る「コンパイラー」を使う言語もある。その

機械語に変換する作業を「コンパイル」という。

　Rubyのようなスクリプト言語の利点は、コンパイルの段階を経ることなくその場ですぐ動かせるということだ。その点が、はじめて学ぶ言語として向いているひとつの理由だ。

第2章

Rubyの基礎の基礎

　ここまでのところで、もうプログラムが書けるような気になってきた方もおられるだろう。しかしもうちょっと準備が必要だ。プログラミングというのは、「急がば回れ」の連続だ。結果を焦らず、基礎を固めよう。

　ここでは、Rubyの文法的なことについてごく簡単に勉強する。難しいことは抜きにして、かいつまんで説明したい。

　出てくる例はirbやRubyコマンドプロンプトで実行してみよう。そして、自分なりにちょっと変えていろいろ遊んでみよう。実験してみよう。それでエラーが出たりしたときは、**付録2**の「困ったときは」を見てみよう。子供が野原を駆け回ってさんざっぱら転んだりケガしたりしながらだんだんたくましくなっていくように、いっぱい失敗しながら、プログラマーも成長していくのだ。

2-1　Rubyの書き方

　プログラムの書き方には決まりがある。書けばなんでも動くわけではない。Rubyの場合はそのへん、わりといい加減というか、フレキシブルなところがあるのだが、それでもわれわれが普段使っている言葉で文章を書くよりはきっちりとしている。

主なルールは、

●基本的に1行に1文ずつ書く
●大文字と小文字を区別する
●#の後はコメント

といったところだ。

●1行に1文

ひとつの処理、ひとつの命令が、1行を構成するというものだ。例えば、

```
puts "I'll be rich."
puts 1000 * 1000
```

などというふうに。ただしこれは必ずそうでなければならないわけではなく、

```
puts "I'll be rich."; puts 1000 * 1000
```

というふうに、文の終わりに;(セミコロン)を入れれば1行に複数の文を入れることもできる。また、

```
message =
    "絶対金持ちになってやる"
```

のように1文を2行に書いても、Rubyがうまいこと解釈して1文として読み取ってくれることもある。

●大文字と小文字を区別

例を挙げれば、moneyとMoneyは別のものである、ということだ。これまでのコードで言えば、putsと書くべきところを、PutsとかpuTsとか書いてはいけない。

前提条件として、Rubyのプログラムは基本的にアルファベットで書く。数字や記号も使う。半角英数、というヤツだ。ただし、時と場合によっては使えない記号なんかもある。

●コメント

コメントというのは、ソースコード中に書き込む、プログラム本体ではない文章のことだ。コードの注釈や、使い方の説明などを書く。人間が読むためのもので、実行時には無視される（ただしマジックコメントは例外）。

#から行末までのところがコメントと解釈される。

```
# 決意表明
puts "絶対金持ちになってやる"  # 絶対に！！
```

この、「# 決意表明」と「# 絶対に！！」がコメントだ。

そのほか、ルールではないが、Rubyの世界で一般的な書き方がいろいろある。例えば「インデント（字下げ）幅は半角スペース2個分」などだ。これらについては、以下、必要に応じてその都度説明する。

2-2 オブジェクト

Rubyでは「すべてがオブジェクト」である。これが、純粋なオブ

ジェクト指向言語と言われる理由だ。

　それではオブジェクトとはなんだろう。専門的には難しい定義があるのだろうが、簡単に言えば「モノ」や「役割」なんかをプログラムで表したものだ。目に見える物から、抽象的な事柄まで、いろいろな物事がオブジェクトになり得る。

　具体的に言えば、「数」とか「文字列」などが代表例だ。本書で作るプログラムには、「株」とか「トレーディングシステム」とか「テクニカル指標」とか「仕掛け」とか「手仕舞い」などのオブジェクトが登場する。

　オブジェクトの間で情報をやりとりしたり、ほかのオブジェクトに処理を依頼したりしながら、プログラムは仕事を進めていく。こういうプログラムを書くことを「オブジェクト指向プログラミング」という。

　例えばこんな感じだ。ある「仕掛けルール」オブジェクトが「株」オブジェクトに今日の終値をたずね、また「移動平均」オブジェクトに終値の移動平均をたずね、終値が移動平均よりも20％以上安ければ買いシグナルを出す。こういう流れだ。

　オブジェクトには「属性」と「操作」がある。属性というのは、そのオブジェクトが持っているデータのことだ。操作とは、オブジェクトに働きかけて情報を引き出したり仕事をさせたりすることで、「メソッド」と呼ばれる。「データ」と「メソッド」、この2つがあるのがオブジェクトだ。

　「株」オブジェクトには「証券コード」とか「上場市場」とか「株価」などのデータが含まれることが考えられる。そしてそれらのデータを引き出すためのメソッドを持っているはずだ。また、新しく株価データを付け足したりするメソッドも持っているかもしれない。

　プログラムにおいて何をオブジェクトとするか、オブジェクトにどんなデータやメソッドを含ませるかは、どんな仕事をするプログラムなのかということはもちろん、作り手によっても大きく違う。それ

は「設計」の問題だ。設計にはただ一通りの正解があるわけではない。いい設計と悪い設計はある。できるだけいい設計に近づけようと、たえず努力するのだ。

こうして日本語だけで説明してもイメージがわきにくいことだろう。以下では、コードを交えながら、Rubyのオブジェクトを見てみよう。なお、コード例はirbで実行できる。その結果を #=> 以下に記すことにする。これは、Rubyの書籍でよくある書き方だ。ここのところは入力しても無視されるので、入力する必要はない。

2-3　数

何はなくとも、まず、数。これがプログラミングの、コンピューターの基本だろう。

```
1 + 1       #=> 2
3 - 4       #=> -1
5 + 6 * 2   #=> 17
```

とこんなふうに、整数の足し算、引き算、掛け算はお手のものだ。

ここで1つ、書き方について。本書では、+、−、*、/などの演算子の前後はスペース1個分開けることにする。別に開けなくても動くのだが、開けたほうが見やすいんじゃなかろうか（個人の感想です）。

割り算には注意が必要だ。

```
5 / 2       #=> 2
```

2だと？　そんな大ざっぱな。こういうときは、

```
5.0 / 2.0    #=> 2.5
```

とやれば小数点以下まで求めることができる。5か2の少なくとも一方に、「.0」をつけると、答えにも小数点がつく。整数と小数点つきの数は区別されるということを覚えておこう。

2-4 メソッド呼び出し

Rubyでは、数もオブジェクトだ。先にも述べたように、オブジェクトにはメソッドを使って仕事をさせる。ここでいよいよ、メソッドがどんなものか見てみよう。

```
1.next      #=> 2
-1.abs      #=> 1
```

このように、オブジェクトの後に「.」を打って書くのがメソッドだ(図1)。こうやってメソッドを書くことを「メソッドを呼び出す」と言う。nextメソッドは整数の次の値を返す。absメソッドは絶対値を返す。オブジェクトのメソッドを呼び出すと、オブジェクトの中で何か仕事をして、何らかの値を「返し」てよこす。そういうイメージだ。この、返される値を「返値(かえりち)」と呼ぶ(図2)。

こんなメソッドもある。2つの整数の最小公倍数(least common multiple)を返す。

```
4.lcm(3)    #=> 12
6.lcm(9)    #=> 18
```

( )の中に入る値を「引数(ひきすう)」という。引数というのは、

図1

1.next #⇒2

オブジェクト　メソッド名　　　　返値

図2

メソッド呼び出し
オブジェクト ← 別のオブジェクト
→
返値

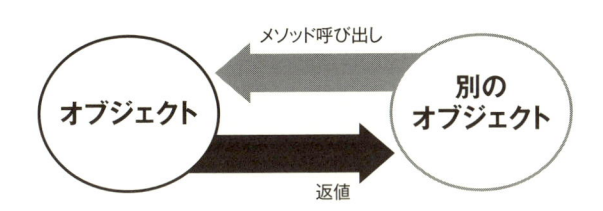

オブジェクトに渡す追加の情報で、それを使ってオブジェクトは仕事をする。メソッドには、引数をとるものがある。とらないものもある。とったりとらなかったりするものもある。複数の引数をとるものもある。

引数を入れる( )は省略できる。上の2つは、

```
4.lcm 3
6.lcm 9
```

と書いても同じことだ。このとき、lcmと3や9の間は離して（半角スペースを入れて）書くこと。くっつけて書くとRubyが「lcm3」とかいうメソッドなのかと思ってしまい、エラーが出る。

逆に、( )を省略しないときは、メソッド名とカッコの間にスペースを入れてはいけない。スペースを入れると、エラーが出ることがある。特に、複数の引数を取るメソッドの場合にそうなる。

```
4.1cm(3)      #=> よい例
4.1cm (3)     #=> 悪い例(*)
```

(*) 悪い例とはしてあるが、実はこのコード、動くことは動く。でも、スペースを入れると動かないことがあるからには、どんなときにもスペースを入れないことにしたほうがよい。

このメソッドのあとのカッコ問題、Ruby のバージョンによっても取り扱いがバラついている。それだけ微妙な問題なのだが、Ruby を学びはじめたばかりのみなさんが気にすることではない。

ここで、ひとつ驚きの情報をお知らせすると、＋ － ＊ ／ という計算のときに使う記号も、メソッドなのだ。．をつけて呼び出してはいないが、それと同じような働きをしている。実を言うとこれらも．をつけて呼び出すことができる。

```
1.+(3)     #=> 4
2.-(1)     #=> 1
```

まあ、普通はこんな書き方はしないけれども。とにかく、Ruby ではすべてがオブジェクトである、というのはこういうところにも現れている。今はまだ、難しい話だと思うかもしれないが。

2-5　文字列

数と並んで代表的なオブジェクトは、文字列だ。文字列操作は Ruby の得意分野で、文字列操作のためだけに Ruby を使ってもいいくらいだ。

""（ダブルクォーテーション）や''（シングルクォーテーション）で囲まれた文字が文字列になる。

```
"Hello, World!!"
"絶対金持ちになってやる！！"
'abcdefg'
```

これらが文字列だ。

　プログラムは基本的にアルファベットで書くと言ったが、文字列は別だ。日本語も使える。ほかのいろんな文字も使える。！とか？などの記号も使える。中の文字数は何文字でもいい。1文字でもたくさんでも、なんなら0文字でもいい。

　""でも''でもだいたい同じようなものなのだが、使い方によっては違いの出る場面もある。本書では基本的に""を使うことにする。

　文字列の使い方でよくあるのは、ユーザーに何かを伝えるために画面に文字を表示することだ。

```
puts "絶対金持ちになってやる！！"
print "絶対金持ちになってやる！！\n"
```

これら2つの文は、同じ表示をする。printも、putsのように文字を表示させる命令だ。よく見ると、printのほうには「\n」がつけ加えられている。これは改行文字と呼ばれるもので、これがあるところで改行される。

```
print "絶対金持ちになってやる！！\nいつの日か！！\n"
```

を実行すると、

```
絶対金持ちになってやる！！
いつの日か！！
```

というふうに2行に分かれて表示される。なお puts では、末尾に改行文字がない場合、自動的に改行を入れて表示される。

　普通のパソコンのテキストでも、改行のあるところには改行文字が入っている。見えないけれどちゃんとあるのだ。

　ひとつ、紛らわしい例を出す。

```
"12345"
```

　これも文字列だ。数のようだが、" " で囲んであるので文字列なのだ。puts で表示すると 12345 も "12345" も同じに見えるが、計算すると違いがはっきり出る。

```
123 + 456         #=> 579
"123" + "456"     #=> "123456"
```

　間違うととんでもないことになるのがお分かりだろう。数値同士の + は普通の足し算、文字列同士の + は文字列の連結だ。

　文字列もオブジェクトであるからにはメソッドを持つ。上の例の + もそうだが、Ruby の文字列にはたくさんのメソッドが用意されている。

```
"abcdefg".reverse         #=> "gfedcba"
"オレ".sub("オ", "ア")     #=> "アレ"
"big money".upcase        #=> "BIG MONEY"
```

それぞれの意味は何となく分かるだろう。reverseは文字列を逆順に、subは最初の引数の文字列を後の文字列と置換、upcaseは小文字を大文字にする。

これらはほんの一部で、Rubyの文字列にはもっとたくさんの、100個以上ものメソッドが用意されている。それだけRubyは文字列処理に力を入れている。本書でも、それは大いに利用することになるだろう。

ここまでの話でおおむねお察しかと思うが、Rubyのオブジェクトにはいろんな種類があり、その種類ごとに使えるメソッドが違う。これは非常に大事な点で、のちのち深い意味を持ってくるのでよく覚えておいていただきたい。

2-6　変数

ここまで、数と文字列に対していろいろなメソッドを呼び出してきたが、これまでのようなやり方は、オブジェクトに対して直接メソッド呼び出しを行うものだ。それに対して、オブジェクトに名前をつけてから操作するというやり方もある。その名前のことを「変数」という。

```
my_money = 1000
```

この、my_moneyというのが変数だ。1000という数オブジェクトに名前をつけている。「変数にオブジェクトを代入する」と言ったりする。変数は、先頭の文字が小文字または「_」（アンダースコア）でなければならない。全部が小文字で、単語の間に_を入れるのがRuby界の主流だ。

変数の中身のことを「値」という。上の my_money の値は 1000 だ。値といっても数とはかぎらない。文字列やその他のオブジェクトが変数の値であることもある。

なぜ変数を使うのだろうか。例えば下のようなコードを考える。最初の所持金が 1000 円で、それがどう変化するか、というようなプログラムだと思っていただきたい。

```
1000 + 500    #=> 1500
1000 * 3      #=> 3000
1000 / 2      #=> 500
1000 - 2000   #=> -1000
```

このプログラムにはふたつの問題がある。ひとつは、1000 という数が何を意味するのか分からないということ。もうひとつは、最初の所持金に変更があったときに直す箇所が多いこと。

そこで、変数を使ってこんなふうに書く。

```
my_money = 1000
my_money + 500     #=> 1500
my_money * 3       #=> 3000
my_money / 2       #=> 500
my_money - 2000    #=> -1000
```

こうすれば、1000 という数字の意味が分かりやすくなり、最初の所持金を 1000 円から 2000 円に変更したい場合には最初の 1 行を my_money = 2000 と書き換えればいいだけになる。

「=」を「代入演算子」と呼ぶ。数学で文字に数や式を代入するのと似たイメージだが、数学の等号とは意味が違う。例えば、

```
a = a + 1
```

というような書き方ができる。数学的にはおかしな式だが、プログラミングでは普通の式だ。最初に右辺を計算し、その結果を左辺に代入する、と考えればよい。あるいは、右辺によってできるオブジェクトに改めてaという名前をつける。その結果、aで表されるオブジェクトは変化する。

```
my_money = 1000
my_money = my_money + 500    #=> 1500
my_money = my_money * 3      #=> 4500
my_money = my_money / 2      #=> 2250
my_money = my_money - 2000   #=> 250
```

my_money の値が、1行ごとに 1000 → 1500 → 4500 → 2250 → 250 と変化することをご確認願いたい。このように、変数の値がプログラム中で変化することは普通のことだ。だからこそ変数と呼ばれる。

ところで上のコードには1行に2度ずつ my_money が出てきて煩わしい、という方のために、次のような書き方が用意されている。これは上のコードと同じ意味だ。

```
my_money = 1000
my_money += 500     #=> 1500
my_money *= 3       #=> 4500
my_money /= 2       #=> 2250
my_money -= 2000    #=> 250
```

+=、*=、/=、-= という記号を使っている。こういうのを「自己代入」という。元の変数の値に何かの計算を行って、再び同じ変数に代入するというものだ。

変数の導入によって徐々にプログラミングらしくなってきた。これから先に出てくるものもそうだが、プログラミングのすべての要素は最終的には何らかの意味で「楽をするため」のものであることを嗅ぎとっていただきたい。

2-7 配列

株価など、たくさんのデータを使う必要があるとき、それらをまとめて扱えれば便利だ。そのために「配列」という入れ物が用意されている。こんなふうなものだ。

```
[1, 2, 3]
["a", "b", "c", "d"]
```

[ ]で囲った中に、「,」で区切ってオブジェクトを入れていく。それで配列オブジェクトのできあがりだ。

「,」で区切られたひとつひとつのオブジェクトが配列の要素だ。[1, 2, 3]の例では、3つの要素が入っている。["a", "b", "c", "d"]は4つだ。配列のような入れ物のことを「コンテナ」と呼んだりする。**図3**のようなイメージか。

配列の中身はどんなオブジェクトでもいい。全部が同じ種類のオブジェクトでも、種類がばらばらでもいい。

```
[1, 3, 5, "x", "y", "z"]
```

図3

"a" "b" "c" "d"

と、こういうのもアリだ。

配列の各要素にアクセスする方法は以下のとおり。

```
a = ["株", "先物", "FX"]
a[0]                    #=> "株"
a[1]                    #=> "先物"
a[2]                    #=> "FX"
```

配列オブジェクトの後に [ ] をつけて、中に数を書けば、対応する要素が取り出せる。この数を「添字」とか「インデックス」という。添字は 0 から始まることに注意しよう。一番はじめの要素の添字は 0、2番目は 1、3番目は 2……というふうになる。

単に配列から要素を取り出すだけでなく、要素を書き換えることもできる。

```
a[2] = "CFD"
a              #=> ["株", "先物", "CFD"]
```

配列の一番最後に要素を足す、<< というメソッドがある。よく使うので覚えておこう。

```
coins = []           # 空の配列を作る
coins << 1           #=> [1]
coins << 5           #=> [1, 5]
coins << 10 << 50    # 2つ以上いっぺんに足すこともできる
                     # => [1, 5, 10, 50]
```

配列も + で足すことができる。配列と配列を足して新しい配列を作る。

```
a = [1, 2, 3]
b = [4, 5, 6]
a + b                #=> [1, 2, 3, 4, 5, 6]
```

ここまで見てきたように、数にも、文字列にも、そして配列にも + メソッドはある。しかしその働きは微妙に違う。同じ名前を持つメソッドでも、どの種類のオブジェクトに対して呼び出したかによって働きが違う。これがオブジェクト指向のひとつの鍵だ。

文字列と同様に、配列にもおびただしい数のメソッドが用意されているが、今のところはこのへんにしておこう。

2-8 ハッシュ

配列と並んでRubyの代表的なコンテナがハッシュ（Hash）だ。

ハッシュ？　聞き慣れない言葉だ。辞書を引いてみる。「こま切れ肉料理、噂、へど、だらしないやつ、マリファナ……」

よく分からない。深く立ち入ってはいけない世界なのだろうか。

言葉の意味は詮索しないことにして、Rubyのハッシュがどんなも

のかを見ていこう。基本的には配列と同じように複数のオブジェクトを入れておくものだ。違うのは、配列では添字・インデックスが基本的に数であるのに対し、ハッシュではどんなオブジェクトでもインデックスにできる点だ。実際に作ってみよう。

```
{"entry price" => 500, "volume" => 1000, "exit price" => 550}
```

と、こんな感じだ。{ }で囲った中に、「キー => 値」の組をいくつか書けばいい。キーというのが、配列でいう添字にあたるもの、値というのが配列でいえば一個一個の要素と考えればいい。一般的に書けばこうだ。

```
{ キー => 値, キー => 値, キー => 値, ・・・・}
```

箱がいくつか並んでいて、それぞれに "entry price" とか "volume" とかの名札がついている感じだ。それぞれの箱に、500 とか 1000 とかの値が入っている（図4）。

配列では、名札はただの数だから、下手をすると「あれ？　この箱に入ってるの、何だっけ？」ということになりかねない。夏物の服が入っている段ボール箱にマジックで「0」とか書いておいても、そのうち忘れてしまうだろう。夏物が「0」で冬物が「1」とかいったって、ほかの人には伝わりづらい。そういうときにはハッシュを使う。0や1の代わりに "夏物"、"冬物" と書いておくのだ。

キーによって値にアクセスする様子は以下のとおりだ。

```
trade = {"entry price" => 500, "volume" => 1000,
  "exit price" => 550}
trade["entry price"]   #=> 500
```

図4

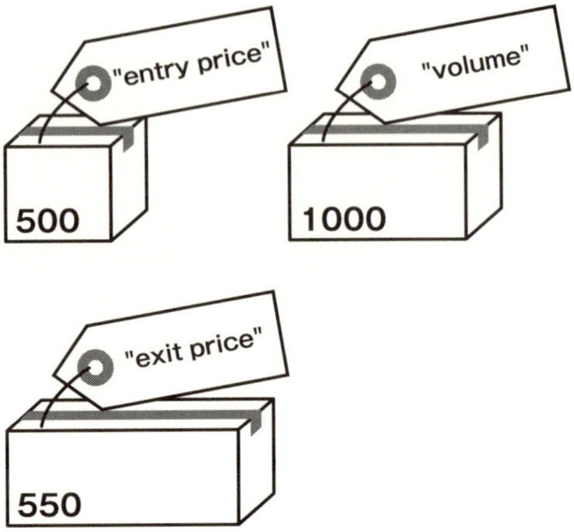


```
trade["volume"]        #=> 1000
trade["exit price"]    #=> 550
```

と、このように、[ ]の中にキーを入れると、それに関連づけられた値が取り出せる。

あるキーに対する値を書き換えたりする方法も配列とほぼ同じだ。

```
trade["volume"] = 2000  # "volume"の値を書き換えている
```

また、それまでにない新たなキーを設定して、そこに値を入れることもできる。

```
trade["trade type"] = "long"
```

こうして、tradeの内容が「仕掛値、株数、手仕舞値、買玉か売玉か」という情報からなるハッシュで表された。これらからトレードの利益

を計算してみよう。ロング（買玉）だから、「(手仕舞値 − 仕掛値）*
株数」で求まる。すなわち、

```
(trade["exit price"] - trade["entry price"]) * trade["volume"]
#=> 100000
```

だ。ハッシュの中から数値をとりだして計算している。

　Rubyでは、配列とハッシュでだいたいのデータの集まりを表現してしまう。とんでもなく使えるヤツらだ。

2-9　シンボル

　ハッシュのキーはどんなオブジェクトでもいいと言ったが、実際のプログラムでは「シンボル」が使われることが多い。
　シンボルとは何か。これは結構ややこしい問題だ。筆者も最初よく分からなくて、しばらくはシンボルを敬遠していた。初心者がつまずきやすい、壁になる部分のひとつかもしれない。まず、その姿を見てみよう。

```
:name
:date
:my_money
```

　「:」（コロン）のあとに文字列、でシンボルのできあがりだ。文字列とはいっても、" "や' 'で囲わなくてもいい。囲っても支障はない。面倒なので普通は囲わない。ただ、囲わないと単語の間にスペースが入れられない。だから :my_money のように、単語の区切りに「_」（アンダースコア）を使うのがRuby界の習わしだ。この習わしは、変数

49

名など他の部分でもよく使われる。

　それではシンボルを使ってみよう。ハッシュのところで出てきた例を、文字列の代わりにシンボルを使って書いてみる。キーだけじゃなく、値のほうにもシンボルを使っているところがある。

```
trade = {:trade_type => :long, :entry_price => 500,
  :volume => 1000, :exit_price => 550}
trade[:trade_type]    #=> :long
trade[:entry_price]   #=> 500
trade[:volume]        #=> 1000
trade[:exit_price]    #=> 550
```

　この例からも分かるとおり、シンボルは文字列に似ている。決定的に違うのは、シンボルは「一意である」ということだ。どういうこと？

　同じ字ヅラのシンボルは、ひとつしか存在しない。:entry_price というシンボルは、同じプログラム内で何回使おうとも、ひとつのシンボルオブジェクトを使い回す。それに対して、"entry price" という文字列オブジェクトは、プログラムが "entry price" と書かれた箇所を通過するたびに新たな文字列オブジェクトを生成する（**図5**）。

　この違いはわりと結構かなりデカい。ちょっと難しい話になる。上のようなハッシュで表されたトレードが何千も、何万もあったらどうか。もしそのキーを文字列にしたら、メモリー上に何千、何万の "entry price" や "volume" のオブジェクトがこしらえられることになる。メモリーをたくさん消費するうえに、オブジェクト生成のための時間も馬鹿にならない。文字列の代わりにシンボルを使えば、:entry_price や :volume などのオブジェクトはひとつずつ、1回ずつ生成すればいい。どちらが効率的かは、言うまでもない。これが、ハッシュキーとしてシンボルが頻繁に使われる理由だ。

図5

:entry-price ← ひとつだけ

"entry price"

"entry price"

"entry price"

字ヅラは同じだが別のオブジェクト

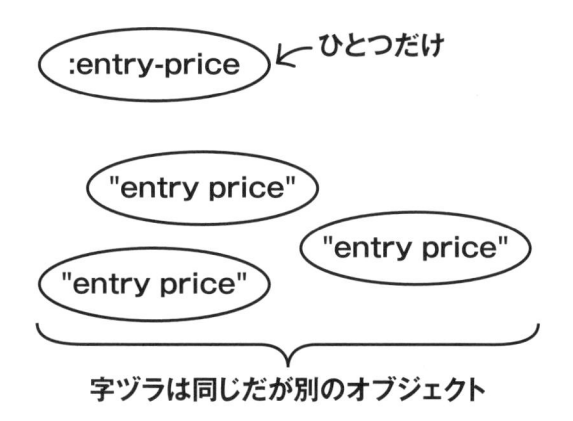

　文字そのものをいろいろ加工したりするには文字列、プログラム中に何度も出てくる名前なんかにはシンボル、というような使い分けでだいたいいいんじゃないだろうか。

2-10　true, false, nil

　プログラムは論理だ。いたるところで「真だ」「偽だ」と真偽を審議しているのだ。その論理を表現するときに活躍するのが、true と false だ。

　論理、とかいうと苦手意識を持たれるだろうか。「真」とか「偽」とか、なんか聞いたことないだろうか。学校の数学で習ったあれだ。数学とかいうともっとドン引きか。学校の勉強がなんの役に立つ、というけれども、なんだかんだで、学校の勉強ほど役に立つものはないことを思い知る。

　true は真、false は偽を表す。ある命題が成り立つのが真、成り立たないのが偽だ。命題とかいうから難しいのか。「文」のことだ。あってるかどうかが○×で答えられる文のことを命題という。true が○、

false が×だ。よくあるパターンは、比較演算子 == でふたつのオブジェクトを比較したとき、同じなら true、違っていれば false を返すというものだ。

```
1 == 1                    #=> true
1 == 2                    #=> false
"my money" == "my money"  #=> true
"your money" == "my money" #=> false
1 == "1"                  #=> false
```

プログラミングでいう文というのは、こんな格好をしている。ほかにもいろんなパターンがあるけれども。一番下の例に注意。数と文字列は、いくら見かけが似ていようとも、別のものだ。

比較演算子はほかにもある。

```
3 > 1        #=> true
5 < 4        #=> false
3 >= 3       #=> true
1.00001 <= 1 #=> false
```

意味はだいたいお分かりだろう。

もうひとつ、nil というものを見ておこう。nil というのは、何もないということだ。

```
a = []      # 空の配列
a[0]        #=> nil
b = {}      # 空のハッシュ
```

```
b[:date]    #=> nil
```

何も入っていない配列やハッシュから値を取り出そうとしても、何も取り出せない。nil という値は返ってくるのだが、それは何もないということだ。なかなかややこしい。今のところは、nil は曲者、とだけ言っておこう。

2-11　条件判断と繰り返し

われわれはプログラムによって何をしたいのか。**ある条件を満たした銘柄について、新規にポジションを取ったり手仕舞ったりする。それを株価データのある範囲で、たくさんの銘柄について繰り返し行う。**そういうことだ。

つまるところプログラムとは、「条件判断」と「繰り返し」だ。それらをまとめて「制御構造」という。これらがあるからこそ、コンピューターは便利なのだ。ここでは、条件判断の例として「if」を、繰り返しの例として「while」をとりあげる。

2-11-1　if

「もしもナニナニならコレコレせよ」。これが、if によって実現できることだ。例を見よう。

```
a = 5

if a > 3
  puts "たくさん！"
end
```

「if a > 3」のところがifによる条件判断をしている部分だ。全体では「もし変数aが3よりも大きければ、"たくさん！"と表示せよ」という意味になる。その前の「a = 5」のところでaに5を代入しているので、「a > 3」は成り立つ。よって画面に"たくさん！"と表示される。

「a > 3」のところを「条件式」と呼ぶ。条件式では、上の例のように何かと何かを比較して、その式が true を返せばその下のコードを実行し、false なら実行しない、というのがよくあるパターンだ。

ifとendで挟まれた行を、2文字分インデント（字下げ）するのがRuby文化の習わしになっている。しなくても動くが、したほうが読みやすい。

条件がひとつだけでなく、さまざまな条件によってやることを変えたいとき、すなわち「条件分岐」をさせたいときにはどうしよう。こうしよう。

```ruby
a = 2

if a == 1
  puts "ひとつ"
elsif a == 2
  puts "ふたつ"
end

#=> "ふたつ"
```

「elsif」を使って分岐させる。「else if」をくっつけたものだが、elseの最後のeがなくなっている点に注意。

動作イメージを図6に示す。上から順番に評価していって、if のと

図6

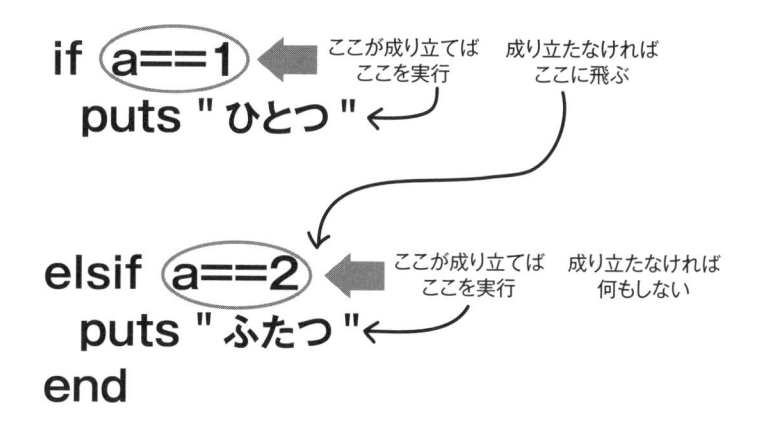

```
if a==1     ← ここが成り立てば    成り立たなければ
              ここを実行          ここに飛ぶ
 puts "ひとつ"

elsif a==2  ← ここが成り立てば    成り立たなければ
              ここを実行          何もしない
 puts "ふたつ"
end
```

ころの条件式が成り立てばその下のところが実行されて、残りの条件式はとばされる。成り立たなければそこで elsif の条件式に飛び、もし成り立てば、その下のところが実行される。全体では、「a が 1 なら " ひとつ " と、a が 2 ならば " ふたつ " と表示せよ」という意味になる。これを実行すると、a が 2 だから「if a == 1」の下の「puts " ひとつ "」は飛ばされて、「elsif a == 2」のところに行き、これは成り立つので「puts " ふたつ "」が実行される。最終的に、" ふたつ " と画面に表示される。

　コードの実行過程を日本語で説明してもなかなか分かりづらいかもしれない。コードを実行してみればすぐ分かる。irb はこのような複数行にわたるコードでも適切に解釈してくれる。ただ、これくらいの行数になってくると、ファイルに保存して Ruby コマンドプロンプトから実行したほうがやりやすいだろう。a の値をいろいろ変えてやってみていただきたい。

　上の例では、a が 1 と 2 のときにしか対応していない。それ以外では何もしない。もっといろいろな場合に対応させたいときにはどうするか。こうするか。

```
a = 3

if a == 1
  puts "ひとつ"
elsif a == 2
  puts "ふたつ"
elsif a == 3
  puts "みっつ"
elsif a > 3
  puts "たくさん！"
else
  puts "分かりません"
end

#=> "みっつ"
```

　elsifをいくつも重ね、aの値によっていろいろに処理を変えている。この例ではaは3なので"みっつ"と表示される。いろいろ値を変えてやってみよう。最初の行の「a = 3」を、「a = 5」にしたり、「a = 0」にしたりするとどうなるか。

　最後の「else」に注目。ここには、ifやelsifの条件式がすべて偽だったときにする動作を書く。この原始的なプログラムは、0や負の数は分からないらしい。

　まとめよう。ifによる条件分岐の処理を一般的に書くと、

```
if 条件式1
    条件式1が真のとき実行されるコード
elsif 条件式2
    条件式2が真のとき実行されるコード
elsif 条件式3
    条件式3が真のとき実行されるコード
        .
        .
        .
else
    上の条件式すべてが偽だったとき実行されるコード
end
```

というようになる。elsifは何個あってもいい。ひとつもなくてもいい。elseも、あってもなくてもいい。

2-11-2　while

過ちは繰り返したくないものだが、プログラムではしばしば繰り返し行いたい作業がある。「絶対金持ちになってやる！！」と、1回ではなく10回叫びたいときもある。「while」を使ってそれが実現できる。

```
i = 0


while i < 10
    puts "絶対金持ちになってやる！！"
    i += 1
end
```

whileの後の条件が満たされる間、endで囲まれた中のコードを繰り返し実行し続ける。上の例では、「i < 10」が成り立つ間、"絶対金持ちになってやる！！"と表示し続ける。「puts "…"」の下の行の「i += 1」によって、1回ごとにiの値を1ずつ増やしていく。0, 1, 2, 3,…と増えていき、9までは「i < 10」を満たすのであの言葉を表示し続ける。で、iが10になったときに、「i < 10」が成り立たなくなるので、この繰り返しは終了する。

「i += 1」の一文が重要である。これがないと、iはいつまでも最初に代入した0のままで、「i < 10」を満たし続けることになり、果てしなくいつまでも同じことをやり続ける。いわゆる無限ループになってしまう。繰り返し処理では、終了条件を考慮することが大切なのだ。無限にやらせたいというのなら話は別だが。

この動作をもうちょっと分かりやすくするために、次のようなコードを実行してみよう。

```
i = 0

while i < 10
  puts i
  i += 1
end
```

0から9まで、ずらっと縦に表示されるはずだ。10は表示されない。なぜなら、iが10になった時点で「i < 10」を満たさなくなり、ループを抜けるからだ。

まず条件式を評価し、真ならば中のコードを実行し、endのところまで行ったらまた条件式にもどって評価する。真ならもう一回やる。偽ならやめる。そういうことだ。最初の1回目から偽なら、1度も実

行せずに終わることもある。頭の中でよーく動作を整理していただきたい。

まとめる。一般に、while を使った繰り返しは、

```
while 条件式
    実行されるコード
end
```

となる。条件を満たし続ける間、中のコードを実行し続けるという、忠実にして、時におっかないヤツだ。

2-12　イテレータ

さんざん説明しといてなんだが、while を使った繰り返しというのは、実は Ruby の世界ではさほどメジャーではない。Ruby で繰り返しといったら、なんといっても「イテレータ」だ。イテレータとは、「繰り返しやらせるもの」というような意味だ。

2-12-1　times

みなさんはすでに前の章でイテレータの例を見ている。もう一度見てみようか。

```
10.times {puts "絶対金持ちになってやる！！"}
```

これだ。この times メソッドこそが、整数オブジェクトの持っているイテレータだ。この場合は「10 回繰り返せ」ということだ。while を使ってやるよりもシンプルに書けている。

｛｝で囲まれた部分を「ブロック」という。「コードブロック」と呼

ばれることもある。要するに「コードのかたまり」だ。上のコードは
「ブロックの中のコードを10回繰り返し実行せよ」ということだ。
　ブロックは、do～endで囲ってもよい。

```
10.times do
  puts "絶対金持ちになってやる！！"
end
```

　こんなふうに。
　1行で書ける短いコードの場合は{ }を、複数行にわたるようなと
きや1行で書くと長すぎるときにはdo～endを使うということにし
ている人が多いようだ。本書でも今後はそういう方針でいくことにす
る。

イテレータでは、ブロックの中を繰り返し実行する

ということをまずはご理解いただきたい。

2-12-2　each
　Rubyには、timesよりももっとメジャーなイテレータがある。そ
れがeachだ。複数のオブジェクトに順番にアクセスして、それぞれ
を使って何かをする。
　eachはいろいろなオブジェクトで使えるが、中でも代表的なのが
配列だ。配列の要素をひとつずつ取り出しては処理をする。

```
[1, 3, 5].each {|n| puts n + 1}
```

　2, 4, 6と順番に表示されるはずだ。動作を詳しく見ていこう（**図7**）。

図7

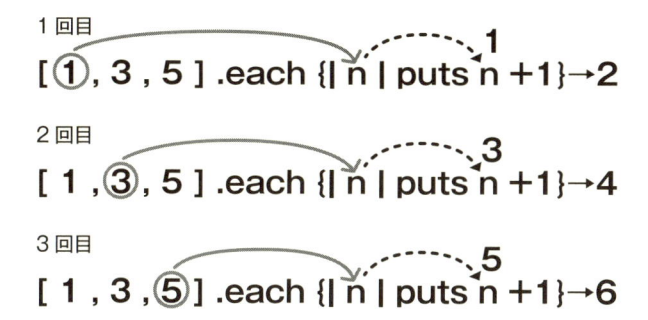

1回目
[①, 3 , 5] .each {| n | puts n +1}→2

2回目
[1 , ③, 5] .each {| n | puts n +1}→4

3回目
[1 , 3 , ⑤] .each {| n | puts n +1}→6

　まず、配列から最初の要素である1を取り出す。それを | |（| は shift - ¥）で囲まれた「ブロックパラメーター」であるnに代入する。これは、メソッドの引数のように扱われる変数だ。ブロックは、今受け取ったパラメーターnの値である1に1を足して（n + 1）、画面に表示する。ここまでが、1回目。

　次に、2番目の要素である3を取り出し、nに代入し、1を足して表示する。これが2回目。3回目は3番目の要素の5を取り出してnに代入し、1を足して表示する。配列の要素はこれで最後なので、これでイテレータの処理は終了だ。

　do ～ end の形のブロックも見ておこう。ブロックパラメーター |n| の位置に注意。do のあと、だ。

```
[1, 3, 5].each do |n|
  puts n + 1
end
```

　この簡単な例では便利さがあまり実感できないかもしれないが、これが、大量に日々の株価データの入った配列だと想像してみよう。そ

れを each で回し、毎日の始値だの高値だの終値だのを使って売買のシミュレーションをする。そういうイメージだ。これが、次章以降で作る売買シミュレーションソフトの動作の軸となるだろう。

2-13　メソッドを作る

ここまで、数や文字列、配列などに対して、さまざまなメソッドを呼び出してきた。そういう備え付けのメソッドを使うだけでもかなりのことができるが、自分でメソッドを作ることができればもっといろいろ便利なのだ。

まずは簡単なコードを書いてみよう。

```
def shout
  puts "絶対金持ちになってやる！！"
end
```

def と end で囲まれたこのひとかたまりのコードが、メソッドだ。def のあと、半角スペースを空けて「メソッド名」を書く。メソッドを呼び出すときには、この名を呼ぶ。メソッド名は小文字ではじめる。変数名と同じように、すべて小文字で書き、単語と単語の間を "_"（アンダースコア）でつなぐのが Ruby 界の主流だ。

def と end の間の行は、if などのときと同じように、2 文字インデント（字下げ）する。ルールではないけれども、これもまた見やすくするための文化だ。

今作った shout メソッドを呼び出してみよう。

```
shout    #=> "絶対金持ちになってやる！！"
```

ひとこと shout と言うだけで、金持ちになりたいんだという心の叫びをシャウトしてくれる。何度も何度も、あちこちでシャウトしたいときに便利だ。こういうふうに、繰り返し行われる処理をメソッドとしてまとめておくと、大変効率よくプログラミングできる。

メソッドはオブジェクトに対して . を使って呼び出すもの、ということで話を進めてきたが、この shout メソッドは呼び出す先のオブジェクトも . もなしに呼び出している。これは、puts メソッドとか print メソッドなんかと同様だ。上のようになんの前触れもなく def と書き始めたメソッドは、なんの前触れもなく呼び出せるのだ。オブジェクトに . をつけて呼び出すタイプのメソッドの作り方は、次節で述べる。

shout メソッドを見て、もうひとつ気づかないだろうか。このメソッドの中では、puts メソッドが呼び出されている。つまり、「メソッドの中で別のメソッドを呼び出せる」のだ。これは Ruby 備え付けのメソッドでも、def を使って自作したメソッドでもいい。

それだけでなく、メソッドの中ではほとんどありとあらゆることができる。if による条件分岐、while やイテレータによる繰り返し。そのほかたくさんのことだ。ひとつひとつのメソッドが、小さなプログラムなのだ。

もっと例を見ていこう。

```
def shout(words)
  puts words
end

shout("オレの、オレの金！！")    #=> "オレの、オレの金！！"
```

引数をとるようにしてみた。def の行で、メソッド名のあとにかっ

こでくくってあるのが引数だ。def shout(words) の、words だ。で、その下の puts words の words にも、引数と同じ値が入るのだ。メソッドの引数として与えられた値を、メソッドの中で使うのだ。使わないことも可能だが、メソッドの中で使わないのに引数をとるのは極めて変だから、引数をとったらそれをメソッドの中で使う。使わないなら引数をとらない。

　引数は、2個以上とることができる。次の例は、1つめの引数から2つめの引数を引き算するものだ。

```
def minus(a, b)
  a - b
end


puts minus(3, 1)    #=> 2
```

　この minus メソッドでは、中で a から b を引いているだけで、ほかのことはしていない。画面への表示もしない。ただ、引き算の結果を「返す」だけだ。メソッドは、その中で「最後に実行された式の値」をその最終結果とする。上の minus メソッドの場合、a － b の結果だ。これが、そのメソッドの値、「返値」となる。minus(3, 1) とすると、3－1 の結果である 2 がこのメソッド呼び出しの返値となる。

```
puts minus(3, 1)
```

の minus(3, 1) のところは、その結果である 2 に置き換えられると見ることができる。その 2 が、puts メソッドの引数として渡されることにより、画面に表示される。メソッドの引数に、別のメソッドの返値が渡される。こういう書き方にもいずれ慣れていこう。

minusメソッドの例では、「最後に実行された値」もなにも、1行しかないのでそこが最後だということはすぐ分かる。何行にもわたるメソッドの場合は、一番下の行の値が返値になることが多いのだが、メソッドを呼び出すたびに最後の場所が変わることもある。

下の例は、そういうメソッドの1つだ。ifの説明のところに出てきたコードを改良してメソッドにしたものだ。

```ruby
def how_many(number)
  if number == 1
    "ひとつ"
  elsif number == 2
    "ふたつ"
  elsif number == 3
    "みっつ"
  elsif number > 3
    "たくさん！"
  else
    "分かりません"
  end
end

puts how_many(1)     #=> "ひとつ"
puts how_many(2)     #=> "ふたつ"
puts how_many(3)     #=> "みっつ"
puts how_many(4)     #=> "たくさん"
puts how_many(-5)    #=> "分かりません"
```

呼び出すたびに、どこが「最後」になっているか、よくお考えいた

だきたい。

　メソッドを書くことを、メソッドを「定義する」と言うこともある。この how_many メソッドさえ定義しておけば、プログラムのどこかで「この数、いくつだっけ？」と分からなくなっても、いつでも答えを得ることができる。

2-14　クラス

　ここまで何度か、「オブジェクトの種類」という言葉を使ってきた。それを、オブジェクト指向の世界では「クラス」と言う。
　今まで登場したオブジェクトの種類を、クラス名を使って言ってみる。

●数　　— Integer（整数）、Float（小数点付きの数）
●文字列　— String
●配列　— Array
●ハッシュ — Hash
●シンボル — Symbol

　数は Integer クラスや Float クラス、文字列は String クラス、配列は Array クラスにそれぞれ属する。そのほかのオブジェクトもすべて、何らかのクラスに属する。クラス名は、大文字ではじまる。
　クラスとはいったい何なのだろうか。それは何かの設計図である、というふうによく例えられる。「数」の設計図、「文字列」の設計図、「配列」の設計図などなど。それがクラスだ。また、あるオブジェクトの「型」とか「タイプ」などを表すのがクラスである、とも言える。
　本章の最初のほう、「オブジェクト」の説明のところでこう言った。オブジェクトとは、「属性」と「操作」の組み合わせである、と。抽

象的な言い方になるが、クラスとは、オブジェクトがどのような「属性」を持ち、その属性をどのように「操作」するのかを規定したものだ。「属性」は「データ」とも言われる。「操作」は「メソッド」と呼ばれる。

例えば配列ならば、配列の要素1個1個がデータであり、配列の最後に要素を足す << のようなメソッドを持つ。

String クラスという型から、"big money" とか "1000000000 円" というような文字列を作る。それらの文字列、見た目は違うけれども、持っているメソッドは共通している。String クラスの中で「定義」されたメソッドだ。

2-14-1　クラスとインスタンス

クラスという設計図から作られた、ひとつひとつのオブジェクトを、「インスタンス」という。

インスタンスというのは、日本語で言えば「具体例」というような意味だ。

クラス：型　→　インスタンス：具体例

という関係になっている。「株」というクラスがあったとして、そこから作ったインスタンスには「トヨタ株」もあれば「NTT ドコモ株」もある、という具合だ。String クラスのインスタンスには "hello" もあれば "good-by" もある。

同じクラスから作られた個々のインスタンスは、通常、別々のデータを持っている。また、それらのインスタンスは、同じクラスによって定義された共通のメソッドを持つ。

```
x = [0, 1, 2]
y = [2, 4, 6]
```

```
z = [1, 3, 5, 7]
```

　これら3つの配列は、Arrayクラスに属する別々のオブジェクトである。個別具体的な配列のインスタンスである。それぞれ別々のデータを持つ。そして、Arrayクラスで定義されているたくさんのメソッドを、どのインスタンスも等しく使うことができる。

```
x.reverse  #=> [2, 1, 0]
y.reverse  #=> [6, 4, 2]
z.reverse  #=> [7, 5, 3, 1]
```

　ただし、別々のインスタンスであっても、中のデータがまったく同じということは十分あり得る。

```
a = [0, 1, 2]
b = [0, 1, 2]
```

　このaとbは別々に作られた別々のインスタンスである。たとえ、

```
a == b    #=> true
```

　このように、==で比較するとtrueが返ってくる、すなわち「同じである」と判定されるとしても、断じて別のインスタンスである。

　このことを、車で例えてみる。クラスは「車種」であり、インスタンスは1台1台の「車」だ。

　同じ車種の車ならば、走ったり止まったりという自動車の一般的な「操作」や、アイドリングストップなどのその車種特有の「操作」が共通してできる。そして、1台1台の車は、色とか、カーナビなどの

付属品類といった個別具体的な「データ」を持つ。同じ車種でも、色やオプションの違いで、別々の車と見分けられる。

ところで、同じ工場で同じ時期に作られた同じ車種の車で、色もオプションもまったく同じ、見かけも中身もそっくりな車があったとする。それらは、ある意味同じ車であるが、Aさんに納車されたものとBさんに納車されたものは明らかに別の車だ。世間的には「同じ車」と表現されるかもしれないが、Aさんの「俺の車」とBさんの「私の車」はやはり別のものなのだ。

クラスという設計図からインスタンスという製品を作る。そしてそのインスタンスを使っていろんなことをする。それが、オブジェクト指向プログラミングのひとつのリズムだ。

2-14-2　クラスの作り方

上のIntegerやFloat、String、Array、Hash、SymbolなどはRubyの「組み込みクラス」と呼ばれる。Rubyに最初から組み込まれていて、プログラムのどこからでも使える。組み込みクラスだけでもかなりいろんなことができるが、クラスというものは自分でも作れる。やはりクラスを自作してこそ、オブジェクト指向プログラミングだ。やや長くなるが、じっくりと作り方を学んでいこう。

例によってまず例から見てみよう。クラスを作るには、次のように書く。クラス名はTraderだ。

```
class Trader

end
```

classの後に半角スペースを空けてクラス名を書く。クラス名は大

文字ではじめる決まりだ。行を改めて end を書く。これでできあがりだ。トレーダーを表すクラスだ。何をするクラスか？　これだけではクラスを定義しただけで特にトレーダーらしいことは何もしない。クラスの振る舞いを表すもの、そう、メソッドを定義しなければ。

2-14-3　クラス内にメソッドを定義する

```
class Trader
  def win
    puts "勝ったぞ！"
  end
end
```

win メソッドをつけてみた。「勝ったぞ！」と言う。def のあとに半角スペースを空けてメソッド名を書くというのは、前節でやったとおりだ。class と end、def と end の対応に注意。1 行目の class で始まるクラス定義の終わりが、最後の行の end だ。2 行目の def で始まるメソッド定義の終わりが最後から 2 行目の end だ。

見やすくするために、対応する class と end、def と end はインデントをそろえる。class の階層よりも def の階層を 2 文字分下げる。def と end の行よりも、その間の処理の部分を 2 文字文字下げする。そうするのが文化的だ。

書き順としては、

```
class Trader

end
```

↓

```
class Trader
  def win


  end
end
```

↓

```
class Trader
  def win
    puts "勝ったぞ！"
  end
end
```

とこんな感じだ。class や def に対応する end は書き忘れがちなので、最初に書いてしまうようにすればいいだろう。

では、このクラスを実際に使ってみよう。irb なら、下の 2 行を続けて打ち込む。ファイルに保存して実行する場合は、Trader クラスの定義の下に書き足す。

```
takuma = Trader.new    # Traderクラスのインスタンスを生成
takuma.win             # winメソッドを呼び出す
```

これで "勝ったぞ！" と表示されれば成功だ。

「new」というのが、クラスからインスタンスを生成するのに使うメソッドだ。組み込みクラスの Array や String などでは、new を使わなくても、いきなり配列や文字列を作ることができたりするが（new を使うこともできる）、自作クラスの場合は基本的に new でもってインスタンスを生成する。

new で作ったインスタンスを、「takuma = Trader.new」というふうに takuma 変数に代入している。これで、takuma 変数は Trader オブジェクトになった。「takuma.win」で、Trader クラスの win メソッドを呼んでいる。

もちろん、このようにクラスの中で定義したメソッドも引数をとることができる。何行にもわたるメソッドでもいい。クラス内にたくさんのメソッドがあってもいい。Trader クラスにメソッドを足してみよう。

```ruby
class Trader
  def win
    puts "勝ったぞ！"
  end


  def lose
    puts "・・・・・"
  end


  def win_or_lose(result)
    if result == :win
      win
    elsif result == :lose
      lose
    end
  end
end


takuma = Trader.new
```

```
takuma.win                    #=> "勝ったぞ！"
takuma.lose                   #=> "・・・・・"
takuma.win_or_lose(:win)      #=> "勝ったぞ！"
takuma.win_or_lose(:lose)     #=> "・・・・・"
```

メソッドが3つになった。それぞれのメソッド間に空行を入れるのもまた文化だ。

win_or_lose メソッドの条件分岐、お分かりだろうか。引数として :win を与えれば win メソッドを呼び出し、:lose を与えれば lose メソッドを呼び出す。このように、同じクラスの中で定義されているメソッドを呼び出すときには、「オブジェクト.メソッド」という.を使った形で呼ばなくてもいい。puts などと同様、ただ、いきなり呼び出せばいい。

2-14-4　インスタンス変数

次に、もうほんのちょっとだけ複雑なクラスを作ってみよう。今度は財布クラスだ。

```ruby
class Wallet
  def initialize(money)
    @money = money
  end

  def put_in(money)
    @money += money
  end

  def take_out(money)
```

```
      @money -= money
    end


    def money
      @money
    end
  end
```

メソッドが4つ定義されている。ひとつひとつ見ていこう。

「initialize」というのは、new を使ってクラスのインスタンスが生成されるときに自動的に呼び出される。日本語で言えば「初期化する」という意味だ。initialize は、インスタンスの初期化をするメソッドなのだ。作ったインスタンスがちゃんと使えるように、データをセットしたりしてお膳立てをするわけだ。ここでは、財布の中に最初に入っている金額を設定している。initializeのあとの( )の中が、このメソッドのとる引数だ。ここに、最初に財布に入っている金額を入力するわけだ。

@money というのが気になる。これは「インスタンス変数」だ。インスタンス変数は変数名を @ ではじめることになっている。インスタンスに状態とかデータとか属性とかを持たせたいときに使う。この場合は、財布に入っている金額だ。すでに述べたように、オブジェクト（インスタンス）はデータとメソッドを持つ。その、データのほうを保持するのがインスタンス変数なのだ。

インスタンス変数を理解するには、まず「ローカル変数」を理解しなければならない。@ ではなく小文字のアルファベットや_(アンダースコア) で始まる変数を「ローカル変数」という。ここでいったら money がローカル変数だ。「@money と money は完全に別ものである」ことに注意してほしい。

ローカル変数の特長は、「メソッドの終わりまで来れば消えてしまう」ということだ。

```
def minus(a, b)
  a - b
end


minus(3, 1)    #=> 2
```

　この minus メソッドの引数 a、b は、ローカル変数だ。a － b が計算され、minus メソッドが終了したあとは、a、b ともに消えてしまう。上の例だと、3 － 1 の値 2 を返したあとは、a の値 3 も、b の値 1 も、メモリー上から掃除されて、消えてなくなる。

　それに対してインスタンス変数はメソッドが最後まで来て処理を終えても保持される。インスタンスが存続するかぎり、データを持ち続けるのだ。何しろ「インスタンス」変数なのだから。

　Wallet クラスの例では、initialize メソッドの引数として受け取った money の値が、@money に代入される。ローカル変数である money はここで消えるべき運命だが、その値はインスタンス変数である @money の中に保持されている。@money はインスタンスの中に生き続ける。こうして、財布オブジェクトの中身が初期設定される。

　put_in メソッドは、財布にお金を入れるメソッドだ。@money インスタンス変数に、引数 money で指定した金額を足す。ローカル変数 money の役割はここで終わりだが、インスタンス変数 @money は新しい値になって存続する。take_out メソッドは財布からお金を出すメソッドだ。@money から引数 money で指定した金額を引く。

　Wallet クラスの最後には、money メソッドが定義されている。def money のところだ。また money が出てきた。これはメソッド名であっ

て、上の3つのメソッドの中に出てくるローカル変数 money とは別のものだ。これは、財布に入っている金額を教える。ここで、このメソッドの中身がただ「@money」となっているのにご注目願いたい。前節でも述べたとおり、Ruby のメソッドは、最後に評価した値を返値として返すことになっている。最後も何も、この場合は @money しかないのだから、@money の中身を返すしかない。

ややこしいのでまとめると、Wallet クラスには、initialize、put_in、take_out の3つのメソッドの中でそれぞれ使われるローカル変数 money と、Wallet クラスのインスタンスの中で値を保持するインスタンス変数 @money、そして @money の値を外部に知らせる money メソッドがある。わざとややこしくしたわけではない。こういう書き方は Ruby プログラムとしては普通だ。@money に money の値を入れるんだな、と、名前がそろっているほうが逆に分かりやすい。このへんは慣れの問題だろう。

動かしてみれば動作がよりよく分かるはずだ。Wallet クラスを使ってみよう。

```
my_wallet = Wallet.new(1000)      # 最初の所持金は1000円
puts my_wallet.money              #=>  1000
my_wallet.put_in(5000)            # いきなり5000円の収入
puts my_wallet.money              #=>  6000
my_wallet.take_out(3000)          # 3000円使った
puts my_wallet.money              #=>  3000
```

最初に new を使ってインスタンスを生成するときに、引数として最初の所持金 1000 を渡している。new メソッドを呼び出すと、内部的には initialize メソッドが呼び出される。これで自動的に initialize メソッドの引数 money に 1000 が渡され、インスタンス変数 @money

に代入されるわけだ。

　インスタンスの生成をするときにはnewメソッドを使うが、普通はnewメソッドは自分では定義しないで、initializeメソッドによってその内部動作を定義するということをご理解いただきたい。

　put_inやtake_outを呼び出すたびに、インスタンス変数@moneyの値、すなわち財布の中身が変化している。ポイントは、**「あるメソッドで変更したインスタンス変数の値は、それを別のメソッドで使うときにも変わっている」**ということだ。

　上の例では、my_wallet.put_in(5000)で@moneyの値は1000から6000に変更される。この6000という値は、その2行下が実行される直前まで維持される。my_wallet.take_out(3000)では、@moneyの値が6000から3000に変更される。my_wallet.moneyでは@moneyの値は変更されない。ただ@moneyの値を返すだけだ。

　いろいろ実験をして、インスタンス変数@moneyの値がどのように変化するか精査していただきたい。

　ここでクラス内に定義したメソッドはすべて「インスタンスメソッド」だ。インスタンスを生成して、それに対して呼び出すものだ。普通メソッドといったらインスタンスメソッドのことだと思えばだいたい合っている。そのほかにどんな種類のメソッドがあるのか、というのはまた後の話とする。

2-14-5 まとめ

まとめよう。クラスの書き方は、

```
class クラス名
  def initialize(引数)    # 初期化メソッド
    メソッドの処理内容
  end

  def メソッド名(引数)
    メソッドの処理内容
  end

  def メソッド名(引数)
    メソッドの処理内容
  end
    .
    .
    .
end
```

という感じだ。new によって自動的に呼び出されるメソッド initialize は、主にインスタンスの初期化を行う。初期化する必要がなければ、initialize メソッドは別になくてもかまわない。

インスタンスを作るときには、new だ。

```
クラス名.new(引数)
```

の形だ。引数は、なかったりいくつもあったりすることもある。イン

スタンス生成と同時に変数に代入したければ、

```
a = クラス名.new(引数)
```

という感じだ。initialize によってお膳立てされた新しいインスタンスが、変数 a に代入される。

この節で出てきたキーワードを並べておく。

●クラス
●インスタンス
● new メソッド
●インスタンス変数
●ローカル変数
●インスタンスメソッド

これらは今後も頻繁に出てくる。よーく理解しておいてほしい。

オブジェクト指向プログラミングの最重要事項とも言えるクラスについて知ることができた。いよいよもって前途洋々である！！

第3章

プロジェクトの準備

　さあ、さっそく売買システムのシミュレーションソフトを作っていこう！　エディタを立ち上げ、コードを打ち込み……。

　おっと、その前に若干の準備が必要だ。プロジェクトとしての体裁を整え、作業環境を整備してから進めることにしよう。

3-1　作業フォルダを作る

　プロジェクト用の作業フォルダを作る。それがソフトウエア開発のはじめの一歩だ。そのフォルダ名こそがプロジェクト名になる。どんな名前がいいだろうか。

　……しばらく考えてみた。いくつか思いついたが、発表は控える。変な名前をつけてこっぱずかしい思いをするよりも、シンプルなのにしよう。「trade_simulator」とでも。ありきたりではあるが、分かりやすい。

　フォルダを作るのも、CUIでやろう。前の章までに使ったRubyコマンドプロンプトでもいいし、普通のコマンドプロンプトでやってもいい。ここでは、普通のコマンドプロンプトでやる場合を説明する。

　＜スタート＞→＜ファイル名を指定して実行＞から、"cmd"と打ち込んでコマンドプロンプトを立ち上げよう。

```
C:¥Documents and Settings¥T.Sakamoto>
```

というようになっているはずだ。(T.Sakamoto のところは環境によって異なる)。ここで、md というコマンドを使ってフォルダを作る。md は mkdir というコマンドを縮めたものだ。で、どこに作る？ 例えば C ドライブに作るとすると……

```
> md C:¥trade_simulator
```

と打ち込んでエンターキーを押す。マイコンピュータから C ドライブを開き、trade_simulator フォルダができていることを確認しよう。

この trade_simulator フォルダの下に、またフォルダを作っていく。まず、全体の構成がどうなっているのか見ておいていただこう。

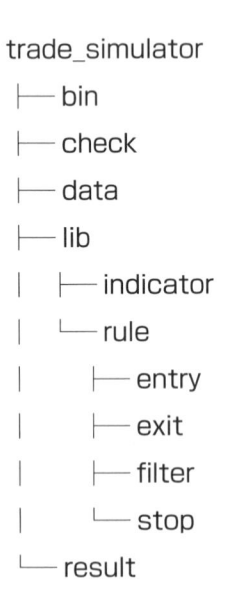

```
trade_simulator
    ├── bin
    ├── check
    ├── data
    ├── lib
    │   ├── indicator
    │   └── rule
    │       ├── entry
    │       ├── exit
    │       ├── filter
    │       └── stop
    └── result
```

それぞれのフォルダに、プログラムのソースコードなどを保存することになる。それぞれのフォルダの中身がどうなるかを軽く説明しておこう。

bin	プログラムの実行ファイル。株価データを取得したりシミュレーションを実行したりするコマンドが保存される
check	プログラムの動作チェックのためのコード
data	株価データファイル
lib	ライブラリ。プログラムのメイン部分。さまざまなテクニカル指標や売買ルールを表現するクラスのコードなど
result	シミュレーションの結果を保存する

trade_simulator の下にこれらを作るには、まずコマンドプロンプトで trade_simulator に移動する。

```
>cd C:\trade_simulator
```

と打ち込む。もし、Cドライブ以外のドライブ、例えば D:\trade_simulator というような場所に作ったのなら、ドライブ移動を伴うオプション /d をつけて、

```
>cd /d D:\trade_simulator
```

のようにする。
　移動した結果として、プロンプトに、

```
C:\trade_simulator>
```

のようになっていれば成功だ。

ここからどんどんフォルダを作っていく。

```
>md bin
```

とやって bin フォルダを trade_simulator の下に作る。できていることを確認したら、同じように check、data、lib、result の各フォルダを作っていく。

lib フォルダの下にもまだフォルダがある。これらも作っておこう。

```
>cd lib
```

で lib フォルダに移動し、md で indicator と rule を作る。さらに cd rule で rule フォルダに移動し、md entry 以下、exit、filter、stop を作る。これでできあがりだ。

cd コマンドについて、ちょっとした便利技をお教えしておこう。ひとつ上のフォルダに行きたいときには、

```
>cd ..
```

とやる。cd のあとに半角スペースを空けて、ピリオドふたつだ。今、rule フォルダにいて、lib フォルダに上がるには、

```
C:¥trade_simulator¥lib¥rule>cd ..
```

とやる。すると、

```
C:¥trade_simulator¥lib>
```

のように、lib フォルダに移動していることが分かる。もう一度 cd ..
と打つと、さらに上の trade_simulator フォルダに移動する。実際に
移動してみてほしい。

　ここで、

```
C:¥trade_simulator>tree
```

と打ち込んでみよう。さっき見た、フォルダ階層の図とそっくりなヤ
ツが現れたら成功だ（ただし、trade_simulator のところは "C:." のよ
うになっている）。そうなれば、プロジェクトフォルダの準備は完了だ。

3-2　Ruby コマンドプロンプトのショートカット

　Ruby を実行するのに使う Ruby コマンドプロンプト、これを
最初に立ち上げると、カレントディレクトリーが C:¥Documents
and Settings¥T.Sakamoto のようになる。この状態だと、自分のプ
ロジェクト内のコードを実行するのがなかなか大変だ。cd でプロ
ジェクトの場所まで移動したり、さもなければ「ruby C:¥trade_
simulator¥bin¥・・・」のようにファイル名を絶対パスですべて打
ち込まなければならなかったり。

　こういう面倒を避けるために、ちょっとした細工をしよう。まず、
Ruby コマンドプロンプトのショートカットをコピーする。コピー先
はプロジェクトフォルダでいいだろう。やり方はこうだ。

① ＜スタート＞→＜すべてのプログラム＞→ ＜Ruby 1.9.3-p545＞ と
　たどって出てくるメニューの中の、＜Ruby コマンドプロンプトを
　開く＞にカーソルを合わせる。そこで右クリックし、右クリック
　メニューから＜コピー＞を選択してクリック。

②エクスプローラで trade_simulator フォルダを開き、何もないところで右クリック。出てきたメニューから＜貼り付け＞を選択し、クリック。これで、trade_simulator フォルダに Ruby コマンドプロンプトのショートカットができる。

③今できた Ruby コマンドプロンプトのショートカットを右クリックして、＜プロパティ＞を開く。プロパティ画面の「作業フォルダ」のところを、trade_simulator のフォルダ、「C:¥trade_simulator」に書き換える。

これで、プロジェクトフォルダ内のショートカットから Ruby コマンドプロンプトを開くことができ、しかもカレントディレクトリーがプロジェクトフォルダになっている。今作ったショートカットをダブルクリックすると Ruby コマンドプロンプトが立ち上がり、

```
C:¥trade_simulator>
```

のように表示されるはずだ。プロジェクト内のプログラムを実行するときには、いつもここから実行することにしよう。

これで準備はととのった。いよいよ、プログラムの中身を作っていくことにしよう。と、その前に、作業の進め方と学習の方法について軽く触れておく。

3-3 実習の進め方

第２部以降では、実際にプログラムを書きながら Ruby によるプログラミングを学んでいく。

各章ではおおむねクラスを１つずつ作ることになる。ときどき、１

章で複数のクラスを作ることもある。各章の構成は次のようになっている。

1. 仕様
2. 予習
3. 実装
4. プログラムを動かす

1．仕様

　「仕様」というのは、その章で作るクラスの、満たすべき要件だ。といっても、完璧に正確にすべてを記述することは目指さない。どんな機能があるか、どんな仕事をするのか、を大雑把に記す。これから何をするのか、ということをここでつかんでいただきたい。

2．予習

　「予習」では、その章のプログラムで使う技術をあらかじめ学んでおく。のちのちのことを考えて、やや突っ込んだところまで解説することがある。サンプルコードがある場合は、ぜひとも動かしながら読んでいただきたい。予習とはいうものの、もちろん復習に使っていただいても一向にかまわない。むしろときどき復習していただけるとありがたい。

3．実装

　「実装」がその章のメインとなるセクションだ。クラスを作っていく。株クラスとか、株価データをダウンロードするクラスとか、売買ルールクラスなど、さまざまなクラスを作る。

　予習で学んだことや、それまでの章で学んだことを応用して、プロ

グラム部品であるクラスを書き上げる。詳しい解説を読みながら掲載されているコードを打ち込めば、必ずやできるはずだ。予習では取り上げず、ここで初めて出てくる事項もあるので、あわせて学んでいただきたい。

4．プログラムを動かす

「プログラムを動かす」のところでは、実装のところで作ったクラスを実際に使ってみる。動作チェック用のコードを書いて思ったとおりに動くかどうか確かめるだけのときもあれば、株価データをダウンロードするなど、本番の仕事をするときもある。本番の仕事ができるクラスは限られているので、多くは動作チェックのみということになるだろう。

章によっては、多少構成の異なることがある。特に後半では、あまり予習の必要がなくなってくる。そこまでに学んだことが大いに生かされることになる。

コードの保存場所に注意してほしい。「予習」では練習用のコードを書くわけだが、それを保存する場合は、trade_simulator とは別のフォルダをどこかに作って、そこに保存し、実行していただきたい。フォルダ名は例えば exercise とでもすれば分かりやすいだろう。

「実装」で作るファイルは、主としてクラスファイルだ。これは trade_simulator 内の lib フォルダに保存する。これこそがプロジェクトの心臓部なのであって、練習用のコードとははっきりと区別する。練習用のコードと本番用のコードが同じ場所に混じらないように。

「プログラムを動かす」では、動作チェック用コードは check フォルダ、本番の仕事のコードは bin フォルダに保存する。いずれもプロジェクトフォルダ内だ。bin フォルダというのは、実行ファイルを収める場所になっていて、データをダウンロードしたりシミュレーショ

ンを実行したりするときには、このフォルダ内のスクリプトを実行することになる。

　いずれにせよ、コードファイルを新規作成するときにはその都度保存場所を示すので、そこに保存していただきたい。

シストレあるある
シストレやってると
カー
ザラ場中は眠くてしかたない
でもプログラミングをはじめると
ギン
脳が興奮してとたんに目が覚める!!
そのうち売買ロジックはどうでもよくなりプログラミングに熱中!!
気づいたら夜明けに!!
結果ザラ場中は眠くてしかたない
クコーー

第2部

データ編

本書で作るプログラムは、大きくふたつの部分からなる。ひとつはデータの収拾・処理を行う部分。もうひとつは売買シミュレーションを行う部分。

　この第2部では、データ周りを扱うプログラムを作る。正直に言えば、これはキツい仕事だ。大量の株価データほどやっかいなものはない。できればあと回しにしたい。しかしデータがなければシミュレーションはできない。だから先にやるしかない。

　しかしそんなに悲観しなくていい。Rubyが結構うまくやってくれるはずだ。

　第2部でやることは主に次のふたつだ。

- ●ネットから株価データをダウンロードする
- ●株価データから株オブジェクトを作る

第4章

株クラス

　これから先は、クラスを作ることに多くの時間を費やす。オブジェクト指向プログラミングでは、大概そういうことになる。
　そのしょっぱなとして、どんなクラスを作ろう？　何を表し、何をするクラスを。
　そう考えると、筆者にはひとつしか思い浮かばない。「株クラス」だ。これがなければはじまらない。
　まず株クラスを作っておいて、そのあとにデータをダウンロードし、データから株クラスのインスタンスである「株オブジェクト」を作る方法へと進むことにする。

4-1　仕様

　株とは何だろうか。経営権がどうしたとか、難しい話はいらない。トレードシミュレーターにとって、株とは何なのか。売買シミュレーションをするにあたり、株クラスはどんな役割を果たすかを考えてみる。
　株クラスには、どんなデータが含まれるべきだろうか。それはプログラムの設計にかかわることで、熟考や議論が必要なところだ。売買ルールの検証をするうえで、ある銘柄に関する膨大な情報のうちどれ

が必要なのか。

慎重に考えた結果、次のようになった。

●証券コード
●上場市場
●単元株数
●株価データ

役員の名前とか、株主名簿とか、本社の所在地や電話番号などの情報は泣く泣く割愛した。プログラムで使わないデータは、いくらあってもしょうがない。会社名すらも省くことにした。たぶん使わないんじゃないか？　社名に「ん」が入っている株は上がりやすい、というようなアノマリーを見つけたいのなら別だが……。

証券コードと上場市場さえあれば、銘柄の識別はできる。何株取引するか、ということを決めるのに、単元株数の情報もあったほうがいいだろう。

上の４つの項目のうち、最も大事なのが「株価データ」だ。それはなんとなく分かるけれども、そもそも株価データってなんなのか。まずそこから考えてみよう。

一般に株価といったとき、日足とか週足とか月足などがあるけれども、本書では日足を使うことにする。すなわち日々の４本値だ。それに、日付や出来高なんかもあったほうがいいだろう。

●日付
●始値
●高値
●安値

- ●終値
- ●出来高

　これが株価データの中身だ。本書ではそういうことにする。日付や出来高は株価とは違うんじゃないか、という意見もおありだろうが、細かいことには目をつぶっていただきたいと存ずる。

　データについてはこれで決まったので、次に、株クラスはどんな仕事をするのか、すなわちどんなメソッドを持つのか、ということを考えてみよう。

　株クラスから作った株オブジェクトというのは、それ自体が何か計算をしたりするというよりは、データを保持し、よそからの問い合わせにこたえてデータを提供することが主な役割になるだろう。つまり、

- ●データを付け加えるメソッド
- ●データを取り出すメソッド

これらがあるはずだ。これだけではざっくりしすぎているが、細部はあとからつめていくことにする。

　これで株クラスについてのアウトラインができた。あとはこれをプログラムで表す「実装」の段階に入っていく。が、その前に、実装のときに必要になる知識を予習しておきたい。

4-2　予習

4-2-1 attr_reader

　オブジェクトの中にあるデータを取り出して閲覧したいという欲求は、誰にでもあると思う。たとえなくても、そういう必要が生じることはあるはずだ。株オブジェクトがあったならば、株価データは見て

みたいだろう。見えないことには話にならないだろう。

　ところが、オブジェクトというものは基本的に「隠蔽体質」なのだ。プライバシーを重視する時代だからか、民衆がパニックになるのを恐れてか、既得権益を守るためなのか、とにかく、オブジェクトの詳しい中身はみだりに見せてはいけないことになっている。

　本当は、変更に強い、すっきり分かりやすいコードを書くため、というような立派な理由がある。まあ、詳しいことはいい。

　基本的にオブジェクトの側が見せてもいいと思っているデータしか、外側から見ることはできない。それがオブジェクト指向プログラミングの原則だ。

```
class Lady
  def initialize(name, age)
    @name = name
    @age  = age
  end
end
```

　この Lady クラスは、内部データとして名前と年齢を保持する。ところが、これだけではわれわれ一般人が淑女の名前や年齢を知ることができない。ミステリアスだ。インスタンス変数である @name や @age は、インスタンスの外側からは（少なくとも通常の方法では）見ることができないことになっている。

　Lady クラスの中に「見せる！」と明示的に示すメソッドがあれば、見ることができる。こんなふうにやる。

```
class Lady
  def initialize(name, age)
```

```
    @name = name
    @age  = age
  end

  def name
    @name
  end

  def age
    @age
  end
end
```

nameメソッドとageメソッドを付け加えた。それぞれ、単に@nameと@ageの値を返すだけのものだ。これは「Rubyの基礎の基礎」の章に出てきたWallet（財布）クラスでも使った手だ。

これでめでたく淑女の名前と年齢を知ることができるようになった。

```
my_lady = Lady.new("Hanako", 20)
puts my_lady.name   #=> "Hanako"
puts my_lady.age    #=> 20
```

ただ、このやり方だと、ちょっとめんどくさい。これだけならまだしも、今後、住所や電話番号、資産額や保有株式などのデータをLadyクラスに付け加えていくと、いちいちdef～endで囲って書くのが大変になってくる。むやみに行数が増えることにもなる。そこで、Rubyにはある技が用意されている。

attr_reader。これがその技だ。これを使えば、インスタンス変数

を外部から読み込むメソッドが簡単に書ける。このように使う。

```
class Lady
  attr_reader :name, :age

  def initialize(name, age)
    @name = name
    @age  = age
  end
end
```

attr_readerのあとに、外から読んでもらいたいインスタンス変数名の @ を : に変えて書く。この場合、@name → :name、@age → :ageのようになる。これで、my_lady.nameのようにして外からその変数にアクセスできるようになる。

この、:（コロン）で始まるヤツは何だろうか？　基礎の基礎のところでやったはずだが……そう、シンボルだ！

インスタンス変数にアクセスするためのメソッドが、シンボルによって表されている。Rubyではメソッド名をシンボルで表すことがよくある。このことを頭の片隅にでも入れておいていただきたい。

このように、オブジェクトの内部データ（インスタンス変数）にアクセスするメソッドを「アクセサメソッド」という。attr_readerで作ったアクセサメソッドは読むだけで、インスタンス変数の中身を書き換えることはできない。書き換え可能なアクセサメソッドについては、いつの日か、それがコード中に出てくるときに解説しよう。

4-2-2 ハッシュの配列

配列の中身はなんでもいい、というお話をしたのをご記憶だろうか。

数でも文字列でもシンボルでも、それらの混合でも。

配列の中身が、配列であってもいい。例えばこういう感じだ。

```
a = [[1, 2], [3, 4, 5]]
```

配列の中にふたつの要素があって、それらもまた配列だ。つまり「配列の配列」だ。

要素である配列にアクセスするには、普通に添え字を使う。

```
a[0]    #=> [1, 2]
a[1]    #=> [3, 4, 5]
```

こうして、配列の中の配列を取り出すことができる。

さらに、配列の中の配列の、そのまた要素にアクセスすることもできる。例えば、上の配列aの中の、2番目の配列の、3番目の要素にアクセスしてみよう。

```
a[1][2]    #=> 5
```

[ ]がふたつ連なってなんだかややこしいが、前から順番に考えれば分かりやすい。まずa[1]で[3, 4, 5]という配列を取り出し、それに対して[2]とやって5を取り出す、という手はずだ。

こういう入れ子構造、マトリョーシカ構造はどんなときに役立つのか。例えば「表」を表現するときだ。次の「配列の配列」は、何に見えるだろうか。

```
[[101, 115, 100, 110],
 [103, 120, 100, 113],
```

```
  [115, 121, 107, 118]]
```

ぱっと見でこれが株価時系列データだと思った方はなかなかの相場中毒だ。もちろんそれで正解だ。

配列の中のひとつの配列が、1日分の4本値を表している。4つの要素からなる配列を付け加えるごとに、1日分の株価が増えることになる。そうして株価時系列データの表ができる。

この配列を stock_prices という変数に代入したとしよう。そこから「1日目の始値」を取り出すときにはどうするか。こうする。

```
stock_prices[0][0]    #=> 101
```

「配列の配列」の使い道が、なんとなく分かってきたのではないだろうか。

と、ここまでが前置きだ。ここからがこの項の本題、「ハッシュの配列」の話になる。「配列の配列」が分かれば、これもどうということはない。大きな配列のひとつひとつの要素が、配列からハッシュに変わっただけのことだ。

1日分の4本値をハッシュで表すと、こんなふうになる。

```
{:open => 101, :high => 115, :low => 100, :close => 110}
```

3日分ほどの株価データを集めて、配列にするとこうなる。

```
stock_prices =
  [{:open => 101, :high => 115, :low => 100, :close => 110},
   {:open => 103, :high => 120, :low => 100, :close => 113},
   {:open => 115, :high => 121, :low => 107, :close => 118}]
```

これにアクセスするときは、こうやる。

```
stock_prices[0][:open]    #=> 101
stock_prices[1][:close]   #=> 113
stock_prices[2][:high]    #=> 121
```

それぞれ「1日目の始値」「2日目の終値」「3日目の高値」だ。単に数字でアクセスするよりも、こっちのほうが4本値のどれかが分かりやすい。表形式のデータを表すのに「ハッシュの配列」が有効であることがお分かりいただけただろう。

4-2-3　Array#map

配列のことを覚えておいでだろうか。たくさんのオブジェクトを入れることのできる入れ物だ。その中身に順番にアクセスして何かをやるメソッドを、イテレータというのだった。eachというのが代表的だ。

配列クラス、すなわちRuby用語でいうところのArrayクラスに、mapというイテレータがある。大変よく使う、本書でも頻繁に用いる重要メソッドだ。配列から新たな配列を作るという仕事をする。どんな配列を作るかは、ブロックの中身で決まる。eachの動作が理解できれば、mapも簡単に理解できる。配列の中身を順番にブロックに渡して、それを使ってブロックの中で何かをする。ここまではeachと同じ。mapでは、そのブロックの最終結果を新たな配列の1要素とする。ここが違う。

ちょっとやってみよう。[1, 2, 3]という配列を加工して、それぞれの要素が1多くなるような配列、すなわち[2, 3, 4]を作る。

```
[1, 2, 3].map {|n| n + 1}   #=> [2, 3, 4]
```

図8を使って説明しよう。配列 [1, 2, 3] の最初の要素である 1 をブロック変数 n に入れる。ブロックの中身では、その n に 1 を足す。そして出た値である 2 を、新しい配列の最初の要素とする。以下、2、3 についても同様にして 3、4 を得、新しい配列の 2 番目、3 番目の要素とする。

もう少し例を見てみようか。結果がどうなるかは、各自考えて、irb で実際に動かして答え合わせをしていただきたい。

```
[1, 2, 3].map {|n| n * n}
[1, 2, 3].map {|n| n > 2}
["name", "age", "money"].map {|s| s.upcase}
```

なお、この項の見出しにある「Array#map」という書き方だが、これは「Array クラスの map メソッド」という意味だ。今後もよく使う表現だ。

4-2-4　|| と ||=

||= についても予習しておかなければならない。そのためにはまず、|| について学ばなければならない。

八卦占いかなんかの記号ではない。Ruby の論理演算子だ。論理演算子というのは、「かつ」とか「または」とかいったことを表す記号だ。学校の数学の「集合と論理」とかいう単元で習った内容に関係する。

|| は or という演算子とほぼ一緒の働きをする。日本語で言えば「または」ということだ。「かつ」を表す演算子には && とか and があるが、それらについてはあとの章で学ぶ。いまここで関心があるのは || だけだ。

|| の働きは、次の例のようなものである。この 4 つの式とその結果

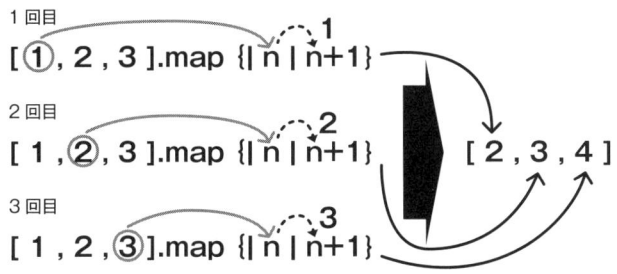

図8

map

```
1回目
[①, 2 , 3 ].map {| n | n+1}      1

2回目                                     →  [ 2 , 3 , 4 ]
[ 1 ,②, 3 ].map {| n | n+1}      2

3回目
[ 1 , 2 ,③].map {| n | n+1}      3
```

については、四の五の言わずに覚えてしまうにかぎる。

```
true  || true    #=> true
true  || false   #=> true
false || true    #=> true
false || false   #=> false
```

このように、

式1 || 式2

の形で使う。true か false を式1、式2として与えた場合、少なくともどちらか一方が true ならば true を返す。数学の「論理和」というやつだ。

|| の動作についてもうちょっと詳しく言うと、まず左側の式1が評価され、それが真ならば、式1の値をそのまま返す。もし式1が偽ならば、右側の式2の値を返す。

ひとつ注意しなければならないのは、Ruby における真偽についてだ。Ruby では、true が真、false が偽、ということに留まらない。「nil

と false が偽」であり、「nil と false 以外はすべて真」なのだ。数の 1 でも 0 でも - 100 でも 0.001 でも、文字列の " あ " などでも、とにかく nil と false 以外のものはすべて真なのだ。

これらのルールを踏まえて || の動作をまとめると、

1. || の左側に nil と false 以外の何かの値があれば、即座にそれを返す。
2. もし左側が nil か false ならば、右側の値を返す。それがなんであっても、真であっても偽であっても、だ。

次の例をよーく見て、動作を確かめてほしい。

```
1 || 2           #=> 1
0 || "abc"       #=> 0
nil || 150       #=> 150
"金" || false    #=> "金"
nil || faslse    #=> false
false || nil     #=> nil
```

これはどういうときに使うのか？　例えば if による条件判断だ。こんなふうに。

```
if a || b
   puts "少なくともaかbのどちらかは真"
end
```

if も真偽によってあるコードを実行するかどうかを決める。この真偽も Ruby の真偽であるから、「nil と false が偽」で、「nil と false 以

外はすべて真」だ。上の例は、aかbの少なくともどちらか一方が真ならば、すなわちnilでもfalseでもなければ、"少なくともaかbのどちらかは真"という文字列を表示する。

このほかに、インスタンスの初期化のときによく使われる。インスタンスの初期化というのは、インスタンスにデータをセットしたりすることだ。initializeメソッドで行うのが普通だ。initializeメソッド内で、@で始まるインスタンス変数に何か値を入れるというのはよくある処理なのだが、そのとき、「a || b」という構文を使ってそのインスタンス変数に入れる値の選択を行うことができる。

```ruby
class Man
  attr_reader :name

  def initialize(name)
    @name = name || "Gonbei"
  end
end


man1 = Man.new("Taro")
man2 = Man.new(nil)


puts man1.name    #=> "Taro"
puts man2.name    #=> "Gonbei"
```

最初にManオブジェクトを作るとき、引数として名前を与えればその名前がその人の名前になる。名前を与えなければ(nilを与えれば)自動的に"Gonbei"という名前になる。それが、

```
@name = name || "Gonbei"
```

のところだ。name 変数に入っている値が真、すなわち nil と false 以外ならば、その name の値が @name インスタンス変数に代入される。もし name が偽ならば、つまり nil や false ならば、|| の右側の値、すなわち "Gonbei" が @name に代入される。短くいえば、@name のデフォルト値は "Gonbei" である、ということだ。この書き方は、ひとつのイディオムになっている。

　ところで、こういう話を覚えておいでだろうか。

```
my_money = my_money + 500
```

と、

```
my_money += 500
```

は同じ意味だということを。もともとあった my_money 変数の値に、500 を足して改めて my_money 変数に代入するというものだ。「自己代入」というのだった。

　|| にも、この自己代入がある。||= という演算子でもって行う。

```
my_name ||= "Gonbei"
```

は、

```
my_name = my_name || "Gonbei"
```

と同じ意味だ。もともと my_name 変数の中に値が入っていたらそれ

をそのまま再び my_name 変数に入れる。つまり何もしない。もし my_name の中身が nil なら、"Gonbei" を代入する。そういう意図だ。

お分かりいただけただろうか？ 日常でそういう場面をさがしてみよう。お椀の中にそばが入っているときは、そのままほっとかれる。お椀が空だと、係の人が目にも止まらぬ速さでそばを入れる。やや非日常的だが、だいたいイメージしていただけただろうか。

この ||=、どんなときに使うのか。どこで使うのか。それは直近ではわれわれがこれから作る「株クラス」で、だ。詳しいことは、次の実装のところでお話しする。

4-3 実装

お待たせいたしました。それではいよいよ、株クラスのコードを実際に書く「実装」に移る。エディタの準備はよろしいだろうか。

まず、新規ファイルを＜名前をつけて保存＞していただきたい。保存する場所は、前の章で作ったプロジェクトフォルダの中の、"lib" フォルダだ。ファイル名は、"stock.rb" だ。詳しく書けば、"trade_simulator¥lib¥stock.rb" となる。

■ファイル：lib¥stock.rb

```ruby
# coding: Windows-31J

# 株を表すクラス
class Stock
  attr_reader :code, :market, :unit, :prices

  def initialize(code, market, unit)
```

```ruby
    @code = code
    @market = market
    @unit = unit
    @prices = []
    @price_hash = Hash.new
  end

  # 1日分の株価を加える
  def add_price(date, open, high, low, close, volume)
    @prices << {:date => date,
      :open => open,
      :high => high,
      :low  => low,
      :close => close,
      :volume => volume}
  end

  # 株価データのうち、特定の種類
  # （日付、4本値のどれか、出来高）の配列を得る
  def map_prices(price_name)
    @price_hash[price_name] ||=
      @prices.map {|price| price[price_name]}
  end

  # 日付の配列
  def dates
    map_prices(:date)
  end
```

```ruby
  # 始値の配列
  def open_prices
    map_prices(:open)
  end

  # 高値の配列
  def high_prices
    map_prices(:high)
  end

  # 安値の配列
  def low_prices
    map_prices(:low)
  end

  # 終値の配列
  def close_prices
    map_prices(:close)
  end

  # 出来高の配列
  def volumes
    map_prices(:volume)
  end
end
```

stock.rb の中のソースコードを見ていただきたい。最初の 1 行はマ

ジックコメントと呼ばれるものだ。これはすべてのソースコードに入れることになる。そういう「決め」だと思っていただきたい。このソースコードがどういう文字コードで書かれているか、ということを示すものだが、細かい説明は省略する。いちいちタイプする必要はない。この1行だけ書いたファイルを保存しておいてテンプレートにしたり、エディタにテンプレート機能があればそれを使ったりすればいいだろう。

マジックコメントが書けたら、そこから1行ほど空けて、株クラスのソースコードを書いていく。クラス名はStockだ。まず、下のように書く。

```
class Stock

end
```

間の開いているところに、メソッドなどを書いていく。最初は、アクセサメソッドだ。

```
attr_reader :code, :market, :unit, :prices
```

証券コード、上場市場、売買単位、株価。これらのデータに対応する、読取り用のメソッドだ。Stockクラスから作った株オブジェクトにこれらのアクセサを使って問い合わせれば、証券コードや株価などを答えるのだ。

4-3-1 initialize

次にinitializeメソッドを書こう。初期化用のメソッドだ。証券コード（code）、上場市場（market）、売買単位（unit）を引数として取る。

インスタンス変数 @code に引数 code の値を、@market に market の、@unit に unit の値をそれぞれ代入する。これら @code、@market、@unit が、それぞれ attr_reader のところの :code、:market、:unit に対応している。これによって、内部データであるインスタンス変数に、外部からアクセスできるようになっている。

@prices = [ ] という行は、株価データを入れるインスタンス変数 @prices を、空の配列で初期化している。この「初期化」というのは、「変数に最初に値を代入すること」くらいの意味だ。株オブジェクトは、最初に生成されるときには株価データが空っぽな状態なのだ。

その下の @prices_hash = Hash.new は、@prices_hash 変数を空のハッシュで初期化している。この変数には何を入れるのかということはのちほど述べる。

なおここは、Hash.new の代わりに { } と、空の中かっこを書いても同じように空のハッシュで初期化できる。ただそうすると、配列の [ ] と似ていて、見間違いやすい。だから筆者は、空のハッシュを初期化するときには Hash.new と書くことにしている。配列のほうも Array.new として初期化することもできるのだが、[ ] のほうが簡単に書けるので、[ ] でいく。要は見分けがつけばいいのだ。

ここまでのところ、できただろうか。こんなふうになっているはずだ。

```ruby
# coding: Windows-31J

class Stock
  attr_reader :code, :market, :unit, :prices

  def initialize(code, market, unit)
    @code = code
    @market = market
```

```
    @unit = unit
    @prices = []
    @price_hash = Hash.new
  end
end
```

ここで一度、動作をチェックしておこう。trade_simulator フォルダの中の check というフォルダに、stock_check.rb というファイル名で新規ファイルを保存していただきたい。そのファイルに、

```
# coding: Windows-31J

require "./lib/stock"

stock = Stock.new(8604, :t, 100)
puts stock.code
puts stock.market
puts stock.unit
```

と打ち込んで保存する。そして trade_simulator フォルダに作っておいたショートカットから Ruby コマンドプロンプトを立ち上げ、

```
> ruby check¥stock_check.rb
```

と打ち込んでみよう。

```
8604
t
```

というように表示されれば成功だ。上から、証券コード、上場市場、売買単位だ。上場市場は、シンボルで表すことにする。:t というのは東証銘柄ということにする。

ここで、require "./lib/stock" というのが見慣れない表現だ。これは予習していなかった。ここでささっと学んでしまおう。

require というのは、ほかのファイルを読み込め、ということだ。ここでは、"./lib/stock" というファイルを読み込む。"." というのは、カレントディレクトリーを表す。この場合は、trade_simulator フォルダだ。そこの lib フォルダ内の stock.rb ファイルを読み込む。つまり今まさに作っている Stock クラスのファイルだ。拡張子 ".rb" は省略してかまわない。間にある "/" はディレクトリーの区切りを表す。Windows 環境の "¥" と同じことだ。Ruby のソースコードでは、¥ よりも / を使うほうが普通だ。

このように、ちょっと書いては動作をチェックする、というやり方がお勧めだ。メソッドを一つ追加するごとくらいにやるといい。本当はもっとちゃんとしたテストの方法があるのだが、残念ながら本書ではそこまでは紹介しきれない。しかし、こんな簡単なチェックでも、何もしないよりはだいぶましだ。

なお、いまは最初だからこのように丁寧にやっているけれども、次からは最後にまとめてチェックコードを示すことにしたい。しかし実際には、読者自身の手でちょっと書いては動作チェック、という作業をしていただけるとありがたい。自分なりのチェックコードが書ければ、上達も格段に早くなるだろう。

4-3-2　add_price

先に進もう。add_price メソッドだ。株価データを加えるメソッド

だ。initializeによる初期化のとき、株価データを表す@pricesは空の配列だった。その配列に、株価データを入れていく。

　add_priceの引数は、多めの6個だ。前から、日付（date）、始値（open）、高値（high）、安値（low）、終値（close）、出来高（volume）だ。この6個が、1日分の株価データということになる。

　Stockクラスでは、1日分の株価データをハッシュで表している。例えばこんな感じだ。

```
{:date => "2011-07-08", :open => 409, :high => 410,
 :low => 404, :close => 404, :volume => 13873200}
```

　これは2011年7月8日の野村ホールディングスの実際のデータだ。日付、4本値、出来高を、こんなふうにハッシュで表す。ここまではよろしいだろうか。

　で、日々の株価データを表すのに「ハッシュの配列」を使う。予習でやったやつだ。日々の株価データの入れ物である@pricesは配列だ。その中身、1日1日の株価データはハッシュだ。つまり、@pricesは「ハッシュの配列」だ。

　図9のような「表」をイメージしてみよう。列に日付や4本値、出来高が入っている。行が日々のデータだ。ネットで得られる時系列データも、大概こんな姿をしている。行である1日1日のデータが、:dateや:openなどをキーとしたハッシュで表される。そのひとつひとつのハッシュが、配列の各要素となり、全体として株価時系列データの表を表している。

　add_priceメソッドの中身を詳しく見てみよう。引数として与えられたデータから、日付や4本値、出来高をキーとするハッシュを作り、@pricesという配列に加えている。<< というのは、配列の末尾に要素を付け加えるメソッドだ。

図9

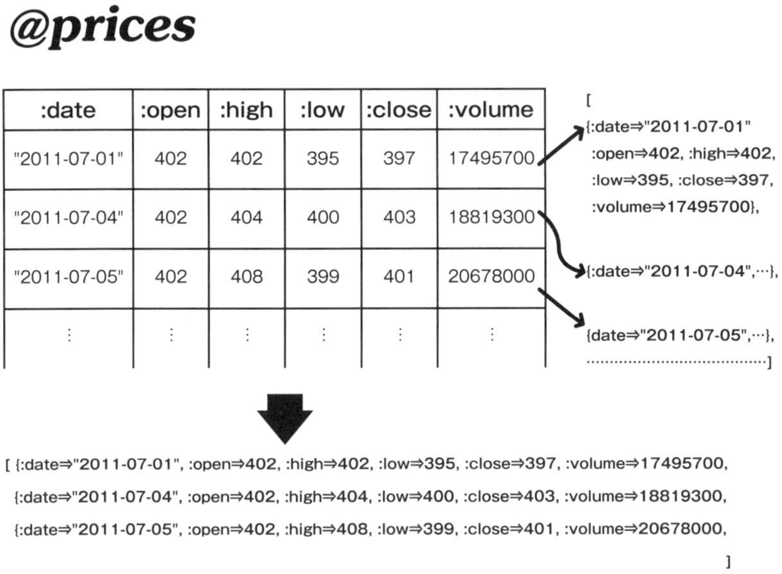

@prices

:date	:open	:high	:low	:close	:volume
"2011-07-01"	402	402	395	397	17495700
"2011-07-04"	402	404	400	403	18819300
"2011-07-05"	402	408	399	401	20678000
⋮	⋮	⋮	⋮	⋮	⋮

[
 {:date⇒"2011-07-01",
  :open⇒402, :high⇒402,
  :low⇒395, :close⇒397,
  :volume⇒17495700},

 {:date⇒"2011-07-04",…},

 {date⇒"2011-07-05",…},
 ………………………………]

↓

[{:date⇒"2011-07-01", :open⇒402, :high⇒402, :low⇒395, :close⇒397, :volume⇒17495700,
　{:date⇒"2011-07-04", :open⇒402, :high⇒404, :low⇒400, :close⇒403, :volume⇒18819300,
　{:date⇒"2011-07-05", :open⇒402, :high⇒408, :low⇒399, :close⇒401, :volume⇒20678000,
　　　　　　　　　　　　　　　　　　　　　　　　　　　　　　　　　　　　]

　動作を確認してみよう。まず、Stockクラスにadd_priceメソッドを付け加える。

　すなわち、def add_price……の行からendまでの8行分を、先ほどのinitializeメソッドの下に書いていただく。ここでstock.rbを上書き保存する。次に、前項で作ったstock_check.rbファイルに次のコードを付け加える。数字がたくさんあって恐縮だけれども。

```
stock.add_price("2011-07-01", 402, 402, 395, 397, 17495700)
stock.add_price("2011-07-04", 402, 404, 400, 403, 18819300)
stock.add_price("2011-07-05", 402, 408, 399, 401, 20678000)

puts stock.prices[0][:date]
puts stock.prices[1][:open]
```

```
puts stock.prices[2][:high]
```

最初の3行で7月1日から7月5日までの3営業日のデータを入力している。後の3行で、株価データにアクセスしている。それぞれ、最初の日の日付、2番目の日の始値、3番目の日の高値だ。

このコードを実行すると、先ほど確かめた証券コードなどの3つのデータの下に、次の3つが表示されるはずだ。

```
2011-07-01
402
408
```

各自、練習としてもっといろんなデータにアクセスしてみよう。1日目の出来高とか、3日目の終値とか。

ここで、もっとすごい技をお教えしようか。stock_check.rb に次の1行を足して実行してみていただきたい。

```
p stock.prices
```

こうすると、

```
[{:date=>"2011-07-01", :open=>402, :high=>402,
:low=>395, :close=>397, :volume=>17495700},
{:date=>"2011-07-04", :open=>402, :high=>404,
:low=>400, :close=>403, :volume=>18819300}, {:date=>"2011-
07-05", :open=>402, :high=>408, :low=>399, :close=>401,
:volume=>20678000}]
```

というふうに表示されることだろう。pというのは、オブジェクトの中身をそのまんま表示させるときに使う。ここでは、株オブジェクト内の @prices の中身が全部べろんと表示されている。その内容を詳しく見てみよう。

最初と最後に [ ] があるので配列だということが分かる。そしてその中に、｛と｝で囲まれた部分が3つあることを確認されたい。それらが、3日分の株価データを表すハッシュだ。

4-3-3　map_prices

さて、ここまでで、株オブジェクトにデータを入力し、そしてそのデータを取り出す方法が実装された。

実は、筆者が最初に Stock クラスを作ったときには、ここまでしかなかった。しかし先に進んでいくうちに、株価データに対してもうちょっといろいろなアクセス方法があったほうが便利であることに気づいた。そうしてできたのが map_prices 以下のメソッドだ。

map_prices メソッドは、株価データのうち、引数によって指定した種類のものだけを集める。例えば、

```
stock.map_prices(:close)
```

というふうにすると、終値だけを集めた配列を返すのだ。引数には、:date、:open、:high、:low、:close、:volume のいずれかが入る。

中身はシンプルに1行だけだ。

```
def map_prices(price_name)
  @price_hash[price_name] ||=
    @prices.map {|price| price[price_name]}
end
```

紙幅の都合で2行に分けているが、意味は1行だ。しかしこの1行で結構すごいことをやっている。まずは後半の、

```
@prices.map {|price| price[price_name]}
```

のところから見ていこう。

Array#map メソッドについては予習してある。配列の各要素に順番にアクセスして、それぞれの要素をブロック内で加工し、新たな配列を作るのだった。

ここでは、株価データ @prices の要素ひとつひとつ、すなわち1日分の株価のハッシュひとつひとつを取り出してはブロックに送り、ブロック内で price_name をキーとする値を取り出して、新たな配列の要素とする。結果として、始値なら始値だけ、終値なら終値だけを集めた配列ができあがる。

実はこれだけでも、用は足りる。ちゃんと、指定のカテゴリーの値だけを集めた配列を得ることができる。ためしにやってみよう。まず、Stock クラスの add_price メソッドの下に次の3行を足す。

```
def map_prices(price_name)
  @prices.map {|price| price[price_name]}
end
```

そして、stock_check.rb にこう付け足し、実行する。

```
dates = stock.map_prices(:date)        # 日付の配列を取り出す
puts dates[1]
open_prices = stock.map_prices(:open)  # 始値の配列を取り出す
```

```
puts open_prices[0]
```

"2011-07-04" と 402 がうまく取り出せたことと思う。

```
p dates
```

などとやって、取り出した中身を調べてみるとよい。3日分の日付が入った配列が表示されるはずだ。

これでも立派に動くのに、なぜ map_prices メソッドの前半には「@price_hash[price_name] ||=」という部分があるのか。それは、実行速度を上げるためだ。

プログラム中で、高値なら高値の配列を何度も要求されることはよくある。そのたびに map を呼び出し、@prices の先頭の要素からイテレータを回していたのでは、時間を食って仕方ない。そこで、一度集めた価格データはメモリー内に保存しておき、2度目以降の呼び出しではその保存しておいたほうのデータを返すようにすればいいと考えた。筆者がというよりは、偉大な先人たちが考えた。

@price_hash というインスタンス変数が、その保存場所だ。データの種類をキーとするハッシュだ。例えば @price_hash[:open] には、始値の配列を保存する。@price_hash[:high] には高値だ。

```
@price_hash[price_name] ||=
  @prices.map {|price| price[price_name]}
```

これで、望んだ処理が実現できる。||= は、「左側の変数にすでに値が入っていれば、その値をそのままキープする。左側の変数が空なら、右側の値を左側の変数に入れる」という意味だった。ここでは、例えば @price_hash[:open] が空なら、つまりまだ @prices.map {・・・}

で始値を集めていないのなら、集めて @price_hash[:open] の中身とする。もし @prices_hash[:open] にすでに値が入っているなら、つまり前に始値を集めた配列が保存されているなら、その配列をそのまま返す。

では、map_prices メソッドを書き換えよう。「@price_hash[price_name] ||= 」を「@prices.map {・・・}」の前に挿入して保存し、もう一度 stock_check.rb を実行してみてほしい。表示される結果はまったく一緒になるはずだ。しかし、内部的にはやっていることは変わっている。ただし、たったの3日分のデータでは、ものすごい回数（100万回とか）map_prices を呼び出さないと、あまり違いは実感できないだろう。何千もの株価データがあるときに、何度も何度も map_prices が呼び出されるときには、目に見えて違ってくるはずだ。

4-3-4 その他のメソッド

map_prices よりも下、dates から volumes までの各メソッドは、中で map_prices を呼び出しているだけのものだ。例えば次のふたつは同じ意味だ。どちらも始値の配列を返す。

```
stock.map_prices(:open)
stock.open_prices
```

下のほうが、ちょっとすっきりしていると思うが、いかがだろうか。すっきりと読みやすくするためにわざわざコードを足す。そういうのもアリだ。特に Stock クラスは、そこら中で繰り返し繰り返し使うので、こういう努力は無駄にならない。

dates 以下の6つのメソッドが何をするかは、もはや明らかだろう。いずれもデータの配列を返すもので、それぞれ日付、始値、高値、安値、終値、出来高だ。動作確認をしてみれば一目瞭然だ。6つのメソッ

ドを Stock クラスに書き足し、stock_check.rb に次のようなコードを加えて実行してみよう。

```
puts stock.dates[0]
puts stock.open_prices[1]
puts stock.high_prices[2]
puts stock.low_prices[0]
puts stock.close_prices[1]
puts stock.volumes[2]
```

p を使って配列の中身をすべて表示することもやってみていただきたい。これらのメソッドが返すものが配列である、ということが実感として身についていると、のちのちスムーズに事が運ぶ。

4本値のうちどれを使うかを実行時に設定によって選択するようなときには map_prices を使い、どの値を使うかあらかじめ決まっている場合には open_prices などのメソッドを使う、というような使い分けをすることになるだろう。このあたりは、おいおい分かってくるところだ。

これで、われわれが作る最初のクラスが完成した。流れはつかめただろうか。このあとも基本的にこうやって作っていく。

これがプログラミングである。読者はすでに、「自分はプログラミングができる」と世間に吹聴してもいい段階にきている。

第5章

銘柄リストを作る

　前章では、株というものをオブジェクト化するためのStockクラスを作成した。次の目標は、その株オブジェクトの中に入れるための株価データを得ることだ。具体的には、株価データをネットからダウンロードするという大仕事が待っている。

　その大仕事の前に、銘柄リストというものを作ってみたい。各銘柄の証券コード、上場市場、売買単位を一覧表にしたものだ。仕掛ける株数を決めたり、シミュレーションする銘柄を上場市場によって絞り込んだりするのに使う。

　本書のプログラムでは、この銘柄リストがないとシミュレーションできない、つまり必須のものとさせていただいた。本章は飛ばさないで読んでいただきたい。

　さまざまなテクニックを駆使することになる。ふたつ目のクラスにして、歯ごたえは十分だ。株価データのダウンロードのためのいい練習にもなるだろう。

5-1 仕様

　この仕事も、クラスを使って行う。StockListMakerクラスと名付けることにしよう。データは、Yahoo!ファイナンスからもらうこと

にする。

　このクラスのやることは次の3つだ。

- Yahoo! ファイナンスの銘柄情報のページにアクセスする
- 銘柄情報のページから、上場市場（所属部）と売買単位を抜き出す
- 必要なすべての銘柄について情報が集まったら、銘柄リストとしてテキストファイルに保存する

　これは内部的な動作であり、このクラスを使うときには、

- 銘柄情報を取得する
- 銘柄リストを保存する

というふたつのメソッドによって仕事をすることになる。

　作成する銘柄リストについても、つめておこう。実際にStockListMakerクラスを使って作ったリストから一部を抜粋すると次のようになる。

```
2331,東証1部,100
2335,東証2部,100
2338,マザーズ,1
```

　カンマで区切って、

証券コード,上場市場,売買単位

というように1行に1銘柄ずつの情報を保存する。

5-2 予習

5-2-1 private メソッド

オブジェクトは、メソッドが呼び出されることによって仕事をする。メソッドは、呼び出されてなんぼ、呼び出されないメソッドなんてあっても仕方ない。……いや、ほんとにそうか？

オブジェクトの外からは呼び出されない、あるいは呼び出しても意味がないけれども、オブジェクトの中ではちゃんと仕事をするメソッドがあったならば、private 宣言をする。private メソッドは、内々でのみ使われるメソッドだ。例を見てみよう。ダイエット中の人を表す Dieter クラスだ。

```
class Dieter
  def initialize(weight)
    @weight = weight
  end

  def weight
    @weight + mackerel
  end

  private
  def mackerel
    -2
  end
end

dieter = Dieter.new(91)
```

```
puts dieter.weight        #=> 89
dieter.mackerel
```

mackerelという謎めいた名前を持つメソッドがprivateメソッドだ。クラス内で、privateという言葉よりも下に書かれたメソッドは、すべてprivateメソッドになる。

mackerelメソッドは、単に−2を返す。weightメソッド内でこれを呼び出すことによって、若干の体重減を取り繕うことができるという寸法だ。mackerelというのは魚のサバのことだ。外国人の読者のために一応説明すると、日本では「サバを読む」と言って……まあいいか。

privateメソッドは、そのクラスの中でしか呼び出すことができない。weightメソッドはDieterクラス内のメソッドだから、mackerelというDieterクラスのprivateメソッドを呼び出すことができる。

privateメソッドであるmackerelは、外から呼び出すことができない。どういうことかというと、上の例でいえばdieterというオブジェクトを作ったあと、そのdieterオブジェクトに対してmackerelメソッドを呼ぶとエラーになる。

```
dieter.mackerel       #=> NoMethodError: private method
                      #   `mackerel' called for #<Dieter:···
```

privateメソッドを呼び出したぞ、とRubyに怒られてしまった。「サバ読んでんじゃないの？」などと、体重に悩む人に聞いてはいけないということか。

この例のように、ちょっと隠しておきたい秘密のメソッドをprivateにする。……というのは少し違って、外から呼び出されるこ

とのない、内部的なメソッドを private にしておく。さらさないでいいものは隠す。基本的に隠蔽体質を保つ。ほかの産業はともかく、オブジェクト指向プログラミングではそれが善なのだ。

なお、特に断りなしのメソッド、この例だと private よりも上に書いてあるメソッドは、すべて外部からの呼び出しができるメソッドだ。こういうのを public メソッドという。メソッドの初期設定は public なのだ。この点では、隠蔽体質というよりは明朗闊達と言える。

5-2-2　ファイルの読み書き

ファイルの読み書きはプログラミングの基本技のひとつだ。プログラムが出した結果を保存したり、保存しといたものを読み込んで再び使ったり。いたるところでファイルの読み書きをする。

ファイルの読み書きには、決まった手順がある。

---

①ファイルを開く
②ファイルを読み込む、または書き込む
③ファイルを閉じる

開いて読んで（書いて）閉じる。これだけだ。

練習をしてみよう。もしまだ練習用フォルダを作っていないならば、作っていただきたい。プロジェクトフォルダ以外の場所に、「exercise」などというフォルダを作ればよいだろう。そこに、次のコードを"write_file.rb"とでもして保存する。

```
# coding: Windows-31J

file = open("be_rich.txt", "w")
file.puts "絶対金持ちになってやる！！"
file.close
```

Rubyコマンドプロンプトでcdコマンドを使ってexerciseフォルダに移動してから、

```
C:\exercise> ruby write_file.rb
```

とやってこれを実行すると、exerciseフォルダの中にbe_rich.txtというファイルができる。エディタで開くと、例の言葉が1行、書かれているはずだ。

openというメソッドでファイルを開く。第1引数がファイル名、第2引数が開くときのモードだ。"w"というのはwrite、すなわち「書き込み」という意味。file.putsでファイルに文字を書き込んでいる。file.closeでフィルを閉じる。閉じた時点で、ファイルが保存される。

ファイルを開くといっても、元からあるファイルを開くばかりではない。存在しないファイルを開いて書き込んで閉じると、ファイルが「新規作成」される。

変数 file には、File クラスのオブジェクトが代入されている。file.puts では File クラスのオブジェクトに対して puts メソッドが呼ばれている。画面に文字を表示するのに使ってきた puts の仲間だ。

File#puts の場合は、与えられた文字列をファイルに書き込む。画面に書くか、ファイルに書くかの違いだ。このように、同じメソッド名でも「どの種類のオブジェクトに対して呼ばれたか」によって動作が違うことがある。同じ単語でも、使われる文脈によって意味が違ってくるのと一緒だ。このあたりは、オブジェクト指向の重要なポイントだ。

最後に close でファイルを閉じないと、場合によってはエラーが出る。閉じ忘れを防ぐために、次のような書き方もできる。

```
open("be_rich.txt", "w") do |file|
  file.puts "絶対金持ちになってやる！！"
end
```

open メソッドをブロックつきで呼び出し、ブロックに File オブジェクトを渡す。その File オブジェクトに対して puts を呼び出したりなんかして仕事をすると、ブロックの終了とともに自動でファイルが閉じられる。この書き方のほうが、Ruby 界では普通だ。

今度は今作ったテキストファイルを読み込んでみよう。以下のようなコードで、"read_file.rb" スクリプトを作る。

```
# coding: Windows-31J

open("be_rich.txt", "r") do |file|
  puts file.read
end
```

実行してみて、例の決意表明がちゃんと画面に表示されただろうか。モードが"r"になっていることに注意しよう。read、すなわち「読み込み」モードだ。これをうっかり"w"でやってしまうと、「読めない」というエラーが出るばかりか、be_rich.txt の中身が空っぽになってしまう。「無」で上書き保存されてしまうのだ。

このように、"w"、すなわち書き込みモードでの作業には危険が伴う。すでにあるファイルを開くと、上書きされてしまうのだ。書いてしまうと、取り消しはきかない。このへんが、ファイル操作の面倒なところだ。"w" は、ファイル名などを慎重に確かめて行う必要がある。

なお、引数"r"は省略できる。open("be_rich.txt")と書くのもアリだ。引数を省略した場合、それは"r"であるとみなされる。デフォルト値が"r"、すなわち読み込みモードである、ということだ。書き込みたいときには"w"を指定する必要がある。読み込むときにはモードを省略し、書き込むときにだけ"w"と書くようにすれば、間違って書き込むことは減るだろう。

5-2-3　標準ライブラリ

プログラミングをするときに、すべての機能を一から自分で作っていたのでは、あまりにも大変だ。もちろんそんな必要はさらさらない。どんなプログラミング言語にも大抵、ライブラリと呼ばれる豊富な機能群が用意されていて、さまざまな仕事を楽に行えるようになっている。プログラマーは、先人たちの知恵の結晶をありがたく使わせていただけばよい。

Rubyにももちろんライブラリがある。それは膨大なものだ。次の3つに分けることができる。

●組み込みライブラリ

●標準ライブラリ
●その他のライブラリ

　組み込みライブラリというのは、最も基本的なRubyの機能群だ。ArrayやHash、String、Symbolなどの組み込みクラスなんかがこれに含まれる。プログラムのどこからでも、いきなり使える。
　標準ライブラリは、組み込みライブラリだけではカバーしきれないような機能を集めたものだ。これもまた、Rubyに最初からついているもので、Rubyをインストールすると一緒にインストールされる。ただし、プログラムの中で標準ライブラリを使うためには、事前に読み込む必要がある。このようにやる。

```
require "fileutils"
```

　これで、FileUtilsというライブラリを読み込んでいる。"fileutils"のところを変えれば、いろいろなライブラリを読み込むことができる。読み込めば、使えるようになる。つまり、標準ライブラリにある機能を使うためには、requireする必要がある。
　組み込みや標準ライブラリは、Rubyの一部であって、Rubyをインストールすると同時に使うことができる。それに対して、別途インストールする必要があるライブラリもある。上に挙げた3つのうちの最後、「その他のライブラリ」だ。
　世界中のRubyプログラマーが、さまざまなライブラリを書いて無料で公開している。それらの多くは、RubyGemsという仕組みを通して簡単にインストールすることができる。インストールしたら、標準ライブラリと同じようにrequireすれば使える。RubyGemsは強烈に便利であり、Rubyプログラミングとは、RubyGemsに何かいいライブラリはないか探すことだ、と考えているプログラマーも多いよう

だ。

　本書では、RubyGems などの外部ライブラリは使わず、標準ライブラリまでを扱う。昔、筆者が漫画を描き始めたころによく言われたものだ。「初心者がいきなりスクリーントーンなんか使うな」と。最初から便利すぎるものに頼ると、上達が遅れる、というような教えなのだろう。本書も、そういう思想の影響を多少受けている。

　もっとも、デジタルバリバリの今の時代にあっては、「いきなりコンピューターなんか使わず、紙に描いてスクリーントーンを手張りしろ」と言われるかもしれない。それと似たようなことで、以前は外部ライブラリだったものが、Ruby のバージョンアップとともに標準ライブラリに取り込まれる、ということもよくある。あえて苦労をしようにも、世の中の便利になるスピードが速すぎてままならない。

　というような話は半ば冗談だとしても、現状、標準ライブラリだけでも相当なことがやれるのが Ruby の世界だ、ということだ。

　それから、標準ライブラリにはある種の安心感がある。Ruby のホームページ（http://www.ruby-lang.org/ja/）に行けば、詳細なリファレンス・マニュアルを日本語で読むことができる。Ruby のバージョンの違いによる互換性の問題も、外部ライブラリに比べれば、標準ライブラリのほうが比較的少ない。

5-2-4　open-uri

　結局、トレードとは、インターネットから得た情報をいかに換金するかというゲームである、という気がする今日このごろだ。

　Ruby でネットから情報を得る方法はいろいろあるが、ここでは標準ライブラリである open-uri を使うことにしよう。これを使うと、自分のパソコン内にあるローカルファイルを開くのと似たような感じで、Web ページを開くことができる。open-uri ライブラリを使うためには、require "open-uri" とする。

```
# coding: Windows-31J

require "open-uri"

page =
  open("http://www.panrolling.com/index.html", "r:EUC-JP")
puts page.read.encode("Windows-31J", :undef => :replace)
```

こんなコードを書いて、"open_webpage.rb" などと名前をつけて exercise フォルダに保存し、実行してみよう。パンローリングのホームページの HTML ソースがずらずらと表示されるはずだ。ただし、ファイヤーウォールなど、コンピューターのセキュリティー設定によってはエラーが出ることがある。そのときは Ruby によるインターネット接続を許可するように設定を変更していただきたい。

ファイルの読み書きでも使った「open」というメソッドがここでも使われている。require "open-uri" としてライブラリを読み込んだことによって、open メソッドが引数を自動的に判断し、Web ページの URL だったらそのページを読みに行くようになる。open によって返ってくるのはファイルの読み書きのときと同じ、File オブジェクトだ。read メソッドで中の字を読むことができる。

ここで難しいのは、文字のエンコーディングの問題だ。深くは立ち入らないけれども、open するときには EEUC-JP という文字セットでエンコーディングし、それを read するときに Windows 標準の文字セットに変換する、ということをしている。

5-2-5 例外処理

読者もここまでのところでたくさん経験したと思うが、プログラミングにはエラーがつきものだ。いろんなエラーの種類があって、原因

も単純なミスから根の深いものまでさまざまだ。詳しくは**付録2**「**困ったときは**」を参照していただきたい。

　エラーは、基本的に起きてはいけないものなので、何らかの対処をしなければならない。プログラムのミス、バグならそれを直せばいい。しかし、外部環境に起因するエラーなんかは、完璧に防ぐのが難しいこともある。かといってエラーが起きるたびにいちいちプログラムが止まるのも困る。そんなときには「例外処理」という仕組みを活用しよう。

　プログラム中にこんなコードがあったとする。

```
file = open("my_file.txt")
```

　ここで、もし my_file.txt というファイルがなければエラーになり、プログラムは終了する。

```
No such file or directory - my_file.txt (Errno::ENOENT)
```

というようなエラーメッセージが出る。

　ここで止まらなくていい、止まらず先に進みたい、という場合を考える。そのプログラムでは、ファイルがないときにはないなりに進んでいくことができるようにしたい。そんなときには例外処理だ。こんな書き方をする。

```
begin
  file = open("my_file.txt")
rescue
  puts "Something happpened"
end
```

begin 〜 rescue 〜 end の構文だ。begin の下のところに、エラーの起きそうな、エラーが起きたら捕まえたいコードを書く。rescueの下には、begin のところでエラーが起きた場合に行う処理を書く。

この例では、rescue 節ではほぼ何もしていない。「なんか起きました」という意味のことを言うだけだ。rescue（助ける）とか言いながら、こんなふうに特に何もしないことも多い。「エラーが起きてもプログラムを強制終了せずに先に進む」というのが目的だ。

上のコードの、end の行の下に続けて、

```
puts "going on"
```

と書いて実行すると、

```
Something happened
going on
```

と表示される。エラーが起きても止まらずにプログラムが先まで実行された証拠だ。

気をつけなくてはならないのは、エラーという Ruby からのダメ出しを無視しても大丈夫か、ということだ。例えば、上の例で open と綴るべきところを opne と間違えて書いてしまったとき。これは本来、「opne なんて、そんなメソッドはない」と怒ってほしいところだ。NoMethodError というタイプのエラーが発生してほしいのだ。それなのに、それまで rescue されてしまう。これでは、たとえ開くべきファイルが存在していたとしても、開かずに「なんか起きた」で済まされてしまうことになる。原因が分からず、3 〜 4 日悩むタイプのバグの温床になる。

本当に続行可能な場合に対してだけ、例外処理を使うようにしたほうが無難だろう。そこで、エラーの種類を指定してrescueするという方法がある。

```
begin
  file = open("my_file.txt")
rescue Errno::ENOENT
  puts "Some error happend"
end
```

このように、rescueのあとにErrno::ENOENTと書くと、「ファイルを開けない」というエラーに限定してrescueできるようになる。rescueのあとに捕まえたいエラーの種類を指定する。これは、エラーメッセージの中に見つけることができる。begin 〜 rescue 〜 end で囲わなかったときに出る、

```
No such file or directory - my_file.txt (Errno::ENOENT)
```

というメッセージの、最後のかっこの中だ。これを指定することで、この種類だけを rescue するようになる。openをopneと綴り間違えたときにはちゃんとエラー（NoMethodError）が出るのだ。

5-2-6　正規表現

Rubyの強力なテキスト処理を支えている技術に、「正規表現」というものがある。これはなにもRubyだけのものじゃなくて、いろいろな言語で使われている。お使いのテキストエディタにも正規表現によって検索する機能があるかもしれない。とても歴史のある、つぶしのきく技術なのだ。

パターン

正規表現とは何か。ひとことで言えば「パターン」だ。

長い文字列からある文字列を探す、という仕事はよくある。そのとき、"abc"とはっきり決まった文字列を探すときもあるだろうし、「aで始まってcで終わる行」みたいなものを探したいときもある。そういうあいまいさを含んだパターンを表現するのが正規表現だ。例を見てみよう。

```
/^a.*c$/
```

これが、正規表現の例だ。「aで始まってcで終わる行」を表す。な、な、何だこりゃ！？

この見てくれとそのネーミングとで、正規表現は正直とっつきにくい。しかし覚えればこれほど強力な武器もない。体が震えるほどの便利さだ。具体的にどんなことができるのかといえば、

- ●パターンにマッチする文字列の検索
- ●パターンにマッチする文字列の置換
- ●テキストから、パターンにマッチする情報を抽出する。例えば、**Yahoo! ファイナンスの銘柄情報ページから、上場市場や単元株数を取得する**

Webページを構成するHTMLも、テキスト、文字列だ。Rubyの文字列処理や正規表現を使えば、好きなように情報を取ってくることができる。

さっきの例について細かく見ていこう。/^a.*c$/ だ。パッと全体を見ても分からないが、分解するとよく分かる。

まず、頭としっぽの / だが、これは正規表現の始まりと終わりを

表している。// の間に正規表現のパターンを書く。はじめの「^」は行頭を表す。最後の「$」は行末を表す。「.」というのは、任意の 1 文字にマッチする。要するにオールマイティーだ。その次の「*」は、前のヤツの 0 回以上の繰り返し。「.*」で、あらゆる文字の、あらゆる長さの組み合わせにマッチする。「a」と「c」はそのまま、アルファベットの a と c にマッチする。

以上の説明を踏まえてもう一度よーく見てみれば、/^a.*c$/ が「a で始まって c で終わる行」を表していることが分かると思う。

メタ文字

ここに出てきた「^」や「$」や「.」や「*」のように特殊な意味を持つ記号を、正規表現の世界では「メタ文字」という。メタ文字はたくさんあるが、とりあえず次ページの表に挙げたようなものを覚えておけばよいだろう。いや、覚えなくとも、使いたいときに見て書けばよい。とりあえず今はさらっと眺めておいて、使いながら徐々に分かっていこう。

マッチ

正規表現のパターンが文字列にマッチするかどうか、というのは、演算子「=~」を使って調べる。マッチすると、マッチする部分の先頭の添字（何文字目かを表す数。先頭なら 0）を返す。マッチしなければ、nil を返す。要するに、マッチすれば数を、マッチしなければ nil を返すのだ。

例を示そう。ここから先は irb を開きっぱなしにして、打ち込みながら読んでいただきたい。いろいろ変えて、遊んでいただきたい。返値の数字がいくつか、ということはあまり気にする必要はない。マッチする（数）か、しない（nil）かが重要だ。

主なメタ文字

^	行頭
$	行末
\d	数字
\D	数字以外
\w	単語構成文字（英数字と "_"）
\W	単語構成文字以外
\s	空白文字（タブ、スペース、改行など）
\S	空白文字以外
*	直前の表現の 0 回以上の繰り返し
+	直前の表現の 1 回以上の繰り返し
?	直前の表現に 0 回または 1 回マッチ
{n}	直前の表現の n 回の繰り返し（n は数字）
{n,}	直前の表現の n 回以上の繰り返し（n は数字）
{n, m}	直前の表現の n 回以上 m 回以下の繰り返し（n, m は数字）
a | b	a または b にマッチ（a, b は任意のパターン）
( )	正規表現をグループ化。後述の後方参照のためにマッチした文字列を記憶する
[ ]	[ ] 内のいずれか 1 文字にマッチ
[^]	[ ] 内に含まれない 1 文字にマッチ

```
"abc" =~ /ab/          #=> 0 ("a"の添字)
"abc" =~ /bc/          #=> 1 ("b"の添字)
"abc" =~ /ac/          #=> nil（マッチせず）
```

文字列と正規表現は、左右を入れ替えてもよい。最初の例は、

```
/ab/ =~ "abc"
```

と書いても結果は同じだ。

メタ文字も使ってみよう。

```
"abc"      =~ /^a.*c$/           # aで始まりcで終わる行 #=> 0
"amazing magic" =~ /^a.*c$/      # aで始まりcで終わる行 #=> 0
"abc356"   =~ /¥d{3}/            # 数字3個の並び #=> 3
"xyz24358" =~ /¥d{3}/            # 数字3個の並び #=> 3
```

　最後の例が、なぜマッチするのか。この正規表現は「数字がちょうど3個並び」のはずなのに、4個以上並んでいる数字にマッチしている……。こういうときは、文字列を前から順番に見ていって、「最初に数字が3個並んでいる」ところにマッチする。すなわち、"243" のところだ。

　では、3桁ちょうどの数字とマッチさせるためにはどうするのか？実はここで筆者はひとしきりハマってしまった。irbでいろんなケースを実験してみた結果、こうなった。

```
/(¥D|^)¥d{3}(¥D|¥s|$)/
```

　ななな、な、何じゃこりゃーーー！？　ビビらないでいただきたい。細かく見ればきっと分かる。(¥D|^) は「数字以外、または行頭」、¥d{3} は「数字3回続き」、(¥D|¥s|$) は「数字以外または空白文字または行末」だ。これで、"243" はもちろん、"xyz243"、" 243¥n" などにはマッチし、"2435" や "xyz24358" や "24 3" にはマッチしなくなる。
　ただこれは、

```
"xyz243" =~ /(¥D|^)¥d{3}(¥D|¥s|$)/   #=> 2
```

のように、思ったよりも返値が1少ない、つまり文字列にマッチする箇所が1個左にずれてしまうことがあるという問題がある。数字の先

頭ではなく、その前の ¥D、すなわち数字以外のところ（この例では"z"）にマッチしているためだ。まあ、現実には「マッチするかどうか」が大事なのであり、返値自体をプログラム中で利用することはあんまりないので、たぶん大丈夫なんだが……。

　要するに、完璧な正規表現パターンを書くのは難しい。正規表現自体がひとつのプログラミング言語であるといっていいくらい深い奥行きを持つ。専門書もたくさん出ている。しかし難しいからといって使わないのはもったいなさすぎる。使うと使わないとでは、作業効率ははるかに違ってくる。書籍やネットで調べて真似して書くだけでもいいので、どんどん使うべきだ。

エスケープ

　正規表現では、普通の文字や数字と、(、)、|、^、$、.、* などの特殊文字、そして ¥d のように普通の文字の前に ¥ を付けて特別な意味を持たせた文字が使われる。

　ここで、特殊文字そのものをマッチさせたいときにはどうしたらいいのだろう。例えば「*」を、「繰り返し」ではなく、"*"という文字そのものとして正規表現の中で扱いたいときはどうするのか。その場合は、「¥*」と書く。前に ¥ を付ける。このようなやり方を「エスケープ」する、という。例を見よう。

```
"ab*c" =~ /ab*c/     #=> nil
"ab*c" =~ /ab¥*c/    #=> 0
```

　上は、* が繰り返しの意味で使われているのでマッチしない。下は、* そのものなのでマッチする。

　"/" も、正規表現の最初と最後の / とかぶるので、エスケープする必要がある。

```
"</html>" =~ /<¥/.+>/    #=> 0
```

　HTMLのソースを扱うときには、</body>とか</title>などのタグが挟まっているので、正規表現が ¥/ というエスケープだらけになってしまうことがある。

```
/.+<¥/A><¥/B><¥/TD></¥TR>/
```

　これじゃああんまりだ、という人のために、%rという構文が用意されている。上と同じ正規表現を、

```
%r{/A></B></TD></TR>}
```

と書くことができる。%r¦ ¦の間に正規表現を書くのだ。こうすると、/をエスケープする必要がなくなる。なお、この¦ ¦は、( )でも[ ]でもいい。実のところ、英数字や日本語などを除いて、何でもいい。%r! !などでもいい。正規表現の中でまったく使っていない記号を使えば、エスケープをする必要がなくなる。

後方参照
　正規表現の予習の最後として、「後方参照」というものを見ておこう。やや高度な話だが、ネットから情報を取得する際に大変な武器になる。
　先ほど、(¥D|^)で「数字以外、または行頭」を表すという例を出した。このように、( )はふたつ以上の表現をグループ化するときに使う。|と組み合わせてどちらかとマッチする場合を表す使い方のほか、

```
"wanwan kenken kiki" =~ /(ken){2}/    #=> 7
```

というようにひとまとまりの文字列の繰り返しを表すときに使ったりする。

( )にはこのようなグループ化のほかに、もうひとつ機能がある。マッチした文字列のうち( )内に相当する部分を「記憶」することだ。

```
"abc123efg" =~ /¥D+(¥d+)¥D+/
```

とやると、この文字列全体がマッチする。その中でも、(¥d+)の部分、すなわち数字の部分が記憶される。どこに記憶されるかというと、$1という特殊な変数の中にだ。この後に、

```
p $1
```

とすると、"123"と表示される。$1には"123"という文字列が入っているのだ。

( )が増えるにしたがって、記憶も増えていく。それは$1、$2、$3、……に順番に格納される。

```
"abc123efg" =~ /(¥D+)(¥d+)(¥D+)/
```

とすると、$1には"abc"が、$2には"123"が、$3には"efg"が記憶される。また、$+という変数にはマッチした最後のグループの内容が記憶される。この場合は、"efg"だ。

こうして記憶した文字列を後から参照して使うことができる。これが「後方参照」だ。これを使えば、HTMLページの中からタグを除いた情報を取り出す仕事もお茶の子さいさいだ。

```
"<title>Perfect System Trading</title>" =~ %r!<.+>(.+)</.+>!
$1        #=> "Perfect System Trading"
```

後方参照についてあともうひとつだけ。グループ化はしたいけれど、マッチ部分の記憶はしたくない、ということがある。どういうことか。先ほどの「ちょうど数字3個続き」にマッチするヤツを思い出していただきたい。

```
"abc243xyz" =~ /(¥D|^)¥d{3}(¥D|¥s|$)/
```

こんなんだった。ここで、その3桁の数字を後方参照したいとしよう。真ん中の ¥d{3} を ( ) で囲って

```
"abc243xyz" =~ /(¥D|^)(¥d{3})(¥D|¥s|$)/
```

というふうにやる。こうすると、$1 には "c" が、$2 には "243" が、$3 には "x" が記憶される。

しかし、3桁の数字だけを取り出したいのなら、"c" や "x" は余計だ。そこで、最初と最後のグループでは、マッチ部分を記憶しないことにする。そのためには、グループ化のかっこを (?:) という形にする。そうすると、そのかっこの中にマッチした部分は記憶されない。

```
"abc243xyz" =~ /(?:¥D|^)(¥d{3})(?:¥D|¥s|$)/
$1        #=> "243"
$2        #=> nil
$3        #=> nil
$+        #=> "243"
```

?: がついていない真ん中のかっこにマッチする部分だけが記憶されていることがお分かりいただけただろうか。

ここであらためてこのパターンを見てみると、なんともわけが分からない、おっかない見た目になっている。しかし部分部分を見ていけば難しいことはない。ここまで順番に読んできていただいた読者なら、きっとそう思っていただけることだろう。

5-2-7　式展開

ヘビーな話題が続いたので、軽いネタをひとつ。

文字列の中に変数の値を埋め込みたいときがある。例えば次のようなコードだ。

```
name = "タクマ"
puts "私の名前は" + name + "です"    #=> "私の名前はタクマです"
```

変数に自分の名前を入れて、自己紹介をしようという企画だ。+ で文字列をつないでいる。このくらいならまだいいのだが、変数が増えると読みづらくなってくる。

```
first_name = "タクマ"
last_name  = "坂本"
puts "私の名前は" + last_name + first_name + "です"
   #=> "私の名前は坂本タクマです"
```

数が入ってきたりするともう最悪だ。

```
a = [1, 2, 3]
puts a[0].to_s + "足す" + a[1].to_s + "足す" + a[2].to_s +
```

```
"は" + (a[0] + a[1] + a[2]).to_s + "です"
  #=> "1足す2足す3は6です"
```

to_sというメソッドで、数を文字列に変換している。こうしないと、文字列と連結できないのだ。こういうコードほど、書いていて嫌気がさすものはない。

これらの面倒を解決するのが式展開だ。こんな感じだ。

```
first_name = "タクマ"
last_name  = "坂本"
puts "私の名前は#{last_name}#{first_name}です"
  #=> "私の名前は坂本タクマです"
```

" "で囲まれた文字列の中に、#{ }の中に変数名を入れたものをはめ込んでやれば、その変数の値がその場所に埋め込まれる。

数字がらみだと便利さは際立つ。

```
a = [1, 2, 3]
puts "#{a[0]}足す#{a[1]}足す#{a[2]}は#{a[0]+a[1]+a[2]}です"
  #=> 1足す2足す3は6です
```

ちゃんと文字列に変換してくれるうえに、#{ }の中で計算までしてくれる。さすが「式」展開だ。

なお、式展開は必ず" "（ダブルクオート）の中でやらなければならない。' '（シングルクオート）の中ではできないので注意。前に" "と' 'はほとんど同じ、みたいなことを言ったが、ここが大きく違うところだ。

#{ }は文字列の中だけでなく、正規表現の中でも使える。

```
number = 100
"私は100万円持っています" =~ /¥w*#{number}¥w*/    #=> 2
```

簡単で便利な式展開をぜひ覚えよう。

5-3　実装

予習が長くなったけれども、銘柄リストを作るクラスのコードを書いてこう。stock_list_maker.rb というファイルを新規に作り、trade_simulator フォルダの中の lib フォルダに保存して、スタートだ。

以下に掲載したコードを見て、そのあとの解説を読みながら打ち込んでいってほしい。

■ファイル：lib¥stock_list_maker.rb

```
# coding: Windows-31J

require "open-uri"

# Yahooの銘柄情報ページから情報を取得し、
# 銘柄リストを作るクラス
# 証券コード、上場市場、単元株数・売買単位が含まれる
class StockListMaker
  attr_accessor :data_dir, :file_name

  def initialize(market)
    @market = market
```

```ruby
    @data_dir = "data"
    @stock_info = []
  end


  # 銘柄情報の取得
  def get_stock_info(code)
    page = open_page(code)
    return unless page
    text = page.read.encode("Windows-31J",
                            :undef => :replace)
    data = parse(text)
    data[:code] = code
    return unless data[:market_section]
    puts code
    @stock_info << data
  end


  # 銘柄情報の保存
  def save_stock_list
    File.open(@data_dir + "/" + @file_name, "w") do |file|
      @stock_info.each do |data|
        file.puts [data[:code], data[:market_section],
                   data[:unit]].join(",")
      end
    end
  end

  private
```

```ruby
  # 銘柄情報ページを開く
  def open_page(code)
    begin
      open("http://stocks.finance.yahoo.co.jp/" +
           "stocks/detail/?code=#{code}.#{@market}")
    rescue OpenURI::HTTPError
      return
    end
  end

  # HTMLから銘柄情報を抜き出す
  def parse(text)
    data = Hash.new
    sections = []
    reg_market = /yjSb">([^< ]+) ?</
    reg_unit =
      %r!<dd class="ymuiEditLink mar0"><strong>((?:¥d|,)+|---)</strong>株</dd>!
    text.lines do |line|
      if line =~ reg_market
        sections << $+
      elsif line =~ reg_unit
        data[:market_section] = sections[0]
        data[:unit] = get_unit($+)
        return data
      end
    end
    data
```

```
    end

    # 単元株数を得る
    def get_unit(str)
      if str == "---"
        "1"
      else
        str.gsub(/,/,"")
      end
    end
end
```

注＝●で示した行は改行された行ではないことを示している

　コードの最初のところ、require "open-uri" で open-uri ライブラリを読み込んでいる。これで、銘柄情報ページがあたかもローカルファイルのように扱える。

　クラスの最初のほうは、データ関連の処理だ。StockListMaker クラスにはどんなデータが、すなわちどんなインスタンス変数があるのかを列挙しておく。

@data_dir	データの保存場所
@file_name	銘柄リストのファイル名
@market	取り扱う市場
@stock_info	銘柄情報（証券コード、市場、単元株数）の配列

　クラスの中の最初の行に attr_accessor というのがある。これは、前の章に出てきた attr_reader というやつの仲間だ。attr_reader によって作られたアクセサメソッドは、読み取り専用であり、中の値を変えることはできない。それに対して、attr_accessor というのは、

読み書き両方できる。オブジェクトの中のデータを読み取ることもできるし、データを書き込むこともできる。

```
class Person
  attr_accessor :name
end

he = Person.new
he.name = "ゴロー"      # データの書き込み
puts he.name           # データの読み込み  #=> "ゴロー"
```

he.name = というところが、データを書き込んでいるところだ。@name に値を代入する。

さて、StockListMaker のコードに戻る。attr_accessor で、ふたつのアクセサ、data_dir と file_name が作られる。それぞれ @data_dir と @file_name を読み書きするものだ。

initialize メソッドは、インスタンス変数の初期化を行う。@market、@data_dir、@stock_info だ。上場市場を引数にして、オブジェクトを生成することになる。

```
slm = StockListMaker.new(:t)
```

という感じだ。この引数は、東証や名証などの証券取引所を指定するものだ。東証なら :t、名証なら :n というふうに指定する (*)。

(*) 2013 年の東証と大証の統合により、主要な銘柄はほとんど東証で取引されるようになった。ここは :t としておけば問題ないだろう。

図10

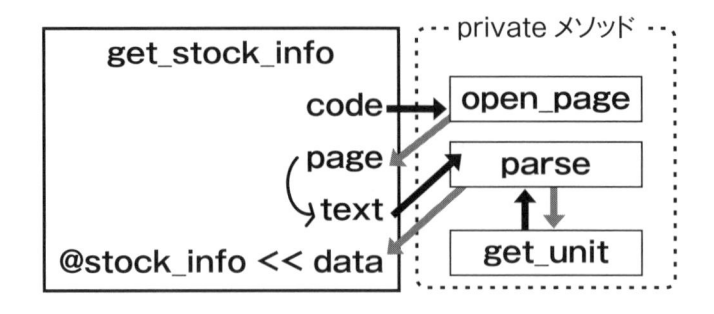

```
┌─────────────────────────────┐   ┄ private メソッド ┄
│   get_stock_info            │  ┌──────────────┐
│              code ──────────┼─▶│  open_page   │
│              page ◀─────────┼──│              │
│            ↰       ─────────┼─▶┌──────────────┐
│            ↳ text ◀─────────┼──│    parse     │
│                             │  │              │
│   @stock_info << data       │  └──────┬───▲───┘
│                             │         ▼   │
│                             │  ┌──────────────┐
│                             │  │   get_unit   │
│                             │  └──────────────┘
└─────────────────────────────┘
```

　リストの保存場所である @data_dir には、"data" フォルダが初期値として指定される。何もしなければ、リストは data フォルダに保存されるわけだ。data フォルダは、準備編ですでに作ってあるはずだ。lib フォルダと同じ階層にある。保存場所を変更したければ、data_dir アクセサメソッドで保存先を指定すればよい。

　@stock_info は空の配列で初期化される。これには、各銘柄ごとに「証券コード、市場、単元株数」という3つのデータがハッシュとして表されたものが入る。つまり、@stock_info は「ハッシュの配列」になる。

5-3-1　get_stock_info

　get_stock_info メソッドを見てみよう。大まかな流れは**図10**のようになる。ここからしばらく長めの説明が続くが、自分の立っている場所を見失いそうになったらこの図を見直していただきたい。

　この get_stock_info メソッドでは、Yahoo! ファイナンスの銘柄情報ページから、引数 code で指定した証券コードの銘柄についての情報を得る。中では次のような仕事をやっている。

1. 指定した証券コードの銘柄情報ページを開く
2. 開いたページのテキストを読み込む
3. 読み込んだテキストから上場市場（上場部）・単元株数のデータを抜き出す
4. 抜き出したデータを @stock_info に格納する

なかなか忙しいメソッドだ。上から順に見ていこう。
まず、

```
page = open_page(code)
```

のところで、open_page メソッドを使って Yahoo! ファイナンスの銘柄情報ページを開いている。この open_page メソッドは private メソッドで、このクラスの後のほうで定義されている。中身については
のちほど。

```
return unless page
```

のところで、もしページが空なら、何もせずメソッドを終了する。ここについては説明が必要だろう。

まず、return。これが出てきたら、そこでメソッドが終了するのだ。return 1 などと、返す値を指定することもできる。返値を何も指定しないと、nil を返す。

unless というのは、if の逆、と考えればよい。「もし〜が偽ならば」ということだ。unless page で、「もし page 変数の中身が nil ならば」ということを表している。で、この unless 節を文のあとに、修飾的につけている。return unless page は、

```
unless page
  return
end
```

と同じことだ。unless を後ろにくっつけることによって、これを1行で書いたのだ。英語っぽい語順になっている。

　全体としては、「もし page 変数の中身が nil ならば、何もせず get_stock_info メソッドを終了せよ」という意味になる。どんなときにそうなるかといえば、引数 code で指定した証券コードを持つ銘柄のページが存在しないときだ。

　次に、

```
text = page.read.encode("Windows-31J",
                       :undef => :replace)
```

で、いま読み込んだページから文字を読み取っている。

```
data = parse(text)
```

は、parse メソッドで今読んだテキストを解析し、銘柄情報を得ている。parse メソッドも private メソッドで、後ろで定義されている。これも説明はのちほど。返値が「上場市場」と「単元株数」をキーとするハッシュである、ということだけ分かっておいていただきたい。つまり、data の中身はハッシュである。

```
data[:code] = code
```

で、data の銘柄情報に「証券コード」を付け加えている。

```
return unless data[:market_section]
```

は、いま得た銘柄情報を調べて、もし上場市場に関するデータが取得できていなければ @stock_info にデータを追加せず、メソッドを抜ける。

これは、上場廃止銘柄などのページがサイトに残っていることがあるのに対応した処理だ。そういう「お化け銘柄」のページには上場市場に関する情報が書かれていない。そういう銘柄はリストには載せられない。

```
puts code
```

で、いま調べている銘柄の証券コードを表示する。こうすることで、たくさんの銘柄の情報をいっぺんに取得するときに、進行状況が分かる。時間がかかる処理の場合、進行状況が分かるのと分からないのとではイライラ具合がまったく違ってくる。

```
@stock_info << data
```

で、配列である @stock_info に銘柄情報のハッシュを付け加えて目的達成だ。

5-3-2　open_page

保留していた private メソッドについて見ていこう。まず open_page メソッド。begin 〜 rescue 〜 end でくくった中で、Yahoo! ファイナンスの銘柄情報ページを開いている。もしエラーが起きたら、何もしないで終了する。返値は nil になる。

```
rescue OpenURI::HTTPError
```

という部分で、rescue で捕捉するエラーの種類を指定している。OpenURI::HTTPError というエラーのみを捕まえて、次の行の return を実行する。その他の種類のエラーの場合は、ちゃんとエラーを発生させる。

OpenURI::HTTPError というのはページの取得に失敗したときのエラーだ。ない銘柄コードを指定したときに、Not Found が返されることがあるが、それを捕まえることを意図している。そういう証券コードの銘柄はない、というときにはそこは飛ばして次にいく。そういう目的だ。ほかの不測のエラーが起きた場合には、ちゃんとプログラムが止まる。

open への引数として、URL を文字列で与えている。その中で式展開を使って証券コードと上場市場を表すアルファベット 1 文字が与えられている。こういうところ、1 文字ずつ間違わないように丁寧に打ち込んでいってももちろんいいが、ブラウザで実際のページにアクセスして、URL をコピーしたほうが楽だし間違いがない。

Yahoo! ファイナンスのページにある検索窓に、実在する証券コードを打ち込んで検索すると、目的の銘柄情報ページに行く。そこで、アドレスバーに表示される URL をコピーしてコードにペーストする。例えばこんなふうになっている。

http://stocks.finance.yahoo.co.jp/stocks/detail/?code=8604.t

これは、どの銘柄でもほとんど一緒で、最後のほうの 4 桁の数字と、最後のアルファベットが、銘柄によって異なっている。これらが証券コードと上場市場を表していることは、何銘柄かのページを見てみれ

ば分かるはずだ。で、このふたつの情報を変数として、

```
"http://stocks.finance.yahoo.co.jp/stocks/detail/?code=#{code}
.#{@market}"
```

注＝2行目は改行されてはいない

のように書き換えればよい。いじるのは最後のほうだけでよいのだ。#{ }による式展開を使って、code 変数と @market 変数の値を埋め込んでいる。code 変数は、この open_page メソッドに引数として与えられたもの、元を正せば get_stock_info メソッドの引数だ。@market は、initialize の引数として与えられた :t などのシンボルだ。

この、「どっかからコピーして一部分を変える」というテクニックは、今後何度か使う。

5-3-3　parse

次は StockListMaker の心臓部、parse メソッドだ。parse というのは、構文解析とかいう意味だ。ここでは、HTML データであるページのテキストを解析して、必要な情報を取得する作業を行う。

引数の text は、銘柄情報ページを読み込んだ HTML データだ。これを1行ずつ参照し、正規表現によるマッチングを行い、必要な情報がある行ならば、後方参照を使ってそれを data 変数にハッシュとして格納する。ここでやっているのはそういうことだ。sections という、配列を格納する変数については、のちほど触れる。

「text.lines do ...」のところ。String#lines というメソッドは、テキストを1行ずつ見ていくときに使うイテレータだ。1行というのは、改行（"¥n"）までということ。text 変数の中の HTML データから、1行取り出してはブロックに渡していく。

その渡された行（line）の中に、上場市場や単元株数といった情報

がないか、正規表現を使って調べている。具体的には、**図 11** の①と
②のところだ。この行にマッチするような正規表現を使う。

　それらの正規表現をそれぞれ変数 reg_market と reg_unit に代入
している。reg というのは、"regular expression"、すなわち英語の「正
規表現」の最初の 3 文字をとったものだ。

　正規表現の中身を詳しく見てみよう。まず、上場市場の書いてある
行にマッチさせるための正規表現。

```
/yjSb">([^< ]+) ?</
```

　/ / の中にパターンが書いてある。短いんだけれども、これだけで
はなんだかよく分からない。HTML ソースを読んでよーく検討した
結果、このようなパターンになったのだ。

　ではその HTML のソースを見てみよう。まず、ブラウザでソース
を表示させる。ブラウザによっても違うが、ページの上で右クリック
し、「ソースを表示」などを選べばできるはずだ。次に該当箇所、す
なわち上場市場が書いてある部分（**図 11** の①）を探す。なかなか見
つけづらいかもしれない。Firefox をお使いの方は、ページ全体では
なく部分的にソースを表示することもできる。ソースを見たい部分（図
の①）をマウスで選択して右クリック、＜選択した部分のソースを表
示＞だ。

　該当箇所のソースは、銘柄によって若干違う。その違いは、1 市場
にのみ上場しているのか、複数市場に上場しているのかというところ
からくる。

　1 市場にのみ上場している銘柄は次のような HTML になる。

第5章 銘柄リストを作る

図11

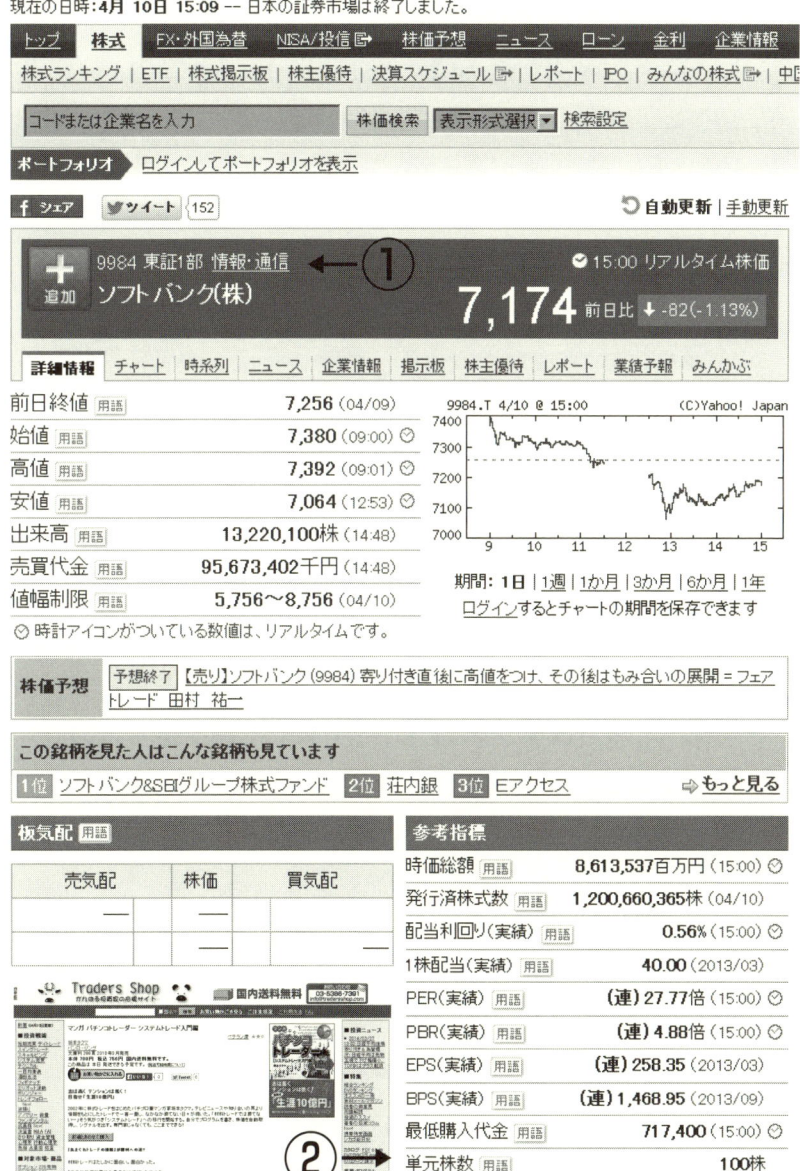

HTMLソース1（9984：ソフトバンク）

```
<dl class="stocksInfo">
<dt>9984</dt>
<dd class="category yjSb">東証1部</dd>
```

2市場以上に上場している銘柄はこうだ。

HTMLソース2（8604：野村ホールディングス）

```
<dl class="stocksInfo">
<dt>8604</dt>
<dd id="ddMarketSelect" class="marketSelect"><span class="mar
ket yjSb">東証1部 <span class="select"></span></span></dd>
```

ここから「東証1部」という文字列を取り出すのが目的だ。上の2つのソースのどちらともうまくマッチする正規表現を考える。2つのソースをよーく見比べてみよう。共通する部分はないか。

それは、市場を表す文字列（ここでは「東証1部」）の直前に「yjSb">」という文字列があることだ。さらに「東証1部」のあとに「<」という文字が続く（「</dd>」と「<span 」）。要するに「yjSb">」と「<」に挟まれて、上場市場が書かれている。

ひとつ注意しなければならないのは、複数市場に上場する銘柄のほうは、市場名の次に半角スペースが挿入されていることだ。1市場のみの場合にはスペースはない。

以上のようにHTMLを分析した結果できた正規表現が、

```
/yjSb">([^< ]+) ?</
```

なのだ。

　([^<]+) のところに上場市場名がある。「<」と半角スペース以外の文字による文字列、ということだ（<のあとに半角スペースがあることに注意）。HTMLソースの中の市場を表す文字列の直後にある「<」を含めないようにするために、また、複数市場に上場している銘柄の市場名のあとに挿入されているスペースを除くためにこうしている。()で囲って、後方参照用に記憶させる。

　その次の「 ?」のところは、半角スペースがあったりなかったり、ということ（?の前に半角スペース）。1市場のみに上場する銘柄と、複数上場の銘柄の違いを吸収している。

　では次。売買単位を示す行にマッチする正規表現について考える。Yahoo!ファイナンスの銘柄情報ページをいろいろな銘柄について見てみた結果、この情報があるのは「参考指標」という表の中の「単元株数」または「売買単位」という行であることが分かった。個別株などは「単元株数」、ETFなんかは「売買単位」というふうになっているようだ。

　だったらなんらかの場合分けをしなければならないのか、というと、そうでもない。HTMLソースを見ると、株数を表す部分は「単元株数」であろうが「売買単位」であろうが、同じであることが分かった。

```
<dd class="ymuiEditLink mar0"><strong>100</strong>株</dd>
```

とこんなふうになっている。各自、ブラウザでソースを確認していただきたい（図11の②）。

　ここでいえば"100"のところが売買単元株数を表すが、ものによっては、"--- 株"となっている銘柄もある。ソースはこうだ。

```
<dd class="ymuiEditLink mar0"><strong>---</strong>株</dd>
```

　板と照らし合わせて調べた結果、どうやらこれは 1 株単位の銘柄のようだ。

　これで、変化する部分は、"100" などの数字のところで、そこは "---" ともなり得る、というふうに調べがついた。あとはこれをどう正規表現にするか、だ。

　売買単元株数は、どんな数字で表されるか。1 株とか、10 株とか、100 株なんかがある。問題になるのは、1000 株のときだ。これは "1,000" などと、桁区切りの "," が途中に入っているのだ。だから、株数を表す数字は「数字または , (カンマ)」で構成されていることになる。よってとりあえず、

```
(\d|,)
```

こう書けばいいか。3 桁目に "," が入っている、というようなことまで考慮するともっと複雑になってしまうが、これだけで十分いけるんじゃないかと思う。前後の HTML タグまで参照するので、間違えることはないはずだ。で、数字または "," がいくつか続くので、

```
(\d|,)+
```

となる。さらに、"---" という場合も考慮すると、

```
((\d|,)+|---)
```

となる。ここで、内側のグループは後方参照から外して、

```
((?:¥d|,)+|---)
```

とやっておこうか。これで、株数を表す数字、または"---"にマッチする正規表現ができた。

ここで、例の便利技を使う。先ほどの HTML ソースの該当部分をコピー&ペーストし、株数の部分をこの正規表現で書き換える。そうして、%r!!でくくって reg_unit 変数に代入する。

```
reg_unit =
  %r!<dd class="ymuiEditLink mar0"><strong>((?:¥d|,)+|---)</strong>株</dd>!
```
注＝3行目は改行されてはいない

これでできあがりだ。

このようなコピー&ペーストから加工していく方法を覚えておくと、今後、このページの HTML 構造が変わったときに、即座に正規表現を変更して対応することができる。

本書執筆時点ではこのような HTML になっているが、今後いつどう変わるか分からない。実際、過去に何度も変わっている。実を言えば本書執筆中にも1度変わり、書き直しを余儀なくされたのだ。今後、変更があった場合には、あわてずに HTML ソースを調べ、ここで紹介したように銘柄ごとに違う部分をメタ文字で置き換える、という作業をすれば、案外早く対応できる。正規表現の威力をまざまざと感じる瞬間だ。

同様のことは、open_page メソッド内の URL にも言える。銘柄情報ページの URL が変更になることもあり得る。そのときは、open_page の項（157 ページの 5-3-2）で紹介した方法で URL を解析し直し

てほしい。

　正規表現さえできてしまえば、勝ったも同然だ。あとは、HTMLテキストを1行ずつ読んで、いま作った正規表現とマッチするところを探す。そのコードをもう一度ここに載せる。

```
text.lines do |line|
  if line =~ reg_market
    sections << $+
  elsif line =~ reg_unit
    data[:market_section] = sections[0]
    data[:unit] = get_unit($+)
    return data
  end
end
```

　line =~ reg_market で、上場市場が書かれている行を探している。もしマッチすると、マッチした中の上場市場に相当する文字列が配列 sections に加えられる。$+ 変数には、マッチした中の最後のグループに相当する文字列が入っている。それが、上場市場だ。"東証1部"とか"マザーズ"などだ。

　同様に、line =~ reg_unit で単元株数の書かれている行を探し、もしマッチすればその単元株数に相当する部分の文字列("100"とか"1,000"とか"---") を get_unit メソッドを使ってちゃんとした数字に直して、data[:unit] に格納している。また、これがマッチするということは、このページから欲しい情報はすべて手に入れたということなので、data[:market_section]に上場市場を代入し、return data でもって得られたデータを返し、処理を終了する。

ここで、

```
sections << $+
```

と、

```
data[:market_section] = sections[0]
```

という部分でもって、上場市場を一度配列に入れてから、その1番目の要素を取り出してdataに加えている。なぜこんなまどろっこしいことをするのかというと、実はETFなど一部銘柄のページで、reg_marketにマッチする部分が2カ所あることがあるからだ。直接、

```
if line =~ reg_market
  data[:market_section] = $+
```

のようにやってしまうと、あとからマッチした行のデータで上書きされてしまう。欲しい情報は最初にマッチする部分にあるので、このようにいったん配列に入れてから、1番目の要素を取り出す、ということをやっているのだ。

一部の銘柄のためにこのような書き方をするのはシャクではあるのだが、reg_marketの正規表現をもっと複雑にして強引に対処するよりは、このほうがすっきりしている。

```
data[:unit] = get_unit($+)
```

という行で使われているget_unitメソッドは、parseメソッドのすぐ下だ。ここでは、与えられた文字列が"---"なら"1"を返し、そ

れ以外（数字）なら "," を "" に変えて、すなわち "," を削除して返す。"1,000" が "1000" になったりする、ということだ。

String#gsub メソッドは、第1引数に正規表現（文字列でも可）を与えてやると、それと一致する部分を文字列から探し、見つかったものをすべて第2引数の文字列で置き換えた文字列を返す。

```
"1,000".gsub(/,/, "")          #=> "1000"
"1,000,000".gsub(/,/, "")      #=> "1000000"
"abcde".gsub(/[ae]/, "Z")      #=> "ZbcdZ"
```

この gsub メソッドを使い、単元株数を表す数字の中の "," を "" で置き換える、すなわち「カンマを無で」置き換えている。要するに "," を取り除いている。

text.lines do … end のあとには、data 変数がぽつんと書かれている。これは、存在しない銘柄のページにアクセスするなどして、text から銘柄情報が得られなかったとき、空のハッシュを返す、ということだ。

ここまでが、get_stock_ifno メソッドの解説になる。図10（154ページ）を見て、もう一度流れを確認してみよう。

get_stock_ifno メソッドが、open_page メソッドに銘柄情報ページを開かせる。そのページから読み込んだ HTML を parse メソッドによって解析し、その中で get_unit メソッドを呼び出してデータを整えたりしつつ、できたデータを @stock_info 変数に保存する。こういう流れだ。

なぜ、こんなにあちこち行ったり来たりするのか。うろうろしているうちに、ソースコードのどこを読んでたんだか分からなくなってしまうじゃないか……。

それは「メソッドを短くするため」だ。メソッドが長いとロクなこ

とがない。読みにくい、分かりづらい。こんがらがって何が何だか分からなくなる。やがてプログラム全体が破綻する原因ともなる。

　実は筆者が最初に get_stock_info メソッドを書いたときには、open_page メソッドや parse メソッドでやっている処理をすべて get_stock_info の中に書いていた。それを、Web ページを開くところ、HTML 解析をしているところ、というふうに分けて別のメソッドにした。その分けたメソッドはクラスの内部的なものなので private にした。このようなコードの分割作業は、プログラミングする日には必ずやると言っても過言ではない。そのくらい当たり前のことだ。逆に言えば、ぼやぼやしているとメソッドはすぐに長くなってしまうということでもある。

　ポイントは、切り出したメソッドに分かりやすい名前をつけること。コードを見なくても、そのメソッドが何をやっているか想像できるようなものが望ましい。

　これは「リファクタリング」と呼ばれる技術のひとつだ。リファクタリングには、コードを分かりやすく保つためのさまざまなテクニックがある。メソッドを短くし、重複を避け、分かりやすい名前をつけ……といった具合だ。

　これを覚えると、病みつきになってどんどんリファクタリングしたくなる。今も、このメソッドはもっと短くなるんじゃないかと思えてきた。うう……ここは我慢して、先に進もう。

5-3-4　save_stock_list

　StockListMaker の最後は、save_stock_list メソッドだ。get_stock_info によって得た銘柄の情報を、テキストファイルとして保存する。

　やっていることは極めてシンプルだ。@data_dir と @file_name から保存ファイル名を作り、ファイルを書き込みモードで開く。

@stock_info からひとつずつ銘柄情報を取り出して、ファイルに書き込んでいく。それだけだ。

　書き込み用にファイルを開くとき、「File.open...」のようにしている。頭の「File.」がなくても動くが、ファイルを open しているということがぱっと見分かりやすいかと思って「File.」をつけてみた。このクラスでは Web ページも open しているし、区別がついたほうがいいかと。

　@stock_info は配列で、そのひとつひとつの要素はハッシュだ。「ハッシュの配列」だ。そのハッシュから、ファイルに書き込むための文字列を作るのにこういうことをやっている。

```
[data[:code], data[:market_section], data[:unit]].join(",")
```

　ハッシュから証券コード、上場市場、単元株数のデータを取り出して、それぞれを要素とする配列を作る。その配列に対して join メソッドを呼び出して、それぞれの要素を"," で区切った文字列を作る。つまりこういうことだ。

```
["1301", "東証1部", "1000"].join(",")
  #=> "1301,東証1部,1000"
```

　file.puts でもってこの文字列を書き込むと、

1301, 東証 1 部 ,1000

という行がファイルに付け加えられる。puts の機能として、行末には自動的に改行が加えられる。

　これで、StockListMaker クラスはできあがりだ。さっそくこれを

使って銘柄リストを作ってみよう。

5-4　銘柄リストを作る

StockListMaker クラスを使って、銘柄リストを作る。といっても、今作った stock_list_maker.rb を直接 Ruby で実行するわけではない。そうしても何も起こらない。試してみていただきたい。Ruby コマンドプロンプトで、trade_simulator フォルダにいる状態で、

```
>ruby lib¥stock_list_maker.rb
```

としても、何事もなく終了するはずだ。

どこか間違ってるのか？　とあわてる必要はない。それでいいのだ。stock_list_maker.rb には、StockListMaker クラスのクラス定義が書かれているだけだ。そういうファイルを実行しても、通常は何も起こらない。クラスの中にはメソッドの定義は書いてあるが、そのメソッドをどこかで呼び出さなければ何もできない。

クラスを使うためには、普通はそのインスタンスを生成する。インスタンスに対して、メソッドを呼び出すことで仕事をするのだ。それはクラス定義と同じファルの中、クラス定義の下のところに書いてもいい。ただし本書ではそのような形をとらない。クラス定義はクラス定義、それを使う実行ファイルは実行ファイルと分ける。クラス定義は lib フォダに、実行ファイルは bin フォルダに保存する。

というわけで、StockListMaker を使って銘柄リストを作るために、簡単なスクリプトを書こう。やることは、

- ●東証銘柄をリストにする
- ●リストの保存場所は、初期値の "data" フォルダ

●リストのファイル名は、自分で指定できる。指定しないと "tosho_list.txt" になる

といったところだ。コードを見ていただこう。

■ファイル：bin¥make_stock_list.rb

```ruby
# coding: Windows-31J


require "./lib/stock_list_maker"


# 東証銘柄の銘柄リストを作る
# 使い方：ruby bin¥make_stock_list.rb file_name
# file_nameは省略可。省略すると"tosho_list.txt"になる


slm = StockListMaker.new(:t)
slm.file_name = ARGV[0] || "tosho_list.txt"
puts slm.file_name
(1300..9999).each do |code|
  slm.get_stock_info(code)
end
slm.save_stock_list
```

　短い。たったこれだけで、銘柄リストが作れる。ここまでで結構苦労したからな。
　これを打ち込んで、"make_stock_list.rb" というファイル名で "bin" フォルダに保存しよう。

```
slm.file_name = ARGV[0] || "tosho_list.txt"
```

というところで、リストのファイル名を実行時に受けつけている。ARGVというのは、「コマンドライン引数」の配列だ。コマンドライン引数とは……実例を見たほうがはやいだろう。some_script.rbというRubyプログラムを次のように実行するとする。

```
>ruby some_script.rb arg1 arg2
```

この、arg1とarg2がコマンドライン引数だ。プログラムファイル名の後に文字列とか数字を書いてやる。するとそれが、プログラムを実行するときに引数としてRubyに渡される。それらが自動的にARGVという配列の中に格納される。この例でいえば、ARGV[0]がarg1、ARGV[1]がarg2だ。これらはプログラム内で使うことができる。

今作っているスクリプトではどうやるか。

```
>ruby bin¥make_stock_list.rb tosho_list_2013_04_22.txt
```

このように、実行ファイル名の後にリストファイルの名前を好きなように指定すると、それがファイル名となる。指定しなければ（ARGV[0]がnilならば）、"tosho_list.txt"がファイル名になる。それが、

```
slm.file_name = ARGV[0] || "tosho_list.txt"
```

の意味だ。

```
(1300..9999).each do |code|
  slm.get_stock_info(code)
```

```
end
```

というところで、証券コード 1300 から 9999 までについて、StockListMaker#get_stock_info メソッドを使って銘柄情報を取得している。

```
1300..9999
```

というのは、「範囲オブジェクト」だ。Ruby の組み込みクラス Range に属する。ここでは、「1300 から 9999 まで」を表している。これに対して each メソッドを呼び出すと、1300、1301、1302、……という数が、順番にブロックに渡される。ブロック変数 code が順に 1300、1301、……と変化して、それぞれに対して get_stock_info メソッドが実行される。すごく便利な書き方だ。

　ここで、なぜはじまりが 1300 なのか、という疑問がわく。筆者自身が実験してみた結果、1000 ～ 1300 の間では 1 銘柄もヒットしない。その間の証券コードを持つ銘柄がない、ということらしい。その間を調べるのも無駄だから、1300 からにしたのだ。

　もし事情が変わって 1000 ～ 1300 番の証券コードが現れたら、

```
(1000..9999).each ...
```

などと書き直すこともできる。

　で、すべての銘柄情報を集め終わったならば、

```
slm.save_stock_list
```

でリストを保存して終了だ。

ここまでのコードを書き終わったら、さっそく実行だ。リスト名を"tosho_list.txt"のままでいくなら、

```
>ruby bin¥make_stock_list.rb
```

とする。ファイル名を指定したいなら、

```
>ruby bin¥make_stock_list.rb  ファイル名
```

とする。

この銘柄リストは常に変化する。新しい銘柄が上場されたり、逆に上場廃止になったり、上場部が変更になったり、売買単位が変更になったり。だから、いつも同じファイル名にして上書きしてしまうよりは、ファイル名に日付を入れるなどして、「そのときのリスト」を作るほうが筆者の好みだ。ただ、毎日変化があるわけではないので、このリスト作りの作業は、それほど頻繁にやらなくても大丈夫だろう。

さて、いかがだろう。銘柄リストはできただろうか。全部の銘柄を調べ終わらないと保存されないのでdataフォルダにファイルが現れるまで時間がかかる。そこまでいって失敗したら怖い、という人は、1300..9999の代わりに1300..1350などとして、検索範囲を狭めてちょっとやってみるといいだろう。

できあがった銘柄リストファイルを開いてみよう。

1301,東証1部,1000
1305,東証,10
1306,東証,10

1308, 東証 ,100
1310, 東証 ,10
・
・
・

　こんなふうになっていれば成功だ。おめでとう！
　ところで、「東証１部」はいいとしてただの「東証」とはなんだろう？ちらっと調べてみたかぎりでは、これらの銘柄は ETF や REIT のようだ。
　そのほかにも、「東証２部」とか「マザーズ」とか「東証外国」とかいう文字が見えるはずだ。しばしリストをながめて、何か問題がないかチェックしてみよう。問題がなければ、銘柄リストは完成だ。

　ふー。やっかいな仕事がひとつ終わった。ひと休みしよう。
　もっとやっかいな株価データの取得という作業に行く前に、いま作った銘柄リストを読み込むクラスを次章でささっと作ってしまおう。

第6章

銘柄リストを読み込む

　前章で作った銘柄リストを、読み込むクラスを作ろう。これは、のちに株価データから「株オブジェクト」を作るときに使うことになるクラスだ。

　ほんのちょっとしたクラスなので、コーディング作業は3分ほどで終わる。いや3分では無理かもしれないが。

6-1　仕様

　このクラスは銘柄リストを読み込むのが仕事だが、株オブジェクトを作るときに便利ないくつかのメソッドも持つ。やることは以下のとおりだ。

- ●銘柄リストのテキストファイルを読み込む
- ●リストにあるすべての銘柄についてのすべての情報（証券コード、単元株数、上場市場）をまとめて取り出す
- ●すべての銘柄の証券コードの配列を取り出す
- ●すべての銘柄の単元株数の配列を取り出す
- ●すべての銘柄の上場市場の配列を取り出す
- ●上場市場によって銘柄を絞り込む

難しいところはない。ここまでに学んだ知識に、ちょっとつけ加えるだけでよい。

6-2　予習

6-2-1 raise

例外が起こったときの対処法について前章で学んだが、ときにはわざと例外を起こしたいことがある。そのときに使うのが「raise」メソッドだ。

```
raise "You fail"
```

とこんなふうに、raise のあとにエラーメッセージを書いてやると、そこで例外が発生し、そのエラーメッセージが表示される。下のように。

```
RuntimeError: You fail
```

発生させるエラーの種類を指定することもできる。

```
raise NoMethodError, "No method!!"
  #=> NoMethodError: No method!!
```

例外というのはプログラムの動作としては強めの反応なので、多用するとユーザーが面食らう。しかし、使い方によってはなかなか便利だ。

6-2-2　self

「self」とは何か。自分とは何なのか。どこから来てどこへ行く。何

のために生きる。そういう哲学的なことを考える必要はない。Rubyでselfといったら、「現在のオブジェクト」のことだ。

なに？　余計に分からない？　じゃあ、コードを見ていただこう。

```
class MyClass
  def introduce
    puts self
  end
end


me = MyClass.new
me.introduce          #=> #<MyClass:0xf87528>
```

MyClassというクラスに、introduceメソッドが定義されている。それはselfを表示するものだ。「#<MyClass:0xf87528>」というように、meオブジェクトの属するクラスの名前であるMyClassが表示される。そのあとのわけの分からない記号というか数字というかは、このオブジェクトがコンピューターのメモリー内のどこにいるかを表す「住所」のようなものだ。別のオブジェクトには別の住所が与えられる。みなさんがこのコードを実行するときには、この例とは違った住所が表示されるかもしれない。要するに、オブジェクトは1個1個区別されている、ということだ。

このコードでは、MyClassのインスタンスである「me」がselfになっている。introduceメソッドがインスタンスメソッドだから、その中で言及されているselfもインスタンスになる。文脈によって、selfはころころ移り変わる。

selfについてはいろいろ深い話があるのだが、ここではとりあえず、

> ●メソッドの中で言及された self は、そのメソッドが呼び出される
>   オブジェクトである

ということを覚えておいてほしい。上の例では、「me」がその「メソッドが呼び出されるオブジェクト」だ。こういうオブジェクトを、オブジェクト指向の用語で「レシーバ」という。

```
me.introduce
```

のように書くとき、「me オブジェクトに introduce というメッセージを送っている」と言ったりする。このメッセージの受け手が「レシーバ」であり、レシーバこそが、self の正体だ。この例では、me が introduce というメッセージのレシーバであり、introduce によって正体を現わす self なのだ。

me（レシーバ）← introduce（メッセージ）

というイメージだ。

　オブジェクト指向プログラミングは、「オブジェクト間のメッセージのやりとりで成り立っている」ということをご理解願いたい。オブジェクト同士でメソッドを呼んだり呼ばれたりすることによって、仕事を進めるのだ。そしてその「メッセージを呼ばれる主体」こそが self なのだ。

6-2-3　可変長引数

　メソッドに与える引数の数は決まっている。1個しか引数をとらないメソッドに2個与えたり、1個も与えなかったりしたらエラーが出る。

```
class Speaker
  def say(word)
    puts word
  end
end


speaker = Speaker.new
speaker.say("Good morning") #=> "Good morning"
speaker.say("Hello", "How are you ?", "Good-by")
  #=> ArgumentError: wrong number of arguments (3 for 1)...
```

　このSpeakerクラスは、一度に一言しかしゃべれない。二言以上しゃべろうとすると、「しゃべりすぎだ」と言われてしまう。すなわち、Rubyから「引数が多すぎる」と言われてしまう。一言ですむときもあれば、もっともっとしゃべりたいときもあるというのに……。

　こんな悩みにお答えするのが、「可変長引数」だ。文字どおり長さを変えていい引数だ。上のSpeakerクラスを下のように書き換えてみよう。

```
class Speaker
  def say(*word)
    puts word
  end
end


speaker = Speaker.new
speaker.say("Good morning")
```

```
speaker.say("Hello", "How are you ?", "Good-by")
```

　sayメソッドの引数wordの前に、「*」をつけるだけだ。これで、その引数が可変長になる。1個でも2個でも100個でも、何なら0個でもよい。これを実行すると、

```
Good morning
Hello
How are you ?
Good-by
```

のように表示される。2度目のsayで、三言しゃべっている。
　もう一度sayメソッドをよく見ていただきたい。引数のかっこの中は「*word」となっているが、メソッドの中身では「puts word」というように、「*」がとれている。この変数wordの中身は、配列だ。可変長引数として与えられた引数が、ひとつの配列にまとめられるのだ。sayメソッドを、

```
def say(*word)
  p word
  puts word
end
```

というふうにすると、word変数の中身を見ることができる。

```
speaker.say("Hello", "How are you ?", "Good-by")
```

の実行結果の中に、

```
["Hello", "How are you ?", "Good-by"]
```

というのが見えるはずだ。与えた3つの引数が、配列となってword変数に入れられているのだ。

ところで、「*」という記号にはいろいろな意味がある。ここまでに出てきただけでも、「掛け算の記号」「正規表現の『0回以上の繰り返し』」「可変長引数」と、3つの意味があった。このように、見かけは同じでも使い方によって意味が違う記号というのが結構ある。ごっちゃにならないように、注意が必要だ。

6-3　実装

■ファイル：lib¥stock_list_loarder.rb

```
# coding: Windows-31J


# 銘柄リストを読み込み、銘柄に関する情報を供給するクラス
class StockListLoader
  def initialize(stock_list_file)
    unless stock_list_file
      raise "銘柄リストを指定してください"
    end
    @stock_list =
      File.readlines(stock_list_file).map do |line|
        line.split(",")
      end
```

```ruby
    end

  def stock_info
    @stock_info ||= @stock_list.map do |data|
      {:code => data[0].to_i, :market_section => data[1],
        :unit => data[2].to_i}
    end
  end

  def codes
    @codes ||= stock_info.map {|info| info[:code]}
  end

  def market_sections
    @market_sections ||=
      stock_info.map {|info| info[:market_section]}
  end

  def units
    @utints ||= stock_info.map {|info| info[:unit]}
  end

  def filter_by_market_section(*sections)
    return self unless sections[0]
    @stock_info = stock_info.find_all do |info|
      sections.include?(info[:market_section])
    end
    self
```

```
        end
    end
```

　では、コーディングしよう。Ruby に備えつけのメソッドで、ささっと手早くだ。lib フォルダに stock_list_loader.rb というファイル名で。

6-3-1　initialize

　まず、initialize メソッド。ここではやくも、銘柄リストファイルを読み込む。読み込むファイル名は、引数として与える。もし引数に nil が与えられると raise でもってエラーが出るようにしている。

```
RuntimeError: 銘柄リストを指定してください
```

という具合だ。"銘柄リストを指定してください" というエラーメッセージを表示する。リスト名を与えなければ読み込めないので、その備えだ。ここだけ見ると、唐突な感じがする。これから銘柄リストを読み込もうとしているのに、そのファイル名を与えないなんてことがあるのか、と不思議に思われるかもしれない。実はこれは、後ほどこのクラスを使うときのことを考えている。そのとき、うっかりリスト名を指定し忘れることがあり得るのだ。

　じゃあその使う側のほうでなんとかしろよ、という意見はごもっともだ。使う側でも、対処はする。念のためにこっちでもやっているのだ。若干、責任の所在があいまいである。お役所仕事か。

　次に、銘柄リストの読み込みを行う。まず、

```
File.readlines(stock_list_file)
```

のところでリストファイルを読み込んで、各行を要素とする配列を作る。File.readlines というのは、ファイル全体を読み込んで、行ごとに分割し、それぞれの行からなる配列を返すメソッドだ。その配列の中身は、

[・・・, "1352, 東証 1 部 ,1000¥n", "1377, 東証 1 部 ,100¥n", "1378, 東証 2 部 ,100¥n",・・・]

というような感じになっている。

　この配列に対して map メソッドを呼び出し、1 行ごとの文字列、すなわち 1 銘柄ごとの情報をブロックに渡す。ブロック内では、String#split メソッドでこの文字列を加工する。split メソッドは、引数で与えられた文字でもって文字列を分割し、それぞれを要素とする配列を返す。

```
line.split(",")
```

　これで、"1352, 東証 1 部 ,1000¥n" という文字列が ["1352", "東証 1 部 ", "1000¥n"] という配列になる。最終的に @stock_list に納められる配列は

[・・・, ["1352", "東証 1 部 ", "1000¥n"], ["1377", "東証 1 部 ", "100¥n"], ["1378", "東証 2 部 ", "100¥n"],・・・]

というような「配列の配列」になる。

6-3-2 stock_info, codes, units, market_sections

銘柄リストファイルの読み込みは initialize ですべて完了する。あとは、情報の取り出し方だ。

まず、stock_info メソッドで、証券コード、上場市場、単元株数からなるハッシュの、銘柄ごとの配列を作る。initialize の中で作った @stock_list から情報を取り出している。

[・・・, ["1352", "東証１部", "1000¥n"], ["1377", "東証１部", "100¥n"], ["1378", "東証２部", "100¥n"], ・・・]
@stock_list

が、

[・・・, {:code=>1352, :market_section=>"東証１部", :unit=>1000}, {:code=>1377, :market_section=>"東証１部", :unit=>100}, ・・・]
@stock_info

のようになる。「配列の配列」が「ハッシュの配列」に変わるわけだ。

「||=」というのはもうおなじみだ。最初にこのメソッドが呼び出されたときには Array#map で情報を取り出すが、２度目からはその情報を使い回す。

codes、market_sections、units の各メソッドは、それぞれ証券コード、上場市場、売買単位の配列を返す。証券コード一覧とか売買単位の一覧が必要なときに使うメソッドだ。

中身は３つともほとんど一緒だ。stock_info メソッドで銘柄情報のハッシュの配列を得て、それから必要な情報のみからなる配列を作る。「||=」によって、２回目以降はその配列を使い回す。

6-3-3　filter_by_market_section

　例えば、シミュレーションする銘柄を東証1部に限りたい、というときに使うのが filter_by_market_section メソッドだ。

　引数が「*sections」というように可変長になっている。つまり、複数の上場市場を引数にできる。これは、東証1部と東証2部などと、2つ以上の上場部を対象にしたいときに便利だ。

```
return self unless sections[0]
```

のところで引数のチェックをしている。引数が与えられなかったり、nil が与えられたりしたときには以下のコードは実行せず、self を返す。self というのは、この場合は StockListMaker のインスタンスだ。絞り込みの処理を何もしていないので、中のデータはそのまま、読み込んだすべての銘柄の情報が含まれている。どの市場に絞り込むかという情報が与えられなければ、市場による絞り込み、すなわちフィルタリングはしない、ということだ。

　フィルタリング処理をするのが次のコードだ。

```
@stock_info = stock_info.find_all do |info|
  sections.include?(info[:market_section])
end
```

　Array#find_all と Array#include? というふたつのメソッドを使っている。find_all というのは、配列の中身のうち、条件に合うものをすべて取り出し、新たな配列として返すメソッドだ。条件はブロック内で判定される。

```
[1, 3, 5].find_all {|n| n > 2}    #=> [3, 5]
```

これは、配列の要素のうち、2よりも大きいものをすべて抜き出すコードだ。配列からひとつずつ要素を取り出してブロックに渡し、ブロック内で条件を判別して真となった要素からなる新たな配列を返す。
　filter_by_market_section で条件判断に使われているのが include? メソッドだ。これは、配列の要素の中に、引数として与えられたオブジェクトと同じものが入っているかを判定する。

```
["東証1部", "東証2部"].include?("東証1部")   #=> true
["東証1部", "東証2部"].include?("マザーズ")   #=> false
```

とこんな感じだ。で、これが、実際にこのフィルタリングで行われているのと同じことなのだ。["東証1部", "東証2部"]のところが、引数として与えられた市場である sections 変数にあたる。( )の中の、"東証1部"とか"マザーズ"とかいうのが、info[:market_section] の部分だ。
　ところで Ruby では、include? のように、最後に「?」のつくメソッドは、true か false を返すというお約束になっている。「含まれてる？」と聞けば、「はい」か「いいえ」で答えが返ってくる、というようなわけだ。
　全体では、次のような流れになる。

①@stock_info という配列（stock_info メソッドの返値）からひとつひとつの銘柄情報であるハッシュを取り出し、info 引数に渡す
②info の :market_section の値である上場市場が、絞り込み条件として与えられた配列 sections の中に入っているかどうかを判定する
③入っていれば新たな配列の要素とする

④すべての銘柄について調べ終わったとき、@stock_info の中身は、
上場市場によって絞り込まれた銘柄情報の配列になっている

このようにして市場による銘柄の絞り込みが行われるのだ。
　filter_by_market_section メソッドは、最後に self を返す。これは、StockListLoader クラスから作られたオブジェクト自身を表す。この意味がよく分からなくても、最後に self を返す目的については理解してほしい。これによって、次のような書き方ができるようになる。

```
sll = StockListLoader.new("data/tosho_list.txt")
codes = sll.filter_by_market_section("東証1部").codes
```

「.」でもってつなげて、フィルタリングした上で証券コード一覧を取得している。それを1行で書いている。filter_by_market_section が self である StockListLoader オブジェクトを返すので、そのインスタンスメソッド codes が続いて呼び出せるのだ。
　この、「.」でつないで続けざまにメソッドを呼び出すやり方、ちょっと前にも出てきた。このクラスの initialize メソッドの中だ。

```
File.readlines(stock_list_file).map do ...
```

この書き方、多くのことを1行でやれて大変便利だ。ただ、場合によっては分かりづらいコードになる。上の例も、

```
sll.filter_by_market_section("東証1部")
codes = sll.codes
```

と2行に分けることもできる。このあたりは、好みで使い分けてもい

いだろう。

6-4　動作チェック

動作チェックをしてみよう。前章で作った銘柄リストを読み込んでみる。以下のようなコードを書いて check フォルダに "stock_list_loader_check.rb" として保存しよう。

```ruby
# coding: Windows-31J


require "./lib/stock_list_loader"


sll = StockListLoader.new("data/tosho_list.txt")


puts sll.stock_info[0]          #=> {:code=>1301,
                                #    :market_section=>"東証1部",
                                #    :unit=>1000}
puts sll.codes[0]               #=> 1301
puts sll.codes.last             #=> 9997
puts sll.market_sections[0]     #=> "東証１部"
puts sll.units[0]               #=> 1000


puts sll.market_sections.include?("東証2部")   #=> true
sll.filter_by_market_section("東証1部")
puts sll.market_sections.include?("東証2部")   #=> false
```

読み込む銘柄リストファイル名が "data/tosho_list.txt" となっているが、違う名前でリストを作った方はそのように書き換えていただき

たい。

　それに続く動作チェック用のコードで調べているのは、リストにある銘柄情報をちゃんと取り出せているかどうか、だ。上で作ったstock_info や codes といったメソッドで返される配列に、求める情報があるか確認する。ここでは、[0] でアクセスできる最初の銘柄情報と、Array#last メソッドで取り出せる最後の銘柄情報を調べている。みなさんはもっといろいろな銘柄について、しつこく調べてみるのもいいだろう。[ ] の中の数を変えれば、違う銘柄を調べられる。

　filter_by_market_section でフィルタリングができるかもチェックだ。まず、

```
puts sll.market_sections.include?("東証2部")
```

で、全体の銘柄の中に東証２部銘柄が入っていることを確認する。次に filter_by_market_section メソッドで東証１部に絞り込む。そして上と同じコードで再び東証２部銘柄が含まれているかをチェックする。ちゃんと除外されていれば成功だ。

　これで銘柄リストに関する部分ができあがった。面倒ではあったが、今後に役立つテクニックをいろいろ学ぶことができた。
　それでは次はいよいよ「第２部　データ編」の山場、株価データのダウンロードだ。

第7章

ネットから株価データをダウンロードする

さあ、大仕事だ。ネットから株価をダウンロードしよう。

どこらへんが大仕事なのか。まず、データ量が多い。東証銘柄だけでも、相当な時間がかかる。一晩やそこらは平気でかかる。そして、データページにアクセスし、データを抜き出すプログラムがちょっと複雑だ。現実の HTML と格闘しなければならない。

しかし、やれば必ずできる。ひるまず進もう！！

7-1　仕様

この仕事も、クラスを使って行う。StockDataGetter クラスと名づけることにしよう。データは、これもまた Yahoo! ファイナンスからもらうことにする。データは、ブラウザ上ではこんなふうに見える。

第2部　データ編

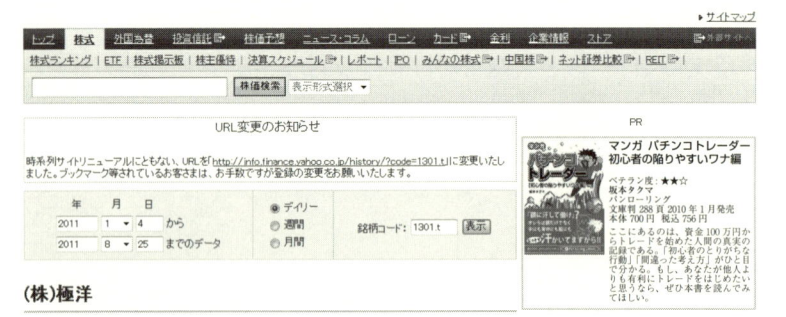

日付	始値	高値	安値	終値	出来高	調整後終値 *
2011年8月25日	177	179	176	178	104,000	178
2011年8月24日	177	177	176	177	37,000	177
2011年8月23日	176	177	175	176	69,000	176
2011年8月22日	176	176	174	174	94,000	174

-
-
-

1行に1日分の、テーブル（表）だ。

このクラスを使ってやる仕事は、次の2つだ。

●株価データを新規取得する
●株価データを更新する

新規取得は、一番最初にデータを大量に取得すること。更新とは、その大量のデータに、新たなデータを付け足すこと。

この仕事をするために、クラスの内部では次の3つのことが行われる。

● Yahoo! ファイナンスの株価時系列データのページにアクセスする
●時系列データのページから、HTML タグなど余計な情報を抜いた、株価データを抽出する
●その株価データをテキストファイルとして保存する

データページにアクセスするときには、URL の解析というややこしい作業が待っている。株価データを抜き出すのは、正規表現と Ruby の文字列処理を使えば一発だが、やはり正規表現はややこしい。その株価データを、保存用のテキストとして体裁を整えるのがまたややこしい。

株のシステムトレードでは、データの扱いが一番大変だ。つくづくそう思う。

最終的には、次のような形でテキストファイルとして保存する。1銘柄につき1ファイルだ。

2010/01/04,185,187,184,187,86000,187
2010/01/05,187,188,186,186,82000,186
2010/01/06,188,188,186,188,106000,188
2010/01/07,188,191,187,190,185000,190
2010/01/08,190,191,189,190,103000,190
2010/01/12,190,192,189,189,207000,189
2010/01/13,191,191,188,188,219000,188
　　　　　・
　　　　　・
　　　　　・

　行頭から、日付、始値、高値、安値、終値、出来高、調整後終値の順になっている。調整後終値というのは、株式分割などに対して調整を施した株価だ。ただし、株式分割への対応は本書では割愛させていただく。意欲的な読者が自分で分割対応をしようというときのためにデータは一応残しておく。

7-2　予習

7-2-1　クラスメソッド

　ここまで、クラスのインスタンスに対して呼び出すメソッドである「インスタンスメソッド」を主に使ってきた。下のようなものだ。

```
s = "abc"
s.reverse          #=> "cba"
a = [1, 2, 3]
a.map {|n| n + 1} #=> [2. 3. 4]
```

これに対して、クラスに対して直接呼び出す「クラスメソッド」というものがある。実はもう、われわれはそれを使ったことがある。

```
File.open(file_name) ...
File.readlines ...
```

といったものだ。

クラス名.メソッド名

の形で使うのがクラスメソッドだ。
　クラスメソッドとは、何に使うものなのか。例えば、インスタンスの生成だ。おなじみ「new」も、実はクラスメソッドだったのだ。

```
stock = Stock.new(8604, :t, 100)
```

それから、そのクラスに関連する便利なメソッドを提供する、という目的でも使われる。

```
File.exist?("my_file")  # 引数のファイルまたはディレクトリが
                        # 存在すれば true、なければ false を返す
```

クラスメソッドをたくさん持つクラスは、File や、次項で紹介する Date だ。

7-2-2　Date クラス
　株に関するプログラミングをするときに、何かと日付を扱うことが多い。そんなとき重宝するのが、Date クラスだ。

Date クラスは、文字どおり日付を表すクラスだ。これは Ruby の組み込みクラスではなく、標準ライブラリに入っている。「require "date"」としてライブラリを読み込むことによって使うことができるようになる。

```
require "date"
d = Date.new(2011, 8, 24)
p d            #=> #<Date: 2011-08-24 (4911595/2,0,2299161)>
puts d         #=> "2011-08-24"
puts d.year    #=> 2011
puts d.month   #=> 8
puts d.day     #=> 24
```

　このように、Date オブジェクトには年、月、日といった日付情報が含まれる。その他、日付の計算などを行う便利なメソッドがたくさん定義されている。

　ここでは、Date オブジェクトを生成するのに使うクラスメソッド「parse」について見てみよう。これは、引数として日付を表す文字列を入れると、その文字列を解釈してその日付の Date オブジェクトを生成する。下の4例は、すべて「2011年8月24日」を表す Date オブジェクトを返す。

```
Date.parse("2011/8/24")
Date.parse("2011/08/24")
Date.parse("11/8/24")
Date.parse("2011-08-24")
```

　このように、いろんな形の文字列を解釈することができる。もちろ

ん、全然日付っぽくない文字列を入れるとエラーになる。

こうして文字列から Date オブジェクトを生成したら、あとは Date クラスに備わったいろんなメソッドで便利に日付操作をしよう、という腹だ。

7-2-3 ！付きメソッド

Ruby には最後に「?」がつくメソッドがあって、それは true または false を返す、すなわち yes か no かで答えられる質問を投げる。こういうお話を、前章でした。

「?」があるのだから「!」もあるんではないか、と何人かの方は思ったのではないだろうか。ある、のである。

メソッド名に「!」がついているものは、それを使うときに注意が必要であることを表している。主に、レシーバであるオブジェクトの中身を変えてしまうようなメソッドであることを示すのに使われる。同じメソッド名で、「!」なしバージョンとありバージョンがあって、なしのほうはオブジェクトの中身を変えないが、ありのほうは変える、というのがよくあるパターンだ。例を見てみよう。

```
a = [1, 2, 3]
p a.reverse    #=> [3, 2, 1]
p a            #=> [1, 2, 3]
p a.reverse!   #=> [3, 2, 1]
p a            #=> [3, 2, 1]
```

Array#reverse と Array#reverse!、ふたつのメソッドがある。reverse のほうは、配列の中身を逆順にした新しい配列を作って返す。reverse! のほうは、配列の中身そのものを逆順にする。上の例だと、a.reverse としたあとの a の中身は最初と変わらないが、a.reverse!

を実行したあとだと、aの中身が逆順になっていることが分かる。「!」付きメソッドによって、元のオブジェクトの中身が変更されたのだ。

この、オブジェクトの中身を変えるメソッドを「破壊的メソッド」という。「破壊的」とは穏やかではない。それだけ注意しなければならないということか。

7-3　実装

StockDataGetter クラスを形にしていこう。"lib¥stock_data_getter.rb" というファイルを作って、掲載したコードのように打ち込んでいく。

■ファイル：lib¥stock_data_getter.rb

```ruby
# coding: Windows-31J

require "open-uri"
require "date"


# Yahoo!ファイナンスから株価データをダウンロードするクラス
class StockDataGetter
  attr_accessor :data_dir

  def initialize(from, to, market)
    @from_date = Date.parse(from)
    @to_date   = Date.parse(to)
    @market = market
    @data_dir = "data"
```

```ruby
  end

  # 株価データの新規取得
  def get_price_data(code)
    @code = code
    save_to_file(prices_text)
  end

  # 株価データの日々更新
  def update_price_data(code)
    @code = code
    if File.exist?(data_file_name)
      get_from_date
      append_to_file(prices_text)
    else
      save_to_file(prices_text)
    end
  end

  private
  # ファイルに記録される文字列
  def prices_text
    prices = get_price_data_from_historical_data_pages
    return if prices.empty?
    prices_to_text(prices)
  end

  # 時系列データのページを読み込む
```

```ruby
def get_price_data_from_historical_data_pages
  page_num = 1
  prices = []
  begin
    url = url_for_historical_data(page_num)
    begin
      text = open(url).read
                  .encode("Windows-31J",
                          :undef => :replace)
    rescue EOFError
      return []
    end
    prices += text.scan(reg_prices)
    page_num += 1
  end while text =~ %r!次へ</a></ul>!
  prices
end

# 時系列データのURL
def url_for_historical_data(page_num)
  "http://info.finance.yahoo.co.jp/history/" +
    "?code=#{@code}.#{@market}" +
    "&sy=#{@from_date.year}" +
    "&sm=#{@from_date.month}&sd=#{@from_date.day}" +
    "&ey=#{@to_date.year}" +
    "&em=#{@to_date.month}&ed=#{@to_date.day}" +
    "&tm=d&p=#{page_num}"
end
```

```ruby
# 株価データ表から株価データを取り出すための
# 正規表現パターン
def reg_prices
    %r!<td>(¥d{4}年¥d{1,2}月¥d{1,2}日)</td><td>((?:¥d|,)+)</td><td>((?:¥d|,)+)</td><td>((?:¥d|,)+)</td><td>((?:¥d|,)+)</td><td>((?:¥d|,)+)</td><td>((?:¥d|,)+)</td>!
end


# 株価データの配列を文字列に変換
def prices_to_text(prices)
  new_prices = prices.reverse.map do |price|
    # price[0]は日付
    # 年月日の文字を取り除き"/"で区切る
    price[0].gsub!(/[年月]/, "¥/")
    price[0].gsub!(/日/, "")
    # 1桁の月や日を0で始まる二桁の数字に
    price[0].gsub!(%r!/(¥d)/!, '/0¥1/')
    price[0].gsub!(%r!/(¥d)$!, '/0¥1')
    # price[1..6]は値段と出来高
    # 数字の間にあるカンマを取り除く
    price[1..6].each{|price| price.gsub!(",", "")}
    price.join(",")
  end
  new_prices.join("¥n")
end


def data_file_name
```

```ruby
    "#{@data_dir}/#{@code}.txt"
  end


  # ファイル中の最終日の翌日を新しい開始日とする
  def get_from_date
    last_date = File.readlines(data_file_name).last[0..9]
    @from_date = Date.parse(last_date).next
  end


  # データをテキストに保存
  def save_to_file(prices_text)
    save(prices_text, "w")
  end


  # 既存のファイルにデータを追加
  def append_to_file(prices_text)
    save(prices_text, "a")
  end


  def save(prices_text, open_mode)
    return unless prices_text
    File.open(data_file_name, open_mode) do |file|
      file.puts prices_text
    end
    puts @code
  end
end
```

注＝●で示した行は改行された行ではないことを示している

順を追って中身を説明しよう。

```
require "open-uri"
require "date"
```

でふたつのライブラリを読み込む。Web ページを開く "open-uri" と、日付を扱う "date" だ。このクラスの鍵となる部分だ。

ここでひとつご注意申し上げると、「date」と「data」はとても似ているので、間違えやすい。見間違えやすいし、タイプ間違いしやすい。このクラスの中には危うい箇所がたくさんあるので、重々気をつけていただくようお願い申し上げる。

アクセサメソッドとして、data_dir がある。データをどこに保存するか、という指定だ。ただし、initialize メソッド内で、初期値として "data" フォルダを与えている。何も指定しなければ "data" フォルダに株価データファイルは保存される。

initialize メソッドの、from と to という引数は、データを取り込む始点と終点を表す文字列だ。何年何月何日から何年何月何日までのデータを落とすのか、というのを文字列で指定する。"2000/1/4" とか、"2013/3/31" といった具合だ。これらから、Date.parse メソッドで開始日と終了日の Date オブジェクトを作り、@from_date、@to_date に入れる。

また、market という引数には、データを落とす銘柄の上場市場を指定する。東証なら「:t」のように。このへんの事情は銘柄リストを作ったときと一緒だ。

このクラスの2つの仕事、「新規にデータをダウンロードする」というのと「データを更新する」というのを担当するのが、「get_price_data」と「update_price_data」という2つのメソッドだ。

7-3-1　get_price_data

まずは新規に株価データをダウンロードする部分を作る。get_price_data メソッドだ。

コードを見ていただきたい。中身はたったの2行しかない。言うわりに、簡単じゃね？　いやいや、実はとても長いメソッドなのだが、処理のほとんどは private メソッドのほうに置かれているのだ。

```
save_to_file(prices_text)
```

という中に、時系列株価のページにアクセスし、データを抜き出し、保存するという処理がすべて詰まっている。

気をつけてほしいのは ( ) の中の「prices_text」だ。これは変数ではなくて、メソッドだ。下のほうの private の部分で定義されている。このように変数か、引数なしのメソッド呼び出しか紛らわしいことがままある。しかし落ち着いて周りを見れば分かるはずだ。この場合だと、prices_text という変数は get_price_data メソッドの中にはないし、引数としても渡されていない。ということは、prices_text というのはメソッド名だ、と読んでいただきたい。

補足すれば、Ruby では、値が代入された時点で変数となる。代入なしで唐突に出てくるのは、知らないヤツとしてはじかれる。次のような例を見てみよう。

```
var = 1
p var      #=> 1
p new_var  #=> NameError: undefined local variable or method
           #  `new_var' for main:Object
```

new_var には何の値も代入されていない。だから、「定義されてい

図12

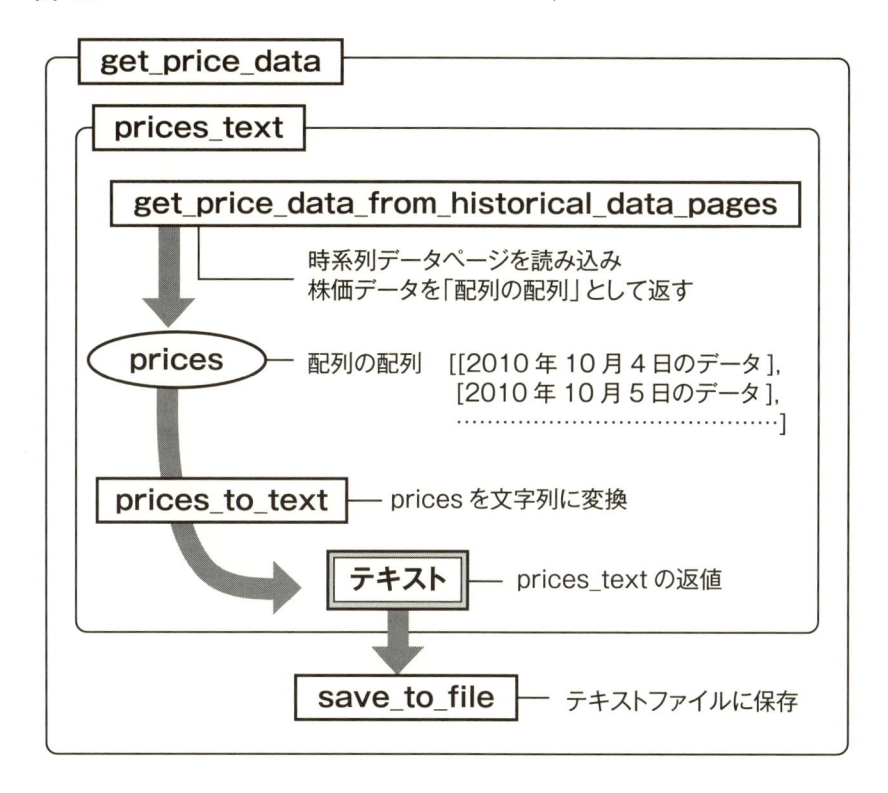

```
┌─ get_price_data ──────────────────────────────┐
│  ┌─ prices_text ────────────────────────────┐ │
│  │                                          │ │
│  │  ┌─ get_price_data_from_historical_data_pages ─┐
│  │         │        時系列データページを読み込み
│  │         │        株価データを「配列の配列」として返す
│  │         ▼
│  │     ( prices )─── 配列の配列  [[2010年10月4日のデータ],
│  │         │                      [2010年10月5日のデータ],
│  │         │                      ……………………]
│  │         ▼
│  │     prices_to_text ─── prices を文字列に変換
│  │         │
│  │         ▼
│  │      [テキスト]  ─── prices_text の返値
│  │         │
│  │         ▼
│  │     save_to_file  ─── テキストファイルに保存
│  └──────────────────────────────────────────┘ │
└───────────────────────────────────────────────┘
```

ない変数」である、と言われてしまう。

　なお、これはローカル変数についてのことであって、「@」で始まるインスタンス変数はまた違った動作をする。どこでも代入されていない状態で参照すると、nil を返すだけでエラーにはならない。

　話が細かくなりすぎた。先に進もう。prices_text メソッドの中身を見てみよう。いきなりコードを読むのもつらいだろうから、図にしてみる。**図12**だ。

　prices_text の中では、「get_price_data_from_historical_data_pages」メソッドによって時系列データのページにアクセスし、株価

データを配列の形で得る。その配列を、「prices_to_text」メソッドによってファイルに保存するのに適した形に整えた文字列に変換する。その文字列が、prices_text の返値となる。こういう流れだ。

get_price_data_from_historical_data_pages（長ったらしくて嫌になるが、あとで読んで意味が分からなくならないように、こうしている）では、時系列データページへアクセスし、そのページの HTML を解析して株価データを抜き出すという仕事をしている。

時系列データは時として何ページにもわたるため、ループで回して 1 ページずつ読み込む。

```
begin



end while text =~ %r!次へ</a></ul>!
```

で囲われた部分だ。こういうループの書き方もある。最後に while をもってくると、最低 1 回はループが実行される。正規表現のマッチを使ってループの継続条件を判断しているが、これについては後述する。

ループに入る前に「page_num = 1」、「prices = []」として変数の初期化をしている。page_num は、1 ページ進むごとに 1 加算される。下で述べるように、ページの URL を生成するのに必要な数字だ。prices は日々のデータの配列（正確には、配列の配列）を保持する。これがこのメソッドの最終的な返値でもある。

両方の変数とも、ループの外で初期化して、ループの中で数やテキストを増やしている。これがよくあるプログラムのパターンだ。ループの中で初期化してしまうと、無限ループになったり最後のページのデータしかとれなかったりするので要注意だ。

7-3-2　URL の解析

あらかじめお断りしておくが、この項と次項で扱う URL や HTML は本書執筆時点のものであり、Yahoo! ファイナンスのリニューアルなどにより、仕様が変更になることがある。その際には、以下の内容は適宜読み替えていただく必要がある。ただ、そういった場合でも、ここで解説することを応用するのは難しくないはずだ。基本は「コピペして加工」だ。

それでは前項の続き、ループの中を見ていこう。まず、url_for_historical_data メソッドで、ページの URL を生成しているところ。

URL 生成のために、時系列データページの URL を解析してみよう。好きな銘柄を 1 つ選び、ブラウザで Yahoo! ファイナンスの「株価検索」で銘柄情報ページ（銘柄リスト作成のときアクセスしたところ）にアクセスする。そのページの中の「時系列」というリンクをたどる。そうして着いたページから、さらに「時系列データをもっと見る」というリンクをたどると、そこが目的のページだ。

ページ下部の日付を指定するところで、半年間ほどの期間を指定し、「デイリー」を選択して「表示」ボタンを押す。するとアドレスバーに次のような URL が表示される。この例では、野村（8604）の 2011 年 2 月 24 日から 8 月 25 日までを指定している。

http://info.finance.yahoo.co.jp/history/?code=8604.T&sy=2011&sm=2&sd=24&ey=2011&em=8&ed=25&tm=d

よく見ると、日付や証券コードらしき情報が含まれているのがわかる。このような情報ををうまいこと指定して URL を作れば、望みの銘柄、望みの期間の株価ページにアクセスできる。素晴らしい。

ページの下のほうにある「次へ」から次のページに行ってみる。日付をさかのぼって前のデータが出てくる。Yahoo! ファイナンスの時

系列データは降順だ。URL はこんな感じだ。

http://info.finance.yahoo.co.jp/history/?code=8604.T&sy=2011&sm=2&sd=24&ey=2011&em=8&ed=25&tm=d&p=2

ほとんど一緒だが、末尾がちょっと違う。"&p=2" という文字列が付け加わっている。また「次へ」をクリックして、もう1ページ進んでみる。

http://info.finance.yahoo.co.jp/history/?code=8604.T&sy=2011&sm=2&sd=24&ey=2011&em=8&ed=25&tm=d&p=3

2ページ目とまったくといっていいほど同じだが、よーく見ると、末尾の数字が2から3へ変わっている。どうやら2ページ目以降は、末尾を除いて同じ構成の URL のようだ。そして、末尾が「ページ番号」を表しているらしい。

しかし困った。1ページ目と2ページ目以降が少し違う。2種類の URL に対応するのは、ちょっと骨が折れそうだ。……もう一度最初のページにもどってみよう。ブラウザのもどるボタンじゃなく、「前へ」のリンクをたどるか、「1」のリンクをクリックする。そこで URL を見ると……

http://info.finance.yahoo.co.jp/history/?code=8604.T&sy=2011&sm=2&sd=24&ey=2011&em=8&ed=25&tm=d&p=1

おお！！末尾が1になった！！他のページと同じ感じになってるじゃないか！！なんだか興奮してきた。

いろんな銘柄のいろんな期間について筆者が見てみた結果、時系列

データページの URL について以下のことがわかった。

- データの始点と終点の日付が入っている
- 証券コードと市場の情報が入っている
- ページ番号数を示す数字が入っている

最後のやつだが、これは 1、2、3、……と、ページが先に行くにつれ、1 ずつ増えていくようになっている。

以上のことが分かったうえで、もう一度 URL を眺める。

http://info.finance.yahoo.co.jp/history/?code=8604.T&sy=2011&sm=2&sd=24&ey=2011&em=8&ed=25&tm=d&p=1

アミ掛けしたところが、プログラムによって変更する部分だ。前から順番に、証券コード、市場、始点の年、月、日、終点の年、月、日、ページ番号（1、2、3、……）だ。

ここまでくれば、url_for_historical_data メソッドで何をしているかはほとんどおわかりだ。@from_date と @to_date という初期化の時に生成した Date オブジェクト、証券コード、上場市場、そして引数で与えたページ番号（page_num）から、URL を完成させる。ブラウザのアドレスバーから URL をコピーして、上で示したアミ掛けにあたる部分に式展開でもって情報を埋め込んでみよう。するとこうなる。

```
"http://info.finance.yahoo.co.jp/history/" +
  "?code=#{@code}.#{@market}" +
  "&sy=#{@from_date.year}" +
  "&sm=#{@from_date.month}&sd=#{@from_date.day}" +
```

```
   "&ey=#{@to_date.year}" +
   "&em=#{@to_date.month}&ed=#{@to_date.day}" +
   "&tm=d&p=#{page_num}"
```

　文字列を「+」でつないでいるのは、1 行で書くと長すぎるためだ。よーく注意して、間違わないように打ち込もう。

　さあ、これで URL の解析は終わった。やっかいごとがひとつ片付いた。

7-3-3　HTML から株価データを抜き出す

　get_price_data_from_historical_data_pages メソッドにもどる。今作った URL によってページを開き、読み込んで text 変数に入れている。

```
begin
  text = open(url).read
                  .encode("Windows-31J",
                          :undef => :replace)
rescue EOFError
  return []
end
```

　このように、begin 〜 rescue 〜 end で囲って、エラーに備えている。どういうエラーかというと、おそらくは上場廃止銘柄だと思われるが、そういうすでに市場にない銘柄のページにアクセスしようとすると、時としてなんにも返ってこない、いわば「無」が返ってくることがある。そういうときは、なんの情報も得られなかったとして空の配列を返値としてメソッドを終了する。

さあ次だ。

```
prices += text.scan(reg_prices)
```

ここはものすごいことをやっている。これまでもすごいと言った箇所はあったが、ここはそんなのの比じゃないくらいすごい。たったのこれだけで、ページのテキストを解析して、日付や４本値、出来高といった情報を取り込んでいる。

うまい話には裏がある。賢明なる投資家のみなさんなら重々承知だ。ここでその「裏」にあたるのが、reg_prices メソッドだ。中身はただ単に正規表現だ。よーく見ていただきたい。

```
def reg_prices
  %r!<td>(¥d{4}年¥d{1,2}月¥d{1,2}日)</td><td>((?:¥d|,)+)</
● td><td>((?:¥d|,)+)</td><td>((?:¥d|,)+)</td><td>((?:¥d|,)+)</
● td><td>((?:¥d|,)+)</td><td>((?:¥d|,)+)</td>!
end
```

注＝●の行は改行されてはいない

%r!！で囲まれた正規表現だ。金魚の糞のごとき長さだ。これは、１行の正規表現だ。紙幅の都合で折り返しているが、途中に改行を入れず、最初の %r! から最後の！まで、全部つなげて書くこと。ここまで長いとテキストエディターでもなかなか１行では表示されないかも知れないが、とにかく、途中でエンターキーを打って改行しないことだ。改行すると、意味が違ってきてしまう。

見てくれはゴツいけれども、そんなに深く考える必要はない。前にもやったように、HTML のソースをコピーして、加工すればいい。ブラウザで時系列データのページのソースを表示し、テーブルの１行

ぶんにあたるソースをコピーしてエディターに貼り付ける。こんな感じになっているはずだ。

```
<td>2011年8月25日</td><td>312</td><td>320</td><td>311</td><td>316</td><td>21,922,400</td><td>316</td>
```

太字にした部分が必要なデータだ。すなわち日付と4本値、出来高、そして調整後終値だ。これらを正規表現で置き換えていく。

日付は

```
(¥d{4}年¥d{1,2}月¥d{1,2}日)
```

こんなふうになる。「年」は4桁の数字、「月」と「日」は1桁または2桁の数字だ。後方参照用に、()で囲ってグループ化してある。

値段と出来高は数字とカンマ（,）で成り立っている。正規表現にすればこうだ。

```
((?:¥d|,)+)
```

カンマは3桁ごとに入っている。そのことまで考慮すれば正規表現はもっと複雑なものになる。しかしこれでも十分だろう。前後のHTMLタグまで判断材料にすれば、間違いなく必要な数字にマッチするはずだ。

これで正規表現ができた。ここからが見物だ。

```
text.scan(reg_prices)
```

これで、HTMLタグを含んだテキストであるtextから、日付や4

本値などからなる配列が生成できるのだ。String#scan というメソッドの威力だ。これは、正規表現を引数にとり、その正規表現の中にグループが含まれている場合、ひとつのグループにつき1要素となる配列を返す。具体例を見てみよう。

```
"abcd123efg456hij".scan(/(\d{3})\D+(\d{3})/)
  #=> [["123", "456"]]
```

数字が3つ並んだところを2カ所、抜き出している。結果は「配列の配列」となる。なぜか。もっと長い例を見てみよう。

```
"abcd123efg456hij789klm100no".scan(/(\d{3})\D+(\d{3})/)
  #=> [["123", "456"], ["789", "100"]]
```

このように、「数字の3個並びが2つ」というのをひとまとまりの配列にする。それを、文字列の終わりまで探して、見つかったすべての配列を要素とする1つの配列を作る。

これをわれわれが今やっていることに置き換えると、時系列情報ページのHTMLテキストからreg_pricesメソッドの正規表現で「日付、始値、高値、安値、終値、出来高、調整後終値」の7つの情報にマッチするテキストを探して、それら7つの情報からなる配列をひとつ生成する。それを、ページの上から下まですべてにわたって探す。すなわち、テーブルのすべての行から7つの情報をゲットして、7つひと組の配列を要素とする配列を作る。これだけのことを、scan 一発でやっている。

目に見える形で示そう。

```
<td>2011年8月25日</td><td>312</td><td>320</td><td>311</td><td>316</td><td>21,922,400</td><td>316</td></tr><tr><td>2011年8月24日</td><td>316</td><td>317</td><td>308</td><td>308</td><td>24,295,700</td><td>308</td></tr><tr><td>2011年8月23日</td><td>308</td><td>315</td><td>308</td><td>313</td><td>27,917,000</td><td>313</td>
```

というHTMLテキストから、正規表現とString#scanメソッドによって

[["2011年8月25日", "312", "320", "311", "316", "21,922,400", "316"],
 ["2011年8月24日", "316", "317", "308", "308", "24,295,700", "308"],
 ["2011年8月23日", "308", "315", "308", "313", "27,917,000", "313"]]

という配列が生成される。テーブル3行ぶんのデータだ。HTMLには改行が入っていなくて見づらいが、scanはそんなことはものともしない。

こうしてできたデータを、pricesに足す。そしてページ数を表すpage_num変数を1進める。これでループ1回分終了だ。

ループの終了条件について。

```
while text =~ %r!次へ</a></ul>!
```

となっている。これは、読み込んだ時系列データページに「次へ」というリンクがあれば作業を続けよ、すなわち次のページに進めということだ。ページに「次へ」がなくなると、最後のページに来たことになる。そこでその銘柄の株価データ収集は終わりになる。pricesを返値にしてget_price_data_from_historical_data_pagesメソッドは終

了だ。

　なお、この %r!次へ</a></ul>! という正規表現は、簡単に /次へ/ とやってもおおむね大丈夫だと思うが、万が一ページ上の関係ない場所に「次へ」があった場合に備えて、HTML タグも含めている。

　いかがだろう。複雑すぎるだろうか。しかしやってることの面倒さのわりには、比較的少ない行数で書けている。これは Ruby のおかげだ。ともあれ、またひとつ、株価データの読み込みというやっかいごとが片づいた。

7-3-4　データの体裁を整え、保存する

　話を戻そう。えーと、どこに戻すんだったっけ？　そうだ。prices_text メソッドだ。private メソッドの先頭だ。

```
def prices_text
  prices = get_price_data_from_historical_data_pages
  return if prices.empty?
  prices_to_text(prices)
end
```

　3 行あるうちの、1 行目が今終わった。2 行目はいいだろうか？ もし価格データが空だったら、そこでメソッドを終了する。空になるのは、データを取得しようとした銘柄が存在しないとか、指定した期間のデータがないとか、そういうときだ。Array#empty? メソッドは、配列の中身が空のとき true を返す。「prices.empty?」は「prices == []」と同じことだ。

　3 行目。ここも、なかなかのことをやっている。prices_to_text メソッドだ。名前が紛らわしいが、「値段の配列をテキストに」というような意味だ。prices の中身である「配列の配列」を、自分のハード

ディスクにテキストファイルとして保存するのに適した体裁の文字列に変換する。具体的には、

[["2011年8月25日", "312", "320", "311", "316", "21,922,400", "316"],
 ["2011年8月24日", "316", "317", "308", "308", "24,295,700", "308"],
 ["2011年8月23日", "308", "315", "308", "313", "27,917,000", "313"]]

というような配列だったとしたら、

"2011/08/23,308,315,308,313,27917000,313
 2011/08/24,316,317,308,308,24295700,308
 2011/08/25,312,320,311,316,21922400,316"

というようなテキストになる。
　配列の中のひとつの配列が1行の文字列になっている。さらに、"2011年8月25日" が "2011/08/25" のような形に変わっている。そして、値段や出来高の桁区切りのカンマがなくなっている。この例では、値段はすべて3桁なのでカンマはもともとないが、出来高のほうは "21,922,400" が "21922400" のようになっている。
　prices_to_text のコードを見ていこう。まず、

```
prices.reverse.map
```

と、Array#reverse メソッドを使ってデータの順序を逆にしている。これは、Yahoo! ファイナンスの時系列データが日付に関して降順、すなわち新しいものから古いものへと表示されており、その順番どおりにデータを取り込んだためだ。保存するデータは、昇順、すなわち古いものから新しいものへと並んでいたほうが、データを付け足すと

きやシミュレーションするときに便利だ。

　配列の配列からテキストに変換するところを見ていこう。おなじみ Array#map で回し、ひとつずつの配列を処理していく。ひとつの配列は、price 変数としてブロックに渡される。price という配列の中身は、最初の要素が日付、2 番目から 5 番目が 4 本値、6 番目が出来高、7 番目が調整後終値だ。

```
price[0].gsub!(/[年月]/, "/")
price[0].gsub!(/日/, "")
```

によって、日付の表現を変えている。「年」と「月」を "/" にし、最後の「日」を削除する。これによって、"2011 年 8 月 23 日" という形の日付が "2011/8/23" になる。gsub! と、「!」つきのメソッドだから、元の文字列そのものを変更する。price[0] の値が書き換えられるということだ。

　さらに、

```
price[0].gsub!(%r!/(\d)/!, '/0\1/')
price[0].gsub!(%r!/(\d)$!, '/0\1')
```

によって、月や日が 1 桁の場合、2 桁に変換する。"8" を "08" のように。%r!/(\d)/! という正規表現は、"/" と "/" で挟まれた 1 桁の数字、すなわち 1〜9 月のことを表す。また %r!/(\d)$! は、"/" と行末の間の 1 桁の数字、すなわち 1〜9 日を表す。これらを 01〜09 に変換する。両方とも、%r!!で囲って、"/" をエスケープしないで済むようにしている。

　gsub! の 2 番目の引数に、'/0\1/' と '/0\1' という奇妙な表現がある。これらは、正規表現の「後方参照」というところで出てきた $1、

$2、……というのに似ている。

　¥1 というのは、第 1 引数 %r!/(¥d)/! のマッチの最初のグループ、すなわち (¥d) の部分、つまり 1 桁の数字を参照するものだ。グループが増えるにしたがって、¥2、¥3、……となっていく。$1、$2、……とだいたい一緒だが、¥1 の場合は、同じ正規表現内とか、sub や gsub の第 2 引数とか、近めの場所で使う。

　ここ、' ' とシングルクオートになっていることに注意。ダブルクオート (" ") だと ¥1 は使えない。なお、'/0¥1/' の中の '/ /' は、正規表現の前後につけるアレではなく、単純に文字列、"2011/08/25" の日付区切りの '/' だ。それから上の 2 番目、「日」に対応するほうの gsub! の第 2 引数は '/0¥1' と、最初にだけ '/' があることに注意しよう。

　この 2 行で "2011/8/25" が "2011/08/25" になり、prices[0] の中身である日付の体裁が整った。

　次に値段と出来高の数字から、カンマを抜く作業だ。配列である price 変数の 2 番目から 7 番目の要素が値段と出来高なので、それらを gsub! で書き換える。

```
price[1..6].each{|price| price.gsub!(",", "")}
```

　こうだ。price[1..6] で、price の 2 番目から 7 番目の要素からなる配列が得られる。それらについて、each で回して、gsub! メソッドでカンマを取っている。

　最後に、price 変数の中身である 7 つのデータからなる配列を、1 行ぶんの文字列にする。

```
price.join(",")
```

　これで、配列の要素を "," でつないだ文字列ができる。こんな感じだ。

"2011/08/23,308,315,308,313,27917000,313"

　すべての日のデータについて同じことが行われ、最終的に、new_prices 変数の中身は、上のような文字列を要素とする配列となる。こんな感じだ。

["2011/08/23,308,315,308,313,27917000,313",
 "2011/08/24,316,317,308,308,24295700,308",
 "2011/08/25,312,320,311,316,21922400,316"]

　これを、再び Array#join でつなげる。今度は改行を区切り文字とする。

```
new_prices.join("¥n")
```

　で、できたのが、

"2011/08/23,308,315,308,313,27917000,313
 2011/08/24,316,317,308,308,24295700,308
 2011/08/25,312,320,311,316,21922400,316"

という感じのテキストだ。これが欲しかったものだ。
　これで prices_to_text メソッドができた。ということは、price_text メソッドも完成だ。えーと、ということはということは、get_price_data メソッドにもどって、あとはこのテキストをファイルに保存するのだ！！
　save_to_file メソッドだ。この StockDataGetter クラスの下のほう

だ。ここでは、引数として受け取った株価データのテキストを、save メソッドを使って"w"モードで書き込んでいる。save メソッド（一番下にある）は、第1引数として受け取ったテキストを、第2引数で指定したモードでファイルに保存するものだ。そのときのファイル名は、data_file_name メソッド（ちょっと上にある）によって取得する。@data_dir のフォルダ（何も指定しなければ"data"フォルダ）に、「証券コード.txt」（例えば"1301.txt"）というファイル名で保存される。

　ついでに append_to_file メソッドも見ておこう。これは、次項で述べる update_price_data メソッドの中で使う。save_to_file メソッドと append_to_file メソッドの違いは、モードの違いだけだ。"w"か"a"かだ。save_to_file のほうは、"w"、すなわち新規保存だ。すでにファイルが存在する場合は、上書き保存される。この点は注意が必要だ。一方、append_to_file のほうは"a"モードで、ファイルの末尾に「付け足し」をする。ファイルがすでに存在する場合付け足しをし、存在しない場合は新規保存。それが"a"モードだ。ファイル中の最終日付のデータに、それ以降のデータを追加保存する目的で使う。

　これで、保存するところまでできた。get_price_data メソッド、完成だ！！

　ここまでの流れを大ざっぱにいえば、

Web ページ → 文字列 → 配列 → 文字列 → テキストファイル

と、こんな感じになっている。細かいことはいろいろたくさんあったけれども、この流れさえ押さえておけば大丈夫だ。

7-3-5　update_price_data
　株価データをゼロからダウンロードするのが get_price_data だっ

た。今度はそのダウンロードしたデータに、最新の株価データを追加する方法を考えよう。毎日更新するにしても、ときどきにしても、最後に取得した日付よりもあとのデータだけを取得するようにすれば、時間はずっと短縮できる。

そのデータ更新をするのが update_price_data メソッドだ。やっていることはさほど複雑ではない。以前データを取得して、すでにファイルが存在する場合は、最後の日以降のデータを付け足す。もしファイルがなければ、新規取得をする。新規上場で銘柄が増えるときなどに対応したものだ。

File.exist? というのが、ファイルが存在するかどうか確かめるメソッドだ。で、ファイルが存在する、すなわち以前にデータを取得したことがある銘柄なら、get_from_date メソッドで最後のデータの日付を調べ、append_to_file メソッドでつけ足しをする。

append_to_file は前項の終わりのほうで説明した。get_from_date については説明しなければなるまい。

```
def get_from_date
  last_date = File.readlines(data_file_name).last[0..9]
  @from_date = Date.parse(last_date).next
end
```

まず1行目。「File.readlines(data_file_name)」で、ある銘柄のデータファイルを開き、各行を要素とする配列を得る。そして「last」でその最後の要素、つまり最後の日付の株価データを得る。これは、

"2011/08/25,312,320,311,316,21922400,316¥n"

というような文字列だ。この文字列の最初の 10 文字が日付になって

いる。欲しいのはそこだけなので、[0..9] としてそこだけの文字列を得る。これが、最初の 10 文字を得る方法だ。配列でも似たような書き方ができることは prices_to_text メソッドのところで説明した。

2 行目では Date.parse で今取得した最後の日付を表す文字列を Date オブジェクトに変換し、さらに Date#next メソッドでもって「最後のデータの次の日付」の Date オブジェクトを得る。この最後の日の次の日の Date オブジェクトを、新たなデータ取得開始日として、@from_date に格納する。Date#next を使えば、月末や年末とかうるう年にも対応してくれるので安心だ。

この @from_date を書き換えることによって、url_for_historical_data メソッドで URL を生成するときに、開始日として埋め込まれるのが「最後の次の日」になるのだ。それによって、古いデータと重複することなく新しいデータを取得することができる。このように、どこかのメソッドでインスタンス変数を変更すると、別のメソッドで使うときにも変更されている、ということに慣れていただきたい。

これで get_from_date の目的は達せられた。ということは、update_price_data の目的も遂行された。気がついてみれば、難物 StockDataGetter クラスのすべてが実装されていたのだった。あーやれやれ、どっこいしょ。

7-4 株価データをダウンロードする

StockDataGetter クラスを使って、株価データをダウンロードしよう。

まずは新規にダウンロードするのをやってみよう。bin フォルダに、"get_price_data.rb" というファイルを作って、次のようなコードを打ち込もう。

■ファイル：bin¥get_price_data.rb

```ruby
# coding: Windows-31J

require "./lib/stock_data_getter"

# 東証銘柄をダウンロードする
# 名証銘柄をダウンロードしたければ、market = :n とする
# 福証なら market = :f、札証なら market = :s

from = "2011/01/4"
to   = "2011/06/30"
market = :t
sdg = StockDataGetter.new(from, to, market)

(1300..9999).each do |code|
  sdg.get_price_data(code)
end
```

　いつからいつまでのデータを取得するか、どの市場にするか、ということを指定し、証券コード1300番から9999番まで、順番にデータを取得する。

　Yahoo!ファイナンスの株価時系列データは、一番古くても1983年1月4日のものであると調べがついている。よって最初の日付 from に "1983/01/04" と入れると、一番古くまでさかのぼることになる。最後の日付 to に指定するのは、通常はプログラムを実行するその日の日付ということになるだろう。みなさんのご都合に合わせて、適宜書き換えていただきたい。

最後の日付を「今日」にするには、

```
to = Date.today.to_s
```

のようにする。ダウンロード実行日の日付を Date.today で取得する。to_s で文字列にすると、"2011-08-25" というような形になる。

ただし、1983 年以降のデータをすべてダウンロードしようとすると、大変な時間がかかる。回線の具合にもよるが、数時間では終わらないかもしれない。最初は、半年とか、ごく短い期間を指定して、動作チェックを兼ねて様子を見るのがいいだろう。2000 年以降で十分、とかいう方は、それでもいいだろう。いくら時間がかかろうと、ほっとけばパソコンがやってくれるので平気だという方はめいっぱいダウンロードすればよいだろう。

もし途中でやめても、その続きから再開することもできる。上のコードの (1300..9999) のところを書き換えてやればいい。2000 番台から再開したいときは、(2000..9999) というふうにする。何番までやったかは、data フォルダの中のファイルを調べればよい。最後の銘柄の次の番号から再開するのだ。

データ取得の実行は、コマンドプロンプトで次のように打ち込めばスタートする。

```
C:\trade_simulation>ruby bin\get_price_data.rb
```

次に、データの更新だ。bin フォルダに "update_price_data.rb" という名前でファイルを作成し、次のようなコードを入力しよう。

■ファイル：bin¥update_price_data.rb

```ruby
# coding: Windows-31J

require "./lib/stock_data_getter"

# 東証銘柄をダウンロードする。
# 名証銘柄をダウンロードしたければ、market = :n とする
# 福証なら market = :f、札証なら market = :s

from = "1983/01/04"   # get_price_data.rbのfromと同じ日付に
to   = Date.today.to_s
market = :t
ydg = StockDataGetter.new(from, to, market)

(1300..9999).each do |code|
  ydg.update_price_data(code)
end
```

from に指定するのは、get_price_data.rb で指定したのと同じ日付にするのがよいだろう。そして、to には、実行するその日の日付が入る。なお、日付の文字列は、StockDataGetter の中で、Date.parse メソッドによって Date オブジェクトを得るのに使われる。だから from と to の日付指定は、"2011-08-25" とか "2011/8/25" など、いろんな書き方ができる。

これで株価データを得ることができるようになった。われわれは巨大な力を手に入れたのである！！

第8章

ダウンロードした株価データから株オブジェクトを作る

　株価データはダウンロードできた。次は、そのデータを使って株オブジェクトを作ろう。ただのテキストデータを、シミュレーションに使えるように変換するのだ。

8-1　仕様

　この仕事をするクラスの名前を TextToStock としよう。文字どおり、テキストファイルを株オブジェクト（Stock オブジェクト）に変換する、という意味だ。そのほかにもいくつか機能を加えて、以下のことをやりたい。

> ●株価データをファイルから読み込み、株オブジェクトを生成する
> ●銘柄リストにある銘柄について、順番に株オブジェクトを生成する
> ●生成する銘柄を市場によって絞り込む
> ●開始日と終了日を指定し、使う株価データの範囲を限定する

　後半の2つ、銘柄やデータ範囲の絞り込みがポイントになる。そこさえクリアすれば、あとはさほど面倒なことはない。

8-2 予習

8-2-1 キーワード引数

　メソッドの引数は、あまり多くならないほうがいい。多いと、呼び出すときにどの順番で引数を入れたらいいのか覚えきれなくなる。メソッドを呼び出すコードを見たときも、どの引数が何なのかパッと見で分からなくなってしまう。しかし、どうしても引数が多くなってしまうときも、人生にはある。

　そういう悩みを解決するのが、「キーワード引数」だ。これを使うと、引数を順番どおりに渡す必要がなくなる。その代わりに、キーワードと値を組にして渡す。どういうことか、実例を見てみよう。

```ruby
trade = Trade.new(stock_code:   8604,
                  trade_type:   :long,
                  entry_date:   "2011/08/25",
                  entry_price:  312,
                  volume:       100)

trade.exit(exit_price: 322,
           exit_date:  "2011/09/01")
```

　これは、後の章で作る Trade クラスだ。内容を先取りする形にはなるが、われわれにとって最も分かりやすい例だと思い、選んでみた。new で仕掛け、exit で手仕舞うと考えていただきたい。

　特に仕掛けのときにたくさんの情報が必要になる。証券コードやら日付やら値段やら。それらを new の引数として渡すとき、「あれ？ 最初は日付だったっけ？ それとも証券コードだったっけ？」などというまごつきがないよう、キーワード引数を使っている。

stock_codeというパラメーターの値が8604、trade_typeの値が:long、などと読める。証券コードは8604、仕掛けの方向はロング（買い）、仕掛けの日付は2011年8月25日、というふうに、分かりやすく書けるのだ。

これ、順番はどうでもいい。日付が先頭でも、値段が先頭でもかまわない。何個か足りなくてもとりあえずは大丈夫だ。足りないと、あとで困るかもしれないが。

どうしてこんなことが可能なのか。Tradeクラスのコードを一部抜粋してみよう。

```ruby
class Trade
  # 仕掛ける
  def initialize(params)
    @stock_code  = params[:stock_code]
    @trade_type  = params[:trade_type]
    @entry_date  = params[:entry_date]
    @entry_price = params[:entry_price]
    @volume      = params[:volume]
  end

  # 手仕舞う
  def exit(params)
    @exit_date  = params[:exit_date]
    @exit_price = params[:exit_price]
  end
end
```

newの引数、すなわちinitializeの引数にご注目願いたい。なんと

ひとつしかない。paramsというやつだ。さっき、newするときにはあんなにたくさん引数を入れたのに……。

initializeメソッドの中身を見てみよう。params[:stock_code]のように書いてある。これはなんだろう？　何かに似ている……ハッシュ？　そう、ハッシュだ！！　paramsという引数は、ハッシュなのだ！！

あらためて先ほどのコードを見てみよう。

```
trade = Trade.new(stock_code:  8604,
                  trade_type:  :long,
                  entry_date:  "2011/08/25",
                  entry_price: 312,
                  volume:      100)
```

この引数が、ハッシュなのだ。これは、

```
trade = Trade.new({:stock_code  => 8604,
                   :trade_type  => :long,
                   :entry_date  => "2011/08/25",
                   :entry_price => 312,
                   :volume      => 100})
```

と書くのと同じことだ。この場合は｛｝が省略でき、さらに、

```
:stock_code  => 8604
```

を、

```
stock_code:  8604
```

のように書き換えることができる。シンボルを表す : が、単語の最初から最後に移っている。さらに => を取り除く。ハッシュにはこういう書き方もあるのだ。これで、ハッシュを使ったキーワード引数が出来上がりだ。引数としてハッシュを渡し、メソッドの中でそのハッシュから値を取り出して使う、という段取りになっている。

　この書き方、ハッシュを使って「見かけ上」キーワード引数のように見せているにすぎないので、「擬似キーワード引数」ということになる（この擬似キーワード引数というのは、Ruby 1.9 での話。Ruby 2.0 以降では本物のキーワード引数がサポートされており、より分かりやすい書き方ができるようになっている。ただ、本書の対応バージョンが 1.9 なので、擬似のままでいかせていただく。それでも 2.0 以降での動作には支障はない。本書のコードのままでも、2.0 や 2.1 で動かすことができる）。しかし、そんな細かいことはわれわれにとってどうでもいいことだ。こういう便利な書き方があるならば、使わせてもらえばいいのだ。

8-2-2 case 式

　if による条件分岐についてはすでに学んだ。ここでは新たに、case による条件分岐を学ぼう。if も case も似たようなものなので、ささっとやっつけよう。

　まず、if で書いてみる。国名を与えると、その国の通貨を答えるメソッドだ。3 カ国に対応している。

```
def currency(country)
  if country == "Japan"
    puts "Yen"              # 円
```

```
  elsif country == "USA"
    puts "Dollar"              # ドル
  elsif country == "China"
    puts "Yuan"                # 元
  end
end

currency("Japan")   #=> "Yen"
```

これを case 式で書いてみる。

```
def currency(country)
  case
  when country == "Japan"
    puts "Yen"
  when country == "USA"
    puts "Dollar"
  when country == "China"
    puts "Yuan"
  end
end

currency("China")   #=> "Yuan"
```

よーく見比べてみよう。if の代わりに case で始まり、elsif の代わりに when で複数の条件を並べている。ただし、case のほうでは、最初の条件にも when が必要だ。

if で書けるものは case でも書ける。それでは、なんのために case

があるのか。上の例では、country を何度も書いて面倒だ。case では、これを１回書くだけで済ますことができる。

```
def currency(country)
  case country
  when "Japan"
    puts "Yen"
  when "USA"
    puts "Dollar"
  when "China"
    puts "Yuan"
  end
end


currency("USA")    #=> "Dollar"
```

ここに、case の便利さがある。case の横に調べたいオブジェクトを置き、when の横にそれがとり得る値の候補を置く。で、case の横のオブジェクトと最初に合致したところの文が実行される。

ひとつのオブジェクトがあり、それがとり得る値が複数あって、その値によって動作を変える、というようなときにこの書き方を使う。

case の力はこれだけに留まらない。調べるターゲットとなるオブジェクトと条件との比較の仕方は、== だけではない。=~ でもいい。今度は別のメソッド、返事を :yes か :no かに分けるヤツだ。

```
def yes_no(answer)
  case answer
  when /[Yy]es/
```

```
      :yes
  when /[Nn]o/
      :no
  else
    nil
  end
end

yes_no("Yes")   #=> :yes
```

これは、正規表現を使って、与えられた文字列が "Yes" や "yes" を含んでいれば :yes を、"No" や "no" を含んでいれば :no を、その他なら nil を返す。正規表現のマッチを使って条件分岐させているのだ。

最後の else というところ。これは if 文でも使う else と同じだ。それより上の条件判断が全部偽の場合、ここのコードが実行される。

このほかに、そのオブジェクトがどのクラスに属するかとか、Range オブジェクトを使って、ある数がどの数の範囲に入っているか、といった条件分岐が可能となっている。それらについてはまたいつかお話しすることもあるかもしれない。今のところは、このへんにしておこう。

case 式について、一般的な形をまとめておこう。

```
case 対象となるオブジェクト
when 値1
    値1と合致するとき実行されるコード
when 値2
    値2と合致するとき実行されるコード
when 値3
```

```
        値3と合致するとき実行されるコード
            ・
            ・
            ・
else
        上のどれとも合致しないとき実行されるコード
end
```

when はいくつでもいい。else は、あったりなかったりする。

8-2-3 引数内での配列の展開

第6章で、「可変長引数」というのをやった（2-6-2-3）。メソッド呼び出しのとき、引数の数を自由に決められるという書き方だ。こんなふうにメソッドを定義するのだった。

```
def sum(*numbers)
  s = 0
  numbers.each {|n| s += n}
  puts s
end
```

これは引数に与えられた数を合計するメソッドだ。*numbers のところに、いくらでも引数を入れることができる。

```
sum(1, 2, 3, 4, 5, 6, 7, 8, 9, 10)   #=> 55
```

これと関連した書き方で、配列をメソッドの引数に渡すときにバラバラに展開する、というやつがある。上の sum メソッドを使って説

明してみよう。

```
my_numbers = [1, 2, 3, 4, 5, 6, 7, 8, 9, 10]
sum(*my_numbers)                              #=> 55
```

　これで、さっきと同じ出力が得られる。sum メソッドに my_numbers という数の配列を渡しているのだが、そのとき、頭に * をつけることによって、配列の中の1個1個の数がバラバラに引数として渡されるのだ。
　つまり、

```
sum(*my_numbers)
```

というのは、

```
sum(1, 2, 3, 4, 5, 6, 7, 8, 9, 10)
```

と同じ意味なのだ。
　分かりにくいだろうか？　可変長引数だからややこしい。引数の数が決まっているときでも、同じことができる。

```
def sum_three(a, b, c)
  puts a + b + c
end

sum_three(*[1, 2, 3])    #=> 6
```

　今度は [1, 2, 3] の頭に直接 * をつけているが、意味は同じだ。配列

の中身をバラバラにして引数に入れろ、ということだ。注意しなければならないのは、引数の数が決まっている場合は、それと同じ要素数の配列でないとまずいということだ。多すぎたり少なすぎたりすれば、下のようなエラーが出る。

```
sum_three(*[1, 2, 3, 4, 5])
  #=> ArgumentError: wrong number of arguments (5 for 3)
sum_three(*[1, 2])
  #=> ArgumentError: wrong number of arguments (2 for 3)
```

エラーメッセージの最後のところの（5 for 3）と（2 for 3）というのは、それぞれ「引数3つのところ、5つ」「3つのところ、2つ」という意味だ。

この書き方、そんなにしょっちゅう使うわけではないが、覚えておくとなかなか便利だ。

8-2-4 ブロックつきメソッド

筆者が囲碁の基本的なルールを覚えたのは中学1年のころだったと記憶するが、1局の碁が「どうやったら終わるのか」ということが分かったのは高校生になってからだった。

Rubyのブロックでも、似たような経験をした。ブロックとはなんなのか、どう使うのか、というのが分かったのは、Rubyを使い始めてしばらくたってからだった。自分でブロックつきメソッドを書けるようになったのは、何年もたってからだ。少ないサンプルからの推測にすぎないが、このあたりが初心者の最もつまずきやすい部分ではないだろうか。

ブロックつきメソッドの代表は、eachをはじめとするイテレータだ。もはやおなじみだ。

```
[15, 30, 40].each {|n| puts n * 2}   #=> 30, 60, 80
```

｜｜で囲まれた変数を「ブロックパラメーター」と呼ぶのだった。ここでは、ブロックパラメーターnに配列の中身を順番に入れて、ブロックの中でそのnを2倍にして表示する、ということをやっている。

ブロックの中で何をするかは、プログラマーの自由だ。必要に応じて、その都度いろんなことをする。2倍にする代わりに3倍にしても、2乗しても、あるいは何行にもわたる計算をしてもいい。

要するに、渡す値だけ決めて、それを使って何をするかは後から決めるのがブロックつきメソッドだとざっくり理解していただきたい。

まずは簡単な例を見てみよう。

```
def method_with_block
  yield
end


method_with_block {puts "絶対金持ちになってやる！！"}
  #=> "絶対金持ちになってやる！！"
```

method_with_blockというメソッドを定義している。このメソッドがやるのは、ブロックつきで呼び出され、そのブロックの中身を実行する、ということだけだ。「yield」というのがブロックの中身を実行する文だ。

最初の学び方が悪かったのか、筆者はこの yield という奇妙な言葉を見ると呆然としたものだ。読者が筆者の轍を踏まないために、次の格言をお授けしよう。

「yield を見たらブロックだと思え」

できればこれを大きく筆書きし、目立つ場所に張っていただきたい。
メソッドの中に yield という単語が見えたら、そのメソッドはブロック付きだと思うべし。そして、yield のところでそのブロックが実行されるのだと心得られたし。繰り返す。

「yield のところでブロックが実行される」

のだと心得られたし！！

上の例だと、method_with_block メソッドがブロックを伴って呼ばれている。そのブロックの中には例のわれわれの合言葉を表示するコードがある。そのコードは、method_with_block 中の yield のところで実行されるのだ。

これまでのわれわれの流儀に従って、もっとたくさん表示するように改造しよう。

```
def method_with_block
  yield
  yield
  yield
end
```

こうだ。これで、

```
method_with_block {puts "絶対金持ちになってやる！！"}
```

を実行すれば、3行にわたって金持ち宣言を表示することができる。

ブロックの中身を変えることによって、やることが変わる。

```
method_with_block {puts "今日も大勝利！！"}
  #=> "今日も大勝利！！"を3回表示
method_with_block {puts 3 * 9 + 8 - 3}        #=> 32を3回表示
```

難しいのは、メソッド定義の def method_with_block のあたりを見ても、このメソッドがブロックつきかどうか分からないことだ。実のところ、すべてのメソッドはブロックつきで呼び出すことができる。ただ、メソッドの中でブロックが使われなければ、無視されるだけなのだ。

```
"abc".reverse {puts "無視すんな"}   #=> "cba"
```

このように、String#reverse にブロックを付けたところで、そのブロック中のコードは一切実行されない。かといって、エラーが出るなど、とがめられるわけでもない。

というような事情だから、メソッド定義であえてブロックつきだと明示する必要はなかったのだ。余計なブロックを付けてもエラーにはならないのだから。だったら、「ブロックつきメソッド」という言い方もちょっとおかしい気もするが……まあそれはそれとする。

ただし、yield が実行されるとき、ブロックがないとエラーになる。

```
method_with_block   #=> LocalJumpError: no block given (yield)
```

「ブロックが与えられていない」と怒ってくる。yield を実行するためには、ブロックが必要なのだ。というわけで、

図13

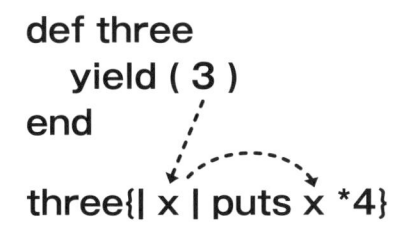

```
def three
    yield ( 3 )
end

three{| x | puts x *4}
```

「yield を見たらブロックだと思え」

なのだ。「yield → ブロック」と反射的に思い浮かぶよう、何度も唱えて脳内に回路をつくろう。

次に、パラメーターのあるブロックを使う場合を見てみよう。

```
def three
  yield 3
end


three {|x| puts x * 4}   #=> 12
```

　この three というメソッドは、ブロックを呼び出し、そのブロックにパラメーターとして3を渡す。

　図13を見ていただきたい。yield に引数として3が渡され、それがパラメーターとしてブロックに渡される。そのパラメーターを使って、ブロックが何らかの処理をする。上の例でいえば、three メソッドを呼び出すとき、{|x| puts x * 4} というブロックが伴われている。|x| のところに、yield の引数である3を代入する。そしてブロックの中で x、すなわち3に、4を掛けたものを表示する。そういう流れだ。

　ブロック自体が、1つのメソッドのようなものだと考えれば分かりやすい。ブロックパラメーターは、メソッドの引数のようなものだ。yield のところでブロックがメソッドのように呼び出されて、実行されるのだ。上の例で言えば、「yield 3」のところで、

```
puts 3 * 4
```

が実行されているようなものだ。

　three メソッドにいろいろなブロックを与えて、いろいろなことをしてみよう。読者自身も、いろいろ遊んでみていただきたい。3を1億倍したり、3に2を100回掛けたり、好きなように料理してみよう。

```
three {|x| puts x * x}         #=> 9
three {|x| puts (x + 1) / 2}   #=> 2
```

```
three do |x|
  y = 3 * x + 5
  puts y - 3
end                              #=> 11
```

ブロックパラメーターとして３しか渡せないのでは、あまり面白くない。もうちょっとやることの幅を広げてみよう。

```
def number(n)
   yield n
end

number(1) {|x| puts x * 3}          #=> 3
number(4) {|x| puts x * 3}          #=> 12
number(5) {|x| puts (x + 4) ** 2}
   #=> 81   # ** はべき乗を表す演算子
```

今度は、３だけでなくいろんな数をブロックに渡すことができるようになった。数が、

number メソッドの引数 (n) → yield の引数 (n) → ブロックパラメーター (x)

と渡っていく様子がイメージできるだろうか。

ここまでの例では、ブロック内で puts によって結果を表示している。こう何度も同じことを書くのはめんどうだし、あまりいい習慣とは言えない。だから puts する部分を number メソッドの中に移そうと思う。

```
def number(n)
  puts yield n
end

number(1) {|x| x * 3}         #=> 3
number(4) {|x| x * 3}         #=> 12
number(5) {|x| (x + 4) ** 2}  #=> 81
```

すっきりした。このように、何度も繰り返す、共通する処理をメソッド内でやり、肝心かなめのロジック部分をブロックで実装する、というやり方がひとつのパターンだ。

今度はもう少しだけ複雑にして、引数をふたつ取れるようにしてみる。

```
def numbers(a, b)
  puts yield a, b
end

numbers(10, 20) {|x, y| x + y}    #=> 30
numbers(10, 20) {|x, y| x - y}    #=> -10
numbers(10, 20) {|x, y| x ** y}
  #=> 100000000000000000000   # 10の20乗
```

numbersメソッドの引数a、bが、yieldを通してそれぞれブロックパラメーターx、yに渡されている。引数の順番どおりに渡すだけだから、分かりやすいだろう。

メソッドの引数をそのままブロックに渡す例を見てきたが、別にそ

うしなきゃいけないわけではない。メソッドの引数はメソッド内で消化することもできる。

```
def multiply(a, b)
  c = a * b
  yield c
end

multiply(3, 5) {|x| puts x}   #=> 15
```

multiplyメソッドの引数は、メソッド内で掛け算される。その答えをブロックに渡している。ブロック内で好きなように料理しろ、と。上の例では、単純にputsで画面に表示している。

ブロックの中を変えれば、出力の仕方を変えることができる。

```
multiply(3, 5) {|x| puts "答えは#{x}です"}
   #=> "答えは15です"
multiply(3, 5) do |x|
   File.open("C:¥multiply_result.txt", "w") {|f| f.puts x}
end   # ファイルに保存
```

結果の前後に文章を付け加えたり、コマンドプロンプトに表示する代わりにファイルに保存したり、といったことがその都度変えられる。やる計算は決まっていて、出力方法だけ変えたい、というようなときに使えるやり方だ。

このような単純な例を見ただけでも、ブロック付きメソッドの威力の一端が見えたのではないだろうか。ブロックを使えば、とんでもなく柔軟にコードを書くことができる。Rubyに対する賞賛の多くは、

この点に集まっていると言っても過言ではない。

　ブロックつきメソッドの代表はイテレータだと最初に言ったけれども、ここまで紹介してきたテクニックを使えば自作のクラスにイテレータを装備することができる。こんなふうに。

```
class MyClass
  def initialize(array)
    @array = array
  end

  def each
    @array.each {|x| yield x}
  end
end
```

　MyClass に each メソッドを定義している。これは、内部データとして持っている配列（@array）の each メソッドを呼び出して値を1つずつ取り出し、yield によってブロックに渡している。Array#each を使って MyClass#each を実現している。ブロックの中でブロックが呼び出されるという形で、ちょっとややこしい構造だ。

　この自作イテレータを使ってみる。

```
my_object = MyClass.new([1, 3, 5])
my_object.each {|x| puts x}        #=> 1, 3, 5
```

　使い方は Array#each と同じだ。内部データからひとつひとつデータを取り出し、ブロックに渡す。動作イメージは**図14**のような感じだ。@array.each のブロックの中で yield が3回実行されている点

図 14

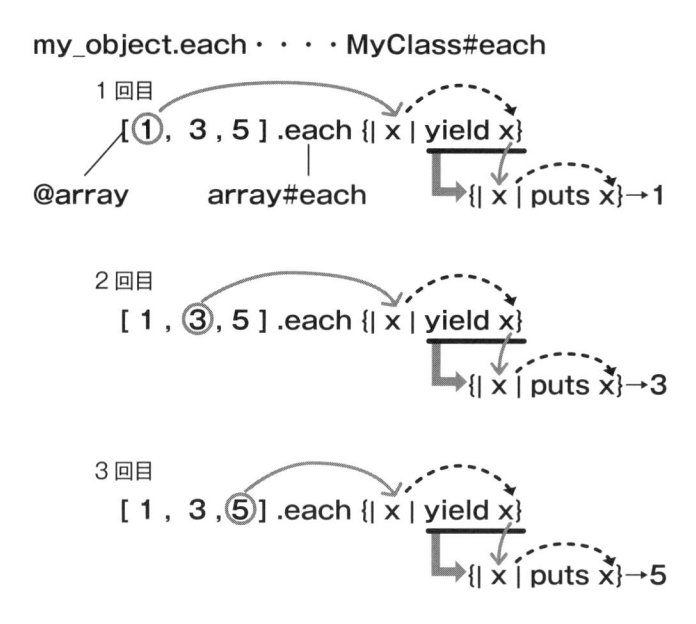

```
my_object.each ・・・・ MyClass#each
     1回目
    [①, 3 , 5 ].each {| x | yield x}
                             ↓
  @array      array#each     {| x | puts x}→1

     2回目
    [ 1 , ③, 5 ].each {| x | yield x}
                             ↓
                             {| x | puts x}→3

     3回目
    [ 1 , 3 ,⑤].each {| x | yield x}
                             ↓
                             {| x | puts x}→5
```

にお気づき願いたい。すなわち my_object.each に伴うブロック {|x| puts x} が3度呼ばれているのだ。

とにかく、

```
def each
  @array.each {|x| yield x}
end
```

というような書き方がイテレータを作るときのイディオムになっている。本書でも、今後何度か使うことになるはずだ。

8-3　実装

予習はばっちり、コーディングに移ろう。まずはいつもどおりファイルの新規作成からだ。lib フォルダに text_to_stock.rb ファイルを新規に保存してスタートだ。

■ファイル：lib¥text_to_stock.rb

```ruby
# coding: Windows-31J


require "./lib/stock"
require "./lib/stock_list_loader"
require "date"


# テキストデータからStockクラスのオブジェクトを生成するクラス
class TextToStock
  attr_writer :from, :to

  def initialize(params)
    @data_dir       = params[:data_dir] || "data"
    @stock_list     =
      params[:stock_list] ||
      raise("銘柄リストを指定してください")
    @market_section = params[:market_section]
    @list_loader =
      StockListLoader.new("#{@data_dir}/#{@stock_list}")
  end
```

```ruby
# 株オブジェクトを生成する
def generate_stock(code)
  index = @list_loader.codes.index(code)
  stock = Stock.new(code,
                    market(index),
                    @list_loader.units[index])
  add_prices_from_data_file(stock)
  stock
end


# 銘柄リストにある銘柄について、
# データディレクトリ内にある株価データから
# 順番に株オブジェクトを返すイテレータ
def each_stock
  @list_loader.filter_by_market_section(*@market_section)
            .codes.each do |code|
    if File.exist?("#{@data_dir}/#{code}.txt")
      yield generate_stock(code)
    end
  end
end


private
def market(index)
  section = @list_loader.market_sections[index]
  case section
  when /東証|マザーズ/
    :t
```

```ruby
      when /名/
        :n
      when /福/
        :f
      when /札/
        :s
      end
    end


    def add_prices_from_data_file(stock)
      lines = File.readlines("#{@data_dir}/#{stock.code}.txt")
      fi = from_index(lines)
      ti = to_index(lines)
      return if fi.nil? || ti.nil?
      lines[fi..ti].each do |line|
        data = line.split(",")
        date = data[0]
        prices_and_volume = data[1..5].map {|d| d.to_i}
        stock.add_price(date, *prices_and_volume)
      end
    end


    def from_index(lines)
      return 0 unless @from
      @formatted_from ||=
        Date.parse(@from).to_s.gsub("-", "/")
      lines.index {|line| line[0..9] >= @formatted_from}
    end
```

```ruby
  def to_index(lines)
    return lines.size unless @to
    @formatted_to ||= Date.parse(@to).to_s.gsub("-", "/")
    lines.rindex {|line| line[0..9] <= @formatted_to}
  end
end
```

　掲載されているコードのはじめのほうを見ていただきたい。このクラスでは、これまでに作ったふたつのクラス、Stock と StockListLoader を使うので、それらが書かれているファイルを require している。また、日付を扱う標準ライブラリ Date も使う。

　クラス定義の最初には、from と to という、2つのアクセサメソッドが書かれている。それぞれ、使う株価データの最初の日と終わりの日を示す。これらのアクセサは設定を変更するときに使うだけで、読み込むことはないので、attr_writer という、書き込み専用のメソッドになっている。

```ruby
class Person
  attr_writer :name
end


she = Person.new
she.name = "カネ"
she.name              #=> NoMethodError: undefined method `name'
                      # for #<Person:0x1069a18 @name="カネ">
```

　この例では、Person クラスの name というアクセサが attr_writer、

すなわち書き込み専用になっている。「she.name = 」でもって値を入れるのはいいのだが、「she.name」と、その値を読み取ろうとするとエラーになる。

これで、attr_reader（読み取り専用）、attr_writer（書き込み専用）、attr_accessor（読み書き両用）という、3種類のアクセサがそろったことになる。違いを理解して、適宜使い分けていただきたい。

initializeの引数が、キーワード引数になっている。株価データが納められているフォルダ名と、銘柄リストのファイル名と、上場市場の3つがその引数だ。これらを順不同で指定できる。このうち、データフォルダと上場市場は省略可になっている。データフォルダを省略すると、自動的にdataフォルダになる。これは、われわれのプロジェクトフォルダ（trading_system）にあるやつだ。

```
@data_dir = params[:data_dir] || "data"
```

という書き方には、もう慣れただろうか。

また、上場市場は、後に出てくるeach_stockメソッドの中で銘柄を絞り込むためのもので、これを省略すると、銘柄リストに載っているすべての銘柄を扱うことになる。

銘柄リストは必ず使う。:stock_listパラメーターは必ず指定していただきたい。ここには、"tosho_list.txt"などの銘柄リストファイル名が入る。もし指定し忘れると"銘柄リストを指定してください"というメッセージを伴ってエラーが出る。

```
@stock_list     =
  params[:stock_list] ||
  raise("銘柄リストを指定してください")
```

この書き方はちょっとトリッキーか。|| の左側、params[:stock_list] が nil なら、つまり銘柄リストを指定し忘れたら、右側の raise が実行されるのだ。

データフォルダと銘柄リスト名から StockListLoader クラスオブジェクトを生成して初期化終了だ。この時点ですでに、銘柄リストがファイルから読み込まれている。

8-3-1　generate_stock

このクラスの核となる、株オブジェクトの生成を担当するのが、generate_stock メソッドだ。引数で指定された証券コードの銘柄の株オブジェクトを作り、テキストファイル（前章でわれわれがダウンロードしたやつだ）から株価データを読み込んで、株オブジェクトを完成させる。

こんなふうになっている。

```
def generate_stock(code)
  index = @list_loader.codes.index(code)
  stock = Stock.new(code,
                    market(index),
                    @list_loader.units[index])
  add_prices_from_data_file(stock)
  stock
end
```

まず、与えられた証券コードが、銘柄リストの何番目にあるのか探す。このメソッドの1行目だ。@list_loader.codes で銘柄リストに含まれる証券コード一覧を得る。これは4桁の整数の配列だ。その中から、Array#index メソッドで、目的の証券コードが配列のどこにあ

るのか探す。Array#index は、引数として与えられたオブジェクトを配列の頭から探していって、見つかった最初のインデックスを返す。こんな感じだ。

```
[1301, 1305, 1306].index(1305)    #=> 1
```

次に、いま得たリストのインデックスをもとに、株オブジェクトを新規作成する。Stock.new に証券コード、市場、売買単元株数を引数として与えるのだが、後ろのふたつは銘柄リストから取得する。市場は、market メソッドによって得る。これは private メソッドだ。

private のところにある market メソッドでは、まず、@list_loader から、与えられたインデックスの銘柄の上場市場を得ている。

```
section = @list_loader.market_sections[index]
```

これは、例えば"東証1部"とか"東証2部"などの文字列だ。これを、case 式によって振り分け、市場を表すシンボル（東証なら :t、名証なら :n など）を返す。これが market メソッドの返値になる。

case 式の条件には、正規表現を使っている。東証の場合、"東証"、"東証1部"、"東証2部"、"東証JQS"、"東証JQG"、"東証外国"、"マザーズ"のいずれかなので、/東証|マザーズ/ ですべてを網羅している。

その他、名証銘柄を /名/、福証銘柄を /福/、札証銘柄を /札/ で検知するようにしている。

ここまでで、株オブジェクトが生成できた。ただしこれだけでは株価データが空っぽなので、データを読み込まなくてはならない。それをするのが、add_prices_from_data_file メソッドだ。これも private だ。

ここでやっているのは、株価データファイルを読み込んで、1行1

行から株価を吸い出し、株オブジェクトに加えていくということだ。そのとき、あらかじめ指定された開始日と終了日の範囲内で、株価データを取得する。

この add_prices_from_data_file を詳しく見ていこう。

8-3-2　日付によって読み込むデータの範囲を限定する

ここでややこしいのは、使うデータの日付の範囲を限定する方法だ。add_prices_from_data_file の最初のほうにこうある。

```
fi = from_index(lines)
ti = to_index(lines)
return if fi.nil? || ti.nil?
```

from_index と to_index というふたつの private メソッドによって、使うデータの最初と最後を決めている。どちらも、株価データの何番目に、指定された日付があるかを示す数だ。

from_index と to_index の動作を詳しく見てみよう。どちらもぱっと見ではちがいが分からないほど似ている。3 行あるうちの、最初の 2 行はおまじないのようなものであり、3 行目が本体だ。

from_index の最初の 2 行はこうなっている。

```
return 0 unless @from
@formatted_from ||= Date.parse(@from).to_s.gsub("-", "/")
```

1 行目は、@from が与えられていないときには 0 を返すということ。つまり、開始日を指定しなければ、株価データの先頭から使うということだ。妥当な動作だ。

2 行目は何をしているのかといえば、@from に入れられた日付

の文字列が、"yyyy/mm/dd"のような形になっていなかったときに、そうなるように直すのだ。"2000/5/1"や"2000-5-1"みたいなものを"2000/05/01"というふうに直す。なんでこうするのかといえば、ファイルから読み取った株価データの日付と、アクセサ from によって指定した開始日の日付を、「文字列で」比較するためだ。詳しくは後述するけれども、比較のためには形式がそろっていなければならないのだ。

　で、形式を整えた日付文字列を、@formatted_from 変数に入れている。||= と合わせて使うことによって、最初に1度だけ Date.parse すればよいことになる。何度も何度も Date オブジェクトを作るのは、時間を食う。それを回避するための1行だ。

　to_index メソッドにおいても、最初の2行でやっていることはだいたい同じだ。終了日を指定しなければ、得られる株価データの最後の日付を終了日とする。アクセサ to で指定した日付を "yyyy/mm/dd" の形に整える。

　それでは、本体である3行目を見てみよう。from_index では、先ほども出てきた Array#index メソッドを再び使って日付の場所を探している。

```
lines.index {|line| line[0..9] >= @formatted_from}
```

　今度はブロックつきだ。ブロックに配列の要素を頭から渡していって、ブロック内の評価が最初に真になった要素のインデックスを返す。簡単な例で動作の様子を見てみる。

```
[5, 10, 15, 20].index {|n| n >= 12}
   #=> 2    # 12以上である最初の値・・・15
```

図15

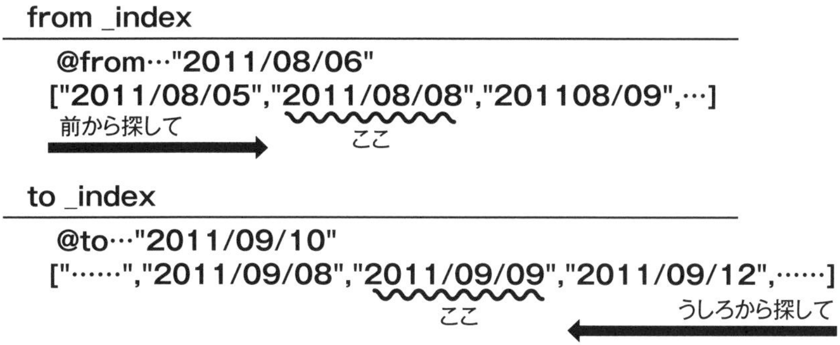

```
from _index
─────────────────────────────────────────────
   @from…"2011/08/06"
   ["2011/08/05","2011/08/08","201108/09",…]
   前から探して              ここ

to _index
─────────────────────────────────────────────
   @to…"2011/09/10"
   ["……","2011/09/08","2011/09/09","2011/09/12",……]
                          ここ         うしろから探して
```

このように、Array#index は、ブロックが付くときと付かないときで多少動作の違うメソッドだ。結果、返値が配列のインデックスである点は共通しているが。

一方、to_index のほうはこうなっている。

```
lines.rindex {|line| line[0..9] <= @formatted_to}
```

Array#rindex を使っている。index の頭に r が付いている。これは Array#index とだいたい同じだが、ケツのほうから探す。

```
[5, 10, 15, 20].rindex {|n| n >= 12}   #=> 3
   # 12以上である最後の値・・・20
```

これらによって、from_index では、@from で指定した日付と同じかそれよりあとの最初の日付に対応するインデックスを得る。to_index では、@to で指定した日付と同じかそれよりも前の最後の日付に対応するインデックスを得る（**図15**）。

このときブロックの中で比較しているのは、日付を表す「文字列」

であることに注意してほしい。"1999/12/30" とか、"2013/04/15" みたいな形になっている。

　from_index、to_index の引数 lines は、株価データファイルから File.readlines によって読み込んだ、1 行 1 行の文字列の配列だ。次のようなものだ。

["2010/01/04,185,187,184,187,86000,187",
 "2010/01/05,187,188,186,186,82000,186",
 "2010/01/06,188,188,186,188,106000,188",
 ・・・]

　from_index、to_index の両メソッドでは、その 1 行ぶんの文字列ごとに、最初の 10 文字を取り出して（lines[0..9]）、"2010/01/04" のような文字列を得て、それを @formatted_from や @formatted_to と比較している。@formatted_... というのは、アクセサメソッド from と to によって指定された文字列を、Date.parse によって "yyyy/mm/dd" 形式にそろえたもの、という話は先ほどした。

　例えば from_index の中の「line[0..9] >= @formatted_from」のところでは、

```
"2010/01/04" >= "2013/05/01"
```

のような比較が行われるのだ。

　日付の比較が、なぜ文字列でできるのか。このからくりを明らかにするために、少々お時間をいただき、実験してみよう。

```
"a" < "b"      #=> true
"あ" > "い"    #=> false
```

```
"一" < "二"    #=> true
```

何となくお分かりだろうか。文字の表みたいなものがあって、その中にあとから出てくる文字が「大きい」と判定されるようなのだ。もっとやってみよう。

```
"1" < "2"    #=> true
"3" < "0"    #=> false
```

おお、数字を文字列にしたのでも、思ったとおりの結果だ。じゃあこういうのは……

```
"9" == "09"    #=> false
"9"  > "09"    #=> true
"09" < "10"    #=> true
```

なるほど。"9"と"09"は別ものである、と。そして"10"は"09"よりも大きい、と。そういう仕組みになっているのか。よし、一気に核心に迫ろう。

```
"2011/09/01" < "2011/10/10"    #=> true
"2010/09/01" < "2011/09/01"    #=> true
"1998/05/05" > "2010/10/31"    #=> false
"2012/12/31" < "2013/01/01"    #=> true
```

できた！！　文字列で表された日付でもちゃんと比較できる。これはうまい。

こういうような事情もあって、本書のプログラムでは日付を基本的

に文字列のまま扱っている。いちいち Date オブジェクトに変換するといういかにも重そうなことをしなくても、うまくいくようだから。

開始日と終了日について、普通と違うような場合についても考えておこう。

まず、開始日が「未来の」日付、終了日が「データが存在するよりも前の」日付という、あり得ない、シミュレーション不能な場合。こういうときには、from_index と to_index は nil を返す。Array#index と Array#rindex が、ブロック内で真を返す要素がひとつもないときには nil を返すからだ。

そして、from_index では、@from がデータファイルの一番古い日付よりも前なら 0 が返され、一番新しい日付よりも後ろなら nil が返される。また、to_index では、@to の日付がデータの一番新しい日付よりもあとならば最後の日付のインデックスが、最初の日付よりも前ならば nil が返される。なぜか、は各自お考え願いたい。Array#index と Array#rindex の動作を考えれば、分かるはずだ。

ついでに、@from が休日などデータのない日だったときにはその日よりもあとの最初の営業日（データのある日）が開始日になり、@to がデータのない日なら、それよりも前で最後にデータのある日が終了日になる。

このように、日付指定はなんだか面倒なのだ。いっそのことこの機能を入れないことも考えたが……きっと需要があると思い、がんばって入れてみた。

えーとどこまでいったっけ？そうだ、開始日と終了日のインデックスを取得するところまでだ。add_prices_from_data_file メソッドに戻る。

```
return if fi.nil? || ti.nil?
```

で、開始日と終了日の指定がおかしいときにはメソッドを終了する。正確には、「開始日と終了日に対応するインデックスのどちらか一方が、または両方とも nil のとき」だ。nil? というのは、そのオブジェクトが nil かどうか調べるメソッドだ。先ほど説明した通り、fi や ti が nil になるということは、日付指定がシミュレーション不可能な方向にデータからはみ出ているということだからだ。

ここまで来ればあとは簡単。

```
lines[fi..ti].each do |line|
  data = line.split(",")
  date = data[0]
  prices_and_volume = data[1..5].map {|d| d.to_i}
  stock.add_price(date, *prices_and_volume)
end
```

ここのところで、1行ごとのデータを日付、4本値、出来高からなる配列に変換し、その要素を Stock#add_price の引数とすることによって株価データを足していくのだ。

このとき、日付（data[0]）は文字列でいいのでそのまま入れ、4本値や出来高（data[1..5]）は文字列から数に直している。引数の中で配列の頭に * をつけて要素をバラバラにしているところにもご注目願いたい。

具体的なデータを使って説明しよう。

"2010/01/04,185,187,184,187,86000,187"

と、こんなデータがあったならば、まずこれを、

["2010/01/04", "185", "187", "184", "187", "86000", "187"]

という配列にする。これがdata変数の中身だ。ここから最初の要素である日付を取り出し、date変数へ入れる。dateの中身は"2010/01/04"になる。

　dataの2～6番目の要素を取り出し、整数に変換してprice_and_volumeに入れると、

[185, 187, 184, 187, 86000]

こうなる。

　dateとprice_and_volumeを株価データとして加えるところは、こうなる。

stock.add_price("2010/01/04", 185, 187, 184, 187, 86000)

　これで、1日分の株価データが付け加わったことになる。
　ところで、Stock#add_priceには引数が6つもある。これは、メソッドの引数の数が多くなりすぎないほうがいいという原則に反する。しかし、その順番が日付、4本値、出来高と、トレーダーには分かりやすくなっている。しかも本書中のコードでadd_priceによって株価データを付け加えるのは本章と次章くらいのものだ。だから引数が6つあってもその影響はあまり大きくないと考える。また、そういう理由があるので、add_priceの引数はキーワード引数にはしなかった。
　ここまで来て、ようやく、株価データを持った株オブジェクトが完成した。と同時に、generate_stockメソッドが完成した。

8-3-3　each_stock

仕上げにかかろう。イテレータの自作だ。たっぷり予習した、ブロックつきメソッドだ。この each_stock メソッドが行う仕事は、

- データフォルダの中にあるデータファイルから、1銘柄ずつ順番に株オブジェクトを生成し、ブロックに渡す
- 東証1部など、市場（上場部）が指定されていれば、それに基づいて絞り込みを行う

といったところだ。

```
def each_stock
  @list_loader.filter_by_market_section(*market_section)
             .codes.each do |code|
    if File.exist?("#{@data_dir}/#{code}.txt")
      yield generate_stock(code)
    end
  end
end
```

コードはこれだけ。わりと短い。これは、予習に出てきたコード、

```
def each
  @array.each {|x| yield x}
end
```

とほとんど同じだと思えたらしめたものだ。

each_stock の最初の2行、これは長いから2行にしたのだが、ほ

んとは 1 行のものだ。1 行にするために StockListLoader#filter_by_market_section が self を返すようにした、というような話を覚えておいでだろうか。それはいいのだが、ここ、銘柄リストに載っている銘柄の証券コードのうち、初期化のときに指定した市場（東証 1 部など）によって絞り込んだものの配列に対して、each メソッドを呼び出している。

filter_by_market_section の引数が、*@market_section と、「*」つきになっている。これは、@market_section の中身が配列のとき、要素をバラバラにバラして渡す、ということを意味する。これにより、複数の市場を指定して絞り込みを行うことができる。例えば、ジャスダック銘柄を扱いたいときには、パラメーターの :market_section を [" 東証 JQS", " 東証 JQG"] のようにすればよい。

長いことかかって説明したが、要は、

```
[1301, 1332, 1334, ・・・・].each do |code|
  yield genereate_stock(code)
end
```

ということなのだ。証券コードの配列から要素を 1 個 1 個とりだし、それぞれの証券コードによって generate_stock メソッドで株オブジェクトを生成する。それを、yield によってブロックに渡す。

この each_stock というイテレータを呼び出すコードは、こんな感じになる。text_to_stock というのが TextToStock クラスのインスタンスだとする。

```
text_to_stock.each_stock do |stock|
  # 株オブジェクト stock を使って売買シミュレーション
end
```

1銘柄ずつ株オブジェクトを生成してそれぞれについて売買シミュレーションをするという、本書のプログラムの中でもひとつの核となる部分で使われるメソッドなのだ。

なお、yield 文の前の if File.exist?("#{@data_dir}/#{code}.txt") は、株価データファイルがあるときにだけ株オブジェクトを生成する、ということだ。データがなければその銘柄は飛ばす。銘柄リストにはあるけれども株価データがない、ということも、ままあることなのだ。

これで、TextToStock クラスの実装は終わりだ。われわれはまたひとつ、大きな仕事をやり遂げた。

8-4　動作チェック

手塩に掛けた TextToStock クラスがちゃんと動くかどうか、動作チェックをしよう。以下のようなコードを check フォルダに text_to_stock_check.rb とでもして保存、実行するのだ。

```
# coding: Windows-31J


require "./lib/text_to_stock"


tts = TextToStock.new(data_dir:       "data",
                      stock_list:     "tosho_list.txt",
                      market_section: "東証1部")


stock = tts.generate_stock(1301)
puts stock.code                 #=> 1301
puts stock.dates.first          #=> "2010/01/04"
```

```
puts stock.open_prices.first    #=> 185


tts.each_stock do |stock|
  puts stock.code
end                             #=> 1301, 1332, 1334, ...


# 開始日と終了日を指定
tts.from = "2011/01/04"
tts.to   = "2011/06/30"


tts.each_stock do |stock|
  puts [stock.code, stock.dates.first,
        stock.dates.last].join(" ")
end
```

チェックすべきポイントは、次の4点だ。

1．new の引数として data_dir、stock_list、market_section の3つを、キーワード付きで入力すること
2．generate_stock メソッドでちゃんと株オブジェクトを生成できるか
3．each_stock メソッドで、各銘柄の株オブジェクトを生成できるか
4．開始日と終了日を指定して、株価データを読み込めるか

1については問題ないだろう。ハッシュによる擬似キーワード引数の書き方に慣れていただきたい。2については、掲載したコードでは1銘柄だけ、ほんの一部のデータを調べているにすぎないが、そのほ

かにも、いろんな銘柄を調べたり、ひとつの銘柄の株価を最初から終わりまで表示させる、など、各自いろいろ試みていただきたい。

　3についても複雑なところはない。この例では単に各銘柄の証券コードを表示させているだけなので、さほど時間はかからないはずだ。上場市場による絞り込みがちゃんとできているか、確かめてみよう。

　4にはやや注意を要する。コード例の最後では開始日と終了日を指定してから each_stock メソッドを呼び出し、各銘柄について証券コード、株価データの最初の日付、最後の日付を表示する。このとき、from と to に入れた日付と違う日付が表示されたり、まったく表示されなかったりする銘柄があるかもしれない。それは、その銘柄がまだ上場間もなかったり逆に上場廃止になったりして、指定した期間の株価データがそろっていないためだ。

　無事動いただろうか。ということは、だ。いよいよ、データ周りのプログラムが完成し、シミュレーションソフト本体の作成に突入できるということだ！！　叫びたまえ！！　なんでもいいから叫びたまえ！！

第9章

Pan Active Market Databaseから株オブジェクトを作る

　前章を最後までお読みになり、指示に従って叫ばれたみなさん、申し訳ない。「データ編」にはもう1章あった。

　ここでは、パンローリング社から出ている相場ソフト、「パンローリング相場アプリケーション」のデータベースである「Pan Active Market Database」を使って、株オブジェクトを生成する方法を紹介する。

　データをテキストファイルで保存する方法は分かりやすくていいのだが、ファイルがなんだかかさばるし、何らかのデータベースを導入したい、という欲求が出てくるのは自然なことだと思う。データベースというのは、データをまとめて扱って、データを追加したり検索したりが楽にできるシステムだ。

　ただ、フリーのデータベース管理ソフトなどを導入して、一から株価データベースを自力で構築しようとすると、そのための勉強も含め、並大抵の仕事ではない。それでもデータベースが欲しい、という方の助けになるのが、Pan Active Market Databaseだ。

　Pan Active Market Databaseは、約30年分もの株価データを利用でき、日々のデータ更新もほんの数分で迅速に行える。この点だけでも、本書でわれわれが作った株価データダウンロードプログラムをはるかに凌駕する。

そしてなんといっても大きな特長は、外部のプログラムからアクセスできる簡単な方法を提供している点だ。パンローリング相場アプリケーションのソフト群のみならず、自作のソフトでもデータを使用可能なのだ。もちろん Ruby からも使える。パンローリング相場アプリケーションをすでにお持ちの方はもちろん、導入を検討なさっている方も、試用版もあることだし、本章の内容を試してみる価値はあるだろう。

なお、本章では、株式分割などの権利落ちへの対応を取り入れる。前章までのテキストファイルからの株価読み込みにおいては、分割へ対応するのが結構大変なので割愛したが、Pan Active Market Database から株価を読み込む際には、たったの3行コードを足すだけで対応できる。これはやらない手はない。

9-1　仕様

まずはクラス名を考える。Pan のデータベースから株オブジェクトを作る、という意味で、PanDatabaseToStock というふうにしよう。やることは、前の章の TextToStock とだいたい同じだ。

- 株価データを Pan Active Market Database から読み込み、株オブジェクトを生成する
- 銘柄リストにある銘柄について、順番に株オブジェクトを生成する
- 生成する銘柄を市場によって絞り込む
- 開始日と終了日を指定し、使う株価データの範囲を限定する

2番目の項目にある銘柄リストだが、これは、データベースの中にあるのではなく、「第5章　銘柄リストを作る」でわれわれが作ったものだ。

このPanDatabaseToStockクラスを使うときに呼び出すメソッドは、TextToStockクラスと同じく「generate_stock」と「each_stock」のふたつだ。

これらのメソッドは、見かけ上の動作がTextToStockとPanDatabaseToStockで同じようにならなければならない。同じように作ることで、シミュレーションのときに、TextToStockを使おうがPanDatabaseToStockを使おうが、同じコードでいけるようになる。

9-2 予習

9-2-1 定数

われわれがすでに学んだ変数と対になるものとして、「定数」がある。

変数は、プログラムの中でころころと値の変わるものだ。それに対して定数というのは、一度値を入れたら、基本的に変更されない。

定数名は大文字ではじめる。それが文法的な決まりだ。文法ではないが、文化として、定数はすべて大文字で書く、という流儀がある。単語の間を"_"でつなぐ。本書もその流儀でいくことにする。

```
MY_MONEY = 100000
MY_MONEY = 200000
  #=> warning: already initialized constant MY_MONEY
```

このように、定数に値を入れて、もう一度入れると、警告が出る。警告が出るだけで、実は値は変更されている。「ダメ」と言いながら、ほんとはいいのだ。上の例で言えば、2度目に200000を入れた時点で、MY_MONEYの値は200000に変わっている。

なんと甘いことだろう。ほかの多くの言語では考えられないことだ。このいい加減さ、よく言えば柔軟さが、Rubyのいいところでもある。

しかし変えられるからといって変えなくてもいい。いや、むしろ変えるべきではない。そこらへんは、プログラマー自身が自制するべきところだ。Rubyでは、いたるところでプログラマーを「自覚を持った大人」として扱っている。

　定数は何に使うのか。ここでは「マジックナンバーの排除」のために使っている。マジックナンバーとは、プログラム中に出てくる「謎の数字」のことだ。書いた直後は謎じゃなくても、時間がたつにつれて完全に謎になることが多い。例えば、

```
buy_point = (high_price - low_price) * 1.618
```

みたいなコードがあったとする。この、1.618というのが、書いたときは分かっていたのだろうけど、のちのちなんだか分からなくなる可能性が高い。他人が見たら、最初からなんだか分からない。こういう数に、定数を使って名前をつけてやろうということだ。

```
GOLDEN_RATIO = 1.618
buy_point = (high_price - low_price) * GOLDEN_RATIO
```

このようにすれば、1.618というのが「黄金比」であることが分かる。黄金比とは何か？　それは、よく分かりませんが。
　とにかく、変わることのない値に名前をつける。それが定数だ。

9-2-2 WIN32OLE

　RubyとWindowsの世界の橋渡しをするもの、それがWIN32OLEライブラリだ。これを使えば、Windowsアプリを思うがままに自動実行できる。
　WIN32OLEは、Rubyにはじめからついてくる標準ライブラリに

入っているので、requireするだけで使える。さっそくやってみよう。irbを立ち上げ、次のようなコードを入力してほしい。

```
> require "win32ole"
> win_shell = WIN32OLE.new("WScript.shell")
> win_shell.popup("絶対金持ちになってやる！！")
```

すると、このようなメッセージボックスが現れるはずだ。

　どうだろう。結構驚きではないか。今までずっと文字中心のCUIだったのに、いきなりWindowsっぽいGUIに。気持ちよく「OK」ボタンを押してirbに戻り、ポップアップされるセリフを変えたりして何度もやってみよう。

　次に、Windowsアプリケーションの中でも最もよく使われるもののひとつ、InternetExplorerを動かしてみよう。irbに、続けて下のように入力してみよう。

```
> ie = WIN32OLE.new("InternetExplorer.Application")
> ie.visible = true
```

InternetExplorer が立ち上がっただろうか。変数 ie が、IE のアプリケーションオブジェクトになった、とお考えいただきたい。それに対して、いろんなメソッドを呼び出して操作することができる。visible というのもそのひとつだ。これはメソッドというよりは Windows 世界で言うところのプロパティーというやつだな。この値を true にすることにより、IE のウインドウが見えるようになる。
　どっかのウェブサイトに飛んでみよう。

```
> ie.navigate("http://www.panrolling.com/index.html")
```

　パンローリングのウェブサイトについただろうか。ついた早々なんだが、いったん白紙に戻す。

```
> ie.navigate("about:blank")
```

　さあここだ。ここで、例のわれわれの言葉をブラウザ上に表示してみようではないか。できれば、ブラウザの左半分が見える状態で次のコードを実行してみていただきたい。

```
> ie.document.write("<br>絶対金持ちになってやる！！</br>")
```

　出た！！　とうとう、この言葉はブラウザ上にまで進出した。irb 上で↑キーを押して同じ文を呼び出し、何度も何度もやってみよう。1 度やるごとに、1 行ずつ増えていくはずだ。

　だいたいお分かりいただけただろうか。このように、WIN32OLE ライブラリを使えば、Windows アプリケーションを操ることができる。

ただし、すべてのソフトを操れるわけではない。アプリケーション側が、操られるように作られていなければならない。具体的には、OLEとかActiveXとかCOMとかいう技術に対応していなければならない。

それらの技術の詳細に立ち入る必要はないだろう。OLEとActiveXとCOMの違いなど、知らなくてもなんとかなる。目的を見失わないことだ。われわれの目的は技術者になることではなくて、遠くは大金持ちになること、目先はPan Active Market Databaseにアクセスすることだ。

名前から何となく推察できるかもしれないが、Pan Active Market DatabaseはActiveXに対応している。だからといって、ActiveXについて詳しく知る必要はない。とにかく、われわれがRubyを使って操作できる、ありがたい仕様になっているということを認識していただきたい。

参考までに申し上げれば、同じように自動実行できるソフトには、ExcelやWord、AccessなどのMicrosoft Office製品、Adobe PhotoshopやIllustratorといったものがある。職場でExcelの単調な入力作業にうんざりしている方などは、Rubyによる自動化を検討されてみるといいかもしれない。筆者の場合は、ExcelやAccessにトレードの結果を記録するときに、Rubyによる自動化を用いている。そうして楽をしなければ、本書の執筆などおぼつかなかったに違いない。

9-2-3 Pan Active Market Database

Pan Active Market Databaseから株価データを得るためには、その構造を知っておく必要がある。RubyからRuby以外のプログラムを使うときには、いつもその外部プログラムについて調べるところからはじまる。

このデータベースには、次の3つのクラスがある。

Prices
Calendar
Name

このうち、本書で使うのは Prices と Calendar だ。Prices というのは価格、Calendar というのは日付を扱うクラスだ。ここでいうクラスは、Ruby のクラスではないけれども、WIN32OLE を使って Ruby のクラスと同じように扱うことができる。

Prices クラスでは、価格を扱うためのさまざまなメソッドが提供されている。以下、本書で使うものをヘルプから丸写しする。

Prices クラスのメソッド（一部）

名前	動作
Read	四本値と出来高を読み出します
Begin	日付位置の最小を取得します
End	日付位置の最大を取得します
IsClosed	指定した日付位置が休場日かどうか調べます
Open	指定した日付位置の始値を取得します
High	指定した日付位置の高値を取得します
Low	指定した日付位置の安値を取得します
Close	指定した日付位置の終値を取得します
Volume	指定した日付位置の出来高を取得します

まず、メソッド名がすべて大文字ではじまっていることが目につく。Ruby では、メソッド名は小文字ではじめるのが普通だが、Windows 系の文化では、大文字はじまりのことも多い。ここでは、Windows アプリのオブジェクトであることが分かりやすいように、大文字はじまりでこれらのメソッドを書くことにする。実のところは、大文字でも小文字でもどっちでも動く。

Prices クラスの使い方はこういう流れになる。

1．Readメソッドである銘柄の4本値と出来高をデータベースから読み込む。
2．Open、High、Low、Close、Volumeで、ある日の価格と出来高を取得する。

ここで、「日付位置」という重要な概念が登場する。これは、「日付を整数で表したもの」だ。その、日付と整数の対応付けを行うのがCalendarクラスだ。

Calendarクラスには、次の2つのメソッドがある。これもヘルプからの丸写しだ。

Calendarクラスのメソッド

名前	動作
Date	日付位置に対応する日付を取得します
DatePosition	日付に対応する日付位置を取得します

ひとつの日付に、ひとつの整数（日付位置）が対応するという関係をまずご理解いただきたい。次の表のようなものがあると思えばよい。

Date（日付）　DatePosition（日付位置）

1980-03-07　　　　　0
1980-03-08　　　　　1
1980-03-10　　　　　2
　　・　　　　　　　・
　　・　　　　　　　・
　　・　　　　　　　・

日付位置は、最初が0で、日付が1日進むごとに1増える仕組みだ。注意すべきなのは、この対応は、データを更新するごとに変わる、ということだ。Pan Active Market Database に保持できるデータ数は、約30年分の一定数に決まっている。だから、新たにデータを取得すると、0の位置に対応する日付がそのぶんだけ「若く」なる。上の例だと、次の日データを更新すると、0の位置は "1980-03-08" になる。

また、営業日以外の日付が抜けている、という点にも注意を要する。抜けている日付の日付位置を取得しようとすると、エラーになる。

ちょっとやってみよう。irb を立ち上げて、次のように打ち込んでいただきたい。なおこれは、パンローリング相場アプリケーションを立ち上げていない状態で行うこと。

```
> require "win32ole"
> calendar = WIN32OLE.new("ActiveMarket.Calendar")
> calendar.Date(0)          #=> 1980-03-07 00:00:00 +0900
> calendar.Date(1)          #=> 1980-03-08 00:00:00 +0900
> calendar.Date(5000)       #=> 1999-03-05 00:00:00 +0900
```

実行結果は、保持されているデータによって変わる。前半の日付のところだけに着目し、"00:00:00 +0900" の部分は無視してもよい。

DatePosition のほうもやってみよう。

```
> calendar.DatePosition("1980/3/7")    #=> 0
> calendar.DatePosition("1980/3/8")    #=> 1
> calendar.DatePosition("1999/3/5")    #=> 5000
```

先ほど Date メソッドで取得した日付と対応していることをご確認願いたい。次に、データベース中にない日付を DatePosition に入れ

てみる。

```
> calendar.DatePosition("1999/3/6")

#=>
WIN32OLERuntimeError: (in OLE method `DatePosition': )
    OLE error code:C101000C in ActiveMarket.Prices.1
    . . . .
```

こんなふうなエラーが出る。これに対しては、実装のとき何らかの対処をしなければならないだろう。

Prices クラスのほうも使ってみよう。

```
> prices = WIN32OLE.new("ActiveMarket.Prices")
> prices.Read(8604)
> prices.Open(0)      #=> 395.0
> prices.High(0)      #=> 399.0
> prices.Low(0)       #=> 390.0
> prices.Close(0)     #=> 391.0
> prices.Volume(0)    #=> 372.0
```

4本値と出来高を取得した。引数の0は、日付位置だ。ここでは、1980-03-07 に対応する DatePosition だ。1980 年の 3 月 7 日の、野村の4本値と出来高だ。もちろん、実行してみるとこれとは別の値が出るかもしれない。とにかく実行時の一番古い値が出てくる。

ここで、最後の出来高（Volume）のところを見ていただきたい。372.0 と、なんだか小さい。実はこれ、実際の値を 1000 分の 1 にしたものなのだ。だからこれは、本当は 372000 ということになる。これも、

281

実装で対応していくことになろう。

いくつかの日付位置の株価を取得してみよう。

```
> (0..10).each {|i| puts prices.Open(i)}
```

10日分の始値が表示される。実装のときにも、このイメージでデータベースから株価を読み込んでいく。

もし、Readするときに、存在しない銘柄を指定したらどうなるか。

```
> prices.Read(1000)

#=>
WIN32OLERuntimeError: (in OLE method `Read': )
    OLE error code:C1010010 in ActiveMarket.Prices.1
    ....
```

なるほど。エラーが発生する。これにも対処しなければ。

そのほか、対処すべきエラーとしては、次のようなものがある。

- CalendarクラスのDateメソッドや、Pricesで4本値や出来高を得るメソッドで、−1や100000など、日付位置としてあり得ない数を引数にした場合
- CalendarクラスのDatePositionメソッドで、"1955/10/1"や"2100/12/25"など、データのない日付を指定した場合

結構ややこしいが、だいたい分かった。コーディングに移ろう。

9-3　実装

いつものように、lib フォルダに pan_database_to_stock.rb というファイルを作ってスタートだ。

■ファイル：lib¥pan_database_to_stock.rb

```ruby
# coding: Windows-31J

require "./lib/stock"
require "./lib/stock_list_loader"
require "win32ole"

# Pan Active Market Databaseから
# Stockクラスのオブジェクトを生成するクラス
class PanDatabaseToStock
  CANT_READ = /C1010010/
  FORWARD  = 1
  BACKWARD = -1
  CLOSED = -1
  VOLUME_ADJUSTMENT_RATE = 1000


  attr_writer :from, :to

  def initialize(params)
    @calender = WIN32OLE.new("ActiveMarket.Calendar")
    @prices   = WIN32OLE.new("ActiveMarket.Prices")
    if params[:adjust_ex_rights]
```

```ruby
      @prices.AdjustExRights = true
    end
    @list_loader = StockListLoader.new(params[:stock_list])
    @market_section = params[:market_section]
  end

  # Pan Active Market Databaseからデータを読み込み、
  # 株オブジェクトを返す
  def generate_stock(code)
    @prices.Read(code)
    index = @list_loader.codes.index(code)
    stock = Stock.new(code,
                      market(index),
                      @list_loader.units[index])
    add_prices_from_database(stock)
    stock
  end

  # Pan Active Market Databaseにアクセスし、
  # すべての銘柄の株オブジェクトを返す
  def each_stock
    @list_loader.filter_by_market_section(*@market_section)
              .codes.each do |code|
      begin
        yield generate_stock(code)
      rescue WIN32OLERuntimeError => e
        next if e.message =~ CANT_READ
        raise
```

```ruby
      end
    end
  end

  private
  def market(index)
    section = @list_loader.market_sections[index]
    case section
    when /東証|マザーズ/
      :t
    when /名/
      :n
    when /福/
      :f
    when /札/
      :s
    end
  end

  def add_prices_from_database(stock)
    (from_index..to_index).each do |i|
      next if no_trade?(i)
      date = @calender.Date(i).strftime("%Y/%m/%d")
      volume =
        (@prices.Volume(i) * VOLUME_ADJUSTMENT_RATE).to_i
      stock.add_price(date,
                      @prices.Open(i).to_i,
                      @prices.High(i).to_i,
```

```ruby
                    @prices.Low(i).to_i,
                    @prices.Close(i).to_i,
                    volume)

    end
  end

  def from_index
    if @from.nil? or before_begin?(@from)
      return @prices.Begin
    end
    return @prices.End + 1 if after_end?(@from)
    @calender.DatePosition(@from, FORWARD)
  end

  def to_index
    return @prices.End if @to.nil? or after_end?(@to)
    return @prices.Begin - 1 if before_begin?(@to)
    @calender.DatePosition(@to, BACKWARD)
  end

  def before_begin?(date)
    date < @calender.Date(@prices.Begin)
                 .strftime("%Y/%m/%d")
  end

  def after_end?(date)
    date > @calender.Date(@prices.End).strftime("%Y/%m/%d")
```

```
    end

    def no_trade?(index)
      @prices.IsClosed(index) == CLOSED or
        @prices.Volume(index).to_f == 0
    end
  end
```

まずは必要なファイルを読み込む。株クラス、銘柄リストを読み込むクラス、そして忘れちゃいけない WIN32OLE ライブラリを require する。

クラス定義の最初のところに、定数がいくつか並んでいる。これらは、Pan Active Market Database の内部的な記号や数字に、名前をつけたものだ。それぞれの意味は、それらを使うときに説明しよう。

attr_writer として、from と to のふたつがある。株価データを取得する最初の日付と最後の日付を指定する。このあたりは TextToStock と同じだ。

仕様のところでも述べたが、TextToStock クラスとこれから作る PanDatabaseToStock クラスは、見かけ上の動作が一緒だ。それは、外部から使うときのメソッドが一緒、つまり public なメソッドが一緒であるということだ。PanDatabaeToStock クラスが、from と to のほかに、generate_stock と each_stock という、外部から使える、すなわち public なメソッドを持っているということだ。

ここから先は、generate_stock と each_stock というふたつの public メソッドと、その内部動作である private メソッドを作っていくのが主な作業になる。

その前に、initialize メソッドを見てみよう。ここでは、WIN32OLE ライブラリーを使って、Pan Active Market Database

の Calendar クラスと Prices クラスを使えるようにしている。また StockListLoader で我々の作った銘柄リストを読み込む。市場による絞り込みのために @market_section を設定している。initialize の引数 params は、ハッシュを使ったキーワード引数で、これには :stock_list と :market_section の2つのパラメーターを与える。このうち、:market_section は省略可能である。省略した場合は、リストの全銘柄が対象となる。

さらに、initialize の中では

```
if params[:adjust_ex_rights]
  @prices.AdjustExRights = true
end
```

として、株式分割などの権利落ちに対応している。:adjust_ex_rights パラメーターに true を指定すれば、Pan Active Market Database が自動的に正しい値を計算してくれるようになる。

9-3-1　generate_stock

PanDatabseToStock クラスで一番大事な、株オブジェクトを作るメソッド、generate_stock だ。

TextToStock にも同名のメソッドがある。前章をお読みいただいたみなさんならお気づきかもしれないが、これらふたつの generate_stock メソッドの中のコードはほとんど同じだ。これから株オブジェクトを作ろうとしている銘柄について、銘柄リストのどこにあるのかを調べて、リストから銘柄情報を得て、それを使って株オブジェクトを生成する。そこに、データベースから株価データを取得して入れる。そういう流れだ。テキストファイルから株価を得るか、データベースから得るかの違いだ。PanDatabaseToStock のほうでは、

```
@prices.Read(code)
```

のところで、データベースから株価データを読み込んでいる。

なお、株オブジェクト生成のときに使う market メソッドは、TextToStock のそれと同じコードだ。東証、名証、福証、札証に対応している。

それでは add_prices_from_database メソッドについて見ていこう。ここでは、データベースから株価を取得し、引数として与えられた株オブジェクトに株価を追加していく。まず、

```
(from_index..to_index).each do |i|
  ....
```

という部分。データ取得の範囲を表している。from_index と to_index は、それぞれ開始点と終了点を取得するメソッドだ。詳しく言えば、開始日と終了日について、Calendar クラスの DatePosition の数字を求める。

from_index では、次のようにして開始点のインデックスを求めている。

1. 開始日が指定されていないとき、または指定した開始日が Calendar に含まれる最初の日付よりも古いときは、その銘柄の株価データの先頭。
2. 指定した開始日が、Calendar の一番最後の日付よりも後だったら、その銘柄の株価データの一番最後に 1 足したもの。
3. 上に該当しない場合は、Calendar の中の日付のうち、指定した日付の位置。ただし、その日付が Calendar の中になければ、そ

の日以降の最初の日付位置。

　なかなかややこしい。日付関連のプログラミングは実に面倒で、ぼんやりしているとわけが分からなくなる。しかし、システムトレードをやるからには避けて通ることはできない。これから先も、日付とか日数とかに関するロジックをしこたま書くことになりそうだ。こういうところで訓練しておくのはいいことだ。
　いくつか解説しよう。まず、@from.nil? という書き方。これは、@from == nil と同じ意味だ。開始日が指定されていないとき、ということ。nil? を使っても == nil を使っても同じときは、nil? を使うようにしている。== は = と間違えやすく、間違えてしまうと、動作がまったく違うのにエラーが出ないという、やっかいなバグを生むからだ。== は単なる比較だが、= は値を代入するので、変数の中身が変わってしまう。それがとんでもない結果を生む場合がある。== と = を間違わないように、常に気をつけなければならない。
　before_begin? メソッドは、引数として与えた日付が、データベース中に株価データが存在する最初の日付よりも古い日付なら true を返す。日付が、データの「前に」はみ出している、ということだ。例えば 2000 年 9 月 1 日からのデータしかない銘柄で、1999 年 9 月 1 日を開始日に指定したようなときだ。

```
@calender.Date(@prices.Begin).strftime("%Y/%m/%d")
```

というのがなんだか分からない。まず、@prices.Begin で、その銘柄の価格データの先頭の日付位置を求める。次に、その日付位置に該当する日付を @calendar.Date で求める。この日付は、Ruby の Time オブジェクトだ。Time は、日付と時刻を扱うクラスだ。
　細かいことは抜きにして必要なことだけ述べると、Time.strftime

メソッドは、Time オブジェクトを文字列に変換する。具体的には、

```
1980-03-13 00:00:00 +0900
```

というような内容を持つ Time オブジェクトを、

```
"1980/03/13"
```

という、われわれが使っているのと同じ形式の文字列に変換することができる。引数の "%Y/%m/%d" は、どんな形式の文字列にするか、ということを指定するものだ。

　after_end? メソッドは、before_begin? とは逆に、日付がデータの「後ろに」はみ出ているかどうかを確かめるものだ。引数の日付が、最後の株価データの日付よりも後なら true を返す。コードは、before_begin? の「<」が「>」に、「Begin」が「End」に変わっただけだ。

　from_index メソッドの4行目、「@prices.End + 1」と1足しているのは、最後の株価データのひとつ後に「わざと」はみ出させている。from_index、すなわち「最初の」日が、「最後の」日よりもあとというあり得ないケースなので、あり得ない値を返しているのだ。そうすることによって、データ取得不能な日付を与えれば、データ取得しない、ということになる。なぜそうなるかは後述する。

　from_index の5行目。その上の4行を無事クリアーしたならば、指定した開始日である @from 変数が、株価データの存在する範囲に入っているということだ。よってその栄誉を称え、

```
@calender.DatePosition(@from, FORWARD)
```

でもって、その日付位置を返す。

ここで、Calendar クラスの DatePosition メソッドについて見ておこう。このメソッドは、日付と検索方向というふたつの引数をとる。日付はいいとして、検索方向とは何か。これは、休場などによって指定した日付がデータベース中に存在しないとき、存在する日付を未来方向に探すか、過去方向に探すかということだ。1なら未来方向へ、−1なら過去方向へ探す。

例えば @calendar の中身が、

Date（日付）	DatePosition（日付位置）
1980-03-07	0
1980-03-08	1
1980-03-10	2
・	・
・	・
・	・

となっているとする。3月9日が飛んでいる。このときは次のようになる。

```
@calender.DatePosition("1980/03/09", 1)    #=> 2
@calender.DatePosition("1980/03/09", -1)   #=> 1
```

第2引数として1を指定すると、未来の方向に探して1980年3月10日の日付位置を返し、−1を指定すると過去にさかのぼって3月7日の日付位置を返す。

1とか−1というのは Pan Active Market Database の側で決まっている値で、生のままだとなんだか分からなくなる恐れがある。そこで、FORWARD と BACKWARD という定数にした。これはクラス

定義の最初のほうに書いたものだ。

「開始日」に関しては、指定した日付がない場合、「その次」からはじめるのが妥当なのではないかと考える。また、「終了日」に関しては、「その前」で終わるのが自然なのではないか。そういう理由で、from_index では FORWARD、to_index では BACKWARD を指定している。このあたりは、TextToStock と同じになっている。

DatePosition についてもうひとつ言えば、日付の文字列としていろんな形式を受け取ってくれるということだ。@from が "2000/01/01" だろうが "2000/1/1" だろうが "2000-1-1" だろうが同じように動作する。前章の TextToStock ではこれを統一するために一手間必要だったのだが、こっちでは気にする必要がない。嬉しいことだ。

from_index に関するここまでの説明がお分かりいただければ、もはや to_index メソッドについては申し上げるまでもないのではないだろうか。from_index とぱっと見同じようなコードだが、どこが違っているのか、どういう働きをするのか、ということを、読者自身がよーく考えていただきたい。

以上で開始日のインデックス、終了日のインデックスが得られた。add_prices_from_database メソッドにもどろう。

ここまでのところでは、いろいろな「不可能」に対応しており、「日付が存在しない」といったようなエラーは出ないはずだ。ひとつ気になるのは、「開始日が終了日よりも後」の場合はどうなるか、ということだ。例えば開始日として 2011 年 10 月 15 日を、終了日として 2000 年 10 月 15 日を指定した、などという場合は。

これは、(from_index..to_index).each … のところがうまく対処してくれる。上のような場合は、from_index > to_index となるわけだが、こういうとき、Range オブジェクトに対する each メソッドの呼び出しは何も行わない。つまり、株価データはひとつも追加されず、データは空のままである。よって、その銘柄に関するシミュレーションも

行われないことになる。

試しにirbを立ち上げて次のようなコードを実行してみよう。

```
> (10..1).each {|i| puts i}
```

何もputsされないはずだ。1と10を入れ替えて(1..10).eachとすれば1から10まで順番に表示される。要するに、Range#eachは、小さい順には回してくれるが、大きい順には回してくれないのだ（大きい順に回したいときは、reverse_eachメソッドを使えばよい。(1..10).reverse_each {|i| puts i}）。

さて、eachに続くブロックの中身、株価データを追加しているところを見てみよう。

```
next if no_trade?(i)
```

ここで、休場であったり約定がなかったりして、株価が得られない日をはじいている。no_trade?メソッドの中の、

```
@prices.IsClosed(index) == CLOSED or
  @prices.Volume(index).to_f == 0
```

が、そういう日をはじくための条件だ。その日が取引のない日ならtrueを返す。そうでなければfalseを返す。

PricesのIsClosedメソッドは、休場などでデータの抜けている日だった場合−1を、そうでない場合0を返す。−1の場合が、飛ばすべき日だ。−1にCLOSEDという定数名を与えている。

またVolumeメソッドによって、出来高が0の日も調べている。そ

ういう日は前日終値と同じ株価とみなしてデータに含めるというやり方もあるが、ここでは単純に商いの出来ていない日はデータに含めないことにする。

ここをクリアーすると、いよいよその日の株価をわれわれの株オブジェクトに追加する。まず、Date メソッドで @calendar から日付を取得する。それを Time#strftime メソッドで "yyyy/mm/dd" のような文字列に変換する。

次に、Volume メソッドで @prices から出来高を取得する。予習でも触れたが、これは、実際の値を 1000 で割ったものだ。そういう形でデータベースに格納されているのだ。だから、実際の値を求めるためには 1000 を掛ける必要がある。定数 VOLUME_ADJUSTMENT_RATE の値が、1000 になっているのはそのためだ。

こうして求めた出来高だが、どういうわけだか、小数点以下にごく小さな謎の誤差が生じることがある。最後に to_i によって小数点以下を切り捨てて整数にしているのは、その誤差を切り捨てるためだ。

あとは、Stock#add_prices によって日付、始値、高値、安値、終値、出来高の順で入力していけばよい。これを 1 サイクルとして、必要な日付すべてについて株価データを加えていけば、株オブジェクトが完成する。

9-3-2　each_stock

イテレータ、each_stock を作ろう。これも、構造的には TextToStock#each_stock と同じだ。銘柄リストに市場によるフィルターをかけて、1 銘柄ずつ株オブジェクトを生成し、ブロックに渡す。詳しくは前章を参照されたい。そしてここでもう一度、「yield を見たらブロックと思え」という標語を思いだしていただきたい。

目立った違いは、こちらのほうではエラー処理を行っていることだ。

```
begin
  yield generate_stock(code)
rescue WIN32OLERuntimeError => e
  next if e.message =~ CANT_READ
  raise
end
```

データベース中にない銘柄の証券コードを generate_stock メソッドに与えた場合、「価格を読み込めない」というエラーが発生する。そういう銘柄については株オブジェクトを生成せず、次の銘柄に移る。next というのは、ブロック内のコードをそこで中断し、次の繰り返しを行う文だ。

```
(0..3).each do |i|
  next if i == 2
  puts i
end       #=> 2をとばして0、1、3が表示される。
```

例えば、銘柄リストは更新したが、データベースの株価は更新していないとき、新規上場銘柄が読み込めない、ということが起こり得る。そういう場合に、エラーを起こさないで処理を続行するためにこうしているのだ。

ただし、このように処理をスルーするのは、「価格が読み込めない」というエラーの場合に限りたい。その他のエラーが起きるというのは、本当に何か例外的なことが起こっていると考えられるので、見過ごせない。そこでまず、

```
rescue WIN32OLERuntimeError => e
```

とやって、Windowsアプリ（この場合はPan Active Market Database）にまつわるエラーだけを捕まえることにする。このとき、「=> e」とやっているところに注目だ。こうすることで、捕えたエラーオブジェクトをrescue節に渡すことができる。そう、すべてがオブジェクトであるRubyでは、エラーでさえもオブジェクトなのだ。

エラーオブジェクトにはいくつかの属性があるのだが、ここではmessageを使う。これは、エラーが出たときにコマンドプロンプトに表示されるメッセージだ。この中に、"C1010010"という文字列が入っていれば、それは「価格が読み込めない」というエラーであるということだ。C1010010というのは、Pan Active Market Databaseの中で、「価格が読み込めない」というエラーに与えられているエラーコードだ。これがエラーメッセージに含まれているかどうか、正規表現で確認している。CANT_READという定数の値は /C1010010/ であり、このエラーコードとマッチする。

最後に、「raise」でもって、エラーの種類が「価格が読み込めない」以外だったら、そのエラーを発生させ、プログラムを止める。

このように書くことによって、データベースに存在しない銘柄を読み込もうとしたときは何もせず次の銘柄に移り、それ以外のエラーが起こったら例外を発生させて原因を追及できるようにする。

これでこのクラスのコーディングは終了だ。首尾よく動くかどうか、確認してみよう。

9-4　動作チェック

PanDatabaseToStockクラスの動作チェックだ。
以下に掲載するチェックコードは、前章のTextToStock用のもの

とおおむね同じだ。前章のものを開いて、"pan_database_to_stock_check.rb" というファイル名で保存し直して修正すれば楽だ。違いは、①最初の require で読み込むファイル名、② new によって作るクラス名が PanDatabaseToStock になっていること、③その new の引数から data_dir: がなくなっていること、④変数名が ttp から pdts になっていること —— だ。そして最後に権利落ち対応関連のコードを足せばできあがりだ。

```
# coding: Windows-31J


require "./lib/pan_database_to_stock"


pdts = PanDatabaseToStock.new(stock_list:
                              "data/tosho_list.txt",
                              market_section: "東証1部")


stock = pdts.generate_stock(1301)
puts stock.code                    #=> 1301
puts stock.dates.first
puts stock.open_prices.first


pdts.each_stock do |stock|
  puts stock.code
end                                #=> 1301, 1332, 1334, ...


# 開始日と終了日を指定
pdts.from = "2011/01/04"
pdts.to   = "2011/06/30"
```

```
pdts.each_stock do |stock|
  puts [stock.code, stock.dates.first, stock.dates.last]
          .join(" ")
end


# 株式分割への対応
# ファーストリテイリング 2002/02/25に1:2の株式分割
pdts =
  PanDatabaseToStock.new(stock_list: "data/tosho_list.txt",
                         market_section: "東証1部",
                         adjust_ex_rights: true)
pdts.from = "2002/01/04"
pdts.to   = "2002/02/28"
stock = pdts.generate_stock(9983)
index = stock.dates.index("2002/02/22")
puts stock.open_prices[index]       #=> 2510
                                    # :adjust_ex_rights が
                                    # false なら5020
index = stock.dates.index("2002/02/25")
puts stock.open_prices[index]       #=> 2545
```

new の引数の stock_list: のところは、"data/tosho_list.txt" とフォルダ名から指定している。data_dir: を指定しない代わりに、こういうことになっている。

変数 ttp を pdts に変えるなら、6 カ所すべて間違いなく変えなければならない。エディタの置換機能を使ってもいい。

動かしてみれば、TextToStock のチェックコードとぱっと見ほと

んど同じ結果になる。データの内容によって、多少の違いは出るだろう。もしかして、こちらのほうが時間がかかるかもしれない。それは、第7章でごく短い期間しかデータをダウンロードしていなかったからである可能性がある。こっちは30年分のデータがあるのだから、株オブジェクトを生成するのに時間がかかるのだ。Pan Active Market Database の性能に問題はない。

　この程度のコード変更でなぜ動くのかといえば、TextToStock も PanDatabaseToStock も、外側から見て同じように作ってあるからだ。generate_stock と each_stock というメソッドを持ち、それぞれやる仕事は一緒、株オブジェクトを作ること、だ。このような「見た目をそろえる」仕組みは、今後多用されることになるだろう。

　最後の分割権利落ち対応に関するチェックのところでは、:adjust_ex_rights を true にしたり false にしたりして、値の変化を確かめてみよう。

　今度こそ本当に、「第2部　データ編」の終わりだ。システムトレードの礎であるデータ周りが固まった。叫びたまえ！！　今度こそありったけの力で叫びたまえ！！

執筆秘話

パパ何の本書いてるの？

株のシステムトレーダーのためのプログラミングの本だよ

私は人がこれほどぽかんとするのをはじめて見た

誰が読むの？

お金持ちになりたい人かな

じゃあパパお金持ちなの？

ねえうちってお金あるの？

私は心の底で叫んだ「絶対金持ちになってやる!!」と

第3部
シミュレーション編

株価データはそろった。しかしそれだけでは一銭にもならない。儲けるための売買手法を探す長い旅がこれから始まるのだ。

　価格データから儲かる方法を見つける手段にはいろいろなものがある。例えば「データマイニング」というのは、データを統計的に解析して、お宝を見つける手法だ。本書では、「シミュレーション」というものを行う。実際の市場で執行することが可能な売買ルールで、過去データを使ってコンピューター上で仮想売買を行うのだ。

　ここで、売買ルールをどのようにプログラムとして表現するのか、ということが問題になってくる。思いついたアイデアを、頭からゴリゴリと「直訳」していくようなやり方でプログラム化することも可能だ。

　例えば次のようなルールがあるとする。

- ●5日移動平均が20日移動平均を上回ったら新規買い
- ●利益が2%を越えたら利食い
- ●損失が1%を越えたら損切り

これを、次のようなコードにする。

```
buy if moving_average_20 > moving_average_5
sell if profit > 0.02 or profit < -0.01
```

　もちろんこれでも十分シミュレーションできる。ただ、こういうやり方だと、ルールを足したり引いたりするたびにコードを大きめに変更しなければならない。ルールが複雑になってくると、どんどんコードがこんがらがってきて、あとで見たとき何が何だか分からなくなる。筆者も一度、それで嫌になってしまったことがある。

　そういう混乱を避けるための方法として、「ルールの部品化」を考えた。仕掛けや手仕舞いといったルールを、オブジェクトとして扱え

るようにする。例えば「移動平均のゴールデンクロス」という仕掛け
ルールのクラスや、「利益率による利食い」という手仕舞いのクラス
を作り、それらを必要に応じて「着脱」することができる。ゴールデ
ンクロスの代わりに「移動平均の方向が上向く」みたいなルールに差
し替えることも簡単にできるようにする。そういうことを目指す。

　「着脱」は設定ファイルで行う。ひとつのトレーディングシステム
についてひとつの設定ファイルを書く。その中で、ルールをいろいろ
いじくる。プログラム本体のほうには変更を加えない。そのように設
定と実装を分離できれば、のちのち楽ができる。まったく別の発想の
トレーディングシステムを作るときにも、前に使ったルールを一部使
い回したりできる。やればやるほど効率が上がる。そんなことをもく
ろんでいる。

第10章
シミュレーションソフトの設計図

　夢のようなことを語ったが、夢の実現のためにはやはりそれなりの努力がいる。ルールを部品化するとは言ったものの、どうやってやるのか。そこを考えなければならない。つまりは設計をしなければならない。

　ソフトウエアの設計は、細かく、詳しくやろうとすると非常に大変だ。細かい動作まですべてあらかじめ考えてからコーディングに移るのは難しい。完璧に設計したつもりでも、コーディングしていくうちに「やっぱりこうすればよかった」と思うことはよくある。そういうとき、設計が詳細であればあるほど、計画を変更するのが大変になる。

　ここでは、ざっくりと全体図を描くことを目指す。どんな部品が、すなわちクラスが必要なのか。それらが互いにどう関係するのか。そういったことが大まかに分かればよい。

　「シミュレーションソフト」という全体図があって、その中にいくつかの部分図がある。まず確実に必要なのは、「売買ルール」という部分図だろう。最初にそこを考えてから、シミュレーションソフトとして仕上げるためにはどんな仕組みが必要か、というふうに考える。そういう手はずでいくことにする。

10-1　売買ルール

　そもそも売買ルールとは何だろう。そんなことはとっくに分かってる、とおっしゃるかもしれないが、「部品化」という特殊な作業をするためには、ここを改めて考えてみなければならない。売買ルールは、どういう部分で構成されているのか。それを調べることによって、部品候補を探してみよう。

　まず、仕掛け。これは必ずある。仕掛けないで儲かるトレード手法があったらぜひ知りたいが、おそらくそんなものは存在しない。そして手仕舞い。これもまあ、必要だろう。手仕舞ってはじめて、儲かったことになる。

　『仕掛け』と『手仕舞い』。これだけで、大概の売買システムはプログラム化できるはずだ。しかしもうちょっとなんかあるんじゃないだろうか。

　トレードの本を読むと、たいてい「ストップを置け」という話が出てくる。損失を限定するための損切りポイントをあらかじめ決めておけ、と。成功したトレーダーの中には、それが必須だと説く人も多い。じゃあ『ストップ』はシステムに組み込んだほうがいいのだろう。

　それから、『フィルター』という考え方が書いてある本もある。仕掛けを制限するルールのことだ。移動平均線が上向きのときにしか買わない、とか。これは『仕掛け』ルールの中に含めることもできるが、いろいろなトレーディングシステムで、同じような仕掛け制限ルールを使い回したいことはよくある。そのためには『仕掛け』の外にあったほうがよさそうだ。『フィルター』も部品候補だ。

　そのほか『目標株価』によって手仕舞う、という方法もある。『ストップ』が部品になるなら、これもなるんじゃないだろうか。しかし、ここまででも部品の種類が多くなってきて、これ以上増やしたら複雑になりすぎないだろうか。利益目標はストップほどには重要じゃないと

図16

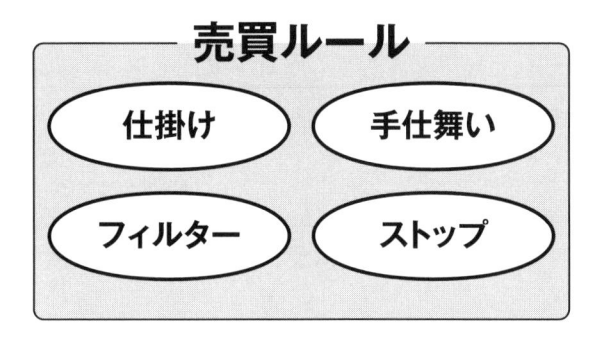

```
┌─ 売買ルール ──────────────┐
│                          │
│  ( 仕掛け )   ( 手仕舞い )  │
│                          │
│  (フィルター)  ( ストップ )  │
│                          │
└──────────────────────────┘
```

思うし、また、「利益目標による手仕舞い」というような形で、手仕舞いの一種とみなすこともできる。今回は、部品化を見送ったほうがいいんじゃないだろうか。

　『マネーマネジメント』つまり『資金管理』は、トレードで一番大事な部分だ。「いくらで買うか」よりも「何株買うか」のほうが収支に与えるインパクトが大きいとされる。ただ、売買ルールの有効性を銘柄ごとに検証する段階では、「何株買うか」というのはあまり関係ない。「どう買ってどう売るか」を検証することに絞ってプログラムを作るのが本書で扱う範囲だ。よって『マネーマネジメント』はルールに含めないことにする。

　以上のように考えた結果、われわれは売買ルールを、

- 『仕掛け』
- 『手仕舞い』
- 『ストップ』
- 『フィルター』

の4つの要素からなるものと考えることにする（**図16**）。「われわれ

は』とは言ったものの、これは筆者ひとりが学んできた相場やシステムトレードに関する知識に基づくものだ。筆者自身がトレーダーの端くれであるからには、どうしてもプログラムに筆者の相場観なり何なりが反映されることになる。その点に関しては、あしからずご了承いただくしかない。

10-2　トレーディングシステムとシミュレーション

　ここまでのところ、いかがだろうか。ようやく話がトレード寄りのことになってきて、お目覚めになっただろうか。筆者もそうだ。

　さて、売買ルールの構成要素については定まった。しかしそれだけではプログラムは動かない。個々のルールを、相互にくっつける役割の部品が必要だ。あるいは、個々のルールをはめ込む枠のような存在が。つまりはそれが、『トレーディングシステム』だ。

　『トレーディングシステム』の役割について、ここである程度考えておこう。要は、ルールに基づいて売買を実行するのだ。『フィルター』によって条件を絞った後に『仕掛け』によって新規トレードを開始する。そのとき、『ストップ』によって損失限定のための損切値を決める。その後、『手仕舞い』によってトレードを終了する。こういった流れになるだろう。

　『トレーディングシステム』というボディーなりシャーシなりに、売買ルールというエンジンやブレーキなどの部品を取りつける。それで車は完成だ。しかしこの車、動くのだろうか。動かすためには、ドライバーが必要なんじゃないだろうか。

　どこに行くとか、何時に出発するとかいうことは、車ではなくドライバーが決めることだ。それと同じように、どういう銘柄について、いつからいつまでの期間のシミュレーションを行うかということは、トレーディングシステムとは別のオブジェクトが管理したほうが

図17

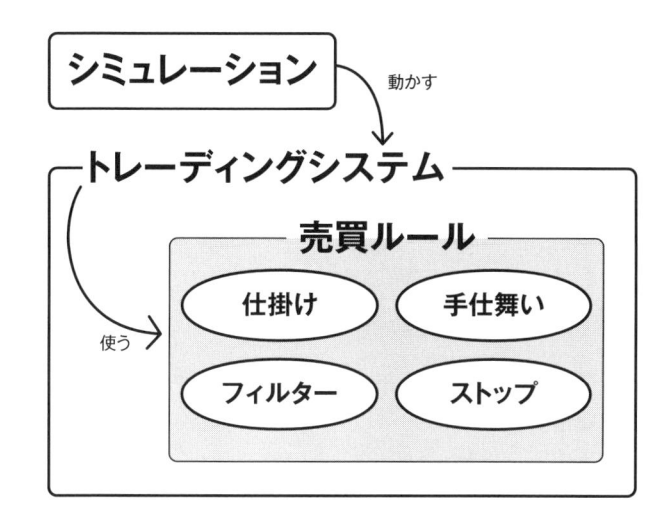

[図: シミュレーション が トレーディングシステム を「動かす」。トレーディングシステムは「売買ルール」（仕掛け、手仕舞い、フィルター、ストップ）を「使う」]

いいんじゃないだろうか。それはシミュレーションの実務を行うので、ズバリ『シミュレーション』という名前にしたらいいんじゃないのか。『トレーディングシステム』というマシンを操る『シミュレーション』オブジェクト。これがしっくりくると思うんだがどうだろう。

ここまでを図にすると、**図17**のような感じになる。これだけで、大まかな設計はできあがりだ。なかなかシンプルにできた。

10-3　その他の部品群

ここで設計を終了し、先に進んでシミュレーションソフトの実装に移ることもできる。けれどもなんか忘れ物をしているような気がしてならない……。

あれがないじゃないか。それからあれも。

いま作っているのは、トレーディングシステムを検証するソフトだ。だったら『トレード』という部品はなきゃおかしいんじゃないだ

ろうか。それから『テクニカル指標』。移動平均線とかそういうヤツだ。システムトレードといったら、だいたいはテクニカルだ。指標も部品化しておけば何かと便利なはずだ。

それからあとは……シミュレーション結果をファイルなどに記録する仕組みもどこかになくてはならない。それは『シミュレーション』の中に作ることもできるが、結構やることが多そうなので、独立した部品にしてしまったほうがいいかもしれない。『記録』とでもいうような。そのとき、いろんな数値を合計したり平均したりするはずだ。そういった計算業務を担当する『統計』という部品も必要になるだろう。

まあこんなものだろうか。あとから「あ、こんな部品も必要だった」と気づいたら、そのときに作ればいい。完璧は求めない。そういう方針だった。

10-4　設計図を仕上げる

ここまでのことを踏まえて、設計図を仕上げよう。自己流でもいいが、ここはひとつ、ソフトウエア産業でよく使われているらしいメジャーな表記法であるUMLというやつで描いてみよう。技術者でもなんでもない、一介の金持ち予備軍にすぎない筆者が描くのだから、どこかに不備があるかもしれない。小さなことは気にしてはいけない。

図18を見ていただきたい。ひとつひとつの部品は、Rubyのクラスになる。図のひとつの四角がひとつのクラスを表している。図の上半分を見れば、プログラムが全体的にどう動作するのかがなんとなく分かるんじゃないだろうか。いまはなんとなくで十分だ。詳しいことは、ソースコードを仕上げていく過程で決めていけばいい。

問題は、図の下半分だ。白三角の矢印のような記号が出てくる。これは、あるクラスがあるクラスに「属している」という関係を表す。ここでは、『Rule』というクラスがあって、そこに『Entry（仕掛け）』

図18

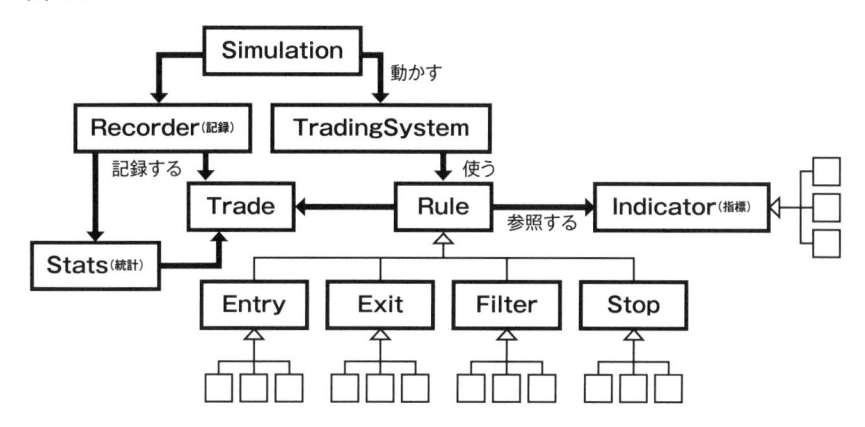

『Exit（手仕舞い）』『Filter（フィルター）』『Stop（ストップ）』の4つのクラスが「属して」いる。『Entry』『Exit』『Filter』『Stop』は『Rule』の一種である、という言い方もできる。

　仕掛け、手仕舞い、フィルター、ストップは、売買ルールである。そういう関係だ。当たり前といえば当たり前だ。こういう関係を、プログラム上で表現する方法がある。どうやるかは、あとの章で述べる。なぜそういう関係を用いるのか、どういうメリットがあるのか、ということも、そのとき議論しよう。

　4つのルールカテゴリーのその下にもまた、白三角があって、その下に四角がたくさん並んでいる。こっちの関係のほうがより重要だ。一番下に並ぶ四角は、個別具体的なルールを表す。例えば『Entry』の下の四角には、『移動平均のクロス』とか『ブレイクアウト』などの仕掛けルールのクラスを入れることができる。『Exit』の下には、『利益率による手仕舞い』とか『時間経過による手仕舞い』などが入る。それらは本書で作るものもあろうし、読者が独自に作るものもあろう。

　つまり、白四角の部分は、このプログラムを「拡張」できるところだ。読者自身のトレードアイデアを、形にできる部分だ。そのやりか

たをぜひともご理解いただきたい。いろいろ難しいところも出てくるだろうが、とりあえずこの「拡張」の仕方だけ分かればこのソフトを使い続けることができる。

　もう1カ所、白四角の並んだところがある。『Indicator』の横だ。これは、いろいろなテクニカル指標を表す。『移動平均』とかそういうやつだ。『MACD』とか『RSI』とかいうのをご存じの方も多いだろう。そういうテクニカル指標を、計算の仕方さえ知っていれば、わりと簡単にプログラム化できるような仕組みをここに作りたい。もちろん読者自身が考えた指標でもいい。

　プログラム中で、どこが変わりやすく、どこが変わりにくいか、ということを把握しておいていただきたい。『Simulation』とか『TradingSystem』とか『Trade』といったものは、そうそう変更があっては困る。一方、白四角のところ、個別具体的な売買ルールや指標類は、どんどん増えていくことが予想される。今後、自身のアイデアを形にする場合、この白四角のところを作るのが主な仕事になる。大負けした日に気を紛らわすためにプログラミングに没頭するときにも、ここのところにかける時間が多くなることだろう。

　ここで、われわれのプロジェクトフォルダ、"trade_simulator" の中を改めて見てみよう。lib フォルダの中を見ると、indicator と rule というフォルダがあるはずだ。本書の最初のほうでわれわれが作ったものだ。この indicator と rule の中に、図の白四角の部分、具体的な指標やルールを書いたソースコードを溜めていくのだ。数が増えるとどうしてもごちゃごちゃしてしまうので、せめてフォルダ分けして整理しようという計画だ。

　絵は描けた。今後は、これに沿って突き進む。突き進むだけではなく、道を見失いそうになったらたびたびここに戻って来られるがよい。場合によってはここよりも前に戻る必要があるかもしれない。しかし

それは後退ではない。戻ることも含めて、われわれは確実に前進しているのだ。

第11章
トレードクラス

　前章で、本プログラムにはどういうクラスがあって、それらが互いにどう関係するのかということが大づかみに分かった。さっそくプログラムを作りはじめよう。さて、どこから手をつけたらいいだろう。

　どこからでもはじめられるはずではある。筆者はやったことがないが、複数人による開発では、ここで分担を決めて「あなたはこっちのクラス、あなたはあっちのクラス」というふうに並行して進めることができるだろう。ただし、おのずと作りやすい順番というものはある。もし「これがなければはじまらない」というような基本的なクラスがあったのならば、そこから作りはじめるのが得策だ。

　設計図（第10章の**図18**）を見ると、Tradeのところに矢印が集中している。これは、いろんなクラスの中でTradeクラスが使われることを意味している。ということは、Tradeクラスが存在しない状態で、ほかを作るのは難しいのではないだろうか。よって、Tradeから作りはじめるのが理にかなっている。

　「データ編」では、株を扱うプログラムの最も基本的なクラスである『株クラス』からはじめた。それと同様に、「シミュレーション編」ではトレードシミュレーションソフトの最も基本的なクラスである『トレードクラス』からはじめることにしよう。

11-1　仕様

またこういう問いからはじめることにする。トレードとは何か。

練達の相場師にこの問いを発したならば一晩やそこらは帰してもらえないところだが、われわれシステムトレーダーには、とりあえず奥の深い話は必要ない。売買記録を残すうえで必要な情報さえあればよい。すなわち、

●どの銘柄を取引したか
●いつ、いくらで仕掛けたか
●仕掛けの方向は売りか買いか
●何株売買したか
●いつ、いくらで手仕舞ったか

といったデータが含まれていればよい。要するに「1銘柄の1度の取引」といった定義だ。

しかしこれだけでは物足りない。取引に関する情報は、記録のときだけでなく、『手仕舞い』などの売買ルールの中でも使われるはずだ。仕掛けてから何日たったら手仕舞うとか、ストップに掛かったら手仕舞うとか。というわけで、

●仕掛けてからの経過日数
●ストップの値

というのも欲しい。

これらのデータのほかに、トレードの結果に関しても、このクラスに問い合わせられるようになっているといいだろう。そのトレードで儲かったかどうかは、トレードオブジェクト自身が感知すべきだと考

える。

- ●損益金額
- ●％損益
- ●R倍数

　こういったものを計算するメソッドを装備したい。
　順に説明しよう。損益金額とは、その取引でいくら利益または損失があったか、という金額。例えば、1000円で100株買い、1100円で売ったとすれば、

```
(1100 - 1000) * 100 = 10000
```

で10000円の利益となる。
　％損益とは、仕掛けの値段に対して、何％の利益または損失になったか、ということ。例えば、1000円で買い、950円で売れば、

```
(950 - 1000)/1000 * 100 = -5
```

で、5％の損失ということになる。
　3番目のR倍数とは何か？　これは次の予習のところでお話ししよう。ここでは、R倍数を計算するためには、

- ●初期ストップ
- ●R

という情報が必要であるということだけを言っておこう。これらについても、予習のところで説明する。

そのほか、次のような問い合わせに答えられると便利だ。

●閉じた（手仕舞い済みの）トレードかどうか
●ロング（買い）トレードかどうか
●ショート（売り）トレードかどうか

これらがあると便利だと、なぜ分かるのか。それは、プログラムのほかの部分でトレードオブジェクトにそういう問いを発することがしばしばあるからだ。

ここでひとつネタバラしをする。本書は、頭から順番に書かれたわけではない。まずプログラム全体を作って、それから本文（今お読みになっている部分）を書いたのだ。読者もたいがいお気づきだとは思うが。

本当は、ちょっとこのクラスを作っといて、別のところに取りかかり、そこで必要になった機能を改めてこのクラスに付け足す、というような手順を繰り返すことによって徐々に前進した。話の都合上、みなさんにはいきなり最終形をお見せすることになるのだが、筆者自身、はじめから全機能が見えたうえでコーディングに取りかかっているわけではないことをお知らせしておく。あっちこっち行ったり来たりしながらやるスタイルだ。

ある機能が、必要になる「かもしれない」からといって、あらかじめ作っておくのはあまりいいやり方とは言えない。必要だとちゃんと分かってから作るほうがよい。機能が増えるとそれだけプログラムは複雑になる。複雑になると扱いが難しくなる。プログラムはできるだけシンプルに。これは、トレーディングシステムはできるだけ単純に、ルールは少なめに、という教えに通じるものがある。

本書を読み進めていくと、「なんでこんな機能がある？」とお思いになることもあるだろう。それは、あとからちゃんと必要になるはずだ。

11-2　予習

11-2-1　&&

論理演算子 && について学ぼう。

前にも言ったが、論理演算子というのは、数学用語の「かつ」とか「または」を表すプログラムの記号だ。「または」を表す || については「第 4 章　株クラス」のところで説明した。ここでは「かつ」を表す && という演算子について見ておこう。

まずは true と false を使った例を見てみよう。

```
true  && true   #=> true
true  && false  #=> false
false && true   #=> false
false && false  #=> false
```

「true && true」だけが true であり、ほかは false だ。&& の両側が true のときだけ、true になるのだ。覚えやすい。

動作を詳しく言えば、まず && の左側を評価し、それが偽ならその値をその場で返す。真なら右側の値を返す。Ruby では、偽というのは nil と false、真というのは nil と false 以外すべてだ。

```
1 && 2          #=> 2
nil && "abc"    #=> nil
"xyz" && false  #=> false
nil && false    #=> nil
```

&& の両側が真のときには真、それ以外では偽になっていることを確認しよう。

&& は条件判断でよく使われる。

```
if a && b
  puts "aとbの両方とも真"
end
```

複数の条件があって、それらがすべて真のときに、あるコードを実行する、というようなときに使われる。

11-2-2　R倍数

実は、本章ではあまり予習することがない。コード中に、プログラミングに関する技術で新しいことは && 以外には特に出てこない。われわれは、もうずいぶんといろんなことを学んできた。ということで、プログラミングではなくて、トレード寄りの話をする。「R倍数」というものについてだ。

R倍数というのは、バン・K・タープ博士の名著『**魔術師たちの心理学**』（パンローリング刊）の中で紹介されている概念だ。取ったリスクに対してどれだけのリターンを得られたか、ということを表す数字だ。

そのトレードで取るリスクのことを「R」と呼ぶ。リスクとは、許容する最大の損失のことだ。トレードを仕掛けたときに入れる最初のストップと、仕掛けた値段の差がRの値だ。例えば、1000円で買い仕掛け、初期ストップを900円に置いたとすると、R値は100になる。

そのRの何倍の利益があったのか、というのが、R倍数だ。1000円で買い仕掛け900円に初期ストップを置いたトレードで、1200円で手仕舞ったとすれば、R倍数は2だ。「2R」というような書き方をする。

式にすると、次のようになる。

R
　買いトレードのとき：　仕掛値 − 初期ストップ
　売りトレードの解き：　初期ストップ − 仕掛値

R倍数
　買いトレードのとき：　（手仕舞値 − 仕掛値）／ R
　売りトレードのとき：　（仕掛値 − 手仕舞値）／ R

　上の、1000円で買い、初期ストップ900円、1200円で売りというトレードの場合のR倍数の計算式は、

（1200 − 1000）／（1000 − 900）= 2

ということになる。
　もうひとつ例を出そう。1000円で空売を仕掛け、初期ストップを1100円に置く。そして950円で手仕舞ったならば、

（1000 − 950）／（1100 − 1000）= 0.5

となる。売りと買いで計算方法が違うことにさえ注意すれば、まったく難しいことはない。
　そのトレードで利益が出ていればR倍数はプラスに、損失を出していればマイナスになる。R倍数が大きければ大きいほど、成功したトレードと言える。1R以上なら、取ったリスク以上の利益が出たということだ。初期ストップの値段で損切りしたならばRは−1になる。ちゃんとストップで損切りしているかぎり、通常−1よりも悪い値にはならないはずなのだが、寄り付きでギャップを空けたときなど、予

定よりも不利な値段で手仕舞わなければならないときは、−1よりも大きなマイナスとなることもある。

　なぜR倍数というものをプログラム中に取り入れたかといえば、筆者が重要と考えるからだ。金額ベースや％ベースでの損益でももちろんシステムのパフォーマンスを測ることはできるが、値がさ株も低位株も、値動きの激しい株も緩やかな株も、一緒くたに扱っていいものかどうか、疑問が残る。

　そういった、値段の違いやボラティリティの違いを吸収してくれるのがR倍数という考え方だ。金額による損益では値がさ株の成績が、％による損益ではボラティリティの高い株の成績が、全体の成績に及ぼす影響が大きくなってしまうが、R倍数をベースに評価すれば、そういった偏りは比較的出にくい。金額、％、R倍数を併用することで、より確かな、安定した評価ができる。

　R倍数は有益な評価方法なのだが、ひとつ問題がある。それは、必ずストップを置かなければならないということだ。でないと計算できない。ストップを置くのは大事なことなんだから、置いたらいいじゃないか、という話なんだが、それでもストップは置かない、置きたくない、という人もいるだろう。そのほうが検証の成績が良くなることが多々あるのは承知している。だからストップを置かないのは自由だが、その代わりR倍数という評価指標は使えない。

　ところで、ストップの値段は、トレードを仕掛けた瞬間に決定するというのが普通だと思う。そして最初に決めたらそのまま決めっぱなしじゃなくて、相場の変化に合わせて動かすこともできる。相場が有利な方向に動くたびに、ストップの位置をよりタイトにしていく「トレーリングストップ」というのがその典型だ。

　しかし、Rを決めるのに必要なのは、最初のストップだけだ。初期ストップこそが、トレードのリスクを決めるものだ。よってわれわれの作るトレードクラスには、最初のストップである「初期ストップ」と、

動かしたあとの、最新のストップである「ストップ」というふたつの
ストップをインスタンス変数として持つことになる。「初期ストップ」
はRやR倍数の計算に使われ、ただの「ストップ」は手仕舞いなどに
使われる。

11-3　実装

Tradeの実装だ。lib フォルダに trade.rb というファイルを作って
スタートだ。

■ファイル：lib¥trade.rb

```ruby
# coding: Windows-31J


# 取引を表すクラス
class Trade
  attr_accessor :stock_code, :trade_type, :entry_date,
    :entry_price, :entry_time, :volume, :exit_date,
    :exit_price, :exit_time, :length, :first_stop, :stop

  # 仕掛ける
  def initialize(params)
    @stock_code   = params[:stock_code]
    @trade_type   = params[:trade_type]
    @entry_date   = params[:entry_date]
    @entry_price  = params[:entry_price]
    @volume       = params[:volume]
    @entry_time   = params[:entry_time]
```

```ruby
    @length = 1
  end


  # 手仕舞う
  def exit(params)
    @exit_date  = params[:exit_date]  || params[:date]
    @exit_price = params[:exit_price] || params[:price]
    @exit_time  = params[:exit_time]  || params[:time]
  end


  # 手仕舞い済みかどうか
  def closed?
    if @exit_date && @exit_price
      true
    else
      false
    end
  end


  # 買いトレードかどうか
  def long?
    @trade_type == :long
  end


  # 売りトレードかどうか
  def short?
    @trade_type == :short
  end
```

```ruby
# 損益金額
def profit
  plain_result * @volume
end


# %損益
def percentage_result
  (plain_result.to_f / @entry_price) * 100
end


# R
def r
  return unless @first_stop
  if long?
    @entry_price - @first_stop
  elsif short?
    @first_stop - @entry_price
  end
end


# R倍数
def r_multiple
  return unless @first_stop
  return if r == 0
  plain_result.to_f / r.to_f
end
```

```ruby
  private
  # 株数を掛けない損益
  def plain_result
    if long?
      @exit_price - @entry_price
    elsif short?
      @entry_price - @exit_price
    end
  end
end
```

　まず、大量のアクセサメソッドがある。情報を保持するのが主たる目的のクラスだから、こんなふうになる。仕様と予習のところをお読みいただいていれば、それぞれがどういう情報かはおよそ分かると思う。entry で始まるのは仕掛けに関するもの。exit で始まるのは手仕舞いに関するものだ。

　一覧表にしてみよう。

:stock_code	証券コード
:trade_type	売りトレードか、買いトレードか
:entry_date	仕掛けた日付
:entry_price	仕掛値
:entry_time	仕掛時
:volume	数量（株数）
:exit_date	手仕舞いの日付
:exit_price	手仕舞い値
:exit_time	手仕舞い時
:length	仕掛からの経過日数
:first_stop	初期ストップ
:stop	現在のストップ

:trade_type というのがやや分かりにくいか。これは「買いトレードか売りトレードか」という意味だ。:long（買い）または :short（売り）で表す。また、:volume は仕掛け数量、すなわち株数のことだ。

注意しなければいけないのは、「時」に関するものだ。「:entry_date」というのと「:entry_time」というのがある。また「:exit_date」と「:exit_time」がある。「date」のほうは、いいだろう。「日付」だ。仕掛けた日、手仕舞った日を表す。"2011/11/10" のような形になる。

問題は「time」のほうだ。これは「時刻」ではない。日足データを使っているかぎり、仕掛けたり手仕舞ったりした時刻が正確に分かるわけではない。ここでいう time とは、「寄り付きか、ザラ場中か、大引けか」という区別のことだ。売買記録のためだけならこの情報は必要ないが、シミュレーションの実行過程で必要になることがある。詳しいことは後の章で述べるが、例えば大引けで仕掛け、同じ日のザラ場中に手仕舞う、というような不可能な取引が行われるのを防いだりするのに使う。なお、寄り付き、ザラ場、大引けというのは、それぞれ「:open」、「:in_session」、「:close」と表すことにする。これらのいずれかが、:entry_ time や :exit_time の値になるわけだ。

:length はトレードを仕掛けてからの経過日数、:fist_stop は初期ストップ、:stop は現在のストップだ。

次に、initialize メソッドでは、例によって（擬似）キーワード引数を使って各種初期設定を行っている。仕掛けに関する情報をいくつか入れることになっている。ということは、Trade#new メソッドを呼び出した瞬間に、仕掛けが発生すると考えることができる。実際には、本当に仕掛けるのではなく、「シグナル」に留まる場合もある。これも詳しくは後の章で。

@length の初期値に 1 を入れている。これは、トレードの経過日数は最低 1 日である、ということだ。たとえ仕掛けたその日のうちに手仕舞っても、それは 1 日のトレードということになる。そういうときは 0 にしたほうがいい、という意見もあるだろう。どちらでも大差ないだろう。ここでは 1 でいかせていただく。

11-3-1　exit

次に、手仕舞いメソッド、すなわち exit を見てみよう。これもまた、キーワード引数を使って、手仕舞いのときの各種情報を入力する。すなわち手仕舞いの日付、値段、時間（寄り付きかザラ場か大引けか）を入れることができる。そのとき、

```
params[:exit_date] || params[:date]
```

のようにして、「A でなければ B」という選択を行っている。これは、パラメーター名として「:exit_date」と「:date」の両方を受け入れる、という意味だ。例えば、

```
trade.exit(exit_date:  "2011/10/30",
```

```
            exit_price: 1000,
            exit_time:  :open)
```

というふうに書くこともできるし、

```
trade.exit(date:  "2011/10/30",
           price: 1000,
           time:  :open)
```

と書くこともできる。exit というのを何度もタイプするのが面倒だという場合は後者を選んでもいい。ちょっとした親切だ。

　株数を指定していない点が気になる。initialize では指定されているというのに。これは、「1 度に仕掛けて、1 度に手仕舞う」という仕様によるものだ。仕掛けで 200 株買ったら、手仕舞いでも 200 株売る。200 株買って、100 株ずつ 2 度に分けて売る、ということはないものとする。仕掛けと手仕舞いが同じ株数と決まっているならば、手仕舞いでその株数を指定する必要はない、ということだ。トレードのやり方には「分割売買」というのもあるが、それをプログラムで表現しようとすると複雑になるので見送ることにする。

　ところでこの exit というメソッド名。これを使うのには、実はためらいがある。Ruby に元から定義されているメソッドの中にすでに exit という名前のものがあるからだ。それは、その場でプログラムを終了するという、間違って使うとヤバいものだ。だからといって、手仕舞うことを意味する別の英単語として、何か適当なものがあるかというと……少なくとも exit よりもわれわれになじみのあるものはないのではなかろうか。

　というわけで、悩んだ末に exit という名前でいくことにするが、くれぐれも Ruby 組み込みの exit メソッドと混同しないようにしな

ければならない。とはいえ、引数などを見れば違いは明らかなので、まさか間違うことはないだろう。

11-3-2　closed?、long?、short?

「?」つきのメソッドを3つほど用意する。「closed?」と「long?」と「short?」だ。

「long?」と「short?」は簡単だ。その取引が買いトレードか売りトレードかということだ。long? のほうは、@trade_type が :long なら true を、そうでなければ false を返す。short? のほうは、:short なら true だ。

「closed?」は、そのトレードが、すでに手仕舞われているか否かを返すメソッドだ。そのとき、何をもって手仕舞い済みとみなすか、ということが問題となる。この Trade クラスにおいて、手仕舞うとは、手仕舞った時と値段を入力する、ということだ。exit メソッドがそういうふうになっている。

要するに、@exit_date と @exit_price というインスタンス変数に何か値が入っていたら、そのトレードは手仕舞いが済んでいるとみなすことができる。@exit_time については調べなくてもいいだろう。ふたつだけで十分だ。それで、closed? メソッドの中身では、

```
@exit_date && @exit_price
```

と、ふたつの値が両方とも nil でないかどうかを確認している。@exit_date と @exit_price の両方に何か値が入っていれば、真になる。

この closed? メソッド全体では、「@exit_date と @exit_price の両方に値が入っていれば true を、そうでなければ false を返す」ということになる。

11-3-3　トレード結果取得メソッド群

　そのトレードでどのくらい勝ったとか、負けたとかいうことを計算するメソッドたちを搭載しよう。金額、％、R倍数の3種類の結果が欲しい。それぞれ、profit、percentage_result、r_multiple の各メソッドがそれらの結果を返す。

　その3つのメソッド内で共通して使われているのが、plain_result メソッドだ。掲載したコードの一番下のところにある。

```ruby
def plain_result
  if long?
    @exit_price - @entry_price
  elsif short?
    @entry_price - @exit_price
  end
end
```

　これは、純粋に株価だけによって計算した損益だ。「仕掛値と手仕舞い値の差」を計算するものだが、そのトレードが買いか売りかによって、引く・引かれるの順番が違うことにご注意願いたい。plain_result によって出てきた数値をどう加工するかによって、金額、％、R倍数のどれを求めるかが変わってくる。

　これを踏まえて、3種類の結果メソッドを順番に見ていこう。まずは profit。これは、金額ベースの損益だ。何円勝ったか、または負けたか、ということだ（これ、「損益」というからには「profit」じゃなくて「profit_and_loss」みたいなほうがいいんじゃないか？　そうかもしれないが、ふたつの理由でそうしなかった。①「マイナスの利益が損失だ」とも言える。② loss とか、縁起の悪い単語はなるべく使いたくない）。求め方は極めて簡単だ。さきほどの plain_result の値と、

株数を掛けた値が、profit の値だ。

　続いてパーセントベースの損益。percentage_result メソッドだ。これは、plain_result を仕掛値で割って 100 を掛けた数だ。このとき、plain_result によって出てくる数に対して to_f を使って、小数点以下もありにしている。結果、仕掛値に対して百分率で何パーセント勝ったのか、あるいは負けたのか、ということが分かる。

　次にR倍数。その前にRを求めなければならない。r メソッドだ。これは予習で述べたとおり「そのトレードでとったリスク」だ。仕掛値と初期ストップの差を計算している。これも、買いと売りでは引く引かれるの関係が逆になる。ただし、初期ストップ（@first_stop）の値が与えられていないときには、何もしないで終了する。そのときの返値は nil になる。

　Rを求めたら、R倍数を計算するのは簡単だ。r_multiple メソッドだ。「plain_result をRで割った値」になる。このとき、to_fを使ってちゃんと小数点付きになるようにしている。これもまた、初期ストップが与えられていないとき、すなわち @first_stop が nil のときは何もせずに nil を返す。また、Rが0のときも nil を返す。

　「何かを0で割ってはいけない」と、数学の授業でさんざんたたき込まれたことを思いだし、こうしてみた。Rが0になるときというのは、「仕掛値と初期ストップが同じ値のとき」だ（仕掛値と初期ストップが同じって、仕掛けた瞬間に手仕舞うってことか？　という疑問が出てくるが、まったく不可能なことでもない。例えば「仕掛けてから必ずn日間は保持する」というようなルールにすれば、仕掛値とストップを同じにすることはできる。この場合、保持期間が明けたあと、収支がプラマイゼロまたはマイナスならば手仕舞う、ということになる）。

　このようにして、初期ストップを設定していなくてもエラーにならないようにしている。ユーザー、すなわちあなたは、ストップを使う

も使わないも自由ということだ。このくらいは融通が利いたほうがいいだろう。

　一方、仕掛けた値段や手仕舞った値段が入っていないと、「nilを使って計算しようとした」というような種類のエラーになる。profitでもpercentage_resultでもr_multipleでもだ。まだ仕掛けてなかったり、手仕舞ってなかったりするトレードに関して「結果」を求めるのはおかしいという、自然なさばきだ。

11-4　動作チェック

　さあ、動作チェックだ。checkフォルダに、trade_check.rbファイルを作り、以下に掲載するコードのように書いていこう。

```ruby
# coding: Windows-31J


require "./lib/trade"


trade = Trade.new(stock_code:  8604,
                  trade_type:  :long,
                  entry_date:  "2011/11/14",
                  entry_price: 251,
                  entry_time:  :open,
                  volume:      100)


puts trade.stock_code   #=> 8604
puts trade.entry_date   #=> "2011/11/14"
puts trade.entry_price  #=> 251
puts trade.long?        #=> true
```

```
puts trade.short?         #=> false
puts trade.closed?        #=> false


trade.first_stop = 241
trade.stop       = 241
trade.length     = 1


puts trade.first_stop  #=> 241
puts trade.stop        #=> 241
puts trade.r           #=> 10
puts trade.length      #=> 1


trade.length += 1


puts trade.length      #=> 2


trade.exit(date: "2011/11/15",
           price: 255,
           time:  :in_session)


puts trade.closed?              #=> true
puts trade.exit_date            #=> "2011/11/15"
puts trade.profit               #=> 400
puts trade.percentage_result    #=> 1.593625498007968
puts trade.r_multiple           #=> 0.4
```

アクセサメソッドを含めたくさんのメソッドがあるので、動作確認コードもちょっとだけ長めになる。ただし、そんなに複雑なメソッド

はないので、意味は分かりやすいだろう。

　まず、new メソッドで新規のトレードを作る。これが「仕掛け」だ。パラメーターを6つほど入力する。仕掛けたら、ちゃんと思いどおりの値が入力されているかを確認する。「puts trade.stock_code」以下のところだ。アクセサメソッドのほかに、long?、short?、closed? の各メソッドの動作も確認する。

　次に、exit メソッドで手仕舞う。その前に、「trade.length += 1」とやって @length の値を1増やしている。「1日経過」させるわけだ。で、3つのパラメーターを与えて exit したあと、トレードの結果を調べている。手仕舞い済みかどうか（closed?）、損益（profit）、％損益（percentage_result）、R倍数（r_multiple）といったものだ。

　ここでは、買いの、勝ちトレードの場合だけを調べているが、もっといろんなケースを自主的に調べることは大いに推奨される。売りトレード、負けたトレード、トントンの場合など、多くの組み合わせができるだろう。

　どうだろう。チョロかった、と言っていただければ幸いだ。ここから先は、なかなかそうはいかない。難路と言ってよいだろう。しかしここまで来てくじけてどうする。われわれの大目標をよもやお忘れではあるまい。

　絶対……、みなまでは言うまい！！

第12章
Arrayクラスの拡張

　トレードクラスを作ったところで、次にわれわれはどこに向かうべきか。

　ルールの部品化というのが大きな目標だ。そのためには、テクニカル指標をうまいこと扱えるようになっておいたほうがいい。仕掛けや手仕舞いのルールの中で、移動平均などのテクニカル指標が必要になるからだ。

　というわけでわれわれが当面目指すのは、テクニカル指標を部品化する、すなわちオブジェクトとして扱うことだ。例えば『移動平均オブジェクト』みたいなものを作りたいのだ。そのほかには、『移動平均乖離率オブジェクト』とか『真の値幅の平均（ATR）オブジェクト』なんかをわれわれは作ることになる。

　そのための準備として、まず本章では、テクニカル指標の計算方法に焦点を当てる。

　テクニカル指標の計算というのはなかなか面倒なものだ。ちょっと油断すると、すぐにコードがごちゃついてくる。それをなんとかすっきりとやりたい。どうすればいいか、と考えた末に、「Arrayクラスを拡張しよう！！」と筆者は思い立った。

　ぽかんとされるのも無理はない。Arrayクラスを拡張するとはどういうことなのか。Arrayについてはもはやご存じだ。配列のことだ。

それを拡張するとは、要するに機能を追加するということだ。Array クラスに、テクニカル指標を計算するためのメソッド群を追加するのだ。そんなことができるのか、どうやってやるのか、ということについては、後ほどじっくりと議論しよう。

　機能拡張のためのコードはそれほど長くはない。若干ややこしいところもあるが、そこでつまずく必要はない。内部的な動作が一読で分からなくても、最終的にこの Array クラスを拡張した機能を「使える」ようになればいい。それらの機能を使って、どのようにしてテクニカル指標を計算するのか、ということを理解するのが、本章の目標だ。

12-1　仕様

　テクニカル指標を計算するために、Array に機能を追加する。どんな機能を追加すればいいのか。

　まず最初に、

- ●合計
- ●平均

を計算する機能を作りたい。配列の要素をすべて足したり、すべての要素の平均値を求めたりする。

　そのくらい、Array クラスにもとからあるんじゃないか、と思われるか。筆者もそう思ったさ。しかし、ないのだ。さがしたんだけれども。100 個以上もメソッドがあるのに、なぜか合計や平均を求める、そのものズバリのメソッドがない。だから、自ら作ろうというわけなのだ。

　合計や平均というのは、配列に入っているたくさんの数の合計や平均であって、求められる値はただひとつだ。それに対してテクニカル指標は、複数の値からなる。

例えば「10日間の終値の平均」というように、配列の中からある一定数の要素を取り出して、それらについて計算する、それを配列の最初から最後まで行う、というようにするのが主な計算手順だ。つまり、複数の値を含んでいる。ということは、配列で表現できる。「テクニカル指標配列」とでもいうようなものを、作ることができるのだ。

　いろいろなテクニカル指標を計算するとき、いつも同じような手順を踏むことになる。それが「10日移動平均」であろうが「20日間の高値」であろうが、「前から順番に特定数の値を取り出して計算する」という部分は共通する。それを、

●配列から、テクニカル指標を要素とする別の配列を作る

というメソッドとしてまとめたい。そしてそのメソッドを使って、

- ●移動平均
- ●区間高値
- ●区間安値

という、基本的な計算方法を装備する。これらは本当によく使うものだ。ある指標を計算した後、さらにそれの移動平均を取るとか、何日間かの高値や安値を求めるとかいう形で、さまざまに応用できる。

ここで、テクニカル指標というものについて、少し詳しく考えておこう。値が10個あって、その3区間移動平均を取るという例を見てみよう。

値	3区間移動平均
100	
98	
95	97.67
97	96.67
101	97.67
103	100.33
110	104.67
112	108.33
120	114.00
125	119.00

計算方法を確認すると、まず、最初の3つの値を足す。それを3で割る。つまり平均を取る。すると、移動平均の最初の値が求まる。

$(100 + 98 + 95) / 3 ≒ 97.67$

次は、3つの値を取る区間をひとつずらして、2番目から4番目までの値を足し、3で割る。

(98 + 95 + 97) / 3 ≒ 96.67

以下、ひとつずつずらしていって、8番目、9番目、10番目の値の平均を取るところまでやったらおしまいだ。データが何個あろうとも、平均を取る区間が10であろうが100であろうが、手順は同じだ。

ここで注目すべきなのは、さっきの表の、移動平均の列の最初の2行が空白になっていることだ。3区間移動平均を求めるときには、最初の1つだけ、または2つだけからは計算できないのだ。だから、移動平均値は3つめのところから始まっているのだ。多くのテクニカル指標には、このような最初の空白がある。

こういう最初の空白を、どう表現するか。いろいろな手が考えられるが、本プログラムでは、これを nil で埋めることにする。上の3区間移動平均の例でいえば、

```
[nil, nil, 97.67, 96.67, 97.67, 100.33, 104.67, 108.33,
 114.0, 119.0]
```

ということになる。

このように nil で埋めることによって、もとの値の配列と、できあがったテクニカル指標の配列とが、同じ長さになる。10個の値からは、nil も含めて10個のテクニカル指標が得られる。100個なら100個だ。こうすると、株価の先頭とテクニカル指標の先頭の日付が食い違うというような煩わしいことがなくなる。同じ日の株価と指標には、同じ添え字でアクセスできるのだ。日付のずれを気にせず、株価や指標を

単純にイテレータで回すこともできる。

その代わり、nil という、これはこれでやっかいな存在を扱わなければならないという新たな問題が生じる。この点については、あとの章で何らかのエレガントな解が示されるはずである。

12-2　予習

12-2-1　オープンクラス

Ruby のクラスは、とても柔らかい。粘土でもこねるみたいに、簡単に形を変えられる。それを可能にしているのが、「オープンクラス」という機能だ。

既存のクラスを、どこか別の場所で「開いて」、機能を付け加えたり、なんならもとの機能を書き換えたりできる。やり方はとても簡単で、クラス定義をもう一度書けばいいだけだ。

具体例を見てみよう。下の例では、win メソッド1つだけを持った Trader クラスを定義し、次にその Trader クラスに lose メソッドを付け足し、その後、最初に定義した win メソッドの動作を書き換えるということをしている。

```
# Trader クラスの最初の定義
class Trader
  def win
    puts "勝ったぞ！！"
  end
end


trader = Trader.new

trader.win            #=> "勝ったぞ！！"
```

```ruby
# Trader クラスに lose メソッドを付け加える
class Trader
  def lose
    puts "負けちゃった・・・"
  end
end


trader.win          #=> "勝ったぞ！！"
trader.lose         #=> "負けちゃった・・・"


# Trader#win を書き換える
class Trader
  def win
    puts "わーいわーい"
  end
end


trader.win          #=> "わーいわーい"
trader.lose         #=> "負けちゃった・・・"
```

「class Trader」という部分が3回出てきて、1回目がもとの定義、2回目が新しいメソッドの付け足し、3回目がもとのメソッドの書き換えをそれぞれ行っている。

付け足しというのは、もとからあるメソッドはそのままで、そこに新たな機能を加えるということだ。上の2番目の「class Trader」のところでは、lose メソッドしか定義されていないが、先に定義されている win メソッドはそのまま生きている。クラス定義そのものを変

えてしまっているわけではなく、あくまで付け足しなのだ。もとのクラスにないメソッドを新たに定義することによって、機能が付け足される。

一方、3番目の「class Trader」のところでは、1番目のところで定義した win というメソッドと同じ名前のメソッドが定義されている。こういう場合は、「後のほうが」有効になり、結果としてもとのメソッドを書き換えることになる。win メソッドでは、最初「勝ったぞ！！」と言っていたものが、書き換えによって「わーいわーい」とやや幼児化している。

このように、オープンクラスによって簡単にメソッドを付け足したり書き換えたりできるのだが、それはなにも自分で作ったクラスだけに限らない。なんと、組み込みクラスをも変えてしまうことができる。数とか文字列とか配列といった、基本中の基本ともいうべきクラスまで、プログラマーの手によっていじくることができるのだ。なんと開けっぴろげで、恐ろしいことだろう。

そういう基本的なクラスに対して、機能を追加したり、機能を書き換えたりしてしまっていいのだろうか。例えば、Integer#next というメソッドを書き換えて、こんなことができる。

```
puts 1.next    #=> 2

# 真似しないでください！！
class Integer
  def next
      "なめんなよバカヤロウ"
  end
end
```

```
puts 1.next    #=> "なめんなよバカヤロウ"
```

　ああ恐ろしい！！　ちょっと「1の次の数はなんでしたっけ？」とたずねたら、「なめんなよバカヤロウ」と怒られてしまった。いや、確かに、日常生活で誰かにそんな質問をしたら、そういう答えが返ってきそうではあるけれども……。じゃあいいのか？　いやいやいや、よくない。絶対によくない。プログラム的に、意味不明だもの。支離滅裂だもの。

　オープンクラスを使えば、数にまつわるメソッドをすべて暴走族風にしたり、文字列のメソッドをすべてオネエ系にしたりすることも可能だ。そこまでアレでなくても、ユーザーの意表を突く実装はいくらでも可能だ。

　可能だからといって、やっていいということではない。われわれ Ruby プログラマーは、大人として扱われている。むやみに幼児化したり暴走したりしてはいけない。もちろん、純粋に冗談として、一人で、あるいはごく身内で楽しむぶんにはいいだろう。

　ただし、オープンクラスには思わぬ危険がつきまとうことがあるということは肝に銘じなければならない。それは、Ruby の「何でもあり」な機能全般について言えることでもある。

　本書では、配列（Array）という、これまた基本中の基本であるクラスに、機能を追加するという誠に僭越な、神をも恐れぬ所業をなそうとしている。そんなことが、自称漫画家兼株式トレーダーにして金持ち未満の筆者ごときに許されるのだろうか。

　テクニカル指標を計算するうえで、あると便利な機能、欲しい機能のいくつかが、どうやら Ruby にはない。ないのだから、作るしかない。そしていろいろ考えた結果、それは Array の機能として作るのがいいと判断した。もとからある機能を変えるのではなくて、新しく機能を付け加えるのだから、それほど危険ではないはずだ。つーか、やっ

ていいつってんだからいいじゃねーか。なめんなよバカヤロウ。

12-2-2　Array#inject

前項の終わりで、幼児化し、暴走したことをお詫び申し上げる。

injectという、便利なメソッドについてお話ししよう。これは、配列などの中身を足し合わせたりなんかするのに使うイテレータだ。injectというのは、注射する、注入するとかそういう意味だが、それはあまり気にしないほうがいい。言葉の意味を考えてしまうと、よく分からなくなってしまう。それでなくても、ちょっと分かりにくい。

例を見てみよう。配列の中身をすべて足し合わせる。

```
[2, 3, 5, 7, 11].inject(0) {|sum, number| sum + number}
  #=> 28
```

説明するのでよーく聞いていただきたい。まず、injectはイテレータである、ということを頭に入れていただきたい。その上で、図19を見てみよう。配列の要素に前から順番にひとつずつアクセスして、ブロックに渡すという、eachとかmapでもやっている動作を行っている。この場合だと、ブロックパラメーターnumberに、2から11までの素数が順番に入れられるのだ。sumのほうには何が入れられるのかといえば、最初はinjectの引数である0が、2回目からはブロックの中身の最終結果、すなわちsum+numberの値が入れられる。言葉による説明だけではよく分からないかもしれないが、図の矢印を丹念に追っていけば、お分かりいただけるかと思う。

もうひとつ例を出そう。今度は、すべての値を掛け合わせる。

```
[2, 3, 5, 7, 11].inject(1) do |product, number|
  product * number
```

図 19

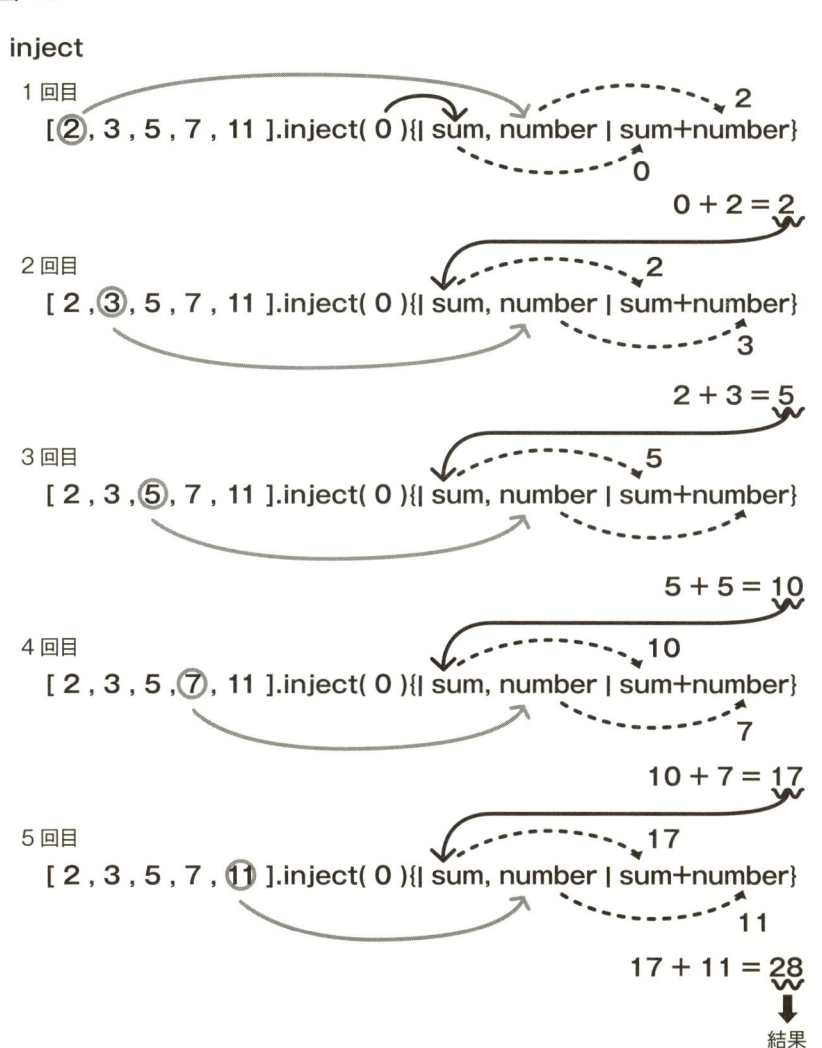

inject

1回目
[②, 3, 5, 7, 11].inject(0){| sum, number | sum+number}
2
0
0 + 2 = 2

2回目
[2, ③, 5, 7, 11].inject(0){| sum, number | sum+number}
2
3
2 + 3 = 5

3回目
[2, 3, ⑤, 7, 11].inject(0){| sum, number | sum+number}
5
5
5 + 5 = 10

4回目
[2, 3, 5, ⑦, 11].inject(0){| sum, number | sum+number}
10
7
10 + 7 = 17

5回目
[2, 3, 5, 7, ⑪].inject(0){| sum, number | sum+number}
17
11
17 + 11 = 28
↓
結果

```
end  #=> 2310
```

+が*に変わったのと、injectの引数が0から1に変わった点に注意しよう。引数を1にしたのは、なぜだかお分かりだろうか。0を入れるとどうなるだろう。そう、答えは0になる。最初にproductに入れる値が0になるからだ。0に何を掛けても0なのだ。

このように、引数に入れるものを間違えると結果がおかしくなる。そこで、いっそのこと引数を省略してしまうこともできる。

```
[2, 3, 5, 7, 11].inject {|sum, number| sum + number}   #=> 28
```

引数を省略すると、配列の最初の要素がsumの初期値として扱われる。で、2番目の要素が、numberとして最初にブロックに渡される値という扱いになる。上の例だと、1回目の計算では、sumに1番目の要素である2が入り、numberに2番目の要素である3が入ることになる。以下同じように最後まで足していって、先ほどと同じ結果が得られる。

この、引数を省略する書き方を使えば、掛け算のときも初期値を気にすることなく同じように書ける。

```
[2, 3, 5, 7, 11].inject {|product, number| product * number}
  #=> 2310
```

injectには、次のようなちょっと面食らう書き方もある。これもまた、「配列のすべての要素を足し合わせる」というコードだ。

```
[2, 3, 5, 7, 11].inject(0, :+)   #=> 28
```

1番目の引数に初期値を入れる。2番目の引数には、各要素に対してどんなことをやるか、というメソッド名を入れる。「:+」というのがそのメソッド名なのだが、これは「足し合わせろ」ということだ。前にも言ったけれども、「+」というのもメソッドなのだ。だから「:」を付けてシンボルとして扱っている。メソッド名は、文字列またはシンボルで指定することになっている。
　さらにまた、次のように書くこともできる。

```
[2, 3, 5, 7, 11].inject(:+)    #=> 28
```

　ブロックがついているときと同様に、0を省略した。これも先ほどと同じように、配列の最初の要素が初期値として用いられる。
　まとめると、下はみな同じ結果を導く。

```
[2, 3, 5, 7, 11].inject(0) {|sum, number| sum + number}
  #=> 28
[2, 3, 5, 7, 11].inject {|sum, number| sum + number}
  #=> 28
[2, 3, 5, 7, 11].inject(0, :+)
  #=> 28
[2, 3, 5, 7, 11].inject(:+)
  #=> 28
```

　詳しい内部動作はともかく、ブロック付きよりも、メソッド名を引数として渡すやつのほうが、直感的に何をやっているのかが分かりやすいかもしれない。
　ここまで来れば、要素をすべて掛け合わせるということを、なるべく短いコードで書け、という問題にもすんなり答えられるはずだ。

```
[2, 3, 5, 7, 11].inject(:*)    #=> 2310
```

ところでこの inject というメソッド、実はそんなに使っていない。そんなにというか、コード中に1回しか出てこない。それなのにこうして長々と説明したのは、このような複雑な動作をするイテレータに慣れていただきたいからだ。

この後で実装する、テクニカル指標の配列を作るメソッドは、もっと複雑だ。inject は準備運動だと思っていただきたい。

12-2-3　Array#each_cons

Ruby には、あたかもテクニカル指標を計算するために用意されたかのようなメソッドが存在する。それが each_cons だ。

each_cons は、配列から一定の数の要素を順番に取り出してブロックに渡すイテレータだ。説明するよりもまずコードを見たほうが理解がはやいだろう。

```
[1, 2, 3, 4, 5, 6, 7, 8, 9, 10].each_cons(3) {|arr| p arr}
```

実行結果

```
[1, 2, 3]
[2, 3, 4]
[3, 4, 5]
[4, 5, 6]
[5, 6, 7]
[6, 7, 8]
[7, 8, 9]
[8, 9, 10]
```

each_consの引数に3が入っているので、「3個ずつ取り出せ」ということだ。前から順番に、まず[1, 2, 3]が取り出され、ブロックパラメーターのarrに渡される。ブロック内では、pメソッドによってそれをそのまま画面に出力している。

次に、ひとつずらして[2, 3, 4]が取り出され、ブロックに渡される。以下、同様に、先頭をひとつずつずらしながら、最後の3つである[8, 9, 10]まで、取り出してはブロックに渡していく。

引数を変えれば、1度に渡される要素の数が変わる。今度は4つずつ渡してみよう。

```
[1, 2, 3, 4, 5, 6, 7, 8, 9, 10].each_cons(4) {|arr| p arr}
```

実行結果

```
[1, 2, 3, 4]
[2, 3, 4, 5]
[3, 4, 5, 6]
[4, 5, 6, 7]
[5, 6, 7, 8]
[6, 7, 8, 9]
[7, 8, 9, 10]
```

これまで扱ったeachやmap、injectといったイテレータは、「1度に1つずつ」の要素をブロックに渡すものだ。これに対してeach_consは、「1度に複数」の要素をブロックに渡していくことができる。これが大きな違いだ。そしてこのeach_consの「ひとつずつずらしながら複数の要素を取り出す」という挙動は、テクニカル指標を計算するときに多用するものだ。というか、テクニカル指標を計算するこ

と以外の用途が筆者には思い浮かばない。

さて、ここで、ひとつ練習問題をやってみよう。課題は、「移動平均を計算せよ」というものだ。上で使った1から10までの整数が入っている配列を使い、4区間移動平均を求めてみよう。もちろんeach_consを使う。ただし、each_cons自体は返値としてnilしか返さないので、putsを使って値を表示させる必要がある。

難儀している方のためにヒントを。区間の合計値を求めるには前の項でやったinjectを使う。それを、区間の長さで割れば、平均値が出る。いかがだろうか——

それでは正解発表。

```
[1, 2, 3, 4, 5, 6, 7, 8, 9, 10].each_cons(4) do |arr|
  puts arr.inject(:+) / 4.0
end
```

実行結果

```
2.5
3.5
4.5
5.5
6.5
7.5
8.5
```

ブロックパラメーターarrには、4つの要素からなる配列が渡される。それらの要素の平均を出せば、それが移動平均となる。まずarr.inject(:+)で合計を求め、それを4で割る。4.0となっているのは、小

数点以下も計算するためだ。それを、都合7回行う。

念のためにそれぞれの計算式を書いておく。

$(1 + 2 + 3 + 4) / 4 = 2.5$

$(2 + 3 + 4 + 5) / 4 = 3.5$

$(3 + 4 + 5 + 6) / 4 = 4.5$

$(4 + 5 + 6 + 7) / 4 = 5.5$

$(5 + 6 + 7 + 8) / 4 = 6.5$

$(6 + 7 + 8 + 9) / 4 = 7.5$

$(7 + 8 + 9 + 10) / 4 = 8.5$

別の期間の移動平均を求めるためには、引数の4と割り算の分母である4を別の数にすればよい。いちいち2カ所変えるのは面倒なので、変数を使う。

```
span = 5
[1, 2, 3, 4, 5, 6, 7, 8, 9, 10].each_cons(span) do |arr|
  puts arr.inject(:+) / span.to_f
end
```

実行結果

```
3.0
4.0
5.0
6.0
7.0
8.0
```

のちほど、Arrayクラスを拡張してテクニカル指標を計算するメ

ソッドを作るわけだが、そのメソッドの実装の核となるのが each_cons メソッドだ。使い方もよく似ている。

ただし、われわれの作りたいテクニカル指標の配列は、前のほうに nil が入っていて、もとの配列と要素の数が一緒になる。

```
[1, 2, 3, 4, 5, 6, 7, 8, 9, 10]
```

から4区間移動平均を求めると、

```
[2.5, 3.5, 4.5, 5.5, 6.5, 7.5, 8.5]
```

ではなく、

```
[nil, nil, nil, 2.5, 3.5, 4.5, 5.5, 6.5, 7.5, 8.5]
```

となっていてほしい。そこのところをどう工夫するかがひとつのポイントだ。

12-3　実装

それではいよいよ Array クラスを拡張しよう。コード量は大したことがない。ちゃっちゃっと終わらせて、使い方の練習に入りたい。

まずはいつものように、コードファイルを新規作成する。lib フォルダ内に、"array.rb" という名前で新しいファイルを作ろう。そこに、

```
class Array


end
```

と書けば、オープンクラスによる機能拡張の準備は整った。この class と end の間に書くコードが、新たに Array の一部となる。

■ファイル：lib¥array.rb

```ruby
# coding: Windows-31J

# Array クラスの拡張
# 合計、平均、移動平均、区間高値・安値を求めるメソッドを追加
# 配列から指標計算するメソッドを定義
class Array
  # 合計
  def sum
    self.inject(:+)
  end

  # 平均
  def average
    sum.to_f / self.size
  end

  # 元の配列と同じ要素数の配列を返す
  # 配列の各要素を span 個ずつ取り出した配列に対して、順番に
  # ブロックで実装された処理を実行する
  # 呼び出し方：array.map_indicator(span) {|span_array| ...}
  def map_indicator(span)
    indicator_array = Array.new(self.size)
```

```ruby
    self.each_cons(span).with_index do |span_array, index|
      # 指標からさらに指標を作る場合、
      # 最初のほうの nil はとばす
      next if span_array.include?(nil)
      indicator_array[index + span - 1] = yield span_array
    end
    indicator_array
  end

  # 移動平均
  def moving_average(span)
    map_indicator(span) {|vals| vals.average}
  end

  # 区間高値
  def highs(span)
    map_indicator(span) {|vals| vals.max}
  end

  # 区間安値
  def lows(span)
    map_indicator(span) {|vals| vals.min}
  end
end
```

12-3-1　sum、average

　まずは、配列の要素の合計と平均を求めるメソッドを追加する。sum と average だ。実装は極めてコンパクトであり、タイピングは

瞬時に終了する。

sum はこうなっている。

```
def sum
  self.inject(:+)
end
```

inject を使って、配列の要素を合計している。詳しくは予習のところで述べたとおりだ。

ここで、self というのが気になる。これは、配列オブジェクト自身、このメソッドが呼び出されているオブジェクト自身を指している。この self は、なくても別にかまわない。レシーバ（呼び出し元）を明示せず、「inject(:+)」と書いても動く。

このように self と明示した目的は、Array クラスにもとから備わっているメソッドを呼び出している、ということを明確にすることだ。以下、何カ所か self が出てくるが、それらは Ruby の組み込みクラスである Array に最初からあるメソッドであることを示す目的で書かれている。あとからつけ足したメソッドとごっちゃにならないように、多少気を遣っているのだ。

次に average メソッド。

```
def average
  sum.to_f / self.size
end
```

まず、今作った sum で合計を求めたあと、自分自身の大きさ、つまり配列の要素数で割る。これで、配列の要素の平均値が求まる。to_f としているのは、小数点以下まで求めるため。

これで合計と平均を求めるメソッドはできあがりだ。これだけ短いと、ちょっと考えさせられる。わざわざ Ruby 様の組み込みクラスにメソッドを足さなくても、その都度 inject を使ったりして書けばいいのではないか、と。

実際、どれくらい違うものか書いてみる。みなさんが試してみるときには、プロジェクトフォルダに作ったショートカットから Ruby コマンドプロンプトを立ち上げ、「irb」と打ち込んで irb に移行し、「require "./lib/array"」として今書いているファイルを読み込んでから行ってほしい。終わったあと「exit」と打ち込めば、通常のコマンドプロンプトに戻る。

```
a = [1, 2, 3, 4]
a.sum       #=> 10
a.average   #=> 2.5
```

これは、次のコードと同じことだ。

```
a = [1, 2, 3, 4]
a.inject(:+)                  #=> 10
a.inject(:+).to_f / a.size    #=> 2.5
```

だいぶ違う。タイピングしてみると、上のほうがはるかに楽だ。合計や平均はしょっちゅう使う計算なので、この差はデカい。作ってよかった。

12-3-2　map_indicator

それでは、本章のメインとなる、テクニカル指標を作るためのメソッドを実装しよう。名前は「map_indicator」とした。indicator というのは、

テクニカル指標の「指標」という言葉にあたる。

コーディングに入る前に、動作を詳しく知っておいたほうがいいだろう。まずは手っ取り早く、使い方の例を見てみよう。

```
array = [1, 2, 3, 4, 5]
array.map_indicator(2) do |a|
  a.first + a.last
end

#=> [nil, 3, 5, 7, 9]
```

配列から、2つの要素を前から順番に取り出してブロックに渡し、最初と最後の要素を足したものを新しい配列の要素としている。ここではブロックに渡す要素は2個なので、渡したすべての要素を足すことになる。

結果としてできる配列の、最初の要素がnilになっている。計算結果として出てくる数値は4つなのだが、もとの配列の要素数が5つなので、それと合わせるために最初をnilで埋めているのだ。

ブロックに渡す要素数を3にしてみる。メソッドの引数を3に変えればよい。

```
array.map_indicator(3) do |a|
  a.first + a.last
end

#=> [nil, nil, 4, 6, 8]
```

今度は、前のほうにnilがふたつ入っている。テクニカル指標を計

算するときのことを考えれば、よく分かる。1日目と2日目はデータ数が足りないので計算できず、3日目から計算できるようになる、という感じだ。

配列から配列を作るという意味では、map に似ている。ブロックに複数の要素を1個ずらしで渡していくという点では、each_cons のようでもある。map と each_cons の動作が理解できれば、この map_indicator も使いこなせるはずだ。

具体例を見たところで、一般化してみる。この map_indicator メソッドがやることは、以下のとおりだ。

- 配列から、同じ要素数の別の配列を作る
- もとの配列の要素を使って、何らかの計算をした結果が、新しい配列となる
- 計算方法はブロック内に書く
- ブロックには、もとの配列の要素のうち、引数で指定した要素数からなる「部分配列」を渡す
- その特定の要素数の部分配列を使って、ブロック内で計算が行われる
- ブロック内の計算結果が、新しい配列のひとつの要素となる
- もとの配列の先頭から、ブロックに渡す部分配列を取り出す
- 1回計算が終わったら、先頭をひとつずらして、新たな部分配列を取り出してブロックに渡す
- 最後の要素がブロックに渡されるまで、繰り返し計算を行う
- もとの配列と新しい配列の要素数が同じになるように、新しい配列の前のほうに nil を挿入する

ややこしい。現段階で完全に理解する必要はない。実装が終わった後、具体例をたくさん示すので、それを通じて使い方に慣れていって

いただきたい。

なお、このメソッドにはもうひとつ機能がある。それは、「指標から指標を作る」ということだ。例えば、「10日間の高値の5日移動平均」というようなものを作ることができる。まず「10日間の高値」の配列を作ったあと、それを元に「5日移動平均」を作る、という手順になる。

そのとき問題になるのは、「10日間の高値」を作るときに、前のほうに9日分ほどnilが入るということだ。そこからさらに指標を作るときには、前のほうのnilを飛ばす必要がある。つまり、

●もとの配列の、前のほうにあるnilは飛ばして計算する

という機能を実装することになる。

ここまで来ればもう大丈夫だ。map_indicatorのコードを見てみよう。話を早くするために、コードの「日本語訳」をつけてみる。コードの先頭の行番号と、日本語訳のほうの番号が対応している。

```
1:def map_indicator(span)
2:    indicator_array = Array.new(self.size)
3:    self.each_cons(span).with_index do |span_array, index|
4:      next if span_array.include?(nil)
5:      indicator_array[index + span - 1] = yield span_array
6:    end
7:    indicator_array
8:end
```

日本語訳

1： テクニカル指標を作るメソッドの定義（引数は区間数）
2：　自分自身（もとの配列）と同じ要素数の配列を作り、「指標配列」と名付ける。
3：　自分自身から、引数で指定された個数（区間数）の要素を前から順番に取り出し「区間配列」と名付け、以下の処理に渡す。
3：　これは繰り返し処理であって、1度繰り返すごとに取り出す要素の先頭をひとつずらす。
3：　そのとき、「区間配列」と一緒に添え字を渡す。添え字は、0からはじまり、1、2、……と、1回繰り返すごとに増えていく。
3：　== 繰り返し処理ここから ==
4：　　もし、渡された「区間配列」に nil が含まれていれば、計算は行わずに次の繰り返しに移る。
5：　　「指標配列」の、[添え字 + 区間数 − 1]の要素を、「区間配列」を元に所定の方法で計算した値で置き換える。
6：　== 繰り返し処理ここまで ==
7：　「指標配列」を返値として返す。
8：メソッド定義終了

　いくつか疑問がある。ひとつひとつ解いていこう。
　まず、できあがる「指標配列」には、最初のほうに nil が入るはずなのだが、どこで入れているのか。それは、最初の、

```
indicator_array = Array.new(self.size)
```

のところだ。Array.new で引数に数を指定すると、その数の要素数を持つ配列を新規作成する。そのとき、その配列の要素はすべて nil

で埋められる。

```
Array.new(3)   #=> [nil, nil, nil]
```

3を引数にして Array.new すれば、nil が3つ入った配列ができあがるというわけだ。

最初に指標を計算して、あとから前のほうに nil を入れるのではなく、最初に全部 nil で埋まった配列を作っておいて、その nil を指標の値で置き換えていく。そのとき、最初のほうを飛ばすので、結果としてできあがる指標配列の最初のほうに nil が残る。

最初に、もとの配列と同じ要素数（self.size）で、すべての要素が nil である配列を作る。そこに、前のほうを飛ばして値を入れていくわけだ。ここだ。

```
indicator_array[index + span - 1] = yield span_array
```

まず、「yield span_array」というところはよろしいだろうか。思いだしていただきたい。思い出せない場合は、部屋の一番目立つ一角を見ていただきたい。そこに、こう書いた紙が張ってありはしないだろうか。

「yield を見たらブロックだと思え」

そう、yield のところでブロックの中の計算が実行されるのだ。ブロックというのは、今書いている map_indicator メソッドを呼び出すときにくっつけられるブロックのことだ。ブロックには、span_array がブロックパラメーターとして渡される。もとの配列から区間数ぶん取り出した部分配列だ。その span_array を使って、ブロック内で、

例えば合計を求めたり、平均を求めたり、もっと複雑な計算をしたりする。それが「指標配列」のひとつの要素となる。

「index + span − 1」というのが、いくつ飛ばすか、「指標配列」の何番目から値を入れていくかを決める式だ。例えば、計算する区間数が3で、最初の繰り返し、すなわちもとの配列の最初の3つを使って計算している場合は、

0 + 3 − 1 = 2

が、「指標配列」の最初に値の入るところである。配列の最初の要素の添え字は0であるから、3番目から値を入れはじめることになる。

ところでこの「index」という変数はどうやって求めているのだろう。ここのところだ。

```
self.each_cons(span).with_index do |span_array, index|
```

「with_index」という魔法を使っている。詳しい説明は、ややこしいので省く。とにかく、イテレータのあとにこれをくっつけて書くと、イテレータが本来ブロックに渡す値と一緒に、添え字を渡すことができる。ここでは、each_consというイテレータによって、span個ずつもとの配列から取り出してspan_array変数としてブロックに渡すのと同時に、添え字をindex変数として渡している。

添え字は、最初が0で、繰り返すごとに1ずつ増えていく。添え字で分かりにくければ、繰り返しの回数を数えるための「カウンター」のような役割のものだと思えばよい。

このindex変数を使うことによって、例えば3区間を使った指標を求める場合、最初の2つはnilで、3つめから値が入り、さらに4つめ、5つめ……と入れていくことができる。

さて、map_indicator メソッドは、「指標から指標を作る」ことができるようにしたいのだった。例えば「10日移動平均」の、「5日高値と安値の真ん中」を求める、といった具合だ。これを行うためには、何かの指標が入っている配列に対して map_indicator を呼び出して、新たな指標配列を作るのだ。

ここまで見てきたように、指標が入っている配列には、大概最初のほうに nil が入っている。指標から指標を作るときには、その最初のほうの nil は、飛ばしたいのだ。それが、

```
next if span_array.include?(nil)
```

のところだ。「区間配列」に nil が含まれていたら、何も計算せずに次に進め、ということだ。include? というのは、その配列に、引数で指定した値が要素として含まれているかどうかをチェックするメソッドだ。

例えば、

```
[nil, nil, nil, 10, 14, 13, 15]
```

という配列があって、2つずつ値を取り出してブロックに渡すとき、最初の3回は、

```
[nil, nil], [nil, nil], [nil, 10]
```

となる。これらには nil が含まれている。よって計算せずに次にいく。4回目の [10, 14] から、計算されるのだ。

なぜ、nil を飛ばすのか。それは、nil が入っていると計算できないからだ。nil と何かの数を足したり、掛けたり、引いたり、割ったり

すると、エラーになる。

```
nil + 1
#=> NoMethodError: undefined method `+' for nil:NilClass
```

こういうエラーを防ぐために、nil を飛ばす。

このようにして、nil を飛ばした後に指標の値を計算し、indicator_array に指標の値がすべて入ったら、最後にそれを返値として、map_indicator メソッドの任務は完了だ。

12-3-2　moving_average、highs、lows

移動平均、区間高値、区間安値という、テクニカル指標の中でも比較的よく使うものについては、Array クラスの拡張として実装してしまえば何かと便利だ。それが、moving_average、highs、lows の各メソッドだ。

これらはみな、先ほど作った map_indicator メソッドを使って簡単に書くことができる。

```
# 移動平均
def moving_average(span)
  map_indicator(span) {|vals| vals.average}
end
```

```
# 区間高値
def highs(span)
  map_indicator(span) {|vals| vals.max}
end
```

```
# 区間安値
def lows(span)
  map_indicator(span) {|vals| vals.min}
end
```

もとの配列から span 個ずつ値を取り出して、それの平均（average）を計算すれば移動平均に、最大値（max）をとれば区間高値に、最小値（min）をとれば区間安値になる。max と min は Ruby に最初から備わっているメソッドで、average は本章でわれわれが作ったメソッドだ。

ちょっと使ってみよう。12-3-1（358 ページ）でやったやり方で irb を立ち上げ、「require "./lib/array"」とやって読み込んでから下のようにやってみていただきたい。

```
a = [10, 15, 13, 14, 20]
a.movinge_average(2)    #=> [nil, 12.5, 14.0, 13.5, 17.0]
a.highs(3)              #=> [nil, nil, 15, 15, 20]
a.lows(3)               #=> [nil, nil, 10, 13, 13]
```

それぞれどのように計算しているか、お考えいただきたい。

さらに、指標から指標を作ってみよう。まず移動平均を取って、その区間高値、安値を取る。

```
b = a.movinge_average(2)
b.highs(3)              #=> [nil, nil, nil, 14.0, 17.0]
b.lows(3)               #=> [nil, nil, nil, 12.5, 13.5]
```

世の中に出回っているテクニカル指標はもっと複雑で、こんなに簡

単には計算できないが、こういうやり方を応用することでかなり対応することができる。特に、何かの指標を計算したあと、その移動平均を取ったり、高値、安値を取ったりするという操作は応用範囲が広い。

12-4　動作チェック

　ここまでのところでもすでに各メソッドの使い方の例を出しているので、それが正常に動けば一応動作チェックは済んでいる。ここではそれを再確認し、さらに使い方に慣れるためにやや複雑な指標を作ってみよう。ここの主目的は、チェックというよりは練習だ。
　いつものように check フォルダに "array_check.rb" というファイルを作り、次のようなコードを打ち込んで動かしてみよう。ひとつチェックコードを書くたびに、すなわち puts や p が出てくるたびに実行して、結果を確認してみよう。

```ruby
# coding: Windows-31J

require "./lib/array"

array = [100, 97, 111, 115, 116, 123, 121, 119, 115, 110]

puts array.sum         #=> 1127
puts array.average     #=> 112.7

p array.moving_average(4)
  #=> [nil, nil, nil, 105.75, 109.75, 116.25, 118.75,
  #     119.75, 119.5, 116.25]

p array.highs(3)
```

```ruby
  #=> [nil, nil, 111, 115, 116, 123, 123, 123, 121, 119]
p array.lows(3)
  #=> [nil, nil, 97, 97, 111, 115, 116, 119, 115, 110]


# 3区間高値と安値の中間
middle = array.map_indicator(3) do |vals|
  (vals.max + vals.min) / 2.0
end
p middle
  #=> [nil, nil, 104.0, 106.0, 113.5, 119.0, 119.5, 121.0,
  #    118.0, 114.5]


# 前日との増減
changes = array.map_indicator(2) do |vals|
  vals.last - vals.first
end
p changes
  #=> [nil, -3, 14, 4, 1, 7, -2, -2, -4, -5]


# 3区間の増減の平均
average_changes = changes.moving_average(3)
p average_changes
  #=> [nil, nil, nil, 5.0, 6.333333333333333, 4.0, 2.0, 1.0,
  #    -2.6666666666666665, -3.6666666666666665]


# 指数移動平均 (Exponential Moving Average)
span = 4
alpha = 2.0 / (span + 1)
```

```
ema = nil
ema_array = array.map_indicator(span) do |vals|
  unless ema
    ema = vals.average
  else
    ema += alpha * (vals.last - ema)
  end
end
p ema_array
  #=> [nil, nil, nil, 105.75, 109.85, 115.11, 117.466,
  #    118.0796, 116.84776, 114.108656]
```

最初のほうは簡単だ。整数が10個入っている配列を作って、その中身の合計や平均を求める。さらに、4区間移動平均や、3区間の高値や安値の配列を作っている。

「3区間高値と安値の中間」というのも、難しくないと思う。配列から連続する3つの要素を取り出して、その一番大きなものと一番小さなものの平均を求めている。そういう指標も、システムトレードの本にたまに出てくる。

次に「3区間の増減の平均」というのを求めてみたい。これは一発でやるよりは、2段階に分けて考えたほうが簡単だ。まず、前日からいくら値が変化したのか、というのを map_indicator メソッドを使って指標配列にする。それが changes だ。その配列 changes に対して moving_average メソッドを使うことによって、「増減の平均」を取ることができる。

このように、指標から指標を作ることによってコトが簡単になる場合が多いので、こういうやり方にぜひとも親しんでいただきたい。

最後に、ちょっと（かなり）難しい例にもチャレンジしてみよう。

指数移動平均（Exponential Moving Average）という指標を求めてみたい。これは、新しいデータほど重視するタイプの移動平均だ。最新のデータに最も大きく重み付けをし、古くなるにしたがって重み付けを減らしていく。その減らし方が指数関数的であるので指数移動平均とか指数平滑平均などと呼ばれる。MACDというテクニカル指標などで用いられる。

指数関数とは何か、など、数学的な詳しい説明はとばして計算方法だけ説明する。区間数nの指数移動平均を求めるとき、次のような手順で計算する。

1. aというものを求める。$a = 2 / (n + 1)$である。
2. 最初（1日目）の指数移動平均は、普通の平均値である。
3. 2日目以降は、前日の指数移動平均にa×（当日の値－前日の指数移動平均）を加えたものになる。

これを踏まえて、指数移動平均を計算しているコードをよく見ていただきたい。変数spanは区間数で、上のnにあたる。最初にaを求め、変数emaに初期値nilを設定する。

emaがnilならば（unless ema）、それはまだ値が入れられていないということで1日目と判断できるので、普通の平均を計算し、その日のemaの値とする。emaに何か値が入っていれば、すなわち2日目以降ならば、上の3の計算をし、新しいemaの値とする。

変数emaが、map_indicatorのブロックの外で定義されている点に注目だ。ema = nil の行をブロックの中に書いてしまうと、繰り返しごとにemaの中身がnilに戻されてしまう。その結果、常に1日目と判断され、普通の移動平均を計算してしまう。

イテレータにつくブロックの外で定義された変数を、ブロックの中で使うと、次の繰り返しでも値が保持される。次の2つの例の違いが

なぜ起きるか、よくお考えいただきたい。

```
(1..5).each do |i|
  t = 100
  puts t += i
end
  #=> 101, 102, 103, 104, 105
```

```
t = 100
(1..5).each do |i|
  puts t += i
end
  #=> 101, 103, 106, 110, 115
```

このように変数をうまく使うことによって、指数移動平均もわりと簡単に計算できた。コードがシンプルすぎてかえって分かりづらいくらいかもしれない。

どうやって指標配列を作るのか、雰囲気がつかめてきただろうか。ここにあげたようなやり方を使えば、いろんな指標が素早くプログラムコードに落とし込めるんじゃないかと思う。ほかのソフトウエアにはない、自分のオリジナル指標をコードに書ければ楽しいだろう。

世の中にはもっともっと複雑な指標がたくさんたくさんあり、map_indicator メソッドを使ってどうやってコードにしたらいいのか途方に暮れるようなのもある。そういったものをコード化する試みは、プログラミング力を上げる助けになるだろう。しかし本書で検証する簡単な売買ルールでは、複雑な指標は使わない。その点はご安心を。

第13章

Indicator クラス

　前章で Array クラスを拡張したことによって、テクニカル指標の計算をシンプルに書けるようになった。また、この拡張された Array はテクニカル指標の「入れ物」としても十分に機能するはずだ。ここでさらに欲張って、もっといい入れ物は作れないかと考えてみる。

　計算されたテクニカル指標の配列は、通常、最初のほうに nil が入っている。例えば 20 日移動平均なら、最初の 19 個の要素は nil であり、20 個目から平均値が入り始める。そうすることによって、同じ銘柄に関しては、すべての指標で、同じ日付ならば同じ添え字であることが保証され、扱いが楽になる。一方、そういう仕様にしたことによって、新たな仕事が増える。「nil チェック」だ。

　前にも言ったように、nil の扱いはやっかいだ。nil と何かで足したり引いたりといった計算をする、あるいは nil とほかの値との大小を比較したりすると、エラーが出る。ある売買ルールの中に、「5 日移動平均が 10 日移動平均より上ならば」というような条件があったとする。5 日と 10 日、それぞれの移動平均の配列の最初のほうは、nil で埋められている。したがって、条件をチェックするとき、

```
nil > nil
```

とか、

```
10.2 > nil
```

などという比較を行うことになってしまい、エラーが出る。

　これを回避するためには、「もし5日移動平均がnilでなくて、10日移動平均がnilでないならば」という「nilチェック」を入れることになる。1カ所だけならいいが、普通ルールはいくつもあるわけだから、あっちこっちでnilチェックをしなければならなくなる。それはわずらわしい。

　わずらわしいnilチェックをしなくてよくする、夢のような仕組みを組み込んだIndicator（指標）クラスを作って、それをテクニカル指標の入れ物とする。それが本章の目的だ。

13-1　仕様

Indicatorクラスでやりたいことは、

- Arrayと同じようにデータ（テクニカル指標）にアクセスできる
- nilチェックを回避する仕組みを持つ

というふたつだ。

　それから、Indicatorクラスを使うときには、

- Indicatorクラスから継承した子クラスによって具体的なテクニカル指標クラスを実装する

という形になる。

意味が分からない？　無理もない。「継承」とか「子クラス」とかいう言葉はまだ出てきていない。それらについてはのちほどお話しする。ここでは、Indicator クラスはさまざまなテクニカル指標クラスの土台になるクラスである、ということを認識しておいてほしい。

Indicator クラスから「移動平均クラス」や「真の値幅の平均（ATR）」クラスなんかを「派生」させる。なんとなくそんな感じである、と思っておいていただこう。

13-2　予習

13-2-1　モジュール

Ruby には、モジュールというものがある。これはクラスに似ているが、ちょっと違う。モジュールは、クラスに似た定義の仕方をして、中にメソッドを定義することができる。しかしモジュールは、クラスのようにインスタンスを作ることはできない。

モジュールの一般的な書き方はこんなふうになる。

```
module モジュール名
  # メソッド定義など
end
```

module と end の間の行にメソッド定義やなんかを書くのだ。クラス定義の class が module に変わっただけだ。

ごく簡単な例を見てみよう。モジュールというのは、こんなふうに使う。

```
module MyModule
  def plus(a, b)
```

```
    a + b
  end
end


class MyClass
  include MyModule
end


mc = MyClass.new
puts mc.plus(1, 3)   #=> 4
```

　まず、MyModule というモジュールを定義して、その中に plus というメソッドを書いている。ふたつの引数を足し合わせるだけの簡単なものだ。次に、MyClass というクラスを定義する。その中で、今作った MyModule を「include」する。include というのは、「含む」という意味だ。MyClass に、MyModule の機能を含ませる、ということだ。

　そうすると、MyClass に MyModule の中のメソッドが付け加えられる。MyClass のインスタンスが、plus メソッドを使えるようになるのだ。このように、クラスの機能拡張をするのがモジュールの役割のひとつだ。このようなモジュールの使い方を「mixin」という。クラスにモジュールを「混ぜ込む」という感覚だ。クラスにモジュールを mixin すると、そのクラスの元の機能に加えて、モジュールの新たな機能が使えるようになり、パワーアップする。

　上のような簡単な例ではありがたみは分からないかもしれないが、よく使う処理をモジュールにまとめておいて、いろんなクラスに mixin して使い回す、というようなやり方で、プログラミングを効率化することができる。

　モジュールにはまた、「名前空間」を規定するという使い方もある。

これは大規模なプロジェクトではよく使われる手法であるが、本書のプログラムの範囲ではそこまで必要ないと筆者は考えるので、説明を割愛する。今後読者がこのプログラムを発展させ、大規模になってきたときには、ご自身で調べて導入を検討されるとよいだろう。

13-2-2　Enumerable

モジュールについて学んだところで、ひとつ重要なモジュールを紹介しよう。それは、Ruby をインストールするともれなくついてくる組み込みモジュール、Enumerable だ。英単語の意味としては、「列挙できる」とか「数えあげられる」とかいうことだ。

実はわれわれはすでに、Enumerable についてはなじみがある。ここまで何度も登場した Array や Hash、それから Range が Enumerable モジュールを include しているのだ。そう言われてみれば、なんとなく Enumerable の働きについて想像がつかないだろうか？　Array や Hash や Range に共通する特長は何かを考えてみれば……

●いくつかの要素を持つことができる
●それらの要素に、イテレータでアクセスできる

これらがまさに、Enumerable を include しているクラスの特長だ。
具体的に、Enumerable モジュールでどんなメソッドが定義されているかというと、ここまで出てきたもので言えば map とか find_all とか inject とか each_cons などだ。例えば map については、ここまで、Array#map のように、Array の中で定義しているかのような書き方をしてきたが、実際には Enumerable で定義されているのだ。find_all や inject や each_cons についても同様である。もちろん Enumerable で定義されているイテレータメソッドはこれだけではな

く、もっとたくさん、何十個もある。

　さて、これでだいたいお察しいただけたのではないだろうか。Array や Hash みたいに複数の要素を持つことができるコンテナに、イテレータの機能を与えるのが Enumerable である、と。それによって、コンテナの中身を便利に検索したり、並べ替えたり、各種計算を施したりできる。

　ところで、Enumerable には、肝心要の each が定義されていない。イテレータといえば each、相場本といえばパンローリングであるのに、イテレータを提供するモジュールである Enumerable に each が定義されていないとは、どういうことか。

　each は、各コンテナクラスで定義する。そういうことになっている。もっと言えば、Enumerable を include しただけでは意味がなくて、そのクラスで each を定義しなければ Enumerable で提供されるメソッド群は使えないのだ。そういうわけで、Array には Array の、Hash には Hash の each が、それぞれ独自に定義されている。そういうわけで、それぞれのコンテナクラスの each は若干挙動が違う。

　まとめると、あるクラスが Enumerable で提供されるメソッド群を装備するためには、

- each を定義する
- Enumerable を include する

というふたつのステップが必要だ。

　Enumerable は、Array や Hash などの組み込みクラスに include されているだけではなくて、もちろん自作クラスに include してもよい。例を示そう。自作のクラスを Enumerable なクラスにするには、次のようにする。

```
class YourClass
  include Enumerable

  def initialize(values)
    @values = values
  end

  def each
    @values.each {|value| yield value}
  end
end

yc = YourClass.new([100, 200, 300])
yc.count                    #=> 3
yc.map {|v| v * 2}          #=> [200, 400, 600]
yc.find_all {|v| v > 150}   #=> [200, 300]
```

この YourClass のような書き方は、ひとつの定跡形だ。

まず Enumerable を include する。そして既存のコンテナオブジェクトを入れるインスタンス変数（上の例では @values）を持たせる。それから、each を実装する。each の中では、@values に入っているコンテナオブジェクトの each を呼び出し、yield によってブロックに順番に要素を渡す。

特にこの、

```
def each
  @values.each {|value| yield value}
end
```

のところは定型文のようになっている。これは、TextToStock クラスのところでも解説したテクニックだ。

　このように、たくさんの便利なイテレータを持った Enumerable なクラスを作るのは簡単だ。それに加えて自前のメソッドを定義すれば、Enumerable かつ独自の機能を持ったクラスの完成だ。

　ちょっとだけ注意したいのは、Enumerable にしたからといって、それで Array や Hash などのすべてのメソッドを使えるようになるわけではないということだ。Array には Array の、Hash には Hash の独自のメソッドも結構ある。せっかく Enumerable にしたのに、あのメソッドがないの？　ということがままある。そういうときは、別途方法を考える必要がある。

13-2-3　継承

　モジュールは、機能群をいろいろなクラスで使い回すためのひとつの方法だ。クラス間で機能を共有する方法にはもうひとつ、「継承」というものがある。

　継承というのは、あるクラスを「親クラス」とし、その機能を「子クラス」に受け継ぐことだ。すべての機能を、だ。人間の親子ならなかなかそうはいかないが、プログラミングでは簡単にできてしまう。

　こんな感じだ。

```
class Parent
  def plus(a, b)
    a + b
  end

  def minus(a, b)
    a - b
```

```
    end
  end

  class Child < Parent
  end

  c = Child.new
  puts c.plus(5, 8)     #=> 13
  puts c.minus(9, 6)    #=> 3
```

ChildクラスがParentクラスを継承している。

```
class Child < Parent
```

という書き方で、継承できる。「class 子クラス < 親クラス」という関係だ。

　これで、Childクラスの中ではなんのメソッドも定義されていないのにplusとminusというふたつのメソッドがすぐさま使えるようになる。持っている親の子は、やっぱり持っている。無税で財産を相続できるようなものだ。

　子クラスには、独自のメソッドを持たせることもできる。親クラスの持つすべてのメソッドに加え、さらに機能を追加することができる。人間界では、親が偉大であればあるほど子が親を越えるのは難しいが、プログラミングの世界ではわりと簡単なのだ。

　上の例のChildに、メソッドを加えてみる。

```
class Child < Parent
  def multiply(a, b)
    a * b
  end

  def divide(a, b)
    a.to_f / b
  end
end


c = Child.new
puts c.plus(5, 8)       #=> 13
puts c.minus(9, 6)      #=> 3
puts c.multiply(5, 4)   #=> 20
puts c.divide(10, 4)    #=> 2.5
```

　親の代では到達できなかった掛け算と割り算が、ついに子の代でできるようになった。

　さらに、子クラスでは、親クラスで定義されているメソッドを書き換えることができる。親から受け継いだ能力にただ甘んじるのみでなく、もしそれが気に入らなければ子のオリジナル技に変えることができる。例を見ていただこう。

```
class Parent
  def hello
    puts "やあみんな、こんにちは"
  end
end
```

```ruby
class Son < Parent
end

class Daughter < Parent
  def hello
    puts "は？知らねーし"
  end
end

oya = Parent.new
musuko = Son.new
musume = Daughter.new


oya.hello      #=> "やあみんな、こんにちは"
musuko.hello   #=> "やあみんな、こんにちは"
musume.hello   #=> "は？知らねーし"
```

　親の hello メソッドが、息子にはそのまま伝わっているが、娘では別のことに変わっている。娘が反抗期にある家庭の様子が浮き彫りに。このように、親クラスで定義されているメソッドと同じ名前のメソッドを子クラスで定義すると、動作が書き換わるのだ。

　Ruby の内部動作をちょっとだけ言う。あるオブジェクトに対してメソッドを呼び出すと、そのオブジェクトの属するクラスの中にそれが定義されていないか探し、なければその親クラスを探す、という順番になっている。子クラスのほうが優先されている。よって、親クラスと子クラスに同名のメソッドがあった場合、子クラスのほうが動作するのだ。これが、メソッドの書き換えの仕組みだ。

なお、このような子クラスによるメソッドの書き換えを「オーバーライド」という。

継承についての説明の最後として、オブジェクト指向プログラミングの世界には「継承をみだりに使うな」という教えがあることをお伝えしておこう。

継承を使えば、親子２代だけでなく、その子、そのまた子……と、何代にも渡って、深い階層構造を築くこともできる。しかし、そういうことはあまりやらないほうがいい。

筆者自身にも経験があるが、深い継承は、コードを分かりづらくする。子クラスでちょっとメソッドを足して、その子クラスでまたメソッドを足して、その子クラスで……とやっていくと、しまいにはどこにどのメソッドがあるんだか分からなくなる。

図に描いてみようとしても、戦国武将の家系図みたいになってわけが分からない。相続では相当モメそうである。ひとつのクラスからふたつの子クラスが生まれ、それぞれからさらに３つずつ、そしてさらに……とかやっていくと、クラスは瞬く間に、爆発的に増えてしまう。そうなると、もう収拾がつかない。

王位を継承するとか、伝統を継承するとか、奥義を継承するとか、「継承」という言葉には重々しい響きがある。軽々しく取り扱うな、という戒めであろう。

とはいえ、うまく使えば継承は便利だ。先人たちの知恵も借りながら、コードを分かりやすくする、無駄を省くという意識を持って使っていきたい。

13-2-4　throw-catch

begin ～ rescue ～ end という構えでもって例外処理する方法についてはすでに学んだ。それとペアのようにして紹介されるものに、

throw と catch がある。

　これは、エラーではないんだけれども、あることが起きたときに処理を中断して脱出したい、というようなときに使うものだ。

　処理を中断したいあることが起きたときに throw でもって何かしらのオブジェクト（シンボルや文字列など）を投げると、catch によって受け止められる、という流れになる。

　例を出そう。配列の中身をひとつひとつ表示するのだが、値のないところがあったらそこで中断する、というコードだ。

```
a = [1, 2, 3, nil, 5, 6, 7]
catch(:no_value) do
  a.each do |n|
    throw :no_value unless n
    puts n
  end
end
```

出力結果

```
1
2
3
```

　catch は、ブロックつきメソッドだ。ブロックの中から、引数と同じオブジェクトが throw されてくるのを待っている。throw されたら、受け止めて、ブロック内の処理をそこで終了する。

　上の例は、もともと、

```
a.each do |n|
```

```
    puts n
  end
```

というコードだったものに、値が nil のときに中断する処理を付け加えたものだ。まず全体を catch のブロックで囲む。catch の引数として、それらしいラベルをつける。値がない、ということに対応するものだから、:no_value としてみる。ラベルとしては、シンボルを用いることが多い。そして、値がないとき throw する処理を、適切な場所に書く。catch と同じラベルを引数にすることを忘れずに。ここでは、:no_value を throw する。そういう手順でできあがりだ。

今の例では、catch と throw はすぐそばにあったが、もっと離れていてもいい。例えば別のメソッド内や別のクラスの中にあってもいい。

```
def puts_each_value(values)
  values.each do |value|
    throw :no_value unless value
    puts value
  end
end


def catch_no_value
  catch(:no_value) do
    yield
  end
end


a = [1, 2, 3, nil, 5, 6, 7]
catch_no_value do
```

```
    puts_each_value(a)
end
```

出力結果

```
1
2
3
```

この例では、throw と catch が別のメソッドの中にある。catch_no_value がブロックつきメソッドであることさえ分かれば（yield を見たらブロックだと思え！！）、先ほどの例と同じことをやっていることはお分かりいただけることだろう。

われわれが作っているシミュレーションソフトでは、throw と catch はもっと離れたところにある。本章の Indicator クラスには、throw はあるが catch はない。catch はもっと後、Rule クラスの中にある。それまでは投げっぱなしになることをご了承いただきたい。

13-3 実装

Indicator クラスの実装に取りかかろう。まず、コードを書くためのファイルを作る。保存場所として、lib フォルダの中の indicator フォルダをはじめて使う。そこに、"indicator.rb" というファイル名で新規ファイルを保存する。"lib¥indicator¥indicator.rb" というファイルになる。今後、この indicator フォルダの中にさまざまなテクニカル指標クラスのファイルを保存していくことになる。

■ファイル：lib¥indicator¥indicator.rb

```ruby
# coding: Windows-31J

require "./lib/array"

# テクニカル指標の親クラス
class Indicator
  include Enumerable

  def initialize(stock)
    @stock = stock
  end

  def each
    @indicator.each {|value| yield value}
  end

  # 要素が nil の時は :no_value を throw する
  def [](index)
    if index.kind_of? Numeric and
        (@indicator[index].nil? or index < 0)
      throw :no_value
    else
      @indicator[index]
    end
  end
end
```

```
  def calculate
    @indicator = calculate_indicator
    self
  end

  # 指標計算の実装。子クラスでオーバーライドする
  def calculate_indicator; end
end
```

コーディングに入る前に、ひとつ心に留めておいていただきたいことがある。それは、Indicator クラスは「抽象的な」クラスである、ということだ。抽象的とはどういうことかというと、具体的ではない、ということだ。といっても、どこかフワフワした、前衛芸術かなんかのようなものではない。「移動平均」とか「ATR」とかいう具体的な、計算方法の分かっているテクニカル指標ではない、という意味だ。

Indicator クラスは、移動平均などのテクニカル指標を表すクラスの、親クラスとなるクラスだ。Indicator クラスから継承することによって、具体的なテクニカル指標を作っていくことになる。Indicator は単独で使われるのではなく、継承されることによって使われる。

13-3-1 Enumerable なクラスに

まず、コードのはじめで lib フォルダの array.rb ファイルを require して読み込んでいる。これで、前章で Array クラスに施した機能拡張が使えるようになる。

それから、「class Indicator」の次の行で Enumerable モジュールを include する。さらに、each メソッドを定義し、これでこのクラスは Enumerable となり、さまざまなイテレータを使えるようになる。

```
def each
  @indicator.each {|value| yield value}
end
```

のところはもういいだろうか。自作クラスに each を定義するときの定跡だ。

@indicator というインスタンス変数にはテクニカル指標の配列が入る。拡張 Array によって計算され、前のほうの要素が nil になっていたりする配列だ。

13-3-2　nil チェックを省く工夫

後に売買ルールの中でテクニカル指標を使うときに、いちいち nil チェックをしなくてよくなるように工夫する。それは、[ ] メソッドの定義の中で行う。

[ ] というのは、添え字を入れて配列の要素にアクセスするときに使う、角カッコだ。a[1] というふうに書くときに使うやつだ。

```
def [](index)
```

というような奇妙な書き方になっているが、[ ] がメソッド名で index がその引数なのだから、そう書くのだ。Ruby では、こんなものまでメソッドなのだ。で、使うときには i[index] というように、[ ] の中に添え字を入れてアクセスする。

このメソッドは Array クラスの中では定義されているけれども、Enumerable の中では定義されていない。よって、Enumerable を include しても使えるようにはならない。配列のように添え字でアクセスしたいときは、自分で定義するのだ。

ただ配列のようにアクセスしたいだけなら、

```
def [](index)
  @indicator[index]
end
```

とやれば済む。

しかしここでは、[ ] によってアクセスした値が nil だったとき、処理を飛ばすようにしたいのだ。それには、throw と catch を使う。値が nil のとき、「throw :no_value」とやって、どこか別の場所で catch させる、という方式にしたい。catch はのちほど、Rule クラスで行うことにして、ここでは throw の処理を書く。

ところで [ ] の中にはどんなオブジェクトが入るのか。そりゃあ、添え字だから整数に決まっている？ いや、実は Ruby の世界ではそうとも限らない。Ruby の Array クラスでは、Range オブジェクトを使って、配列の中から複数の要素を「部分配列」として取り出すことができる。次の例では、2 番目から 4 番目までの要素、添え字でいえば 1 から 3 までの要素を取り出し、部分配列として返している。

```
a = [0, 1, 2, 3, 4]
p a[1..3]      #=> [1, 2, 3]
```

われわれの Indicator クラスでも、このようなアクセス方法は残しておくことにする。ただし、nil チェックをするのは普通に添え字をひとつ入れてアクセスするときだけにする。そのほうがコードがシンプルになる。

添え字でアクセスするという、一番普通のアクセス方法のときにだけ、nil チェックを入れる。Range によってアクセスするのはそんなにないと思うので、いちいち nil チェックしてもたかが知れていると、筆者は推測する。

それで、[ ] メソッドのコードはこんなふうになる。

```
def [](index)
  if index.kind_of? Numeric and
      (@indicator[index].nil? or index < 0)
    throw :no_value
  else
    @indicator[index]
  end
end
```

nil チェックに引っかかると :no_value を投げる。引っかからなければ、配列 @indicator にアクセスして値を取り出して返す。

nil チェックしているところをよく見てみよう。if で始まる行だ。まず、引数が数（Numeric）かどうかを調べている。kind_of? は、あるオブジェクトがあるクラスに属するかどうか調べるメソッドだ。で、もし引数が数でなければ Range が入っているはずであり、その場合は先ほども言ったように nil チェックはしない。

引数が数の場合、チェックに引っかかるケースがふたつあって、それは次のようなものだ。

●その添え字でアクセスした @indicator の値が nil である
●添え字が 0 よりも小さい（マイナス）

上はいい。これこそが、nil チェックだ。下の、添え字がマイナス、という条件は何だろう。実はこれ、Ruby の配列の特殊な仕様に対応するものだ。

```
x = ["a", "b", "c", "d", "e"]
p x[-1]    #=> "e"
p x[-2]    #=> "d"
p x[-3]    #=> "c"
```

こんなふうに、添え字にマイナスの数を入れると、配列の「後ろから」アクセスするのだ。

使い方によっては便利な機能だが、時系列にデータが入っているわれわれの Indicator クラスでは、混乱を招く。添え字がマイナスになるのは、一番先頭のデータよりもさらに古い日付のデータを得ようとしているということなのだ。

例えば、ある指標の「現在よりも 20 日前」の値を調べる必要があるとする。15 日目にそれを行うとすると、14 − 20 で − 6 という添え字でもってデータにアクセスしなければならない。データの先頭よりさらに 6 日前のデータを要求することになる。そんなものは存在しない。ここで ruby の Array クラスのように、データの最後から 6 番目の値を返したりしたら、まったくでたらめなことになってしまう。

よって、添え字にマイナスの数を入れると「値なし」とするのが適切だ。つまりは :no_value を throw するケースになる。

というわけで、多少やっかいな問題はあるものの、結構すっきりとnil チェックが書けた。

ところで、Array の [ ] メソッドは、引数をふたつとる場合がある。

```
a = ["a", "b", "c", "d", "e"]
p a[2, 3]    #=> ["c", "d", "e"]
```

これは、「添え字 2 の要素を先頭に、3 つ値を取り出して部分配

列として返す」ということをやっている。第1引数が取り出し始めの添え字、第2引数が取り出す個数ということになる。われわれのIndicatorクラスは、このケースまでは面倒を見ていない。[ ] の中にふたつ引数を入れると、「引数が多すぎる」というエラーになる。これもまたコードをシンプルに保つためであり、引数ふたつの形式はめったに使わないだろうと高をくくった結果である。

13-3-3　calculate, calculate_indicator

テクニカル指標にアクセスする方法は確保した。次に、指標を計算する方法について考える。

といっても、このIndicatorクラスでは、具体的な計算方法を実装するわけではない。それは、Indicatorクラスを「親クラス」として「継承」する「子クラス」の中で実装する。例えば、「移動平均クラス」などがその子クラスのひとつになるだろう。

Indicatorクラスはいわば「抽象的な」クラスであって、指標の計算という「具体的な」仕事は、子クラスに任せることになる。

このあたり、オブジェクト指向のひとつのキモとなる考え方だ。

それでは、指標の計算に関して、Indicatorクラスでは何を実装するのか。calculateメソッドとcalculate_indicatorメソッドがそれだ。それぞれ、どうなっているか見てみよう。

まず、calculate。

```
def calculate
  @indicator = calculate_indicator
  self
end
```

インスタンス変数の@indicatorに値を入れ、selfを返すというこ

とをやっている。

　そのとき、calculate_indicator メソッドを呼び出しているのだが、それはこうなっている。

```
def calculate_indicator; end
```

　何もしていない。空っぽのメソッドだ。これはテクニカル指標を計算するメソッドなのだが、ここでは具体的な計算方法を定義していない。それは、この Indicator クラスを継承した子クラスでやることだ。calculate_indicator メソッドは、Indicator の子クラスで再び定義される。つまり、「オーバーライド」される。これが前提になっている。

　このことから明らかなことをひとつ強調しておこう。

具体的なテクニカル指標クラス（Indicator の子クラス）では、calculate_indicator メソッドを定義する。

　calculate_indicator メソッドで何をするのかといえば、テクニカル指標の計算方法の定義だ。移動平均とか、真の値幅の平均（ATR）なんかを計算する方法をそこに書く。そのとき、

calculate_indicator の返値は、「指標配列」にする。

　calculate_indicator の返値は @indicator の中身になる。それが指標そのものなのであるから、指標配列になる。したがって、だいたいの場合、calculate_indicator の中では Array#map_indicator を使って最初のほうに nil が入った配列を作ることになる。

　もし calculate_indicator を子クラスで書かなかったらどうなるか。そのときは、親クラスである Indicator クラスの calculate_ indicatorクラスが呼び出されることになり、何もしない。結果として、@indicator 変数には nil が入ることになる。それではおかしいので、何か特殊な事情がないかぎり子クラスでは calculate_indicator メソッドを定義する。

　ところで、売買ルールオブジェクトなど、テクニカル指標を使う側は、どのメソッドを呼び出すのか。それは calculate メソッドだ。その中で calculate_indicator メソッドが呼び出され、計算が行われる。そこでひとつ起こってくる疑問は、なんでそんなややこしいことをするのか、子クラスで直接 calculate メソッドの中に計算するコードも書いたらいいんじゃないのか、ということだ。

　それは、calculate メソッドが単に計算結果を変数に入れるだけではなく、self を返すというもうひとつの仕事をしているからだ。なぜ self を返すかといえば、例えば M というテクニカル指標があったとして、

```
m = M.new.calculate
```

というように、newによってオブジェクトを生成すると同時に calculate によって計算し、変数に代入する、ということをやりたいからだ。

　calculate メソッドの最後に self がないと、これは、

```
m = M.new
m.calculate
```

のように書かなければならない。m くらい短い変数名なら2度書いてもどうってことはないが、moving_average くらいの長さになってくると、いちいち2度書くのが面倒になってくる。やればやるほど嫌になる。

　というわけで、計算を行うメソッドが self を返すようにしたいのだが、そのとき、self があっちこっちに何回も登場するのはいただけな

い。せっかく生成と計算と代入を1行でできるようにしたのに、台無しだ。

だから、self を返すという仕事は Indicator#calculate メソッドが一括して行って、計算方法は、個別具体的なテクニカル指標（Indicator の子クラス）の calculate_indicator メソッドに書く、というふうに役割を分割したのだ。

こういう書き方は本当によく使うパターンだ。いろいろな子クラスの中で違った処理をするんだけれども、その前処理や後処理が各クラスで共通しているときに、それを親クラスに任せる。ぜひとも身につけたい技術だ。

13-4　動作チェック

Indicator クラスの動作チェックをしよう。といっても、Indicator クラスは具体的なテクニカル指標クラスで継承されることによって使うことになっている。だから直接このクラスを動かすというよりは、これを継承したクラスを作ってみて、動かすということをしよう。check フォルダに "indicator_check.rb" というファイル名で。

```
# coding: Windows-31J

require "./lib/indicator/indicator"

class MyIndicator < Indicator
  def calculate_indicator
    [nil, nil, 3, 5, 8, 4]
  end
end
```

```ruby
my_indicator = MyIndicator.new(nil).calculate

my_indicator.each do |ind|
  p ind
end
  #=> nil, nil, 3, 5, 8, 4
puts


puts my_indicator.first  #=> nil
puts my_indicator[2]     #=> 3
puts my_indicator[3]     #=> 5
puts


catch(:no_value) do
  puts my_indicator[0]
end
  #=> 何もしない
puts


(0..5).each do |i|
  catch(:no_value) do
    puts my_indicator[i]
  end
end
  #=> 3 5 8 4


p my_indicator[0..2]  #=> [nil, nil, 3]
```

```
p my_indicator[2..4]    #=> [3, 5, 8]
```

　Indicatorを継承したMyIndicatorクラスを作る。先にも述べたように、「個別具体的なテクニカル指標クラスにはcalculate_indicatorメソッドを定義する」ことになっている。よってそれを定義するのだが、ここでは単に整数がいくつか入った配列を返すだけ、というものになっている。動作チェックだから、このくらい簡単でもいいだろう。
　配列の最初の2つの要素がnilになっているあたりがテクニカル指標っぽい。これで、「calculate_indicatorは指標配列を返す」という条件も満たしている。

```
my_indicator = MyIndicator.new(nil).calculate
```

とこのように、1行でオブジェクトの生成と計算と代入までをやってしまう。そうできるように実装したのだった。newの引数がnilになっているが、本来ここには株オブジェクト（Stockクラスのインスタンス）を入れる。しかしここでは、動作チェックを簡単に済ますために株価データを使っていない。
　まずはeachメソッドで指標の中身を順番に表示したあと、個々の要素にアクセスしている。firstというメソッドは一番始めの要素を取り出すメソッドだ。これはMyIndicatorでも親クラスのIndicatorクラスでも定義されていないが、IndicatorをEnumerableなクラスにしているために使えるのだ。
　[ ]メソッドの中の、nilチェックを省く部分がちゃんと動くかどうか試してみよう。

```
catch(:no_value) do
  puts my_indicator[0]
```

```
end
```

の部分だ。最初の要素は nil だから、:no_value が throw される。それを catch する。そうすると、何も起きない。それで成功だ。nil の要素にアクセスすると、何もしない。これが仕様だ。

今度はすべての要素に順番にアクセスして、うまいこと nil を飛ばすことができるか確かめよう。

```
(0..5).each do |i|
  catch(:no_value) do
    puts my_indicator[i]
  end
end
```

のところ、下のように出力されれば成功だ。

```
3
5

8
4
```

最初に2行、何も表示されない行がある。ここが、nil を飛ばしているところだ。

ここまでうまくいけば一安心だ。あとは、[ ] の中に Range オブジェクトを入れたときの動作を確認してチェックは終了だ。

第14章

テクニカル指標を作る

　前章で作ったIndicatorクラスを使って、さっそくテクニカル指標を作ってみよう。作るのは、

- 移動平均
- 移動平均乖離率
- 移動平均の方向
- 真の値幅の平均（ATR: Average True Range）

の5つだ。

　これらは、のちに本書で作るトレーディングシステムで使うものだ。ただし、移動平均は本書のシステムでは使わない。使わないが、肩慣らしとして作ってみることにしたい。それぞれのコードは極めて短い。軽いステップで駆け抜けよう。

　駆け抜ける前に、大事な話がある。ここで作るやつだけでなく、すべてのテクニカル指標クラスを作るときには、次の5つのお約束を守ってほしい。

1. クラス名は、単語の最初の文字を大文字で、あとを小文字で書き、単語と単語の間をくっつける。例：MovingAverage

2．ファイル名は、すべて小文字で書き、単語と単語の間は"_"（アンダースコア）でつなぐ。拡張子はもちろん".rb"。例：moving_average.rb
3．Indicator クラスを継承する。
4．calculate_indicator メソッドで計算方法を実装する。返値は、テクニカル指標を要素とする配列である。
5．指標配列は、ひとつのクラスにひとつだけ。複数の指標を入れたいときは、calculate_indicator の返値をハッシュの配列にする。

　1と2については、テクニカル指標クラスに限らず、すべてのクラスにおいてそういう規則でやっている。これは Ruby 界でよく採用されている規則だからだ。そしてこれを守っていることを前提として、次節で述べるちょっとした「秘技」を使いたい。
　3と4については前章で述べたとおり。
　5は、指標を表すのが、Indicator クラスのところにある @indicator ひとつだけ、ということ。テクニカル指標の中には、短期線と長期線など、複数の指標を一体として扱うもの（ストキャスティクスやボリンジャーバンドなど）もある。そういう場合は、ハッシュの配列で表せばよい。こんなふうに。

```
[nil, nil, {:long_line => 105.8, :short_line => 115.3},
{:long_line => 119.0, :short_line => 114.6},....]
```

14-1　クラスファイルを自動的に読み込む

　テクニカル指標のクラスを作る前に、ちょっとだけ準備をしよう。大丈夫、すぐ終わる。
　これからトレーディングシステムをプログラムとして表現してい

くなかで、しょっちゅう行うことになるのが、require によってほかのクラスファイルを読み込む、という処理だ。この売買ルールを実装するためにはあの指標が必要だ、とか、このクラスの親クラスのファイルを読み込まないと、とかやっているうちに、場合によっては require の行が何行もずらずらと続くことになる。その揚げ句、require し忘れてエラーが出たりしたらやりきれない。

それを解消しようという試みが、この "base.rb" というコードだ。保存先は lib フォルダ。

■ファイル：lib¥base.rb

```
Dir["./lib/{indicator,rule}/**/*.rb"].each do |file|
  class_name = File.basename(file, ".rb")
                  .split("_")
                  .map{|s| s.capitalize}
                  .join("")
  autoload class_name, file
end
```

短い中に機能がギュッと詰まっている。このファイルさえ require すれば、たいがい、ほかのファイルを require しなくてもよい。どうやってそういうことを実現しているかというと、クラス名とそれが書かれているファイル名の一覧を登録しておいて、あるクラスをはじめて使うとき、例えば new でインスタンスを生成するときなどに、自動的にそのクラスのファイルを読み込む、というふうになっている。1度も使わないクラスのコードは読み込まないので、無駄は少ない。

頭から順に見てみよう。

```
Dir["./lib/{indicator,rule}/**/*.rb"]
```

というところで、indicator フォルダと rule フォルダ、そしてそれらのサブフォルダ内にあるすべてのファイル名からなる配列を作っている。Dir というのは組み込みクラスで、ディレクトリに関するもろもろを司る。その [ ] メソッドは、あるパターンを指定してやると、それにマッチするファイル名を探し出して配列として返してくれるものだ。

　ファイル名指定のためのパターンには、メタ文字が使える。正規表現のメタ文字よりもずっと数が少なく、機能も限られているが、なかなか使える。{ } というのは、その中のいずれかと一致する、というもの。{indicator,rule} で、indicator か rule のどちらか、という意味だ。"," の前後にスペースを入れないこと。入れると、スペースまでパターンの一部とみなされてしまう。

　** は直前のフォルダ、およびそのすべてのサブフォルダを表す。階層が深くなっても全部追いかける。例えば "money/**/trade.txt" ならば、"money/trade.txt" にも "money/stock/trade.txt" にも "money/fx/dollar-yen/trade.txt" にもマッチする。

　* は、ファイル名の中の任意の文字列を表す。いわゆるワイルドカードだ。*.rb なら、最後が ".rb" で終わるすべてのファイル、すなわち拡張子 .rb のファイルということになる。

　以上のことから、"./lib/{indicator,rule}/**/*.rb" は、「lib フォルダ内の indicator および rule フォルダと、それらのサブフォルダ内のすべての Ruby ファイル」を表す。そして Dir[ ] でもって、それらすべてのファイル名を集める。

　こうして、すべてのテクニカル指標クラスやルールクラスのファイル名を含んだ配列ができると、それを each で回して、ひとつひとつのファイルについて、そのファイル名からクラス名を作るという作業

をする。

　例えば moving_averege.rb というファイル名から、MovingAverage というクラス名を取得する。ファイルの中身を読み込むのではなく、あくまでファイル名の文字列を加工してクラス名の形の文字列にするのだ。加工する部分のコードはこうだ。

```ruby
File.basename(file, ".rb")    # ディレクトリー名と拡張子を
                              # 除いたファイル名
    .split("_")               # "_"で分けて単語ごとの配列に
    .map{|s| s.capitalize}    # すべての単語の最初の文字を大文字に
    .join("")                 # 単語の間を空けずにくっつける
```

　何をやっているのかはコメントのとおりだが、具体的な処理の例を挙げてみよう。

```
   "./lib/indicator/moving_average.rb" → "moving_average"
→ ["moving", "average"]
→ ["Moving", "Average"]
→ "MovingAverage"
```

　上のコードの中で、これまでに触れたことのないメソッドについて簡単に説明しよう。File.basename というのは、パス名も含んだ長いファイル名から、パス名を除いたファイル名だけを返すメソッド。第2引数に拡張子を指定してやれば、拡張子もとってくれる。String#capitalize は文字列の先頭を大文字に、残りを小文字にする。

　もはやお気づきかもしれないが、この仕組みは、本章の最初のほうで述べたお約束1と2を守っていることが前提となって成り立っている。クラス名とファイル名を規則どおりにつけていないと、うまくい

かないことがある。

　大人の読者には何も言わなくても大丈夫だが、幼稚園の読者には、お約束を守ることがいかに大事か、これを機会に学んでいただきたい。

　さて、このようにしてクラス名ができたら、ここの主役、autoloadメソッドの登場だ。

```
autoload class_name, file
```

　こうすることで、すべてのテクニカル指標やルールのクラス名とファイル名が登録されるが、それだけではまだコードはメモリーにロードされない。使うときにはじめてロードされる。いっぺんも使わなければロードされない。その売買システムで使う指標やルールだけを選択的に読み込むことができるのだ。

　この仕組みを作ることによって、今後はこの base.rb を require しさえすれば、すべてのテクニカル指標や売買ルールのクラスを、使うときに黙って読み込んでくれる。ありがたい。

　ただし、base.rb を require するのは、テクニカル指標クラスと後に作る売買ルールの諸クラスの中だけ、ということをお断りしておく。自動的に読み込まれるのも、テクニカル指標とルールのフィルだけだ。継承があったりして一番煩わしいのがそこだし、ほかのところでは何を読み込むかがはっきりしていたほうが何かと好都合だからだ。

　以上を踏まえて、テクニカル指標クラスのテンプレートを作ってみる。

```
# coding: Windows-31J


require "./lib/base"
```

```
class 指標クラス名 < Indicator
  def initialize(stock, params)
    @stock = stock
    # パラメーターの初期化
  end

  def calculate_indicator
    # 「指数配列」を作る処理
  end
end
```

「指標クラス名」とあるところにお約束に沿った適切なクラス名を入れ、initialize と calculate_indicator を実装すればできあがりだ。これを "indicator_template" とでもしてどこかに保存しておけば新しく指標クラスを作るときに便利だ。

準備は整った。それでは、軽やかに駆け抜けよう。

14-2　移動平均（Moving Average）

テクニカル指標クラスの最初は、一番基本の、誰でも知っている「移動平均」だ。

移動平均を計算するだけなら、われわれが拡張した Array クラスの moving_average クラスでもできる。わざわざ独立したクラスを作るからには、付加価値が必要だ。そのひとつは、前章で作った Indicator クラスの機能を継承すること。それに加えて、若干の工夫によって、始値、高値、安値、終値のうち、どれでも必要とするものの移動平均を作ることができるようにしてみよう。

まずは例によって新規にコードファイルを作ろう。ファイル名は

moving_average.rb、クラス名は MovingAverage。お約束の 1 と 2 だ。ファイルの保存場所は lib¥indicator だ。今後、すべてのテクニカル指標クラスは indicator フォルダに保存するようにしよう。

■ファイル：lib¥indicator¥moving_average.rb

```
# coding: Windows-31J

require "./lib/base"

# 移動平均クラス
# 始値、高値、安値、終値
# (:open, :high, :low, :close) のうちどれでも
# :price_atパラメーターを指定しなければ、終値で計算する
class MovingAverage < Indicator
  def initialize(stock, params)
    @stock = stock
    @span = params[:span]
    @price_at = params[:price_at] || :close
  end

  def calculate_indicator
    prices = @stock.send(@price_at.to_s + "_prices")
    prices.moving_average(@span)
  end
end
```

さっき作った base.rb をさっそく require すれば、

```
class MovingAverage < Indicator
```

のところでIndicatorクラスを継承した瞬間に、indicator.rbファイルが読み込まれるという寸法だ。

　initializeメソッドが重要だ。ここでパラメーターの設定を行う。パラメーターはふたつ、「期間」と「どの値段の移動平均をとるか」だ。使い方を見ればはやいか。

```
MovingAverage.new(stock,
                  span: 20,
                  price_at: :high)
```

　:spanというのが期間、:price_atが「どの値段か」だ。引数が3つに見えるけれども、最後の2つは1つのハッシュだ。前にも何度か出てきた。特殊な書き方で引数がたくさんあるように見せているのだ。見せかけのキーワード引数というやつだ。この忍術は、多くのテクニカル指標や売買ルールクラスで使われることになるだろう。

　それぞれのパラメーターの意味については、よいだろうか。期間というのはもちろん何日移動平均を計算するのか、という数字だ。どの値段か、というのは4本値のいずれか、だ。:price_atパラメーターには、:open、:high、:low、:closeのいずれかが入ることになる。

　なお、

```
@price_at = params[:price_at] || :close
```

という書き方によって、:price_atパラメーターが指定されなかったときは、終値の移動平均が計算される。つまり、デフォルトは終値の

移動平均だ。

例えば、

```
MovingAverage.new(stock, span: 20)
```

とやったら終値の 20 日移動平均が計算される。

お約束 4 の calculate_indicator メソッドもちゃんとある。その中でひとつ、大事なテクニックを使っている。

```
prices = @stock.send(@price_at.to_s + "_prices")
```

send という魔法だ。send というのは、オブジェクトにメッセージを送るメソッドだ。どういうことかというと、第 1 引数のシンボルや文字列で指定されるメソッドを呼び出す、ということだ。例えば、

```
"money".send(:capitalize)    #=> "Money"
```

という具合。これは、

```
"money".capitalize           #=> "Money"
```

と同じことだ。

```
"money".gsub(/[aiueo]/, "x")   #=> "mxnxy"
```

のように引数を伴うメソッドの場合には、

```
puts "money".send(:gsub, /[aiueo]/, "x")   #=> "mxnxy"
```

というように、sendの第2引数以降に渡してやればよい。

sendがすこぶる便利なのは、プログラムを実行するときまでどのメソッドを実行するか分からないような場合だ。このMovingAverageクラスの場合、「始値」も「高値」も「安値」も「終値」も扱えるように、sendを使っている。場合によって4本値のどれかの移動平均を求めることができる。条件分岐をせずに、1行で多くの場合に対応できる。それがsendを使う効果だ。sendは基本的にあらゆるオブジェクトに対して使うことができる。本書でも、後に別の場所でまた使う。

sendの引数をよく見てみる。

```
@price_at.to_s + "_prices"
```

これは、4本値のいずれか（:open, :high, :low, :close）という情報（シンボルで与えられているはず）を文字列に変換して、最後に"_prices"を足す、というものだ。これで、"open_prices"とか"high_prices"とかいう文字列ができる。で、sendでもって @price に対してそれらのメソッドを送って、メソッドを呼び出す。

インスタンス変数 @stock の中身は株オブジェクトだ。われわれが作ったStockクラスのインスタンスだ。そのクラス定義の中に、open_prices、high_prices、low_prices、close_pricesというメソッドがある。これらは、それぞれ始値、高値、安値、終値の配列を返すものだ。

```
@stock.send(@price_at.to_s + "_prices")
```

というコードはそのいずれかを呼び出すものなのだ。

4本値のいずれかの配列がprices変数に入れられ、次の行で、

```
prices.moving_average(@span)
```

とやってその移動平均を求める。このmoving_averageメソッドは、われわれがArrayクラスを拡張するときに作ったものだ。

これで終わりだ。超簡単だ。Array#moving_averageをはじめ、いろいろ段取りしてきたことの成果は、確実に出ているぞ。

14-3　移動平均乖離率（Estrangement）

さて、今度は移動平均乖離率だ。ファイル名はestrangement.rb、クラス名はEstrangementだ。estrangementというのは「乖離」という意味の英単語だ。見慣れない、難しい単語だが、乖離という日本語も日常生活では見慣れない、難しい言葉なのでしょうがないだろう。

■ファイル：lib¥indicator¥estrangement.rb

```ruby
# coding: Windows-31J


require "./lib/base"


# 移動平均乖離率クラス
class Estrangement < Indicator
  def initialize(stock, params)
    @stock = stock
    @span = params[:span]
  end
```

```
  def calculate_indicator
    @stock.close_prices.map_indicator(@span) do |prices|
      moving_average = prices.average
      (prices.last - moving_average) / moving_average * 100
    end
  end
end
```

　これは、現在の値段が移動平均からどのくらい離れているか、を表す指標だ。パーセントで表す。例えば移動平均が100円で、株価が110円ならば、乖離率は10%だ。移動平均が100で、株価が95円ならば、乖離率は－5%だ。

　式にすれば次のようになる。

移動平均乖離率 ＝（株価 － 移動平均）÷ 移動平均 × 100

　大して難しくはないけれども、機能を盛り込みすぎるとごちゃごちゃになるので、終値のみで計算することにしよう。よってパラメーターは「期間」のみとする。

　使うときには、

```
Estrangement.new(stock, span: 20)
```

みたいにやるイメージだ。

　calculate_indicatorメソッドを見てみよう。われわれの拡張したArrayクラスの、map_indicatorメソッドを使っている。使い方を覚えておいでだろうか。引数で指定した日数（ここでは@span）ぶん

415

ずつ配列から値を取り出した部分配列を、ブロックに渡していく。ブロックの中でその部分配列から指標を計算する。そうすると、最初のほうに nil が入った指標配列が完成する。

乖離率を計算しているのは次のコードだ。

```
moving_average = prices.average
(prices.last - moving_average) / moving_average * 100
```

まず、average メソッドで平均を出す。つまりはその日の移動平均の値だ。で、その平均とその日の終値（prices.last）とから乖離率を計算する。先ほどの日本語の式(移動平均乖離率 = ...)をそのままコードにしてやればよい。これが1日分の計算であり、これを株価データの最後の日までやれば map_indicator イテレータは終了だ。

たったのこれだけだ。われわれはまさに風になったのだ。

14-4　移動平均の方向（Moving Average Direction）

はい次。移動平均の方向だ。ファイル名は moving_average_direction.rb。

■ファイル：lib¥indicator¥moving_average_direction.rb

```
# coding: Windows-31J

require "./lib/base"

# 移動平均の方向クラス
# 前日の移動平均と本日の移動平均を比べ
```

```ruby
# 本日のほうが高ければ:up
# 前日のほうが高ければ:down
# 同じならば:flat
class MovingAverageDirection < Indicator
  def initialize(stock, params)
    @stock = stock
    @span = params[:span]
  end


  # 最新の終値と@span日前の終値を比べ、
  # 最新のほうが高ければ上昇
  # 最新のほうが低ければ下降
  def calculate_indicator
    @stock.close_prices.map_indicator(@span + 1) do |prices|
      if prices.first < prices.last
        :up
      elsif prices.first > prices.last
        :down
      else
        :flat
      end
    end
  end
end
```

　移動平均の方向とは、チャート上に移動平均線を描いたとき、その傾きが上を向いているか、下を向いているか、それとも真横を向いているか、ということ。売買ルールに組み込むときには、上向きなら買

いからのみ、下向きなら売りからのみ仕掛ける、というような使われ方をする。

向きについてもっと詳しく言うと、ある日の移動平均の値が、前日の値より大きければ上向き、小さければ下向き、同じならば横向きということになる。そのことを踏まえて計算しよう。

移動平均とついているからには、最初に移動平均を求めるのももちろんいい。そういうまっとうな生き方をしていれば、人生においていつか報われる。しかしプログラミングの世界では、まっとうなばかりが道じゃない。まあそれは人生でも、か。

ちょっとした工夫で多少計算を速くしてみたい。そのために、移動平均をどうやって計算しているか、ちょっと考えてみる。

a1, a2, a3, ... an

と、n個のデータがあるとする。この5日移動平均を計算すると、次のようになる。

(a1 + a2 + a3 + a4 + a5) / n
(a2 + a3 + a4 + a5 + a6) / n
(a3 + a4 + a5 + a6 + a7) / n
.
.
.

カッコの中身、足し算のところを見ると、隣どうしの日付では、データが1個ずれになっている。違っているのは、頭としっぽだけで、あとは同じだ。上の1番目と2番目でいえば、a2 + a3 + a4 + a5 は同じで、そこにa1を足すか、a6を足すかの違いしかない。よって、こ

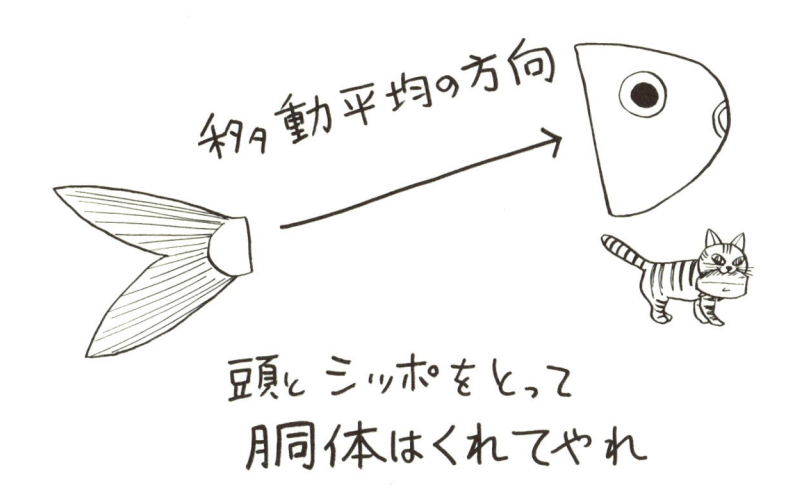

のa1とa6を比較すれば、前日よりも移動平均が増えているのか、減っているのか、ということが分かる。つまり移動平均の方向が分かる。a1 < a6ならば上昇であり、a1 > a6ならば下降、a1 == a6なら横ばいだ。

これを踏まえて、calculate_indicatorのコードを見てみる。終値の配列から、@span + 1個ずつブロックに渡し、その先頭と末尾を比較している。「5日移動平均の方向」なら6日分、ということだ。上の例で言えば、a1からa6までの6つの要素からなる配列をブロックに渡し、a1とa6を比べる、ということになる。

ある日の移動平均の方向を調べるには、前日の先頭と、当日の末尾を比べればいい、ということだ。それが分かれば、if以下のところは特に説明は要らないだろう。firstというのは配列の先頭の要素、lastは末尾の要素を返すメソッドだ。結果としてできる指標配列の中身は、:up（上昇）、:down（下降）、:flat（横ばい）のどれかになる。もちろん、map_indicatorの働きによって最初のほうにはnilが入ることになる。

このようにして、比較的簡単により速いコードが書けた。まともに移動平均を計算するのに比べて、足したり割ったりする計算が省かれるので、確実に時間短縮される。筆者の実験したところによれば、Array#moving_average を使うのに比べて、倍速とまではいかないが、8割増しくらいにはなる。

トレーダーならば、市場にトレード機会を見つけるときのような鋭い視線でコードに時間短縮の機会を見つけたい。ただし、その努力は、当面、簡単に実現できる場合に限るほうがいいだろう。スピードアップのためのトリッキーなコードでごっちゃごちゃになったうえに、思ったほど速くならない、みたいな手痛い失敗を筆者は何度も経験している。何しろ、分かりやすいのが一番だ。

14-5　真の値幅の平均（Average True Range）

最後に、真の値幅の平均、というやつを作ろう。ATR という略称ですでにおなじみの方も多いだろう。ファイル名は average_true_range.rb だ。

■ファイル：lib¥indicator¥average_true_range.rb

```
# coding: Windows-31J


require "./lib/base"


# 真の値幅の平均クラス
# 真の値幅(前日の終値と本日の高値の高いほう
#  － 前日の終値と本日の安値の安い方)の移動平均
```

```ruby
class AverageTrueRange < Indicator
  def initialize(stock, params)
    @stock = stock
    @span = params[:span]
  end


  def calculate_indicator
    true_ranges = @stock.prices.map_indicator(2) do |prices|
      previous_close = prices.first[:close]   # 前日終値
      current_high   = prices.last[:high]     # 本日高値
      current_low    = prices.last[:low]      # 本日安値
      true_high =
        [previous_close, current_high].max    # 真の高値
      true_low =
        [previous_close, current_low].min     # 真の安値
      true_high - true_low                    # 真の値幅
    end
    true_ranges.moving_average(@span)         # 真の値幅の移動平均
  end
end
```

　計算方法が若干ややこしい。まず、真の値幅とは何か、ということを理解しなければならない。その前に、真の高値、安値、というものを理解する必要がある。

真の高値 ＝ 前日の終値と本日の高値の高いほう
真の安値 ＝ 前日の終値と本日の安値の安いほう

そして、真の値幅は、

真の値幅 ＝ 真の高値 － 真の安値

と、こういう式で表されるものだ。ギャップを開けて寄り付いたとき、そのギャップも1日の値幅に含める、という発想だ。

　で、この真の値幅の移動平均を取ったものが、真の値幅の平均、ATRなのだ。相場のボラティリティを表す指標としてよく使われる。

　今言ったように、ATRの計算方法は2段階に分かれる。

1．真の値幅を計算する
2．真の値幅の移動平均を計算する

　このことをおさえたうえで、calculate_indicator を見る。map_indicator で真の値幅を求めている部分と、moving_average でその移動平均を求めている部分からなる。

　真の値幅を求めるには、2日分の株価データが要る。それで、map_indicator の引数は2になっている。その2日分の中でも、使うのは前日の終値、本日の高値、本日の安値の3つの値だ。

　ブロックに渡されている prices という変数の中身は、2日分の株価だ。それぞれ、日付と4本値、それに出来高からなる。:close や :high などをキーとするハッシュになっている。「ハッシュの配列」だ。例えばこんな感じだ。

```
[{:date=>"2010/06/11", :open=>540, :high=>544, :low=>534,
:close=>535, :volume=>29228200},
 {:date=>"2010/06/14", :open=>533, :high=>537, :low=>528,
:close=>531, :volume=>22044400}]
```

ここから、必要な値を取り出して変数に代入する。previous_close が前日終値、current_high が本日の高値、current_low が本日の安値だ。

あとは、これらの値から、Array#max と Array#min を使って真の高値（true_high）、真の安値（true_low）を求める。で、真の高値から真の安値を引けば真の値幅ができる。

このようにして真の値幅の配列 true_ranges ができたら、moving_average メソッドで移動平均を求めれば、ATR の完成だ。少しややこしい指標だが、2段構えの計算で簡単に書くことができた。

14-6　動作チェック

ここまでに作ったテクニカル指標の動作チェックをしよう。

テクニカル指標の動作チェックには、結構な手間がかかる。実際に正しい計算が行われているか確認しなければならないからだ。しかしおろそかにはできない。もし間違っていたら、システムに組み込もうとしている相場理論と全然違ったものになる恐れがある。

どのようにして確認するのか。筆者の場合、まず Excel で計算して、それと、書いたプログラムの計算結果を比較している。もちろん目で見て確認していては 100 年かかるので、テスト用のコードを書いて自動的に比較する。そもそも Excel での計算が間違っていたら、指標の理解そのものが間違っていたら、という不安は常にある。そのあたりは、「自分を信じろ」と言うしかない。

データは実際の株価データを使う。それが一番楽だ。本書の内容をここまで忠実に実行されてきた方なら、data フォルダの中に株価データが蓄えられているはずだ。"1301.txt" みたいなファイル名のやつがたくさんあるだろう。また、同じフォルダの中に銘柄リストのファイルもあると思う。ファイル名は "tosho_list.txt"、あるいは別の名前で

保存されている方もいるかもしれない。

　それらをそのまま使ってもいいし、テスト用にちょっと加工してもいい。テストデータ用のフォルダを作って、そこにいくつかの銘柄のデータファイルをコピーする。中のデータが多すぎる場合には削る。半年分もあれば十分じゃないかと思う。もちろん、テストの内容によってはもっと多くのデータが必要な場合もある。TextToStock のアクセサ from と to で開始日・終了日を決めることもできる。

　このデータを使ってまず Excel で指標を計算し、その後に動作チェック用のコードを書き、check フォルダに保存する。指標ごとにそれぞれ "moving_average_check.rb" とか "estrangement_check.rb" というようなファイル名にする。

　その動作チェックコードの中身だが、厳しくやればかなりの長さになってしまうので、ここには載せきれない。その概要だけをお見せしよう。あとはみなさんがそれぞれ、納得いくまでテストしていただきたい。

　まず準備の部分。データを読み込み、株オブジェクトを作る。

```
require "./lib/base"
require "./lib/text_to_stock"

tts = TextToStock.new(stock_list: "tosho_list.txt")
stock = tts.generate_stock(8604)
```

　これは、data フォルダにあるデータファイルをそのまま使うやり方だ。データの場所を指定しないと自動的に data フォルダのデータを使う。データを別の場所にコピーした場合、例えば test_data フォルダだとすると、

```
tts = TextToStock.new(data_dir: "test_data",
                      stock_list: "tosho_list.txt")
```

開始日と終了日を指定するならば、

```
tts.from = "2012/01/01"
tts.to   = "2012/06/30"
```

というのを加える。

テキストデータから読み込む代わりに Pan Active Market Database を使う場合は、最初のほうをこうする。

```
require "./lib/base"
require "./lib/pan_database_to_stock"

pdts =
  PanDatabaseToStock.new(stock_list: "data/tosho_list.txt")
stock = pdts.generate_stock(8604)
```

これで株価データは読み込めたので、動作のチェックに入っていく。移動平均クラスだと、こんなふうになる。

```
ma = MovingAverage.new(stock,
                       span: 10,
                       price_at: :close).calculate

real_ma = [nil, nil, nil, nil, nil, nil, nil, nil, nil,
740.7, 746, 747.7, 748.9, 746, 740.8, 732. ...（以下略）]
```

```
ma.each_with_index do |value, i|
  next unless value
  if value.round(2) != real_ma[i].round(2)
    puts "false in data #{i}"
  end
end
```

real_ma というのが、Excel で計算した移動平均の値だ。Excel からコピー＆ペーストして、配列の形に整えている。前のほうに nil を入れるのを忘れずに。移動平均を取る期間よりも 1 つ少ない数 nil を入れる。この例では 10 日移動平均を調べているので、最初の 9 個が nil になる。省略してあるが、実際には最後まで全部の値を配列にする。

ma.each_with_index 以下が、われわれが書いたプログラムの結果と、Excel の結果を比較する部分だ。もし両者の値が違っていれば、違っている旨を表示し、データの場所も示す。

```
if value.round(2) != real_ma[i].round(2)
```

のように round というメソッドで値を丸めてある。この例のように 10 日移動平均だとまだいいのだが、3 日とか 7 日とかだと、移動平均の値が小数点以下どこまでも続くことがある。そのとき、Ruby と Excel では何桁まで計算するかが違う。どちらも計算が合っていても、桁数が異なっていると違う値と判定されてしまう。

だから round メソッドを使うなどして値を丸めて、桁数をそろえる必要があるのだ。round とは、四捨五入するメソッドだ。小数点以下、引数の桁数で丸める。ここでは 2 桁で丸めている。

このコードを実行して、何も表示されなければ成功だ。ちゃんと計

算されているということになる。そうしたら次は、もっといろんなケースを調べてみよう。移動平均を取る期間を変えたり、高値や安値など別の値段の移動平均を求めてみたりするコードを足していく。

　ひとつの指標について十分調べたら、別の指標を調べる。全部の指標を調べる。手間はかかる。しかし、「ちゃんと計算できている」という安心感なしに、なかなか先には進めない。まして、現金を投入してシステムを運用することなどできようか。

第15章

Tick モジュール

　テクニカル指標を作るところまでできた。いよいよ次は本書のキモである「売買ルールのクラス化」に挑みたいのだが、その前に、まだ準備しなければならないことがある。

　株の呼値に関する諸計算を行う Tick モジュールというものを作る。ある株価の、「1ティック上」とか「1ティック下」などといった値を求めるメソッド群をまとめたモジュールだ。さほど難しい技術は使わないのだが、よく考えて注意深く進まないととんだ間違いをやらかしかねない。

15-1　仕様

　ご存じのとおり、株の呼値の刻みは一定ではない。どんな場合でも必ず1円ずつ動く、というのであれば分かりやすいのだが、そうはなっていない。株価が高いほど、1回で値が動く最低の値幅は大きくなる。つまり、呼値の単位は価格帯によって変化する。

　株価が値動きの最低単位のぶん動くことを「1ティック」動く、と言ったりするが、その1ティックの大きさは、株価3000円以下の銘柄なら1円、3000円〜5000円の株なら5円、5000円〜3万円の株なら10円、というふうにバリエーションがある。まずこのことが、プ

ログラム的にちゃんと表現されていなければならない。

　動作イメージとしては、引数として株価を与えると、その価格での呼値単位を返す、という感じになる。こんなふうに。

```
Tick.sise(1000)     #=> 1
Tick.size(4000)     #=> 5
Tick.size(10000)    #=> 10
```

　なお、このTickモジュールでは、上のようにTickのあとに"."を打ってメソッド名を書くという形でメソッド呼び出しを行うものとする。
　このようにして価格帯別の呼値単位を定めたうえで、半端な値を株価らしい値に変換する、という機能を作りたい。
　どういうことかというと、例えば移動平均の本日の値が409.3という値だったとする。この値を元に仕掛値や手仕舞い値を決めるとなったとき、この409.3という値をそのまま取引の値段として扱うわけにはいかない。小数点以下を切り捨てるなり切り上げるなり四捨五入するなりして、株の取引値としてあり得るものに変換する必要がある。409とか410に丸めてやらなければならないのだ。
　そのとき、株価が大きくなれば呼値単位も大きくなるということに注意する。4092という値は株価としてはあり得ないので、4090や4095なんかに変換する必要がある。51327ならば51300または51400になるだろう。
　動作イメージはこうだ。

```
# 切り上げ
Tick.ceil(3012)     #=> 3015
# 切り下げ
Tick.truncate(3012) #=> 3010
```

```
# 四捨五入
Tick.round(199.3)    #=> 199
Tick.round(199.7)    #=> 200
```

ここまで来たら、1ティック上の株価、下の株価というものを導き出したい。こんな感じに。

```
Tick.up(100)      #=> 101
Tick.down(100)    #=> 99
Tick.up(3010)     #=> 3015
Tick.down(3010)   #=> 3005
```

さらに2ティック以上動かせるようにもしたい。

```
Tick.up(3010, 2)     #=> 3020
Tick.down(3010, 2)   #=> 3000
Tick.down(3010, 3)   #=> 2999
```

3番目の例では、3000円台から2000円台へ落ちている。呼値単位が5円から1円になる。このような価格帯の境界部分でバグの出ないように注意しなければならない。

まとめると、Tickモジュールには、呼値単位、丸め、上下動の3種類の機能を持たせることになる。

ところでなぜクラスでなくモジュールなのか。それは、Tickはインスタンスを作る必要がないからだ。状況によって内部状態が変化するというようなものではなく、単に計算方法をまとめたものだからだ。

Ruby組み込みのMathモジュールはさまざまな数学的計算を行うもので、Tickと似たような使い方をする。

```
Math.sin(0)   #=> 0.0
Math.cos(0)   #=> 1.0
Math.tan(0)   #=> 0.0
```

Tick はこれを参考にしている。

15-2 実装

本章では、特別に予習が必要なほどやっかいな概念は出てこない。いきなり実装に入っても大丈夫だろう。tick.rb というファイル名で lib フォルダに新規ファイルを保存してスタートだ。

■ファイル：lib¥tick.rb

```
# coding: Windows-31J


# 呼値モジュール
# 呼値単位に合わせて値段を上下させたり丸めたりする
module Tick
  module_function
  # 呼値単位
  def size(price)
    if price <= 3000
      1
    elsif 3000 < price && price <= 5000
      5
    elsif 5000 < price && price <= 30000
```

```
      10
    elsif 30000 < price && price <= 50000
      50
    elsif 50000 < price && price <= 300000
      100
    elsif 300000 < price && price <= 500000
      500
    elsif 500000 < price && price <= 3000000
      1000
    elsif 3000000 < price && price <= 5000000
      5000
    elsif 5000000 < price && price <= 30000000
      10000
    elsif 30000000 < price && price <= 50000000
      50000
    elsif 50000000 < price
      100000
    end
  end


  # 半端な数を上の呼値に切り上げ
  # 半端でなければ何もしない
  def ceil(price)
    tick_size = size(price)
    if price % tick_size == 0
      price
    else
      truncate(price) + tick_size
```

```ruby
    end
  end

  # 半端な数字を下の呼値に切り下げ
  # 半端でなければ何もしない
  def truncate(price)
    (price - price % size(price)).truncate
  end

  # 上か下、どちらか近い方に丸める
  # 半端でなければ何もしない
  def round(price)
    tick_size = size(price)
    if price % tick_size * 2 >= tick_size
      ceil(price)
    else
      truncate(price)
    end
  end

  # 何ティックか足す
  def up(price, tick = 1)
    tick.times {price += size(price)}
    ceil(price)
  end

  # 何ティックか引く
  def down(price, tick = 1)
```

```
      price = truncate(price)
      tick.times {price -= size(price)}
      price
   end
end
```

最初のほうに module_function というのがある。これは、以下で定義するメソッドを「モジュール関数」にするものだ。モジュール関数とは、

```
Tick.size(100)
```

のようにモジュールをレシーバとして呼び出せるメソッドのことだ。要するにこの形で呼び出すためには module_function の1行を入れておく必要がある。これがないと、メソッドを使うためには別のクラスに include しなければならなくなる。

おまじないが済んだところで、さっそくメソッドのコーディングにかかろう。

15-2-1　size

呼値の単位を求める size メソッドだ。引数として株価を与えると、その価格での呼値単位を返す。

メソッドの中身は、ちまたに流布されている呼値の刻みの表を忠実に表現している。その表によれば、株価 3000 円以下では呼値単位は 1 円、3000 円超 5000 円以下では 5 円、などとなっていて、5000 万円超で 10 万円刻みまで、11 段階の呼値単位がある。

例えば「3000 円超 5000 円以下」というのをプログラムにするとこうなる。

```
3000 < price && price <= 5000
```

&&が「かつ」という意味であることさえ分かれば、難しいことはない。

ただし、できあがったsizeメソッドの動作に関しては、注意を要する。境界部分でどう動くか、だ。

```
Tick.size(3000)    #=> 1
```

むむ。1円？ われわれの日々のトレード経験によれば、3000円台の株は5円刻みで動くはず。なんか変では……？

しかしこれは、呼値表に忠実なのだ。「3000円超」というのは、3000円を含まないのだから。3000円以下（3000円を含む）は、1円なのだから。

正確に言うならば、株価3000円のとき、上に対しては5円刻み、下に対しては1円刻みとなる。3000円の1ティック上は3005円、1ティック下は2999円だ。

このような現象をどう扱うかは、大変に悩むところだ。価格帯の境界部分では、上と下とで1ティックの大きさが2倍または5倍も違う。下手をすればめちゃめちゃなトレーディングシステムができあがってしまいかねない。以下で株価の丸めや上下動を行うメソッドを書くときには、十分に気をつけたいところだ。

15-2-2 ceil、truncate、round

次は、丸めのメソッドだ。先ほどのsizeメソッドを適切に使用し、慎重に事を進めたい。

株価としてあり得ない、半端な数値を、株価らしい数値に変換する、

というのが目的だ。方法としては、切り上げ、切り下げ、上下どちらか近いほうに丸める、という3種類を用意する。

それぞれ ceil、truncate、round というメソッド名だ。これらと同じ名前のメソッドが、Ruby に組み込まれている。小数点のある数値を整数にするときに使う。

```
100.1.ceil       #=> 101    :切り上げ
4.7.truncate     #=> 4      :切り捨て
19.5.round       #=> 20     :四捨五入
```

それぞれ、ある小数に近い整数を返すものだ。「上のほう」か「下のほう」か「どっちか近いほう」か、という違いだ。われわれが作る Tick モジュールの ceil、truncate、round も、動作のイメージは同じようなものだ。株価としてあり得ない半端な数値があって、それに近い株価としてあり得る数値を返すのだが、その数値を上に向かって探すか、下に向かって探すか、上下近いほうを探すか、という3種類の方法を用意するのだ。

まずは簡単なものから見ていこう。切り下げを行う truncate メソッドだ。コードはこうだ。

```
def truncate(price)
  (price - price % size(price)).truncate
end
```

％という記号について説明しておこう。これは剰余を求める演算子だ。剰余というのは、割り算の余りという意味。「5割る2は2余り1」というような小学校でやった計算の、「余り」の部分だ。この余りが、丸めの際に大変重要な役割を果たす。

コードの意味を詳しく考える前に、具体的な数値を使って計算例を示そう。切り下げを行いたい数値が 3538 だとする。呼値表から、その価格帯の呼値の刻みは 5 円である。これらを上の式に当てはめるとこうなる。

```
3538 - (3538 % 5) = 3538 - 3 = 3535
```

どうやら合っているようだ。なぜ合うのだろうか。truncate のコードをもう一度見てみよう。

　size(price) というのは、先ほどやった size メソッドだ。ここで呼値の刻みを求めている。price % size(price) というのは、与えられた数値を呼値の刻みで割った余りだ。その余りこそが、半端な部分なのだ。3538 という数は、5 で割ると 3 円余る。つまり 3 円半端である。よって、余計な 3 円を取ってしまえば、ちょうどぴったり、株価としてあり得る値になる。よろしいだろうか？

　最後の .truncate という部分は、小数点以下を切り捨てるメソッドだ。今書いている Tick.truncate メソッドとは違う、Ruby の数クラスに対して定義されているものだということにお気をつけいただきたい。元の数字が 3538.1 のようなものだったとき、今の計算をすると 3535.1 になる。この小数点以下を取るために、こう書いているのだ。

　名前がかぶってややこしい？　確かにそうだが、イメージの似た他のメソッドから名前を拝借するのは、覚えやすくて合理的だと筆者は考える。それによく見れば、どっちの truncate か見分けがつく。レシーバが数値ならば数オブジェクトの truncate だ。

　レシーバが Tick ならば、Tick モジュールの truncate だ。また、Tick モジュール内で定義されているメソッドは、Tick モジュール内ではレシーバなしで呼び出せる。ここでいったら size メソッドがまさにそうだ。レシーバがあるということは、モジュールの外のメソッ

ドである、と考えられる。「数.truncate」となっていたら、それは Tick の truncate ではなく、数オブジェクトの truncate だ。

次は ceil、半端な株価を上の呼値に切り上げるメソッドだ。このようになっている。

```
def ceil(price)
  tick_size = size(price)
  if price % tick_size == 0
    price
  else
    truncate(price) + tick_size
  end
end
```

truncate に比べればやや複雑だ。

半端がない、呼値として成立する値ならば、引数の値をそのまま返す。つまり何もしない。半端がある場合は、先ほどの truncate メソッドで下の呼値に切り下げてから、1ティック上げる。

やはり例を出そう。4121 という、株価としてあり得ない数値を上の呼値に切り上げたい。このとき、下の呼値に合わせて 4120 円にした後、呼値単位である5円を足して、4125 円とする。

要するに「半端を取り去る」というのが丸めのポイントだ。与えられた数値を呼値単位で割った余りを、元の数値から引く。切り下げならそこで作業終了だし、切り上げならその1ティック上を返せばいい。呼値と呼値の間にある数値を、下の呼値に合わせるのか、上の呼値に合わせるのか、という違いだ。

丸めの最後は、round だ。上下、どちらか近いほうの呼値に合わせる。上に合わせるときには今作った ceil を使い、下に合わせるときには truncate を使う。上と下、どちらに近いかは、どうやって判定するのか。問題はそこだけだ。

コードを見てみよう。

```
def round(price)
  tick_size = size(price)
  if price % tick_size * 2 >= tick_size
    ceil(price)
  else
    truncate(price)
  end
end
```

if 以下のところがその上下どちらに近いかの判定の部分だ。price % tick_size というのはもはやおなじみ、株価として半端な部分だ。例えば呼値単位が5で半端が3の場合を考えてみる。これは上下どちらの呼値に近いだろうか？　そう、上だ。

確かめてみよう。与えられた数値が3118だとすると、呼値単位は5。5で割った余り、すなわち半端は3。上の呼値が3120、下は3115。どちらに近いかといえば……3120のほうだ。よって、round で丸めるときには3120にする。

呼値単位が5のとき、半端が0よりも大きく2.5よりも小さければ切り下げ、2.5よりも大きく5よりも小さければ切り上げる。半端がちょうど2.5ならば、四捨五入の考え方を取り入れて、切り上げることにする。

これを一般化すれば、次のようになる。

半端 >= 呼値単位 ÷ 2 ならば切り上げ
半端 < 呼値単位 ÷ 2 ならば切り下げ

切り上げの条件だけを見て、両辺に 2 を掛ければ、

半端 × 2 >= 呼値単位

となる。
これが、

```
if price % tick_size * 2 >= tick_size
```

の意味だ。

これで丸めのメソッドはすべて完成だ。ちょっとややこしいけれども、順を追って考えていけば大丈夫なはずだ。

15-2-3 up、down

Tick モジュール実装の最後は、株価を上下動させる up と down メソッドだ。ここまでに作ったメソッドを組み合わせて、簡単に書ける。ただし、呼値単位の境界部分の動作には十分注意する必要がある。

まず、上の株価を返す up。

```
def up(price, tick = 1)
  tick.times {price += size(price)}
  ceil(price)
end
```

引数はふたつ、元の株価と、何ティック動かすかという数値だ。「tick = 1」というのは、ティック数を省略すると、自動的に1ティックになる、という意味だ。引数のデフォルト値を設定するときに使う書き方だ。メソッドの中では、第2引数で指定された回数分、呼値の刻みを足している。最後に ceil で値を切り上げているのは、呼値単位の境界部分で不具合が出ないようにするためだ。

理解しやすくするために、計算例をいくつか出そう。

```
Tick.up(100, 2)   #=> 102
```

この計算を行うとき、tick.times のループ内では次のような計算が行われている。

100 + 1 = 101
101 + 1 = 102

呼値の刻みが5円だとこうなる。

```
Tick.up(3005, 3)   #=> 3020
```

内部動作

3005 + 5 = 3010
3010 + 5 = 3015
3015 + 5 = 3020

2000円台と3000円台をまたぐところ、呼値単位が1円から5円に

変化するところ。

```
Tick.up(2998, 5)   #=> 3015
```

内部動作

2998 + 1 = 2999
2999 + 1 = 3000
3000 + 1 = 3001
3001 + 5 = 3006
3006 + 5 = 3011
3011 を切り上げて 3015

　ここで ceil が働いてくる。最後に ceil しないと、3011 というおかしな値が返されてしまう。これは、ちょうど 3000 のときの呼値単位が 1 になっているからだ。

　size メソッドのところでも言ったが、3000 のときは、上には 5、下には 1 というのが本当のところなのだが、呼値の刻み表に忠実に作った size メソッドでは、3000 のときは 1 となっている。そのため、その 1 ティック上が 3001 と、あり得ない値になってしまう。

　だから最後に ceil して値を整える必要があるのだ。半端じゃないときには ceil は元の値をそのまま返すので、これは呼値単位の境目をまたがないときにも使える。

　ここまでは、実際の株価としてあり得る、半端ではない値を引数とする例だった。半端な値を与えるとどうなるのか。

```
Tick.up(99.55)   #=> 101
```

内部動作

99.55 + 1 = 100.55
100.55 を切り上げて 101

　微妙な結果だ。元の値が半端なのだから、結果が微妙なのも仕方ないとも言える。これが、99.99 というように、「ほぼ 100」の値だったら、1 ティック上が 101 というのもまあまあ納得がいく。しかし 99.01 のような「ほぼ 99」の 1 ティック上も 101 になってしまうのは違和感があるという方もいらっしゃるに違いない。
　up というメソッド名から、「切り上げ」を連想していただけると覚えやすいかもしれない。あるいは、up メソッドの引数には半端な値を入れない、という対応をしていただけると筆者としては非常に助かる。
　up についてはこれくらいにして、次は株価を下に動かす down メソッドだ。

```
def down(price, tick = 1)
  price = truncate(price)
  tick.times {price -= size(price)}
  price
end
```

　up との違いは、tick.times のブロック内で引き算をしていること、それから ceil ではなくて truncate を使っていることだ。順番も違う。up では足し算が終わったあとで ceil で切り上げているが、down では最初に truncate で切り下げておいてから引き算をしている。
　これもまた計算例を見たほうが理解しやすいだろう。

```
Tick.down(100, 2)   #=> 98
```

内部動作

100 − 1 = 99
99 − 1 = 98

呼値の刻みの境界をまたぐ場合はどうか。

```
Tick.down(3005, 3)   #=> 2998
```

内部動作

3005 − 5 = 3000
3000 − 1 = 2999
2999 − 1 = 2998

3000のところの呼値が1であることが幸いして、値を整える必要がない。それではなぜ、truncateを使うのか。それは半端な値を与えたときのためだ。

```
Tick.down(3001, 3)  #=> 2997
```

内部動作

3001を切り下げて3000
3000 − 1 = 2999

2999 − 1 = 2998
2998 − 1 = 2997

　これ、最初に切り下げを行わないと、1回目の引き算で3001から5円を引いて2996になってしまう。結果は2994と、だいぶずれたものになる。3ティック下の値が欲しいのに、3000から数えて6ティック下であるから、さすがに見すごせないだろう。

　また、切り下げをしないと、Tick.down(99.99, 3)が97.99を返す、というように、半端な値を返す場合が出てくる。

　計算後に切り下げても手遅れだ。例えばTick.down(3001, 3)ならば、3001から5を引いたあとで切り下げたところで、ずれは修正されない。引き算を行う前に切り下げないとダメなのだ。

　それでもなお、99.9999の1ティック下が98というような、感覚的にはちょっと違うんじゃないかという場合も出てくる。これもまた、downという名前から「切り下げ」をイメージしていただくなり、引数として半端な値を与えないようにしていただくなりして対応願いたい。

　ここでふと気づくのは、これら上下動のメソッドや丸めのメソッドは、「0やマイナスの株価」という、現実の株式市場ではあり得ない値を返す場合がある、ということだ。さんざん「株価としてあり得る値」を返すと言っておきながら、矛盾している。

　親切なライブラリであれば、こういった問題には例外を発生させるなどの対応をするところなのだろうが、本書ではそこまでの高機能は求めないことにする。トレーディングシステムにはさまざまなものがあり、変な値が発生するにもそれぞれ異なった事情があるだろうから、エラーを出したりして処理全体をストップさせるのが必ずしも親切とは限らないんじゃないか、とも思えるからだ。もっと腹を割れば、め

んどくさいからだ。

　ここはひとつ、Tick モジュールを使うみなさんの側が気をつける、ということで対応をお願いしたい。それは、例えば「1 円で売り仕掛ける」など、トレーダーの常識からして無理のあることを避けることで十分うまくいくはずだと思う。

15-3　動作チェック

　動作チェックだ。微妙な問題をいろいろ抱えているだけに、慎重にやりたい。チェックコードを 1 行書くごとに実行してみて、数値を確認してみていただきたい。check フォルダに tick_check.rb というファイル名で。

```ruby
# coding: Windows-31J


require "./lib/tick"


puts Tick.size(100)      #=> 1

puts Tick.size(2999)     #=> 1

puts Tick.size(3000)     #=> 1

puts Tick.size(3001)     #=> 5

puts Tick.size(4000)     #=> 5

puts Tick.size(5100)     #=> 10

puts Tick.size(30000)    #=> 10

puts Tick.size(30050)    #=> 50

puts

puts Tick.truncate(99.99)   #=> 99

puts Tick.truncate(3004)    #=> 3000
```

```
puts Tick.truncate(3006)    #=> 3005
puts
puts Tick.ceil(99.99)       #=> 100
puts Tick.ceil(3004)        #=> 3005
puts Tick.ceil(3006)        #=> 3010
puts
puts Tick.round(99.99)      #=> 100
puts Tick.round(99.49)      #=> 99
puts Tick.round(3004)       #=> 3005
puts Tick.round(3002)       #=> 3000
puts
puts Tick.up(100)           #=> 101
puts Tick.up(100, 3)        #=> 103
puts Tick.up(2999, 1)       #=> 3000
puts Tick.up(2999, 2)       #=> 3005
puts Tick.up(3000)          #=> 3005
puts
puts Tick.down(100)         #=> 99
puts Tick.down(100, 3)      #=> 97
puts Tick.down(3005, 1)     #=> 3000
puts Tick.down(3005, 2)     #=> 2999
puts Tick.down(3000)        #=> 2999
puts Tick.down(3001)        #=> 2999
```

　ここに掲載したのはやるべきチェックのほんの一部であって、本来は境界部分を中心にもっとたくさん確認することがある。やる気になれば際限なくやれるところではあるが、そこらへんは読者の自主的な判断にゆだねることにする。

第16章

Rule とその子クラス

　さあ、いよいよルールのオブジェクト化だ。本書最大の見せ場だ。

　ただし、いきなり具体的な売買ルールを作るわけにはいかない。まずは売買ルールの土台となる諸クラスを作っておいて、その上に具体的な売買ルールクラスを構築する、という手順を踏むことにする。

　じらすわけではない。各ルールで共通して使う機能を親クラスに作っておけば、あとが楽になる。ちょうど、Indicator クラスを作ってから MovingAverage や AverageTrueRange など、具体的なテクニカル指標クラスを作ったのと同じだ。

　まず本章では、売買ルールの大本である Rule クラスを作り、そこから派生させる形で Entry、Exit、Stop、Filter の各クラスを作る。そして次章では、それら4つの子クラスのそのまた子クラスとして、具体的な仕掛け、手仕舞い、ストップ、フィルターのルールを作る。ルールの例としては、移動平均乖離率による仕掛けや手仕舞い、ATR によるフィルターなどが出てくる。

　このあたりの進め方はテクニカル指標を作ったときと似ているのだが、ルールクラスを作るほうが大がかりだ。テクニカル指標では Indicator クラスから直接継承して指標クラスを作るのに対し、ここでは Rule から4つの子を作り、次章でさらにそこから具体的なルールを作る、と、「孫の代」までまたがっているためだ。

16-1　Rule

すべてのルールの源、Rule クラスを作ろう。lib¥rule フォルダに rule.rb のファイル名で新規ファイルを作り、掲載したコードを打ち込もう。

■ファイル：lib¥rule¥rule.rb

```ruby
# coding: Windows-31J

require "./lib/trade"
require "./lib/tick"

# 各ルールの親クラス
class Rule
  attr_writer :stock

  def calculate_indicators; end

  private
  def with_valid_indicators
    catch(:no_value) {yield}
  end
end
```

とても短い。われわれがこれまでに作った Trade クラスと Tick モジュールを読み込むところからはじまり、アクセサひとつと空のメソッドひとつ、それからプライベートメソッドがひとつ、でおしまい

だ。どんな絵描き歌よりも簡単であっという間にできあがりだ。

　attr_writerによって定義されているstockというアクセサは、売買ルールに株価データを仕込むためのものだ。Stockクラスのオブジェクト、すなわち株オブジェクトをインスタンス変数@stockにセットすることになる。その株オブジェクトを使って、必要な指標を計算したり、仕掛けや手仕舞いなどの行動を判断したりするわけだ。

　calculate_indicatorsメソッドは、各ルールに必要なテクニカル指標を計算するものだ。ただ、

```
def calculate_indicators; end
```

と、このメソッドはここでは何もしない。これは、個別具体的な売買ルールクラスでオーバーライドされることを前提としたものだ。それぞれのルールに必要な指標を、それぞれのルールクラスのcalculate_indicatorsメソッドの中で生成・計算するのだ。

　よって、後に作る具体的なルールクラスの中では、calculate_indicatorsメソッドを定義することが原則となる。ただし、ルールによってはテクニカル指標を使わないものもある。そのときはcalculate_indicatorsメソッドを定義しなくてもよい。そうすると、それが呼び出されたときにクラスの階層を上に登って、Ruleクラスのcalculate_indicatorsが実行される。つまり、何も実行されない。そうすることによって、プログラムを停止することなく、つつがなく処理を実行することができる。

　どこかで聞いたことのあるようなないようなことだと思った方、あることですよ。Indicatorクラスのcalculate_indicatorメソッドもまた、子クラスでオーバーライドされることを前提としたメソッドだ、というような話をした。ただ、テクニカル指標の場合ほとんど計算をすることになるので、実装を省略することはあまりないと思われる。

Indicator#calculate_indicator と Rule#calculate_indicators。名前も相当似ている。最後に s がつくかつかないかだけの差だ。テクニカル指標のほうは、基本的にひとつのクラスにひとつの指標、ということになっているので、単数形になっている。ルールのほうは、複数の指標を使うことがあるので複数形にした。細かいこだわりで、どうでもいいことなのだが。英語圏じゃあるまいし。

次に、with_valid_indicators メソッド。これは、使用するテクニカル指標が正当な値のときだけ処理を行う、という働きをするものだ。もっと端的に言えば、nil を飛ばすためのメソッドだ。

われわれの作るテクニカル指標オブジェクトには、大概、最初のほうに nil が入っている、ということをよもやお忘れではあるまい。20 日移動平均だったら、19 番目までは nil で、20 番目に最初の移動平均値が入る、ということになる。で、この最初のほうの nil を、Indicator クラスではどう扱うのだったか、こちらはさて、どのくらいの方が覚えておいでだろう。

詳細はご自分で書かれた indicator.rb を開くなり本書の Indicator クラスの章に戻るなりして確認していただきたいが、なにしろその Indicator クラスの [ ] メソッドで、値が nil の場合は :no_value というシンボルを throw する、ということをやっている。それが、今に至るまでずっと投げっぱなしだった。それを捕まえるのが、この with_valid_indicators メソッドなのだ。

```
def with_valid_indicators
  catch(:no_value) {yield}
end
```

これをどうやって使うのか、ということはこのあと 4 つの子クラスを作る中でおいおい分かっていくけれども、ひとことで言うなら

図20

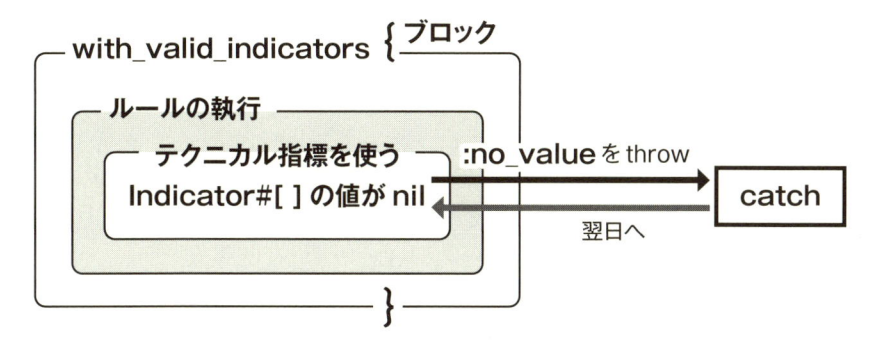

```
┌─ with_valid_indicators { ブロック
│  ┌─ ルールの執行 ─────────────────┐
│  │  ┌─ テクニカル指標を使う    :no_value を throw    ┌──────┐
│  │  │  Indicator#[ ] の値が nil ←──────────────── │ catch │
│  │  │                            翌日へ          └──────┘
│  │  └─────────────────────────┘
│  └─────────────────────────────┘
└─ }
```

「with_valid_indicators に伴うブロックの中に、ルール判断ロジックを書く」という形になる。

　動作の様子を詳しく見てみよう（図20）。

　with_valid_indicators はブロック付きメソッドだ。なぜそう分かるかといえば、yield があるからだ。そう、「yield を見たらブロックとだ思え」だ。with_valid_indicators は、必ずブロックを伴って呼び出されるのだ。

　そのブロックの中身は、仕掛けや手仕舞いが発生するかといった、ルールの執行にあたる処理になる。ルールの判断をするロジックを、この with_valid_indicators メソッドで包んでやる、とイメージしていただきたい。こんな感じに。

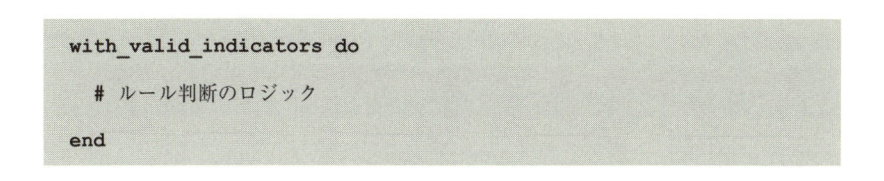

```
with_valid_indicators do
  # ルール判断のロジック
end
```

　そのルールの執行処理が、catch メソッドについているブロックの中で行われる。with_valid_indicators のブロックが、catch のブロックに渡される、というイメージだ。catch のブロックの中では、すな

453

わちルールの執行処理の中では、テクニカル指標を使うことが多いだろう。そのテクニカル指標に [ ] でもってアクセスしたとき、その値が nil ならば :no_value が throw される。その :no_value は、catch によって捉えられる。

　もし :no_value が throw され、それを catch したら何をするかといえば、特に何もしない。もうそれ以上何もせずに、処理を飛ばして翌日に移る。

　例えば次のような流れだ。ある仕掛けルールの中で、10 日移動平均という指標を使うとする。それは、9 日目まで nil が入った移動平均オブジェクトだ。その移動平均オブジェクトの 9 日目までの値を使って仕掛けを判断しようとすると、:no_value が throw される。それは、@moving_average[0] というように値にアクセスするだけでそうなるのだ。そうして :no_value が投げられると、その仕掛け判断ロジックを包んでいる with_valid_indicators メソッドによって catch され、それ以上は仕掛け判断の処理をせず、翌日に移る。1 日目（添え字は 0）だったら、2 日目（添え字は 1）に移る。そうやって、9 日目まで処理を飛ばすことになる。10 日目からは :no_value は throw されないので、それまで飛ばしていたところも実行され、仕掛けが発生するかどうか判断するようになる。

　何のためにこんなことをやっているのかといえば、「nil チェックを省くため」だ。いちいち、

```
if @moving_averega[index] == nil
```

のようなことを書かなくてもよくするためだ。

　ある日の指標の値が nil だと、[ ] でもってアクセスする時点で :no_value を throw するので、nil と何かの数値を足すというような、エラーの出る処理を行う前に次に進むことができる。

なお、この with_valid_indicators メソッドは private になっている。外部からは使えないけれども、内部では使える。そして、子クラスや孫クラスの中でも使える。ここでは、Entry、Exit、Stock、Filter の4クラスの中で使う。その4クラスの中だけで使う。そうしてさえおけば、それら4クラスを継承して作る個別具体的なルールクラスの中では自動的に nil チェックを省略することができるようになる。したがって、本章よりあとでは、もう with_valid_indicators については意識しなくてもいいのだ。

16-2　Entry

親である Rule クラスができたところで、子作りに励もう。

Rule の4つの子のうちの、まずは Entry クラスだ。仕掛けルールをクラス化するための土台となるクラスだ。さっそく lib¥rule¥entry フォルダに、entry.rb というファイルを作ってはじめよう。

■ファイル：lib¥rule¥entry¥entry.rb

```ruby
# coding: Windows-31J


require "./lib/rule/rule"


# 仕掛けルールの親クラス
class Entry < Rule
  def check_long_entry(index)
    with_valid_indicators {check_long(index)}
  end
```

```ruby
  def check_short_entry(index)
    with_valid_indicators {check_short(index)}
  end


  private
  def enter(index, price, long_short, entry_time)
    Trade.new(stock_code: @stock.code,
              trade_type: long_short,
              entry_date: @stock.dates[index],
              entry_price: price,
              entry_time: entry_time)
  end


  def enter_long(index, price, entry_time)
    enter(index, price, :long, entry_time)
  end


  def enter_short(index, price, entry_time)
    enter(index, price, :short, entry_time)
  end
end
```

　若干複雑なコードだ。Rule の４つの子の中では最も複雑だ。道を見失わないために、このあとの説明を読むときには、コードとともに図21（459ページ）をご参照いただきたい。なお、図にあるTradingSystemというのは、売買ルールを束ねて売買システムとして動かすためのクラスだ。このあと第18章で作る。

　この Entry クラスの役割ははっきりしている。「仕掛けシグナルが

あるかどうか判断する」ということ。そして「仕掛けシグナルが出れば、仕掛ける」ということ。このふたつだ。

まずは仕掛けの判断についてだが、買い仕掛けと売り仕掛けを、別々のメソッドで判断する。check_long_entry が買い仕掛け、check_short_entry が売り仕掛けだ。引数の index は、株価データやテクニカル指標の、データの位置を表す。0が1日目、1が2日目……というふうになる。(index + 1) 日目に仕掛けがあるかどうか、を判断するのがこのふたつのメソッドの役割だ。

中で、先ほどRuleクラスで作った with_valid_indicators が使われている。これによって、テクニカル指標が nil のとき、例えば10日移動平均の9日目までを使うときなどに、仕掛けの判断をするまでもなく次の日付に移行することができる。

with_valid_indicators のブロックの中にある check_long と check_short が、実際に仕掛けを判断する核となるメソッドだ。実はこれらの定義は、このEntryクラスの中をいくら探しても見つからない。じゃあどこにあるのか？

察しのいい方ならお分かりだろう、そう、Entry クラスの子クラスの、個別の仕掛けルールの中にある。いや、まだ個別のルールを書いていないからまだないんだけれども、これからできる。

ガワだけ作っといて、ロジックは個別のルールクラスで実装する、という仕組みだ。これはほかの3つのルールクラスでも使うパターンだ。われわれはこのパターンをすでに使っている。個別のテクニカル指標の calculate_indicator メソッドで指標の計算方法を実装し、実際に計算するときには親クラスである Indicator の calculate メソッドを呼び出す、というものだ。

つまり、個別の仕掛けルールを作るときには、次のようなお約束を守るのだ。

●個別の仕掛けルールクラスには、check_long メソッドと check_short メソッドを実装する

　個別の仕掛けルールクラスで check_long と check_short を実装し、実際に仕掛けの判断をするときには check_long_entry や check_short_entry を呼び出す。このような構造にする理由は、nil チェックを省くため、というただ一点だ。with_valid_indicators でロジックを包みたいのだ。

　仕掛けがあるかどうか、という判断の部分は以上のとおりだ。次に、仕掛けシグナルが発生した場合に「仕掛ける」メソッドを作る。これもまた買い仕掛けと売り仕掛けに分かれていて、それぞれ enter_long、enter_short となっている。

　これらのメソッドの中で使われているのが、enter メソッドだ。中身は、単に Trade クラスのオブジェクトを生成し、証券コードや仕掛けの値段といった情報を設定しているだけだ。われわれが本プログラムで「仕掛ける」と言った場合、要するに「トレードオブジェクトを生成すること」なのだ。

　enter_long と enter_short の違いは、enter メソッドの引数の long_short のところが、:long であるか :short であるか、というだけだ。筆者が最初にこの enter_long と enter_short のコードを書いたときには、どちらも Trade.new... とやっていたのだが、だいたい同じだからまとめよう、と思って enter メソッドを作った。まとまるところはできるだけまとめる習慣をつけるといい。私見では、適度な運動の習慣よりはずっと身につきやすい。まとめることが快感になってくる。

　それで、enter_long と enter_shrort はどこで使うのか、という点が肝心だ。それは、check_long と check_short の中で、だ。すなわちこの Entry クラスを継承して作る個別の仕掛けルールクラスのメソッドの中で、だ。enter_long は check_long で、enter_short は

図 21

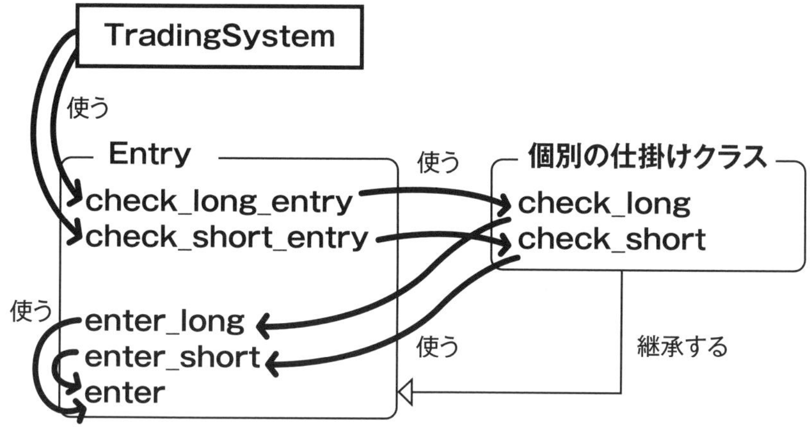

check_short で使う。仕掛けシグナルが出れば enter_long か enter_short でトレードオブジェクトを作って返すのだ。

ここで、仕掛けルールのクラスを作るときのために、ふたつ目のお約束を導入する。

● check_long と check_short では、仕掛けシグナルが発生すればトレードオブジェクトを、発生しなければ nil を返す

トレードオブジェクトか nil 以外のものを返すと混乱の元になるので気をつけたい。

メソッドの「使う」「使われる」の関係をまとめると、以下のようになる（**図 21**）。

● 外部（TradingSystem）からは check_long_entry と check_short_entry を使う
● check_long_entry の中では check_long を、check_short_entry の中では check_short を使う

● check_long の中では enter_long を、check_short の中では enter_short を使う

外部から呼び出すのは check_long_entry と check_short_entry、その他は内部（仕掛けクラスの中）で使う、ということだ。

現段階ではややこしいかもしれないが、次章で具体的な仕掛けクラスを作ってみれば感じがつかめると思う。

16-3　Exit

仕掛けの次は手仕舞い、Exit クラスを作ろう。lib¥rule¥exit¥exit.rb というファイルを作ってスタートだ。

■ファイル：lib¥rule¥exit¥exit.rb

```ruby
# coding: Windows-31J

require "./lib/rule/rule"

# 手仕舞いルールの親クラス
class Exit < Rule
  def check_exit(trade, index)
    with_valid_indicators do
      if trade.long?
        check_long(trade, index)
      elsif trade.short?
        check_short(trade, index)
      end
```

```
      end
    end


    private
    def exit(trade, index, price, time)
      trade.exit(exit_date: @stock.dates[index],
                 exit_price: price,
                 exit_time: time)
    end
  end
```

Exitクラスは、個別具体的な手仕舞いルールの土台となるクラスだ。これを継承することによって、手仕舞いルールを作るのだ。Exitクラスの役目はふたつ。「手仕舞いシグナルが出ているかどうか判断する」、そして「手仕舞いシグナルが出ていれば、ポジションを手仕舞う」ということだ。ちょうどEntryと反対だ。

コードはEntryに比べればシンプルだ。公開されるメソッドとしてはcheck_exitのみが定義されている。これは外部のクラス、すなわち後に作るTradingSystemクラスの中で呼び出されるメソッドだ。売り買い別々のメソッドを用意するのではなく、引数tradeが買いポジションか売りポジションかによって条件分岐させている。このtradeはTradeクラスのインスタンスだ。

tradeが買いポジションのときにはcheck_longが、売りポジションのときにはcheck_shortが呼び出される。例によってこれらも、ここにはないメソッドだ。どこにあるかといえば、そう、もうお分かりだ、このExitクラスを継承して作る具体的な手仕舞いルールクラスだ。

check_longとcheck_shortの中では、このExitクラスで定義するexitメソッドを使う。check_longとcheck_shortで手仕舞いシグナ

図22

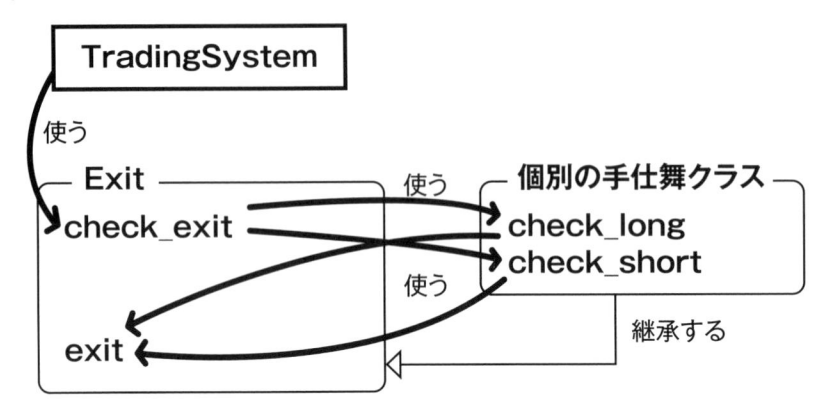

```
          TradingSystem
            │
         使う│
    ┌ Exit ──┼──────────── 使う ──→┌ 個別の手仕舞クラス ┐
    │        ↓                      │                     │
    │  check_exit ─────────────────→│  check_long         │
    │                            ┌─→│  check_short        │
    │                         使う │                     │
    │                            │  └──────┬─────────────┘
    │                            │         │継承する
    │   exit ←───────────────────┘         │
    │    ↑─────────────────────────────────┘
    └──────────────────────────────────────┘
```

ルが出ているかどうかを調べて、もし出ていれば exit で手仕舞う手はずだ。なお、exit という名のメソッドは、Ruby に元から組み込まれているし、われわれが作った Trade クラスの中にもある。この点、注意が必要だ。

どのメソッドがどこから呼ばれるのか、という関係がまたもややこしくなってきた。ちょっと整理してみよう（図22）。要点は次のとおりだ。

●外部（TradingSystem）からは check_exit を使う
● check_exit の中では、check_long と check_short を使う
● check_long と check_short の中では、Exit#exit を使う

以上から分かるように、個別の手仕舞いルールクラスを作るときには、次のようなお約束を守る必要がある。

●手仕舞いルールクラスには、check_long メソッドと check_short メソッドを実装する
● check_long と check_short では、手仕舞いシグナルが発生して

いれば、ポジションを手仕舞う

なお、Exit#check_exit のなかでも with_valid_indicators メソッドが使われている。これによって、そのブロック内でのテクニカル指標の nil チェックを省けるようになっている。check_long や check_short でテクニカル指標を使うときに、nil の値を気にすることなく手仕舞いシグナルのチェックができる。

16-4　Stop

仕掛け、手仕舞いの次はストップだ。lib¥rule¥stop フォルダに stop.rb ファイルを。

■ファイル：lib¥rule¥stop¥stop.rb

```ruby
# coding: Windows-31J


require "./lib/base"


# ストップクラス
class Stop < Rule
  def get_stop(position, index)
    with_valid_indicators do
      if position.long?
        stop_price_long(position, index)
      elsif position.short?
        stop_price_short(position, index)
      end
```

```
        end
    end
end
```

　Stop クラスは、個別のストップルールクラスの親クラスとなる。ストップとは、株価が思惑と逆に行ったときに損失を限定するために設定する、手仕舞いの値段のことだ。場合によっては、利が乗ってきたときに利益を確保するためにストップが使われることもある。

　で、Stop クラスのコードを見ていただきたいのだが、非常にシンプルになっている。get_stop というメソッドがひとつあるだけだ。引数の position というのは、Trade クラスのオブジェクトだ。Entry と Exit では trade という名前だったものだ（Trade クラスのオブジェクトは、仕掛けのときに生成され、後に手仕舞われる。その間の状態を、トレーディング用語でポジションと呼ぶ。Trade クラスのオブジェクトは、「仕掛けシグナル」「ポジション」「手仕舞ったトレード」というように、呼ばれ方または状態が変化する）。

　メソッドの中身は、例によって with_valid_indicators で指標の nil チェックを省く措置をとりつつ、買いポジションに対しては stop_price_long、売りポジションに対しては stop_price_short というメソッドでストップの値段を求めることになっている。stop_price_long と stop_price_short メソッドがどこにあるかといえば、もう大丈夫だろう、個別のストップルールクラスだ。すなわちこの Stop クラスの子クラスだ。まだない、次章で作る。（図23）

　個別のストップルールクラスを作るときには、次のお約束を守るのだ。

●ストップルールクラスでは、stop_price_long メソッドと stop_price_short メソッドを実装する

図23

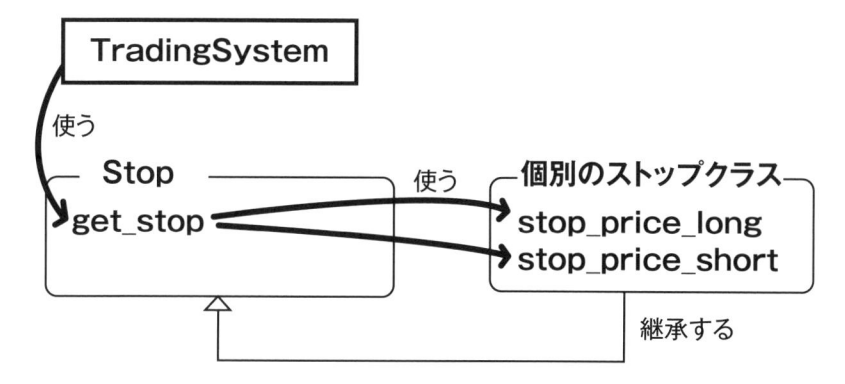

[図: TradingSystem が Stop の get_stop を「使う」。get_stop が個別のストップクラス（stop_price_long, stop_price_short）を「使う」。個別のストップクラスは Stop を「継承する」]

> ● stop_price_long によって買いポジションに対するストップを、stop_price_short によって売りポジションに対するストップの値段を計算して返値とする

　このStopクラスのコードがいくらシンプルだからといって、個別のストップルールクラスもシンプルになるとは限らない。ストップを求めるためのロジックは、やろうと思えばいくらでも複雑にできる。もちろんシンプルにできればそれに越したことはない。これはストップだけでなく、すべてのルールについて当てはまる。

16-5　Filter

　Ruleの子クラスの最後、Filterクラスだ。lib¥rule¥filter¥filter.rbというファイルを。

■ファイル：lib¥rule¥filter¥filter.rb

```
# coding: Windows-31J
```

```
require "./lib/base"


# フィルタークラス
# 仕掛けを制限する
class Filter < Rule
  def get_filter(index)
    with_valid_indicators {filter(index)}
  end
end
```

フィルターというのは仕掛けを制限するためのルールだ。例を挙げれば、「10日高値の上抜けで買い」というような仕掛けルールがあったとして、「ただし、20日移動平均が上向きなら」というようなフィルターをかけることが考えられる。

Filterクラスのコードは、Stopよりもさらにシンプルだ。get_filterメソッドがあって、中でfilterメソッドを呼んでいるだけだ。それをwith_valid_indicatorsで包んで、nilチェックを省けるようにしている。

これを継承して個別のフィルタールールを作るときには、次のふたつのお約束を守ることになる。

- ●個別のフィルタールールには、filterメソッドを実装する
- ●filterメソッドは、:no_entry、:long_only、:short_only、:long_and_shortのいずれかを返す

2番目のお約束について説明する。:no_entryというのは仕掛けシグナルが出ても仕掛けない、ということ。:long_onlyは、買いシグナルが出たときだけ仕掛ける。:short_onlyは、売りシグナルが出たと

きだけ仕掛ける。:long_and_short は、買いでも売りでもとにかく仕
掛ける。filter メソッドが返す値には、その 4 つがあるということだ。
これらによって、ある条件下では買いのみ仕掛け、別の条件下では売
りのみ仕掛ける、というような制御を行う。

　Filter クラスはあまりにシンプルなので、なくてもなんとかなると
いえばなる。ただ、システムトレーダーには、やたらとフィルター
をかけたくなる青春の一時期というのが必ず訪れる。そのときには、
Filter クラスが力になってくれることだろう。

16-6　動作チェック

Rule とその 4 つの子の動作チェックだ。check¥rule_check.rb だ。

```ruby
# coding: Windows-31J


require "pp"
require "./lib/stock"
require "./lib/base"


# Entryから仕掛けクラスを作るテスト
class MyEntry < Entry
  def check_long(index)
    enter_long(index, 100, :close) if index % 2 == 0
  end
  
  def check_short(index)
    enter_short(index, 100, :close) if index % 2 == 1
  end
```

```
end

stock = Stock.new(1000, :t, 100)
entry = MyEntry.new
entry.stock = stock
pp entry.check_long_entry(0)    #=> #<Trade:0xf94d04
                                #     @entry_date=nil,
                                #     @entry_price=100,
                                #     @entry_time=:close,
                                #     @length=1,
                                #     @stock_code=1000,
                                #     @trade_type=:long,
                                #     @volume=nil>
pp entry.check_long_entry(1)    #=> nil
puts
pp entry.check_short_entry(0)   #=> nil
pp entry.check_short_entry(1)   #=> #<Trade:0xf91ac8
                                #     @entry_date=nil,
                                #     @entry_price=100,
                                #     @entry_time=:close,
                                #     @length=1,
                                #     @stock_code=1000,
                                #     @trade_type=:short,
                                #     @volume=nil>
puts

# Exitから手仕舞いクラスを作るテスト
class MyExit < Exit
```

```ruby
  def check_long(trade, index)
    exit(trade, index, 105, :close) if index % 2 == 1
  end

  def check_short(trade, index)
    exit(trade, index, 95, :close) if index % 2 == 0
  end
end

my_exit = MyExit.new
my_exit.stock = stock
trade1 = entry.check_long(0)
my_exit.check_exit(trade1, 1)
puts trade1.entry_price #=> 100
puts trade1.exit_price  #=> 105
puts
trade2 = entry.check_short(1)
my_exit.check_exit(trade2, 2)
puts trade2.entry_price #=> 100
puts trade2.exit_price  #=> 105
puts


# Stopからストップクラスを作るテスト
class MyStop < Stop
  def stop_price_long(position, index)
    Tick.down(position.entry_price, 5)
  end
```

```
    def stop_price_short(position, index)
      Tick.up(position.entry_price, 5)
    end
end


stop = MyStop.new
trade3 = entry.check_long(0)
puts stop.get_stop(trade3, 0)    #=> 95
trade4 = entry.check_short(1)
puts stop.get_stop(trade4, 1)    #=> 105
puts


# Filterからフィルタークラスを作るテスト
class MyFilter < Filter
  def filter(index)
    case index % 4
    when 0
      :long_only
    when 1
      :short_only
    when 2
      :no_entry
    when 3
      :long_and_short
    end
  end
end
```

```
filter = MyFilter.new
p filter.get_filter(0)    #=> :long_only
p filter.get_filter(1)    #=> :short_only
p filter.get_filter(2)    #=> :no_entry
p filter.get_filter(3)    #=> :long_and_short
```

　これらはみな、継承して使うことが前提になっている。仕掛け、手仕舞い、ストップ、フィルターの個別具体的なルールを作るための土台だ。というわけで、実際に継承によって個別具体的なルールクラスを作ることをもって動作チェックとする。

　4つのカテゴリーすべてについてチェックしているのでコードは長めになっているが、やっていることは単純だ。Entry、Exit、Stop、Filter の各クラスから継承して、仕掛け、手仕舞い、ストップ、フィルターのルールをひとつずつ作っている。ここまでに述べたお約束に従って、必要なメソッドを実装する。

　メソッドの中身はごく簡単で、引数として与えた数値の剰余から仕掛けやら手仕舞いやらを判定するというようなものになっている。実用的ではない、無意味なものだが、動作確認のためにはこれで十分だ。

　最初に "pp" というライブラリを require している。それによって pp というメソッドが使えるようになる。これは p を発展させたもので、オブジェクトの中身をコマンドプロンプトに表示するのだが、そのとき、適当なところに改行を入れて見やすくしてくれる。

　この動作チェックの中では、仕掛けルールによって生成された仕掛け（Trade オブジェクト）の中身を見るのに pp を使っている。なお、このとき、1行目が #<Trade:0xf94d04 というような形になっているが、この 0x 以下の部分は実行するたびに値が変わるところなので、無視してもよい。

　このチェックコードの中で作る4つのクラスについて解説しておこ

う。

　MyEntryでは、indexの値が偶数ならば買い仕掛け、奇数ならば売り仕掛ける。

　MyExitでは、indexの値が奇数なら買いポジションを手仕舞い、偶数なら売りポジションを手仕舞う。

　MyStopは、買いポジションでは仕掛値の5ティック下、売りポジションでは仕掛値の5ティック上をストップとする。

　MyFilterは、indexを4で割った余りが0なら:long_onlyを、1なら:short_onlyを、2なら:no_entryを、3なら:long_and_shortを返す。

　このコードを実際に打ち込んで動かしてみることによって、どのようにしてルールクラスを作るのか、ということがイメージできるだろう。また、売買シミュレーションを行う様子も、おぼろげながら想像できるかもしれない。

　もし時間と意欲がおありなら、実用的でなくてもいいから、読者オリジナルのルールを作ってみて、擬似売買シミュレーションのようなことをやってみていただきたい。

第17章
売買ルールを作る

　ついに、本当に、売買ルールをオブジェクト化するときがやってきた。
　前章でRuleとその4つの子クラスを作るときに、いくつかのお約束を導入した。それらをあらためて確認しながら進めよう。お約束を守ることによって作業は円滑になる。それは、今後あらたなルールを量産するときにも役に立つだろう。お約束は、守るべき規約であると同時に、ルールの作り方のレシピでもある。
　本章で作るルールは、移動平均乖離率を使った売買システムのためのものだ。以下の6つである。

- ●移動平均乖離率による仕掛け
- ●移動平均乖離率による手仕舞い
- ●真の値幅の平均（ATR）による手仕舞い
- ●ストップによる手仕舞い
- ●真の値幅の平均（ATR）によるストップ
- ●移動平均の方向フィルター

　仕掛け1個、手仕舞い3個、ストップ1個、フィルター1個という内訳だ。
　これらによって、次のような売買システムを表現することができる。

- 終値が、n 日移動平均から x% 下に乖離したら買い仕掛ける。上に乖離したら売り仕掛ける
- m 日移動平均の方向が上向きのときは買いからだけ、下向きのときは売りからだけ仕掛ける
- 仕掛けたあと、株価が移動平均の y% 以内に戻ったら手仕舞う
- p 日 ATR の q 倍のところにストップを置く。ストップに掛かったら即座に手仕舞う

今後しばらくは、この「移動平均乖離率システム」を作ることが話題の中心になる。

17-1　すべてのルール共通のお約束

ここで、すべてのルールクラスに共通のお約束を導入する。Rule クラスの孫、すなわち Entry、Exit、Stop、Filter の子クラスは、下の規約に従うこととする。

1．initialize では各種パラメーターをセットする
2．calculate_indicators メソッドでテクニカル指標を計算する

これらについては前章では触れていない。簡単に解説しよう。
　1．は、主としてテクニカル指標を計算するため(そのほかにも、ルールのロジックに関するパラメーターもある。例えば、仕掛けや手仕舞いの時期を寄り付きにするのか大引けにするのか、といったことをパラメーターで指定することが考えられる) のパラメーターを initialize の引数で指定し、メソッド内でインスタンス変数に代入するということ。例えば移動平均をとる期間を 10 日にする、などということを指

定する。キーワード引数を使うとコードが見やすくなるだろう。

　2．は、テクニカル指標オブジェクトを new して calculate してインスタンス変数に格納せよ、ということ。

　要するに、原則としてルールクラスには initialize メソッドと calculate_indicators メソッドを実装するということだ。ただし、ルールの中にはパラメーターや指標を使わないものもあるだろう。そういうときには、これらのメソッドを実装する必要はない。

　なお、上のふたつのほかに、クラス名とファイル名に関するお約束もある。「クラス名は単語の頭を大文字で、残りを小文字で書いて単語の間を開けずにくっつけて書き（例：MovingAverageDirectionFilter）、ファイル名は全部小文字で書き、単語と単語を _（アンダースコア）で結ぶ（例：moving_average_direction_filter.rb）というものだ。テクニカル指標を作るときにも述べたとおり、これは全クラス共通の規約だ。そしてこれを守っていると、base.rb を include することによって、必要な指標クラスやルールクラスが自動的に読み込まれるようになる。

　それから、これはお約束ではないが、本書で作るルールはすべて「買いの逆が売り」になっている。例えば「10日移動平均から10%下に離れたら買い仕掛ける」という買いのルールがあったとすれば、売りは「10日移動平均から10%上に離れたら売り仕掛ける」ということになる。違いは、「下」が「上」になっているだけだ。「10日」と「10%」のところは変わらない。この数値を買いと売りで別のものにするようなコードを書くことも可能だが、本書ではシンプルさを優先する。

　また、仕掛けや手仕舞いがいつなのか、寄り付きなのか、ザラ場中なのか、大引けなのか、ということを意識していただきたい。本書ではそれを区別する。トレードオブジェクトにアクセサを使ってそれを記録する。後にシミュレーションを行うときに、必要となる情報だ。

　ルールの細かい仕様を決め、コーディングするときには、「そのルー

ルが本当に可能かどうか」をよく考えることが重要だ。「その日の安値で買う」とか「高値で売る」とかいうのは、言うのは簡単だが現実には不可能だ。始値や終値で売買することは可能だが、高値や安値では無理なのだ。

　高値や安値、そして終値は、その日の取引が引けないと決まらないので、それらから計算するテクニカル指標を使うときには、前日、またはそれよりも前の値を使うこと（ただし、大引けで仕掛けや手仕舞いを行うときにかぎっては、当日の終値まで組み込んだ指標を使うことが可能なこともある。例えば、「終値が［終値の］10日移動平均を上回ったら大引けで仕掛ける」というような場合だ。終値がいくら以上なら条件を満たすかを計算しておき、引指注文を出せばよい）。

17-2　移動平均乖離率による仕掛け

　それではひとつ目のルール「移動平均乖離率による仕掛け」を作ろう。
　まず、これがどういうルールかということを、はっきりと、きっちりと定義しておく。こういうことは最初にビシッと決めておくのが、のちのち揉めないコツだ。

●前日の終値が、n日移動平均から x% 下に乖離したら買い仕掛ける
●前日の終値が、n日移動平均から x% 上に乖離したら売り仕掛ける

　もっときっちり書くとこうなる。

●前日の移動平均乖離率 < − x　ならば寄り付きで買い仕掛ける
●前日の移動平均乖離率 > x　ならば寄り付きで売り仕掛ける

ただし移動平均乖離率とは

（終値 − n日移動平均）/ n日移動平均 * 100

　計算の部分は、第14章3節（414ページ）で作ったEstrangementクラスがおおむねやってくれる。ここでは、「< − x」と「> x」のところにさえ気をつければよい。
　仕掛けルールはEntryを継承して作るわけだが、ここで、前章で触れたEntryクラスの子クラスを作るときのお約束を思い返そう。

1．check_longメソッドとcheck_shortメソッドを実装する。
2．check_longとcheck_shortでは、仕掛けシグナルが発生すればトレードオブジェクトを、発生しなければnilを返す。

　お約束を元に、仕掛けルールのテンプレートを作ってみる。

```ruby
class 仕掛けルール名 < Entry
  def initialize(params)
    # パラメーターのセット
  end

  def calculate_indicators
    # テクニカル指標の計算
  end

  def check_long(index)
    # 買い仕掛けのチェック
    # 仕掛け発生なら、enter_long(index, price, entry_time) で
    # 仕掛ける
  end
```

```
  def check_short(index)
    # 売り仕掛けのチェック
    # 仕掛け発生なら、enter_short(index, price, entry_time) で
    # 仕掛ける
  end
end
```

共通のお約束の1、2にあたる initialize と calculate_indicators メソッド、さらに Entry の子のお約束1、2の check_long と check_short の、合計4つのメソッドがある。

以上を踏まえれば、コーディングは驚きの速さで完了する。ファイルは lib¥rule¥entry¥Estrangement_Entry.rb だ。

■ファイル：lib¥rule¥entry¥estrangement_entry.rb

```
# coding: Windows-31J

require "./lib/base"

# 移動平均乖離率による仕掛けクラス
# 前日の終値が、n日移動平均からx%離れたら寄り付きで仕掛ける
class EstrangementEntry < Entry
  def initialize(params)
    @span = params[:span]
    @rate = params[:rate]
  end
```

```ruby
  def calculate_indicators
    @estrangement =
      Estrangement.new(@stock,
                       span: @span).calculate
  end

  def check_long(index)
    if @estrangement[index - 1]  < (-1) * @rate
      enter_long(index, @stock.open_prices[index], :open)
    end
  end

  def check_short(index)
    if @estrangement[index - 1] > @rate
      enter_short(index, @stock.open_prices[index], :open)
    end
  end
end
```

initializeでは、期間（@span）と乖離率（@rate）のふたつのパラメーターをセットする。毎度おなじみ、ハッシュを利用したキーワード引数だ。newでオブジェクトを生成するときに、次のようにやることになる。

```
EstrangementEntry.new(span: 20,
                      rate: 15)
```

calculate_indicatorsメソッドでは、移動平均乖離率クラス

Estrangement を new して calculate している。これで指標の計算は終わりだ。@stock というインスタンス変数がいきなり出てきたが、これは Rule クラスで定義したアクセサでもってセットするものだ。

check_long と check_short では、仕掛けのルールを忠実にコーディングしている。不等号の向き、ならびに @rate の符号に注意しよう。check_long のほうでは、負の数を表すために、@rate に − 1 を掛けている。index - 1 というのが、「前日」を表している。

お約束 2 の、トレードオブジェクトを返す、という処理は enter_long と enter_short がやってくれる。前章、Entry クラスで定義したヤツらだ。また、同じくお約束 2 の nil を返す、というところについてだが、check_long も check_short も if 以下の条件が満たされないときには何もせず返値 nil でメソッドを終了するので、わざわざ return nil などと書く必要はない。

このようにして上のお約束はすべて満たされ、仕掛けルールのコード化は終了した。今までいろいろ準備してきたおかげで、簡単に済んだ。この日のためにわれわれは働いてきたのだ。

17-3 移動平均乖離率による手仕舞い

次は移動平均乖離率による手仕舞いだ。
これがどういうルールかということをきっちりと決める。

●前日の移動平均乖離率 ＞ -x ならば寄り付きで手仕舞う
●前日の移動平均乖離率 ＜ x ならば寄り付きで手仕舞う

条件式の部分で、仕掛けと違うところは、不等号の向きだけだ。そこさえ気をつければよい。

それでは手仕舞いルールのクラスを作るときのお約束をおさらいし

よう。

1．check_long メソッドと check_short メソッドを実装する
2．check_long と check_short では、手仕舞いシグナルが発生していれば、ポジションを手仕舞う

仕掛けのお約束とだいたい一緒、仕掛けるのか、手仕舞うのか、という差だけだ。また、テンプレートを作ってみる。

```ruby
class 手仕舞いルール名 < Exit
  def initialize(params)
    # パラメーターのセット
  end


  def calculate_indicators
    # テクニカル指標の計算
  end


  def check_long(trade, index)
    # 買いポジションの手仕舞いチェック
    # 手仕舞いが発生していれば、exit(trade, index, price, time) で手仕舞う
  end


  def check_short(trade, index)
    # 売りポジションの手仕舞いチェック
    # 手仕舞いが発生していれば、exit(trade, index, price, time) で
    # 手仕舞う
  end
```

```
end
```

　以上を踏まえ、コーディングをしよう。コードは、前節で作った仕掛けとすごく似ている。相当近寄って見ないと区別がつかないほどだ。

■ファイル：lib¥rule¥estrangement_exit.rb

```
# coding: Windows-31J

require "./lib/base"

# 移動平均乖離率による手仕舞いクラス
# 前日の終値が、n日移動平均からx%以内のとき寄り付きで手仕舞う
class EstrangementExit < Exit
  def initialize(params)
    @span = params[:span]
    @rate = params[:rate]
  end

  def calculate_indicators
    @estrangement =
      Estrangement.new(@stock,
                       span: @span).calculate
  end

  def check_long(trade, index)
    if @estrangement[index - 1] > (-1) * @rate
      exit(trade, index, @stock.open_prices[index], :open)
```

```
    end
  end

  def check_short(trade, index)
    if @estrangement[index - 1] < @rate
      exit(trade, index, @stock.open_prices[index], :open)
    end
  end
end
```

EstrangementEntryクラスとの違いだけを述べる。クラス名、継承元がExitになっているところ、不等号の向き、それとcheck_longとcheck_shortでexitメソッドを使っているところだ。コピー＆ペーストしてそこだけを変えるがよろしい。ファイル名をestrangement_exit.rb、保存先をlib¥rule¥exitにすることも忘れずに。

17-4　ストップによる手仕舞い

ふたつめの手仕舞いである、ストップによる手仕舞い、というのを作ろう。これは、株価が思惑と逆に動いてストップの値段に達したら即座に手仕舞う、というルールだ。

詳しく定義するとこうなる。

- 買いポジションの場合、その日の安値がストップ以下であれば、手仕舞う
- 買いポジションの手仕舞いは、始値がストップを割っていれば寄り付きに始値で、そうでなければザラ場中にストップの値段で行う
- 売りポジションの場合、その日の高値がストップ以上であれば、手

仕舞う
●売りポジションの手仕舞いは、始値がストップを越えていれば寄り付きに始値で、そうでなければザラ場中にストップの値段で行う

　このクラスを作ることに関しては、多少の違和感もある。ストップに掛かったら手仕舞うのはあたりまえなのだから、独立した手仕舞いルールとして作って「着脱可能」にするのはどうなのか。例えば次章で作る TradingSystem クラスのほうにこの機能をガッチリ組み込んだほうがよくはないだろうか？
　しかし、①ストップを用いないトレーディングシステムもある、②上のようなややこしいロジックは、独立したクラスにしたほうが分かりやすいコードになる、③ストップで手仕舞う方法はひとつではない（例えば、ストップに掛かったらその瞬間に手仕舞うのではなく、大引けまで待って手仕舞う、という手法が考えられる）ので、方法の取り替えが利いたほうがよい——というような理由で、ここでは独立したクラスとしてストップの手仕舞いを扱うことにする。
　ただし、実際にシステムを検証するときに気をつけなければならないのは、何らかのストップを用いるシステムでは、忘れずに、これから書く StopOutExit クラスを使うことだ。

　さて、ゴタクはこれくらいにして、コーディングにかかろう。ファイル名は stop_out_exit.rb、保存先は lib¥rule¥exit だ。

■ファイル：lib¥rule¥exit¥stop_out_exit.rb

```
# coding: Windows-31J

require "./lib/base"
```

```
# ストップアウトクラス
# 価格がストップに掛かったら手仕舞う
# ストップに掛かった瞬間、即座に手仕舞う
# 寄り付きで掛かったら寄り付きで、
# 場中に掛かったら場中に手仕舞う
class StopOutExit < Exit
  def check_long(trade, index)
    stop = trade.stop
    price = @stock.prices[index]
    return unless stop >= price[:low]
    price, time = if stop >= price[:open]
                    [price[:open], :open]
                  else
                    [stop, :in_session]
                  end
    exit(trade, index, price, time)
  end

  def check_short(trade, index)
    stop = trade.stop
    price = @stock.prices[index]
    return unless stop <= price[:high]
    price, time = if stop <= price[:open]
                    [price[:open], :open]
                  else
                    [stop, :in_session]
                  end
```

```
      exit(trade, index, price, time)
    end
end
```

　お約束であるはずの、initialize と calculate_indicators メソッドがない。それは、このクラスがパラメーターも指標も使わないからだ。そういう場合もある、と 17-1 節で述べた。

　check_long と check_short では、先ほど述べたルールの詳細を忠実にコード化している。ここまで本書を丁寧に読み、コードを手打ちしてきてくださった読者なら、これを理解するのはさほど難しくないだろう。

　check_long のほうを見ていこう。まずは、stop と price、ふたつの変数に値を代入する。そのトレードに設定されたストップの値段と、今日の株価だ。このふたつを比較することによって、ストップアウトしたか、すなわち株価がストップに掛かって手仕舞いになったかどうかを判断することになる。

　次の、

```
return unless stop >= price[:low]
```

というところは、「買いポジションの場合、その日の安値がストップ以下であれば、手仕舞う」というルールに対応する。その日の値段がストップ以下にならないときは手仕舞いは発生しないので、何もせずにメソッドを終了するのだ。

　続くコードは、ちょっと気になる書き方をしている。

```
price, time = if stop >= price[:open]
                [price[:open], :open]
```

```
    else
      [stop, :in_session]
    end
```

　これは、if以下のところが値段と手仕舞い時期というふたつの値を配列として返し、それらをpriceとtimeというふたつの変数に代入しているのだ。Rubyでは、複数の変数にいっぺんに値を入れるときにこういう書き方ができる。念のために言っておけば、ここは「買いポジションの手仕舞いは、始値がストップを割っていれば寄り付きに始値で、そうでなければザラ場中にストップの値段で行う」というルールを表している。

　check_shortのコードは、check_longとほとんど一緒だが微妙に違う。その微妙な違いを間違わないように入力していただきたい。不等号の向きと、:lowか:highか、という違いだ。全部で3カ所ある。

17-5　真の値幅の平均によるストップ

　今度はストップだ。真の値幅平均（Average True Range = ATR）によるストップ、というのを作る。前に作ったATRという指標を使って、ストップの値を決める。

　詳しくは、このようなルールだ。

- 買いポジションの場合、（仕掛値 − n日ATR * x）をストップとする
- 売りポジションの場合、（仕掛値 + n日ATR * x）をストップとする

　要するに、ATRの何倍か、値段が逆に行ったところをストップと

するということだ。

ここで、ストップルールクラスを作るときのお約束を復習しよう。

1. stop_price_long メソッドと stop_price_short メソッドを実装する。
2. stop_price_long によって買いポジションに対するストップを、stop_price_short によって売りポジションに対するストップの値段を計算して返値とする。

これらをもとにストップルールのテンプレートを作ると、こうなる。

```ruby
class ストップルール名 < Stop
  def initialize(params)
    # パラメーターのセット
  end


  def calculate_indicators
    # テクニカル指標の計算
  end


  def stop_price_long(position, index)
    # 買いポジションに対するストップの計算
  end


  def stop_price_short(position, index)
    # 売りポジションに対するストップの計算
  end
end
```

以上を踏まえたうえで、ATRによるストップ、AverageTrueRangeStopクラスを作ろう。ファイル名はlib¥rule¥stop¥average_true_range_stop.rbだ。

■ファイル：lib¥rule¥stop¥average_true_range_stop.rb

```
# coding: Windows-31J

require "./lib/base"

# 真の値幅の移動平均（ATR）に基づくストップクラス
# 仕掛値から
# 買いでは、n日間のATRのx倍、下に
# 売りでは、n日間のATRのx倍、上に
# ストップを置く
class AverageTrueRangeStop < Stop
  # :span   ATRの期間
  # :ratio  ATRの何倍か
  def initialize(params)
    @span = params[:span]
    @ratio = params[:ratio] || 1
  end

  def calculate_indicators
    @average_true_range =
      AverageTrueRange.new(@stock, span: @span).calculate
  end
```

```ruby
# 仕掛値からn日ATR(前日)のx倍下に行ったところにストップ
def stop_price_long(position, index)
  Tick.truncate(position.entry_price - range(index))
end


# 仕掛値からn日ATR(前日)のx倍上に行ったところにストップ
def stop_price_short(position, index)
  Tick.ceil(position.entry_price + range(index))
end

private
def range(index)
  @average_true_range[index - 1] * @ratio
end
end
```

　ATRというのはちょっとややこしい指標だが、前に作ったAveregeTrueRangeクラスがすべて計算してくれる。あとは、仕掛値と、ATRの何倍をとるかというパラメーターから、ストップの値段を決めればよい。

　initializeでセットするパラメーターはふたつ。期間（@span）と倍率（@ratio）だ。期間というのはATRをとる日数のこと。倍率というのは、ATRの何倍のところにストップを置くか、ということだ。

　params[:ratio] || 1という書き方で、倍率のデフォルト値を1にしている。initializeの引数として倍率を指定しないと、自動的に1になる。これによって、次の両方のやり方でオブジェクトを生成できる。

```
AverageTrueRangeStop.new(span: 20, ratio: 2)    # 倍率2倍
AverageTrueRangeStop.new(span: 20)              # 倍率1倍
```

stop_price_long と stop_price_short の中で range という private メソッドを使っている。

```
def range(index)
  @average_true_range[index - 1] * @ratio
end
```

ATR の値に、倍率を掛けている。これで、仕掛値からストップまでの値幅を計算する。

この ATR は、「前日」の値を使っている。index − 1 は前日を表す。なぜ前日のものを使うのかといえば、当日の ATR は大引け後にしか分からないからだ。本書のプログラムでは、トレードを仕掛けた瞬間、もしくは寄り前にストップの値を決める。よって、ストップで使う指標は基本的に前日またはそれよりも前のものを使うことになる。

range メソッドで求めた値幅を、買いポジションでは仕掛値から引き、売りポジションでは仕掛値に足す。さらに、買いの場合は Tick.truncate によって半端な値段を切り下げ、売りの場合は Tick.ceil で切り上げる。

計算例を出そう。仕掛値が 700 円、前日の ATR が 23.45 円、倍率 2 倍のときを考える。

買いポジションの場合
700 − 23.45 * 2 = 653.1 => 切り下げて 653

売りポジションの場合
700 + 23.45 * 2 = 746.9 => 切り上げて 747

どちらも、仕掛値からストップまでの値幅は47円となっている。ATRの値23.45の、ほぼ2倍だ。

このクラスは、仕掛値を基準にストップを計算する単純なものだが、工夫次第でさまざまなバリエーションを作ることができそうだ。例えば基準点を前日の終値や高値・安値にするとか、ポジションの保持日数が増えるに従って倍率を低くしていく、というようなことが考えられる。

17-6　移動平均の方向フィルター

最後にフィルターをひとつ作ろう。移動平均の方向フィルターだ。

どういうフィルターかというと、移動平均が上昇中のときは買いからのみ仕掛け、下降中のときは売りからのみ仕掛ける、横ばいのときは仕掛けない、というものだ。MovingAverageDirectionクラスを作るときにも言ったように、移動平均の方向は、現在の終値とそのn日前の終値を比べて、現在のほうが高ければ上昇、現在のほうが低ければ下降、同じであれば横ばいということになる。

ルールを詳しく定義しよう。

- 前日の移動平均の方向が上昇中（:up）ならば、買いからのみ（:long_only）
- 前日の移動平均の方向が下降中（:down）ならば、売りからのみ（:short_only）
- 前日の移動平均が横ばい（:flat）ならば、仕掛けない（:no_entry）

そして、個別のフィルタールールを作るときのお約束はこのようなものだった。

1．filter メソッドを実装する。
2．filter メソッドは、:no_entry、:long_only、:short_only、:long_and_short のいずれかを返す。

テンプレートを作ると、こうなる。

```
class フィルタールール名 < Filter
  def initialize(params)
    # パラメーターのセット
  end


  def calculate_indicators
    # テクニカル指標の計算
  end


  def filter(index)
    # :no_entry、:long_only、:short_only、:long_and_short の
    # いずれかを返す
  end
end
```

以上で準備は整った。手早くコーディングしよう。フォルダは lib¥rule¥filter、ファイル名は moving_average_direction_filter.rb だ。

■ファイル：lib¥rule¥filter¥moving_average_direction_filter.rb

```ruby
# coding: Windows-31J

require "./lib/base"

# 移動平均の方向フィルタークラス
# 前日の移動平均が上昇中のときは、買いからのみ入る
# 前日の移動平均が下降中のときは、売りからのみ入る
# 前日の移動平均が横ばいのときは、仕掛けない
class MovingAverageDirectionFilter < Filter
  def initialize(params)
    @span = params[:span]
  end

  def calculate_indicators
    @moving_average_direction =
      MovingAverageDirection.new(@stock, span: @span)
                            .calculate
  end

  def filter(index)
    case @moving_average_direction[index - 1]
    when :up
      :long_only
    when :down
      :short_only
```

```
      when :flat
        :no_entry
      end
  end
end
```

パラメーターは「期間」ひとつだけだ。複雑なところは何もない。

filter メソッドの中身も、case 文さえ分かれば簡単だ。上で定義したとおり、前日の移動平均の方向（@moving_average_direction[index - 1]）が :up ならば :long_only、:down ならば :short_only、:flat ならば :no_entry を返す。

:flat のときに :no_entry を返す代わりに、:long_and_short を返す、すなわち「買いも売りも仕掛ける」ようにすることもできるだろう。ここらへんは、各トレーダーの相場観による。

17-7　動作チェック

ルールクラスをひととおり作ったところで、動作確認をしよう。

テクニカル指標クラスの動作チェックも大変だが、ルールクラスのチェックも同様に大変な作業だ。著者が普段行っている通常の手順は次のようなものだ。

①ある銘柄の株価データをExcelで読み込み、必要なテクニカル指標を計算する。
②指標にルールを適用し、売買シグナルが出るかどうか、ストップやフィルターの値はどうなるか、ということをExcel関数を使って求める。
③②で求めたシグナルや値を Ruby の配列に入れる。

④売買ルールクラスのオブジェクトを生成し、①と同じデータを使ってシグナルなどの判定を行い、③の配列の中身と一致するか確かめる。

①②はExcel上で行う下準備であり、③④がRubyコードで行う作業だ。③は、WIN32OLEライブラリを使ってExcelファイルをRubyコード上で読み込むことも可能だが、Excelファイルから Rubyコードへ直接コピー＆ペーストするほうが手っ取り早い。テクニカル指標の動作チェックのときにExcelファイルを作っていれば、それをここでまた使うことができる。株価データも、そのときに短めのデータファイルを作っていればそれを使ってもよい。

それではチェックコードの例を見ていただこう。EstrangementEntry（20日、5%）の動作をチェックするものだ。

```
# coding: Windows-31J


require "./lib/base"
require "./lib/text_to_stock"


tts = TextToStock.new(stock_list: "tosho_list.txt")
stock = tts.generate_stock(8604)


est_entry = EstrangementEntry.new(span: 20, rate: 5)
est_entry.stock = stock
est_entry.calculate_indicators


real_signals = [nil,nil,nil,nil,nil,nil,nil,nil,nil,nil,nil,
nil,nil,nil,nil,nil,nil,nil,nil,:long,nil,:long,:long,:long,
```

```
:long,:long,:long,:long,:long,:long,nil,nil,nil,nil,nil,nil,
nil,nil,nil,nil,nil,nil,nil,nil,nil,nil,nil,nil,nil,nil,
nil,nil,nil,nil,nil,nil,:short,:short,nil,nil,nil,nil,nil,
nil,nil,nil,nil,nil,nil,nil,nil,nil,nil,nil,nil,nil,nil,
nil,nil,:long,:long,:long,:long,:long,:long,:long,:long,
:long,:long,:long,:long,:long,:long,:long,:long,:long,nil,
nil,nil,nil,nil,:long,:long,:long,:long,nil,nil]

real_signals.each_with_index do |real_signal, i|
  trade = est_entry.check_long_entry(i + 1) ||
          est_entry.check_short_entry(i + 1)
  signal = trade && trade.trade_type
  puts "#{signal || 'nil'}  #{real_signal || 'nil'}"
  puts "fail in data #{i}\n" unless real_signal == signal
end

puts
p est_entry.check_long_entry(0)    #=> nil
p est_entry.check_short_entry(0)   #=> nil
```

これを check¥estrangement_entry_check.rb として保存し、実行すると、

```
         .
         .
         .
nil  nil
nil  nil
```

```
nil   nil
long  long
long  long
long  long
nil   nil
   .
   .
   .
nil
nil
```

というように表示されるはずだ。"nil long"というように、左右の値が違う行があったら、それは間違いだ。

```
fail in data 33
```

というような表示が出るはずだ。

real_signalsの配列の中身についてだが、最初のほうにnilを入れることを忘れずに。この場合は、20日移動平均乖離率を使っているので、19個のnilを入れる。最初の19日間はシグナルなし、ということだ。20日目以降の値については、銘柄やデータの期間によって変わってくる。ご自身で計算していただく必要がある。

real_signals.each_with_indexのブロックの中身について。ここでは、まず、買いシグナル、または売りシグナルがあるかどうかをチェックする。もしなければsignal変数にnilが、あれば:longまたは:shortという値が入ることになる。それと、real_signalsの中身を比較して、同じならオーケーだ。

check_long_entry と check_short_entry の引数が i + 1 になっていることに注意してほしい。これは、EstrangementEntry クラスが仕掛けチェックをするときに、「前日の」移動平均乖離率を参照しているためだ。

puts ではじまる行がふたつあるが、ここでシグナルが正しいかどうかの判定を行っている。このうち 1 行目は、クラスの出したシグナルとわれわれが計算したシグナルを並べて表示するものだが、ずらずらとコマンドプロンプトを埋めてしまうので、別になくてもかまわない。先頭に # をつけてコメント行にしておき、問題が起きたときに復活させるのがよいだろう。問題が起きたかどうかは、2 行目で分かる。ここでは、何も問題がなければ、何も表示しない。便りのないのはよい便り、ということだ。

全体の最後、p ではじまる 2 行は、上のチェックを補完するものだ。上のチェックでは、check_long_entry と check_short_entry の引数として 0 が入ることがない。実際のシミュレーションでは 0 が入ることもあるので、ここでその確認をしている。どちらも、nil が返ってくればよい。

以上、ちょっとトリッキーなコードになったが、比較的シンプルに書けたのではないかと思う。ほかのクラスのチェックコードについては、長くなりすぎるため割愛するが、これを参考にしてぜひともご自身の手で書いていただきたい。それが、プログラミング力を上げるためのよい訓練になる。

そのとき注意すべきなのは、本章で各クラスに実装したメソッドと、これらのクラスを使うときに呼び出すメソッドは、違う、ということだ。呼び出すのは、前章で作った親クラスのメソッドだ。前章の各図、並びに次ページの表を参照のこと。

	実装	呼び出し
Entryの子クラス	check_long, check_short	check_long_entry, check_short_entry
Exitの子クラス	check_long, check_short	check_exit
Stopの子クラス	stop_price_long, stop_price_short	get_stop
Filterの子クラス	filter	get_filter

　前節までに実装したのは表の左側、動作チェックで呼び出すのは右側だ。なぜこういうふうにするのかといえば、そうだ、テクニカル指標の nil チェックを省くため、だ。左側のほうを呼び出すと、指標が nil のときにはエラーを出して止まる。右側を呼び出せば、指標が nil のときはこれらのメソッドも nil を返し、処理は続行される。前章の話を思い出そう。

　なお、巻末の**付録3**に、本章で作った各ルールクラスのテンプレートをまとめて掲載している。ご自身でルールクラスを書く際に活用していただきたい。

　さて、これで「売買ルールのオブジェクト化」という大きな山を越えた。万歳三唱だ。

　しかしながら、これから先、さらに2、3の山がある。ここまできてよもやお忘れではあるまい、われわれには大いなる動機づけがあることを。久しぶりに叫ぼうではないか。

絶対金持ちになってやる！！

第18章

TradingSystem クラス

　第3部シミュレーション編では、ここまで、比較的小さなクラスを作ってきた。トレーディングシステムをシミュレーションするために必要な、Trade クラスやテクニカル指標クラス、売買ルールクラスといった部品群だ。

　ここから先は、それらの部品をまとめ上げる作業に入る。ルールがシステムとして機能するようにし、シミュレーションを実行し、結果を出力する、という最後の仕上げの段階だ。

　本章では、TradingSystem クラスを作る。これは、売買ルールを管理し、システムとして機能するようにするクラスだ。仕掛けや手仕舞い、ストップの設定といった仕事をする。各種売買ルールをこの TradingSystem クラスに登録しておけば、ルールの執行はみなやってくれる。そういうクラスだ。本章が終わるころには、いよいよシステムが動き出す。

18-1　仕様

　TradingSystem クラスの主な役割は次の3つだ。

●仕掛けシグナルをチェックし、シグナルが出れば仕掛ける

●ストップを設定する
●手仕舞いシグナルをチェックし、シグナルが出れば手仕舞う

　仕掛けシグナルが出るかどうか、の判断には、フィルタールールもかかわる。よってこれら3つの役割を果たすために、仕掛け、手仕舞い、ストップ、フィルターの4カテゴリーすべてのルールを使う。

　各カテゴリーの売買ルールは、それぞれ複数、登録できるようにする。例えば仕掛けルール1個、手仕舞いルール2個、ストップルール3個、フィルタールール2個、というような構成のトレーディングシステムを作ることができる。

　複数のルールをどう扱うかは、カテゴリーによって違う。

　仕掛けは、順番にルールをチェックし、最初にシグナルが出た時点で仕掛ける。例えば仕掛けルールAと仕掛けルールBがあって、A、B、の順番で登録したとすれば、まず、Aについてシグナルをチェックし、シグナルが出ればトレードオブジェクトを返して仕掛け、Bについては評価しない。もしAでシグナルが出なければ、Bをチェックする。

　手仕舞いも同様に、登録順にチェックし、最初にシグナルが出た時点で、ポジションを手仕舞う。

　要するに、「仕掛けと手仕舞いには優先順位がある」ということだ。先にチェックしたルールでシグナルが出れば、そのあとのルールはチェックされない。複数同時にチェックするとか、場合によって順番を入れ替えるとかいうことはできない仕様となっている。

　それに対し、ストップとフィルターは、複数のルールを同列に扱う。

　ストップは、複数のルールをすべて評価した上で、「最もキツい値」を採用する。現在ポジションに設定されているストップの値と、すべてのストップルールが示すストップの値のうち、ⓐ買いポジションでは最大のものを、ⓑ売りポジションでは最小のものを新たなストップとする。

例えば、買いポジションを持っていて、現在のストップが510円、ストップルールAの示す値が503円、ストップルールBの示す値が512円であれば、そのうち最大の512円が新たなストップとなる。ストップは徐々にタイトにしていくべきである、という考えに基づく仕様だ。

フィルターでは、すべてのルールをチェックした上で、最も強くフィルターがかかるように、「最も仕掛けが少なくなるように」フィルターの値を決定する。そのアルゴリズムは実装の際に詳しく述べる。簡単に言えば、:no_entry（仕掛けず）が最も強く、:long_only（買い仕掛けのみ）と:shrot_only（売り仕掛けのみ）がその次、:long_and_short（買いも売りも）が最も弱い。各フィルタールールから返される値をつき合わせて、最も強い値をそのときのフィルターの値とするのだ。こうすることにより、フィルターをたくさんかければかけるほど、それを通り抜けられる仕掛けの数は減っていくようになる。

これら、複数のルールの扱い方は、新たなトレーディングシステムを設計する際にも影響する重要な点なので、ここでまとめておこう。

- ●仕掛けと手仕舞いは、登録順にチェックし、最初に出たシグナルを採用する
- ●ストップでは、最もキツい値を採用する
- ●フィルターでは、最も仕掛け数が少なくなる値を採用する

以上がTradingSystemクラスに盛り込むべき機能だが、そのほかに、「手仕舞いフィルター」とでも呼ぶべき、手仕舞いを制限するルールを導入できる仕組みを作りたい。それは別に新種のクラスを作るわけではなく、手仕舞いルールのひとつとして登録するものだ。そのルールに適合した場合に、そのあとの手仕舞いルールをチェックせず、「手仕舞いなし」にするのだ。詳しくは実装のときにお話しする。

18-2　実装

さて、実装だ。ファイル名は trading_system.rb、保存先は lib だ。コードはなかなかの長さになる。4つのルールカテゴリーを司り、それぞれについて複数のルールを扱うわけだから、ある程度の長さは必要だ。根気よく、欲の力を推進力にしてやっていこう。

■ファイル：lib¥trading_system.rb

```
# coding: Windows-31J


# トレーディングシステムの各ルールの管理をするクラス
class TradingSystem
  def initialize(rules = {})
    @entries = [rules[:entries]].flatten.compact
    @exits   = [rules[:exits]].flatten.compact
    @stops   = [rules[:stops]].flatten.compact
    @filters = [rules[:filters]].flatten.compact
  end


  def set_stock(stock)
    each_rules {|rule| rule.stock = stock}
  end


  def calculate_indicators
    each_rules {|rule| rule.calculate_indicators}
  end
```

```ruby
# フィルターを適用して仕掛けをチェックする
def check_entry(index)
  trade = entry_through_filter(index)
  return unless trade
  trade_with_first_stop(trade, index)
end


# ストップを設定する
def set_stop(position, index)
  position.stop = tightest_stop(position, index)
end


# 各手仕舞いルールを順にチェックし、
# 最初に手仕舞いが発生した時点で手仕舞う
# 中には、手仕舞いを制限するルールもある
def check_exit(trade, index)
  @exits.each do |exit_rule|
    exit_filter = exit_rule.check_exit(trade, index)
    return if exit_filter == :no_exit
    return if trade.closed?
  end
end


private
def each_rules
  [@entries, @exits, @stops, @filters].flatten
                                      .each do |rule|
    yield rule
```

```ruby
    end
  end


  def entry_through_filter(index)
    case filter_signal(index)
    when :no_entry
      nil
    when :long_and_short
      check_long_entry(index) || check_short_entry(index)
    when :long_only
      check_long_entry(index)
    when :short_only
      check_short_entry(index)
    end
  end


  # すべてのフィルターをチェックして、
  # 仕掛けられる条件を絞る
  def filter_signal(index)
    filters =
      @filters.map {|filter| filter.get_filter(index)}
    return :no_entry if filters.include?(nil) ||
      filters.include?(:no_entry) ||
      (filters.include?(:long_only) &&
       filters.include?(:short_only))
    return :long_only if filters.include?(:long_only)
    return :short_only if filters.include?(:short_only)
    :long_and_short
```

```ruby
  end

  # 各仕掛けルールを順にチェックし、
  # 最初に買い仕掛けが生じた時点で新規買トレードを返す
  # 仕掛けがなければnilを返す
  def check_long_entry(index)
    check_entry_rule(:long, index)
  end

  # 各仕掛けルールを順にチェックし、
  # 最初に売り仕掛けが生じた時点で新規売トレードを返す
  # 仕掛けがなければnilを返す
  def check_short_entry(index)
    check_entry_rule(:short, index)
  end

  def check_entry_rule(long_short, index)
    @entries.each do |entry|
      trade =
        entry.send("check_#{long_short}_entry", index)
      return trade if trade
    end
    nil
  end

  # 最もきついストップの値段を求める
  def tightest_stop(position, index)
    stops = [position.stop] +
```

```
      @stops.map {|stop| stop.get_stop(position, index)}
    stops.compact!
    if position.long?
      stops.max
    elsif position.short?
      stops.min
    end
  end


  # 仕掛けの際の初期ストップを設定する
  def trade_with_first_stop(trade, index)
    return trade if @stops.empty?
    stop = tightest_stop(trade, index)
    # まだひとつもストップがなければ仕掛けない
    return unless stop
    trade.first_stop = stop
    trade.stop = stop
    trade
  end
end
```

18-2-1　initialize、set_stock、calculate_indicators

　まずは、トレーディングシステムを動かすための準備をする部分を見ていこう。ルールをセットし、株価データをセットし、必要な指標を計算する。

　initializeでは、ルールをセットする。仕掛け、手仕舞い、ストップ、フィルターの各ルールだ。ハッシュを使ったキーワード引数を使う。複数のルールをセットすることができる。例えば次のようにする。

```
TradingSystem.new(
    entries:EstrangementEntry.new(span: 20, rate: 20),
    exits:  [StopOutExit.new,
             EstrangementExit.new(span: 20, rate: 5)],
    stops:  AverageTrueRangeStop.new(span: 30, ratio: 2),
    filters: MovingAverageDirectionFilter.new(span: 20))
```

　手仕舞いルールがふたつ、そのほかはひとつずつだ。ひとつのカテゴリーに複数のルールがある場合は、[ ]で囲って配列として渡す。

　なお、initializeの引数がrules = {}となっているのは、Trade.newと、何も設定せずにインスタンスを生成できるようにするためだ。そのときは、空のハッシュが自動的に引数となる。[ ]ではなく、{}であることに注意。なぜこのようにしたかというと、売買ルールを設定ファイルとして記述するときに、ある「技」を使うからだ。詳しくは第21章で。

　インスタンス変数にルールオブジェクトを代入するところが、こんなふうになっている。

```
@entries = [rules[:entries]].flatten.compact
```

　flattenとcompactという、Arrayクラスのメソッドを使っている。何をやっているかというと、「平にならしてnilを取り除く」ということ。

　flattenというのは、「配列の中の配列」を解体して、単純な配列にするメソッドだ。例を見たほうが早いだろう。

```
[1, [2, 5], 4, 8, [5, 6, 7]].flatten
```

```
#=> [1, 2, 5, 4, 8, 5, 6, 7]
```

compact は、配列の要素のうちの、nil を取り除く。

```
[1, nil, 4, 8, nil].compact   #=> [1, 4, 8]
```

どうしてこういうことをするかといえば、あるカテゴリーのルールが0個でも、1個でも、2個以上でも、「ルールの配列」として表現できるようにするためだ。配列にして、イテレータで回したいのだ。つまり、こんなふうになっていてほしいのだ。

```
[]                   # 0個の場合
[entry1]             # 1個の場合
[exit1, exit2]       # 2個の場合
```

これを実現するために、いったん配列の中に入れてから、flatten と compact で形を整えるということをやっている。

```
# 0個の場合
[nil].flatten.compact              #=> []
# 1個の場合
[entry1].flatten.compact           #=> [entry1]
# 2個以上の場合
[[exit1, exit2]].flatten.compact   #=> [exit1, exit2]
```

flatten は平らな配列に対しては何もしない。compact は nil を含まない配列に対しては何もしない。こうして、すべての場合に対応できるのだ。

次に、set_stock メソッドを見てみよう。

```
def set_stock(stock)
  each_rules {|rule| rule.stock = stock}
end
```

ecach_rules というのは、private の下のところで定義されている。

```
def each_rules
  [@entries, @exits, @stops, @filters].flatten.each do |rule|
    yield rule
  end
end
```

4つのルールカテゴリーの配列を flatten でもって平らにして、each で回している。yield があるので、ブロック付きメソッドだと分かる。要するに、自作のイテレータだ。

この each_rules を使うことによって、すべてのルールに株価データをセットしているのが set_stock メソッドだ。

calculate_indicators メソッドも、同様に each_rules を使っている。ここでは、すべてのルールについて、必要な指標の計算を行う。

18-2-2 check_entry

ここからは、TradingSystem クラスの中枢機能を作っていく。まずは仕掛けシグナルをチェックする check_entry メソッド。やることは、次のとおりだ。

●仕掛けシグナルが発生したかチェックする。そのとき、フィルター

を通り抜けているかも調べる
- シグナルが出ていなければ、メソッドを終了する（nil を返す）
- シグナルが出ていれば、トレードオブジェクトを返す。そのとき、初期ストップの値をセットする

このメソッド自体はとても短い。

```
def check_entry(index)
  trade = entry_through_filter(index)
  return unless trade
  trade_with_first_stop(trade, index)
end
```

ただし、中で使われているふたつの private メソッドがいろんな仕事をやっている。順に見ていこう。

フィルターをかける

entry_through_filter は、その日のフィルターを調べた上で、仕掛けのチェックをする。もしその日のフィルターが :no_entry を示していたら、仕掛けをチェックせず、nil を返す。:long_only なら買い仕掛けシグナルがあるかどうかをチェックする。:short_only なら売り仕掛けシグナルがあるかをチェックする。:long_and_short なら、買いシグナルと売りシグナル、両方チェックする（売り買い両方調べる場合、まず買いを調べてから、売りを調べる。この順番に特に根拠や理由はない。これを逆にすることによって、別の仕掛けが発生する場合もある。筆者の考えでは、なるべく調べる順番に依存しないルール構成にすべきだ）。

entry_through_filter の中で使われている filter_signal というメソッドが、その日のフィルターを調べるメソッドだ。ここのところは、みっちりコードが絡み合い、パッと見よく分からないかもしれない。次のようなアルゴリズムでもって仕掛けられる条件を絞っているのだ。

① :no_entry（仕掛けず）になる場合

　フィルタールールの返す値に
　a. ひとつでも nil が含まれている（指標が nil である）。
　b. ひとつでも :no_entry が含まれている。
　c. :long_only と :short_only が両方とも含まれている。

② :long_only（買い仕掛けのみ）になる場合

　①に該当せず、ルールの返す値に :long_only が含まれる。

③ :short_only（売り仕掛けのみ）になる場合

　①に該当せず、ルールの返す値に :short_only が含まれる。

④ :long_and_short（買いも売りも）になる場合

　①、②、③に該当しない。

こういうことを、|| や && 演算子を使って表している。フィルタールールが複数個あることを想定している。一番強いフィルターである :no_entry がひとつでもあれば、仕掛けない。また、指標が nil だったり、:long_only と :short_only が互いに打ち消しあっているときも仕掛けない。:long_and_short は一番弱いフィルターなので、すべてのフィルターがそれを示すときでないと売り買い両方とも許可する、という状態にはならない。

　②③④を捕捉する。②は、すべて :long_only か :long_and_short

で、:long_only がひとつは含まれている、ということ。③はすべて :short_only か :long_and_short で、:short_only がひとつは含まれているいう、ということ。④は、すべて :long_and_short ということ、それから「フィルタールールなし」のときも含まれる。

具体例を見てみよう。3つのフィルターを使っているとする。それぞれが get_filter メソッドによって返す値を配列にする。その配列から、最終的なフィルターの値をどう評価するか、だ。

```
[nil, :long_only, :long_and_short]                    #=> :no_entry
[:long_only, :long_only, :no_entry]                   #=> :no_entry
[:long_and_short, :long_and_short, :long_only]#=> :long_only
[:short_only, :short_only, ;short_only]               #=> :short_only
[:long_and_short, :long_and_short, :long_and_short]
  #=> :long_and_short
```

システムによってはフィルターを使わないこともあるだろう。そういう場合は、:long_and_short になる。フィルターをかけないということだ。フィルタールールを設定しなければ、変数 filters の値は [ ]、すなわち空の配列になる。そうすると、上記①②③すべてを通り抜けて、④へといたるのだ。[ ] に対して include? メソッドを呼び出すと、引数がなんであってもすべて false になることをご確認願いたい。

このようにしてフィルターを決定したら、check_long_entry と check_short_entry を使って仕掛けをチェックする。これらがやっているのは、@entries に入っているすべての仕掛けルールをチェックして、仕掛けが発生した時点で、仕掛けの日付や銘柄や値段などを設定したトレードオブジェクトを返す、ということだ。そしてそれ以降の仕掛けルールはチェックしない。ふたつのルールがあったとして、1番目でシグナルが発生したら、2番目はチェックしない、というこ

とだ。
　ここまでが、entry_through_filter メソッドの仕事だ。

初期ストップを設定する

　仕掛けが発生していたら、次は trade_with_first_stop メソッドの出番だ。これは、発生した仕掛けシグナル（トレードオブジェクト）に、初期ストップを設定するものだ。簡単そうなのだが、結構いろんな仕事をやっている。

①ストップルールを設定していなければ、何もせず、受け取ったトレードオブジェクトをそのまま返す。
②すべてのストップルールが返すストップの値のうち、最もキツいものを選ぶ。
③まだひとつもストップの値が返されない（指標がnilなどの理由で）のときは、仕掛けない（nilを返し、メソッドを終了する）。
④トレードオブジェクトの初期ストップ（trade.first_stop）に、②の値を入れる。
⑤トレードオブジェクトのストップ（trade.stop）に、②の値を入れる。

　順に解説する。

　①は、ストップを使わないシステムでは、ストップを設定せずそのまま仕掛け成立ということだ。
　②の最もキツいストップの選び方については、この後の set_stop の項で述べる。
　③は、ストップという安全装置を使うと決めたからには、それなしでは仕掛けないということ。逆に言えば、ひとつでもストップの値段を返すルールがあれば、それを使う。

④で trade.first_stop に値を入れるのは、R 倍数を計算したいから（11-2-2、322 ページ参照）。

⑤の trade.stop の値は、仕掛け日以降、日々変化する可能性があるものだ。

以上のように、とても煩雑な手続きを経たうえで、ようやくトレードを仕掛けることができる。仕掛けるということはそれだけ大変なことなのだという、トレーダーに対するメッセージであると受け取っていただいてかまわない。

18-2-3　set_stop

TradingSystem の 3 つの機能のうちの 2 番目、ストップを設定する、ということを実装しよう。前節でもストップの設定はやったが、あれは仕掛けの際のものだった。今度はポジションを維持していく中で、日々ストップを「動かして」いくためのものだ。

set_stop というのがそれを行うメソッドだが、中身は簡単だ。

```
def set_stop(position, index)
  position.stop = tightest_stop(position, index)
end
```

position（トレードオブジェクト）の stop 属性に、最もキツいストップを設定する、ということだ。

最もキツいストップとは何か、確認しよう。得られるストップの値のうち、買いポジションならば「最も高い値」、売りポジションならば「最も低い値」がそれになる。「得られるストップの値」と言ったけれども、その中には、各ストップルールから上がってくる値と、今現在ポジションに設定されているストップの値が含まれる。それらの

うちの、最もキツいものを選ぶのだ。ルールが示すストップの値が、現在のポジションのストップの値よりもユルければ採用しない。新しくよりキツい値が得られれば、更新する。

そういう機能を実現するのが、tightest_stop メソッドだ。まず、現在ポジションに設定されているストップと、各ストップルールが示すストップからなる配列を作る。その配列の中の値のうち、買いポジションに対しては最も高い値を、売りポジションに対しては最も低い値を返す。

初期ストップについては考慮に入れていないが、これは、最初にストップを設定したら、常にキツくなる方向でストップを動かすからだ。初期ストップのほうが現在のストップよりもキツいということは有り得ないのだ。

```
stops.compact!
```

とやっているところがあるが、これは stops の要素のうちの nil を取り除くものだ。先ほど出てきた compact と、このびっくりマーク付きの compact! の違いは、新しい配列を作って返すのか、元の配列そのものを変更するのか、ということだ。ここでは、stops 変数の中身そのものを変えている。

なぜ nil を取り除くのかといえば、nil が入っているとそのあとで使う max や min がうまく働かないためだ。なぜ nil が入る場合があるのかといえば、①仕掛けのとき、trade_with_first_stop メソッドによって初期ストップを設定するときには、まだ「現在のストップ」が設定されていない、②指標が nil であることなどによって、ストップルールがストップの値を返さないことがある、というわけだ。

18-2-4　check_exit

3つの機能の最後、手仕舞いのチェックの実装だ。check_exitメソッドだ。これは、privateのところに飛ぶこともなく、シンプルな手順になっている。

●すべての手仕舞いルールそれぞれについて
- check_exitメソッドを呼び出して手仕舞いシグナルが出ているかどうか確認する。そのとき、exit_filter変数に返値を格納する。
- exit_filterに入っている値が、:no_exitならば手仕舞いしない。それ以降の手仕舞いルールはチェックせず、メソッドを終了する。
- 上に該当しない場合は、手仕舞いが発生しているか確認し、発生していればそこでメソッドを終了する。それ以降のルールはチェックしない。

exit_filter、すなわち手仕舞いフィルターという概念を導入している。これは、Exitの子クラスだが特殊なクラスで、ある条件を満たせば、check_exitメソッドが :no_exitという値を返すものだ。つまり「手仕舞いを制限する」働きを持つ。例えば、「仕掛けてからn日間たたないと手仕舞わない」とか「移動平均が上向きのときは買いポジションを手仕舞わない」というようなルールが考えられる。

手仕舞いフィルターを使わなくてもシステムは組めるので、その場合はこのコードは無用のものである。われわれの取り組んでいる「乖離率システム」では使っていない。しかし手仕舞いフィルターを使えると大変便利なことがあるので、使える道を用意した。コードもさほど複雑にならず、効率もほとんど落とさないですむので、やって損はない。なお、手仕舞いフィルターを使ったシステムの例は、最終章で紹介する。

このメソッドの最後のところで、手仕舞ったかどうか確認するの

に trade.closed? というふうにやっている。Trade#closed? メソッドは、手仕舞いの日付と値段がトレードオブジェクトに設定されているか、を調べるものだ。手仕舞いの日付と値段が決まっていれば、それはすなわち手仕舞ったということになる。手仕舞いルールが手仕舞いシグナルを出したという証拠になる。

18-3　動作チェック

　TradingSystem クラスの実装が終わったので、動作確認をしよう。そのためには各種ルールクラスを用意する必要があるが、幸いわれわれは前章でルールクラスを作った。それらを使えばよいだろう。いよいよ、われわれのシステムが動き出す。check¥trading_system_check.rb ファイルを新規作成してスタートだ。

```
# coding: Windows-31J

require "./lib/trading_system"
require "./lib/base"
require "./lib/text_to_stock"
require "pp"

@data = TextToStock.new(stock_list: "tosho_list.txt")
@trading_system =
  TradingSystem.new(
    entries: EstrangementEntry.new(span: 20, rate: 5),
    exits:   [StopOutExit.new,
              EstrangementExit.new(span:20, rate: 3)],
    stops:   AverageTrueRangeStop.new(span: 20),
```

```ruby
      filters: MovingAverageDirectionFilter.new(span: 30))

  def simulate(code)
    stock = @data.generate_stock(code)
    @trading_system.set_stock(stock)
    @trading_system.calculate_indicators
    trade = nil
    trades = []
    stock.prices.size.times do |i|
      if trade
        @trading_system.set_stop(trade, i)
        trade.length += 1
      end
      unless trade
        trade = @trading_system.check_entry(i)
        trade.volume = stock.unit if trade
      end
      if trade
        @trading_system.check_exit(trade, i)
        if trade.closed?
          trades << trade
          trade = nil
        end
      end
    end
    trades
  end
```

```
trades = simulate(8604)
pp trades
puts
trades.each {|trade| puts trade.profit}
puts
puts "総損益 #{trades.map {|trade| trade.profit}.sum}"
```

　最初のほうは、ファイルを読み込んだり、いろいろ設定したり、要するに準備をするところだ。TradingSystem.new 以下の、ルールをセットするところを慎重に入力しよう。[ ] や , を書き落とさないように。

　simulate メソッドが、トレーディングシステムを動かすところ、売買をシミュレーションするところだ。@data や @trading_system に @ がついているのは、このメソッド定義の外でこれらのオブジェクトを生成し、メソッドの中でそのオブジェクトを使うためだ。

```
trade  = nil
trades = []
```

とやって、結果を格納する変数を初期化している。trade は1回の取引をあらわし、trades の配列にすべての取引結果を記録する。ここからいよいよシステムを動かす。

　「stock.prices.size.times do」以下のところで、売買シミュレーションをする。ブロックの中身がごちゃごちゃしているけれども、やることは以下のとおりだ。

●ポジションのストップを更新する
●買いシグナルをチェックする

●手仕舞いシグナルをチェックする
●手仕舞いしていれば、取引結果を記録する

　この手順は微妙なところだ。あらゆるシステムに対応しているとは言い難い。だが、とりあえず動作を確認するには十分だろう。ポジションを持っているかどうかでやることが違ってくるので、if trade とか unless trade というふうにしてさかんにポジションの有無をチェックしている。
　仕掛けシグナルが出たときには、「何株仕掛けるか」ということを決めている。

```
trade.volume = stock.unit if trade
```

というところだ。単純に、その銘柄の1売買単位分ポジションを取る。現実の取引では、「何株」というのはとても大事なことで、さまざまな戦略を駆使するところではあるが、本書はそこまで関与しない。売買ルールの有効性を検証するプログラムを作るのが本書の目的であり、マネーマネジメントは範囲外とさせていただく。
　そのほか、trade.length += 1 とやってポジション保持日数を1日分進めたり、最後に trade = nil とやって記録済みのトレードをクリアしたりしている。細かいことではあるが、こういうのを忘れると結構エライことになる。
　何はともあれ動かしてみていただきたい。うまくいったらなかなかの感動があるだろう。プログラムが正常に動作すれば、次のように表示されるはずだ。これは野村（8604）の2010年1月から2011年8月までのデータでシミュレーションを行った結果で、データが違えば当然結果も変わる。

```
[#<Trade:0x10c6ec0
  @entry_date="2010/09/02",
  @entry_price=475,
  @entry_time=:open,
  @exit_date="2010/09/07",
  @exit_price=479,
  @exit_time=:open,
  @first_stop=461,
  @length=4,
  @stock_code=8604,
  @stop=461,
  @trade_type=:long,
  @volume=100>,
 #<Trade:0x10c5fc0
  @entry_date="2010/10/15",
  @entry_price=450,
  @entry_time=:open,
  @exit_date="2010/10/18",
  @exit_price=422,
  @exit_time=:open,
  @first_stop=467,
  @length=2,
  @stock_code=8604,
  @stop=467,
  @trade_type=:short,
  @volume=100>]
```

```
2800

総損益 3200
```

　1年8カ月で、2度しかシグナルが出ていない。パラメーターを変えたり、もっと長いデータでやったりすればさらにずらずらと結果が表示されるはずなので、それが煩わしい場合は pp trades のところを省くなどすればよいだろう。
　銘柄やパラメーターをいろいろ変えてやってみていただきたい。トレーダーならば、やるなと言ってもやるだろう。銘柄を変えるには、

```
trades = simulate(8604)
```

の引数の証券コード番号を変えればよい。
　データ源として Pan Active Market Database を使いたいときには、最初のほうを以下のように書き換える。stock_list のフォルダ名（"./data/"）をつけるところに注意。

```
require "./lib/trading_system"
require "./lib/base"
require "./lib/pan_database_to_stock"
              # ↑ここと
require "pp"


@data = PanDatabaseToStock.new(
        stock_list: "./data/tosho_list.txt")   # ←ここ
```

　さあ、ここまでくれば、もうほとんどできたも同然だ。ただし、ま

だ不満もある。この動作チェックのコードでは手順が雑だし、詳細な成績をまとめたり記録したりする仕組みもない。もうひと踏ん張りして、さらに快適な検証ライフを追求しよう。

第19章

結果の出力

前章までで、売買ルールを作り、トレーディングシステムを組み上げる準備が整った。あとは、スムーズにシミュレーションできる環境を整えればプログラムは完成する。

本章で行うのは「結果の出力」だ。ここまでわれわれは、株価データを入力し、それをテクニカル指標クラスや売買ルールクラスで処理するということに時間を費やしてきた。しかし、シミュレーション結果の出力に関しては何も作っていないに等しい。コンピュータープログラムというものは、入力と出力があってはじめて成立する。入力→処理→出力という流れのうちの、出力の部分をここで作ろう。

手順としては、まず統計処理をする Stats クラスを作り、その後にその統計をファイルに残す Recorder クラスを作る。その過程で読者は、筆者の大いなる気遣いにふれることになるだろう。

19-1　Stats クラス

売買結果の統計を計算する Stats クラスだ。統計といっても、何も難しいことはしない。いろいろな数値の合計や平均を出すだけだ。具体的には、以下のような数値を計算する。

- ●合計損益
- ●平均損益
- ●勝ち数
- ●負け数
- ●分け数
- ●勝率
- ●プロフィットファクター
- ●合計R倍数
- ●平均R倍数
- ●合計％損益
- ●平均％損益
- ●平均保持日数

　これで十分という人もいるだろうし、物足りないという人もいるだろう。増やそうと思えばいくらでも増やせるところで、きりがない。本書ではこの程度に留めておくことにする。もっとほかの統計情報が必要ならば、読者自身の手で増やしていってほしい。

　それではさっそく実装しよう。libフォルダにstats.rbファイルを作ってスタートだ。

■ファイル：lib¥stats.rb

```
# coding: Windows-31J

require "./lib/trade"
require "./lib/array"

# Statsクラス
```

```ruby
# 取引結果から各種統計を計算
class Stats
  def initialize(trades)
    @trades = trades
  end

  def sum_profit
    profits.sum
  end

  def average_profit
    profits.average
  end

  def wins
    profits.count{|profit| profit > 0}
  end

  def losses
    profits.count{|profit| profit < 0}
  end

  def draws
    profits.count{|profit| profit == 0}
  end

  def winning_percentage
    wins.to_f / @trades.count
```

```ruby
  end

  def profit_factor
    if losses == 0
      nil
    else
      total_profit =
        profits.find_all{|profit| profit > 0}.sum.to_f
      total_loss  =
        profits.find_all{|profit| profit < 0}.sum.to_f
      total_profit / total_loss.abs
    end
  end

  def sum_r
    r_multiples.sum if r_multiples.any?
  end

  def average_r
    r_multiples.average if r_multiples.any?
  end

  def sum_percentage
    percentages.sum
  end

  def average_percentage
    percentages.average
```

```
    end

  def average_length
    @trades.map{|trade| trade.length}.average
  end

  private
  def profits
    @profits ||= @trades.map {|trade| trade.profit}
  end

  def r_multiples
    @r_multiples ||= @trades.map {|trade| trade.r_multiple}
  end

  def percentages
    @percentages ||=
      @trades.map {|trade| trade.percentage_result}
  end
end
```

　はじめに initialize で、トレード結果を @trades に格納している。これは、トレードオブジェクトの配列だ。シミュレーションした結果が渡されるのだ。場合によっては何千個、何万個にもなるだろう。

　この、トレード結果の配列である @trades に対して、Array のメソッドを使って使って使いまくって計算する。その中には、われわれが Array クラスを拡張するときに作ったメソッドも含まれる（第12章）。

いきなり private のところに飛ぶけれども、profits というメソッドから手をつけていこう。これは、すべてのトレードの損益金額を集めた配列を返す。[-10000, 140000, 36000, ...] というような感じになる。これを、クラス内のあちこちで使う。||= という、今まで何度か出てきた書き方でもって、同じ配列を何度も生成することを防いでいる。なお、profit というのは「利益」という意味だが、ここにはマイナスの場合も含まれる。つまり「損益」である。

クラスのはじめのほうに戻る。sum_profit メソッドでは、profits によって得られる損益金額の配列に対し、Array#sum を使って合計の値を出している。average_profit では Array#average を使って1トレードあたりの平均損益を出す。sum と average は、ともにわれわれが拡張したメソッドだ。あれをやっておかなかったら、ここのコードはもうちょっと複雑になっていた。

wins、losses、draws では、全取引のうちの、勝った取引数、負けた取引数、プラマイゼロの取引数を出す。そのとき、count メソッドを使っている。これは、配列の要素のうち、ある条件に合うものの数を数えるメソッドだ。その条件はブロックの中で与える（引数と同じものを数える、という使い方もある。[1, 1, 2, 3, 4, 4, 4].count(4)　#=> 3）。ブロックが真を返す要素を数えるのだ。こういうふうに。

```
[1, 3, -1, -2, 0].count {|n| n > 0}    #=> 2
```

これを使って、wins だったら profit の値がプラスのもの、losses はマイナスのもの、draws はゼロのものの数を数えている。

winning_percentage は勝率だ。勝ち数をトレード数で割っている。
profit_factor、すなわちプロフィットファクターについては、聞き慣れない方もいるかもしれない。勝ち額の合計を負け額の合計で割っ

たものだ。1を越えていれば勝っているということになる。大きいほどよい。システムの評価のときにはまずこれを見る、という人も多いだろう。

　ここでは find_all というメソッドを使っている。前にも出てきたけれども、だいぶ前なので復習すると、これは、配列の要素のうち、ブロックの値が真になるすべての要素からなる配列を返す。例えばこんなふうに。

```
[1, 3, -1, -2, 0].find_all {|n| n > 0}   #=> [1, 3]
```

　これを使って、損益金額のうち、プラスのものを集めて sum で合計し、マイナスのものを集めて sum で合計する。そしてプラスの合計をマイナスの合計で割ればプロフィットファクターができあがる。そのとき、abs メソッドでマイナスの合計の絶対値を求めている。よってプロフィットファクターは必ずプラスの値になる。また、負け数が 0 のときは nil を返すようにしている。なぜかといえば、0 で何かを割ることは禁止されているからだ（負けが 0 なんてことがあるのか？ 短期間のデータでなら、銘柄によってはあるだろう。もし、長期間、全銘柄について負け 0 の手法が見つかったら、直ちに警備会社と契約するべきだ）。

　ここまでくれば、sum_r、average_r、sum_percentage、average_percentage は難しくないだろう。それぞれ R 倍数の合計、R 倍数の平均、% 損益の合計、% 損益の平均だ。profits と同じやり方で r_multiples と percentages を実装し、sum と average で合計と平均を出す。

　ただし、R 倍数については若干注意が必要だ。ここにご注目願いたい。

```
if r_multiples.any?
```

　any? というのは、配列の中に何かまともな値が入っているか調べるメソッドだ。入っていれば true を返し、配列が空だったり nil や false しか入っていない場合には false を返す。

　r_multiples によって作られる配列が空である、つまり R 倍数がひとつもないというのは、ストップルールを使っていないときだ。また、r_multiples の配列の中に nil が入っているのは、R の値が 0、すなわち仕掛値と初期ストップが同じであるトレードが入っているときだ（11-3-3 の 333 ページ参照）。そういうときは R 倍数の合計や平均を計算しない、できない、というのがこの if 以下の意味だ。

　こうして R 倍数や % 損益の合計・平均を計算したら、残るは average_length、平均保持日数だけだ。各トレードの保持日数からなる配列を作り、average で平均を出している。
　以上で Stats クラスの実装は終了だ。

　こういったやり方に習熟すれば、自分で必要な統計数値を新たに組み込むのも難しくはないだろう。カギは Array のいろんなメソッドを使いこなすことだ。ややこしいアルゴリズムをこねくり回すことなく、あっという間に配列を料理できる。

19-2　Recorder クラス

　今度は、結果を記録するクラス、Recorder を作ろう。
　Recorder クラスは、前節の Stats クラスと密接に関連して動作し、取引の成績をファイルとして出力する。やることは次の 4 つだ。

①1銘柄の取引を記録する
②銘柄ごとの統計の一覧表を作る
③すべての銘柄のすべてのトレードを統合した統計を記録する
④設定ファイルを保存する

　①は、ある銘柄のシミュレーション結果を、ひとつのファイルとして保存するということ。トレードの仕掛けや手仕舞いの日付、値段、数量といった基礎的なことから、利益金額やR倍数などといった成績まで、1トレードを1行として記録する。銘柄の数だけファイルができる。
　②は、ある売買ルールの成績を、銘柄ごとにまとめたものだ。銘柄ごとの総損益や勝率、R倍数や％損益の合計や平均などといった各種統計を、1銘柄1行としてひとつのファイルに保存する。
　③は、ある売買ルールの総合成績だ。銘柄に関係なく全取引を一体として扱い、総損益その他すべての成績をファイルに出力する。全体の成績を1行で表す。
　④は、ルールを記述した設定ファイルを、結果保存フォルダにコピーする。結果と一緒に設定ファイルを保存しておけば、その結果がどんなルールに基づくものなのかが分かる。
　①②③は、CSVファイルとして保存する。CSVというのは「カンマ区切り」のことで、カンマ(,)で区切られたデータが保存されているのがカンマ区切りファイルだ。例えばこんなふうになっている。

取引種別,入日付,入値,数量,初期ストップ,出日付,出値,損益(円),R倍数,％損益,期間

short,2000/03/15,154,1000,161,2000/03/22,143,11000,1.5714285714285714,7.142857142857142,5 long,2000/04/25,138,1000,128,2000/05/10,144,6000,0.6,4.3478260869565215,9

short,2000/05/19,147,1000,156,2000/05/22,147,0,0.0,0,0,2

　これは上の①の銘柄ごとの取引記録の例だ。3トレードぶんを抜粋している。最初の行がヘッダーで、どんな項目が書き込まれているのかを示す。2行目以降に、データが入る。個々のデータの間はカンマで区切られている。1取引ぶんのデータの最後には改行が入る。

　CSVファイルはテキストデータなので、テキストエディタで開くことができる。このままでは見にくいが、表計算ソフトなどで開けばちゃんとした表として見ることができる。コンピューターにExcelがインストールされていれば、拡張子csvのファイルをダブルクリックすると自動的にExcelで開くようになっていることも多いだろう。CSVを表として開くことのできる無料のソフトは、ネット上にいくつも出回っている。

　このCSVファイルを扱うのに便利なクラスが、Rubyの標準ライブラリとして提供されている。そのものズバリ、「CSV」というやつだ。CSVファイルを読み書きするのに便利な機能がいろいろあるのだが、ここでは、配列を自動的にカンマ区切りにして保存する、という機能を使う。こういうふうにやる。試してみる場合は、require "csv"とやってから。

```
CSV.open("test.csv", "w") do |csv_file|
  csv_file << [1, 3, 5]
  csv_file << [2, 4, 6]
end
```

　"w"モード（書き込み）でオープンしてブロックの中で書き込む、という手順はFileクラスと同じだ。これによって、"test.csv"という

ファイルが作られる。テキストエディタで開くとこんな中身になっている。

1,3,5
2,4,6

これを使えば、配列を文字列に変換して間にカンマを入れる、といった心配をせずに、直感的にデータをカンマ区切りで保存できる。

以上を踏まえて、Recorder クラスを実装しよう。いつものように、lib フォルダに recorder.rb というファイル名で。

■ファイル：lib¥recorder.rb

```ruby
# coding: Windows-31J

require "./lib/trade"
require "./lib/array"
require "./lib/stats"
require "fileutils"
require "csv"

# 取引の記録を行うクラス
class Recorder
  attr_writer :record_dir

  def initialize(record_dir = nil)
    @record_dir = record_dir
```

```ruby
  end

# 1銘柄の取引を記録する
def record_a_stock(trades)
  code = trades[0].stock_code
  ensure_close("#{code}.csv") do
    file_name = "#{@record_dir}/#{code}.csv"
    CSV.open(file_name, "w") do |csv_file|
      csv_file << items_for_a_stock.values
      trades.each do |trade|
        one_trade = items_for_a_stock.keys.map do |attr|
          trade.send(attr) || "-"
        end
        csv_file << one_trade
      end
    end
  end
end

# 銘柄ごとの統計の一覧表の作成
def record_stats_for_each_stock(results)
  ensure_close("_stats_for_each_stock.csv") do
    CSV.open("#{@record_dir}/_stats_for_each_stock.csv",
             "w") do |csv_file|
      csv_file << stats_items.values.unshift("コード")
      results.each do |trades|
        csv_file << stats_array(trades)
                      .unshift(trades[0].stock_code)
```

```ruby
      end
    end
  end
end


# すべてのトレードの統計
def record_stats(results)
  ensure_close("_stats.csv") do
    CSV.open("#{@record_dir}/_stats.csv",
             "w") do |csv_file|
      csv_file << stats_items.values
      csv_file << stats_array(results.flatten)
    end
  end
end


# 設定ファイルをコピーする
def record_setting(file_name)
  FileUtils.cp file_name, @record_dir + "/_setting.rb"
end


# 結果保存用のフォルダを作る
def create_record_folder
  if Dir.exist? @record_dir
    puts "記録フォルダ #{@record_dir} は" +
      "すでに存在します。上書きしますか？ y/n"
    yes? {puts "上書きします"}
  else
```

```ruby
      puts "記録フォルダ #{@record_dir} は存在しません。" +
        "新しく作りますか？ y/n"
      yes? {FileUtils.mkdir_p @record_dir}
    end
  end

  private

  def items_for_a_stock
    { :trade_type => "取引種別",
      :entry_date => "入日付",
      :entry_price => "入値",
      :volume => "数量",
      :first_stop => "初期ストップ",
      :exit_date => "出日付",
      :exit_price => "出値",
      :profit => "損益(円)",
      :r_multiple => "R倍数",
      :percentage_result => "%損益",
      :length => "期間"}
  end

  def stats_items
    { :sum_profit => "総損益",
      :wins => "勝ち数", :losses => "負け数",
      :draws => "分け数",
      :winning_percentage => "勝率",
      :average_profit => "平均損益",
      :profit_factor => "PF",
```

```ruby
      :sum_r => "総R倍数", :average_r => "平均R倍数",
      :sum_percentage => "総損益率",
      :average_percentage => "平均損益率",
      :average_length => "平均期間"}
  end

  def stats_array(trades)
    stats = Stats.new(trades)
    stats_items.keys.map do |stats_name|
      stats.send(stats_name) || "-"
    end
  end

  def ensure_close(file_name)
    begin
      yield
    rescue Errno::EACCES
      puts "#{file_name} が他のプログラムで" +
      "書き込み禁止で開かれている可能性があります。" +
        "ファイルを閉じてからエンターキーを押してください。"
      while $stdin.gets
        retry
      end
    end
  end

  def yes?
    while answer = $stdin.gets
```

```ruby
      if answer =~ /^[yY]/
        yield
        break
      elsif answer =~ /^[nN]/
        puts "終了します"
        exit
      else
        puts "y（はい）か n（いいえ）でお答えください"
      end
    end
  end
end
```

　最初のほう、require で読み込むファイルの中に、"csv" がある。それともうひとつ、"fileutils" という標準ライブラリを使う。使い方は、後ほど、実際に使うときに説明しよう。

19-2-1　record_a_stock

　先ほど述べた3つの機能のうちの1番目、1銘柄の取引結果を保存するメソッド、record_a_stock からやっていこう。ここで行うことは、①ヘッダー行を書き込み、②すべてのトレードを1行に1トレードずつ書き込む、というふたつだ。「csv_file << という行が2カ所あるが、そこが書き込みを行っているところだ。

　まずは、保存するファイル名を決める。アクセサ record_dir によって指定したフォルダに、証券コードに拡張子 csv をつけたファイル名で保存する。例えば "1301.csv" というふうになる。

　処理全体が ensure_close というメソッドのブロックの中に入っているが、これについては今は気にしないでいただきたい。後ほど説明

する。CSVファイルを書き込むときに生じる例外的な状況に対処するものだ、とだけ言っておく。ここと、あとふたつのメソッドでそうなっている。

```
csv_file << items_for_a_stock.values
```

という行が、ヘッダーを書き込むところだ。

　items_for_a_stock というのは、private メソッドだ。コードを見てみると、ただハッシュを返すようになっている。ハッシュの中身は、アルファベットで書かれたシンボルをキーとし、それと同じ意味の日本語の文字列を値としている。

　例えば :trade_type というキーは " 取引種別 " という値に対応している。そしてここからがミソなのだが、キーのシンボルはみな、Trade クラスのメソッド名と同じになっている。例えば :trade_type は、Trade クラスのアクセサの中にも同じ名前のものがある。

　このハッシュにはふたつの役割がある。ひとつは値を使ってヘッダー行を作ること、もうひとつはキーを使ってトレードオブジェクトからトレード結果を取り出すことだ。

　「items_for_a_stock.values」は、配列を返す。Hash#values は、ハッシュから値の配列を取り出すメソッドだ。その中身は [" 取引種別 "," 入日付 "," 入値 "," 数量 "...(略)...," 期間 "] というふうになる。この配列を CSV オブジェクトである csv_file に与えると、先ほど出てきたCSVファイルの例の1行目のようなヘッダーが出力される。こういう具合に。

取引種別 , 入日付 , 入値 , 数量 , 初期ストップ , 出日付 , 出値 , 損益 (円),R 倍数 ,% 損益 , 期間

ヘッダーを書き込んだなら、次は取引データを書き込む。ここだ。

```
trades.each do |trade|
  one_trade = items_for_a_stock.keys.map do |attr|
    trade.send(attr) || "-"
  end
  csv_file << one_trade
end
```

record_a_stock メソッドの引数として与えられている trades は配列であり、その中身は1回1回の取引を表すトレードオブジェクトだ。それを each で回して、ごにょごにょやって、結果を表す配列を作ってから、csv_file に与えている。これで1銘柄の取引結果をすべて書き込むことができる。こんな具合に。

short,2000/03/15,154,1000,161,2000/03/22,143,11000,1.57142857142857 14,7.142857142857142,5

なに、ごにょごにょのところを詳しく知りたい？　よろしい。「items_for_a_stock.keys」でもって、今度は先ほどのハッシュの中から値の配列を取り出す。中身は [:trade_type, :entry_date, :entry_price,...] というようになっている。

これらのシンボルは、Trade クラスのメソッド名と合致している。map で回すことによってそれらを順番に send でもってトレードオブジェクトに送り、そのトレードに関するさまざまな情報、売りか買いかとか仕掛けや手仕舞いの日付、値段その他を得るのだ。そうしてできあがったトレードに関する情報の配列が one_trade に代入され、そして「csv_file << one_trade」によって csv ファイルに書き込まれる。

もしトレードオブジェクトに問い合わせた結果 nil が返ってきたら、"-"（ハイフン）で置き換えられる。「|| "-"」のところだ。値なしの結果に関しては、ファイル上に - と書き込まれるのだ。

この仕組み、「メソッド名はシンボルであらわされる」という Ruby の内部事情を利用している。また、シンボルはハッシュキーとして使うことが多い。このちょっと不思議な一致を使った、ダジャレのような技だ。

19-2-2　record_stats_for_each_stock

さて次は、すべての銘柄の結果を一覧表にしたものを出力しよう。record_stats_for_each_stock メソッドだ。先ほどと同じように、CSV クラスを使う。保存するファイル名は "_stats_for_each_stock.csv" になる。先頭に _ がついているのは、出力先のフォルダを開いて名前順で並べたときに、先頭のほうに表示されるようにするためだ。_ をつけないと、何千もの個別銘柄の結果のあとにこのファイルが表示され、一瞬「消えたか？」と焦る。そうならないための、ほんのちょっとした心遣い。

ここでもやはり、最初にヘッダー行を書き込んで、その下に1銘柄ずつ統計を書き込んでいく。できあがりはこんな感じになる。

コード,総損益,勝ち数,負け数,分け数,勝率,平均損益,PF,総R倍数,平均R倍数,総損益率,平均損益率,平均期間
1301,286000.0,74,60,3,0.54,2087.59,1.24,18.39,0.134,48.94,0.35,4.3
1305,800,5,4,1,0.5,80.0,1.96,3.18,0.31,8.4,0.84,4.2
1306,1410,5,3,0,0.625,176.25,4.0,4.44,0.55,12.12,1.51,4.0

ここではわずか3銘柄だが、実際のシミュレーションではもっとたくさんの銘柄の成績が保存されるはずだ。

private メソッドの stats_items を見ていただきたい。記録すべき統計項目を表すハッシュを返すようになっている。先ほどの items_for_a_stock と似ているが、こちらは Stats クラスのメソッドに対応している。キーのシンボルが、Stats のメソッド名と合致する。先ほどと同様に、値を使ってヘッダー行を生成し、キーを使って Stats クラスから統計情報を引き出す。

これを踏まえて、record_stats_for_each_stock メソッドのコードを見てみよう。ここでもまだ、ensure_close は気にしない。

```
csv_file << stats_itemss.values.unshift("コード")
```

のところが、ヘッダー行を書き込んでいるところだ。若干イカツい。unshift というのは、配列の先頭に要素を追加するメソッドだ。例えばこういうふうに。

```
[1, 2, 3].unshift(0)   #=> [0, 1, 2, 3]
```

つまり、ここでは統計情報の項目が入った配列の先頭に、"コード" という文字列を追加している。できあがる配列は ["コード", "総損益", "勝ち数", "負け数", ...] というふうになる。この配列を、<< でもって csv_file に渡すと、カンマ区切りとしてファイルに書き込まれる。このように。

コード,総損益,勝ち数,負け数,分け数,勝率,平均損益,PF,総R倍数,平均R倍数,総損益率,平均損益率,平均期間

その下のところ、「results.each ..」以下で各銘柄の統計を1行ずつ書き込んでいる。この record_stats_for_each_stock メソッドの

引数である results は、「配列の配列」になっている。[[trade1_1, trade1_2,...], [trade2_1, trade2_2],...] と、こういう感じだ。配列の中のひとつの配列は、1 銘柄の取引結果を表すトレードオブジェクトの集まりになっている。それが何銘柄ぶんも集まって、大きな配列を形作る。

配列の中の配列である 1 銘柄ぶんの結果を、each でもって順番にブロックに渡している。ブロックの中で、ファイルに結果を書き込んでいるのがここだ。

```
csv_file << stats_array(trades).unshift(trades[0].stock_code)
```

これもイカツめだ。private メソッドの stats_array では、前節の Stats クラスを使って各種統計を取得している。

```
def stats_array(trades)
  stats = Stats.new(trades)
  stats_items.keys.map do |stats_name|
    stats.send(stats_name) || "-"
  end
end
```

この中で、stats_items で作られるハッシュの、キーの配列 [:sum_profit, :wins, :losses,...] が使われている。それぞれのシンボルは Stats クラスのメソッド名に合致しているので、send でもって Stats オブジェクトに問い合わせることによって必要な統計数値が得られる手はずになっている。

このようにしてできた統計数値の配列の先頭に、unshift でもって証券コードの番号を追加すれば、ファイルに書き込むべき 1 銘柄ぶんの統計情報ができあがる。あとは例によって << でもって cvs_file に

渡してやれば、滞りなく書き込める。こんな具合に。

1301,286000.0,74,60,3,0.54,2087.59,1.24,18.39,0.134,48.94,0.35,4.3

19-2-3　record_stats、record_setting

　次は総合成績を出力するメソッド、record_stas だ。すべての銘柄のすべてのトレードを1行で記述する。大がかりではあるが、単純だ。ファイル名は "_stats.csv"、記録する項目は先ほどの銘柄ごとの一覧表と同じ（証券コードは除く）だ。例によって ensure_close はまだ気にしない。

```
csv_file << stats_items.values              #=> ヘッダー
csv_file << stats_array(results.flatten)    #=> データ
```

　これだけですべての書き込みが完了する。results というのは、先ほどと同じように、銘柄ごとの取引結果の配列を要素とする配列、「配列の配列」だ。flatten でもってその入れ子構造を平らにならしてから、stats_array メソッドに渡してやれば、「全銘柄の全取引の総合成績」が出てくる。

　実際のシミュレーションのときに、この results の中にはどのくらいのトレード数が収まっているのだろうか。扱う銘柄が 1000 や 2000 はあって、1 銘柄平均 100 トレードほどの仕掛けがあるとすれば、10 万や 20 万にはすぐになってしまう。メモリーが足りるか一瞬不安になるが、1 個 1 個のトレードオブジェクトは小さなものなので、ギガバイト単位のメモリーを積んでいる今のパソコンなら屁でもない。

　さて次に、設定ファイルのコピーを行うコードを書こう。record_setting メソッドだ。設定ファイルというのは、売買ルールを記したファイルなのだが、詳しいことは後の章のお楽しみとする。これを結

果保存フォルダにコピーしておいて、他日参照できるようにしようという企画だ。

そのためには、FileUtils という標準ライブラリを使う。組み込みの File クラスでもコピーはできるが、少々めんどくさい。FileUtils なら、cp メソッド一発で簡単にコピーできる。

```
def record_setting(file_name)
  FileUtils.cp file_name, @record_dir + "/_setting.rb"
end
```

cp の第1引数がコピー元、第2引数がコピー先だ。"_setting.rb"（拡張子からも分かるとおり、設定ファイルを Ruby コードとして書く予定だ）というファイル名を付けてコピーする。file_name というのが元の設定ファイル名だが、ここには何が来るか、現時点では分からない。何か売買システムを表すような名前になっているはずだ。

19-2-4　create_record_folder

これで、はじめに約束した4つの機能は作り終えた。ここでさらに、筆者の気遣いが炸裂する、老婆心が爆発する機能を作りたい。それは、結果保存用のフォルダを作る、というものだ。create_record_folder メソッドだ。

ただ単にフォルダを作るだけならどうってことないのだが、そのときに、ユーザー、すなわちあなたに問いかけるのだ。こんなふうに。

「そのフォルダはすでに存在します。上書きしますか？」
「そのフォルダは存在しません。新しく作りますか？」

これは、筆者自身の悲しい経験に基づいて作られた機能だ。前と同

じフォルダに保存したためにせっかくやったシミュレーション結果が別の結果で上書きされてしまったり、同じルールで何回もシミュレーションしてしまったりという……。まあ、このくらいの機能はよくあるといえばよくある、まともなソフトならなくてはならないものなのだが。

　こういう処理、なかなか神経を使う。ユーザー様の、つまり自分様の大切なデータを台無しにするかどうかの分かれ道なのだ。create_record_folder メソッドでやっているのはこういうことだ。

@record_dir で指定されたフォルダがすでに存在する
→ 上書きするか問う
→ 答えが「はい」ならプログラム続行、上書きする
　　答えが「いいえ」なら終了する

@record_dir で指定されたフォルダが存在しない
→ 作成するか問う
→ 答えが「はい」なら作成し、プログラム続行
　　答えが「いいえ」なら終了する

　ユーザーが「上書きしない」とか「フォルダを作成しない」と答えたなら、それはすなわちシミュレーションを続行しないという意思表示と見なし、プログラムを終了する。

　問いに対しては、コマンドプロンプトに文字を打ち込むことで答える。「はい」なら y、「いいえ」なら n と打ち込んでエンターキーを押す。そのあたりの処理をしているのが、yes? という private メソッドだ。

　yield があるから、yes? はブロック付きメソッドだ。コマンドプロンプトからユーザーの答えを受け取り、答えが「y」(はい) ならブロックの中身を実行する。「n」(いいえ) ならプログラムを終了する。そ

れ以外なら、y か n で答えるように促し、正しい答え方がなされるまで待ち続ける。

```
while answer = $stdin.gets
```

というところがミソだ。$stdin というのは、「標準入力」を表す変数（$ で始まる変数を「グローバル変数」という。プログラムのどこからでも参照できる。Ruby にはあらかじめ定義されたグローバル変数がたくさんあり、$stdin はそのひとつ）だ。何もいじっていなければ、コマンドプロンプトからの入力を表す。コマンドプロンプトからユーザーが入力した文字を answer 変数に代入せよ、ということだ。while で、それを繰り返せ、と言っている。終了条件を明示しなければ、永久に繰り返す。

　ユーザーがコマンドプロンプトから y または n を入力すれば、繰り返しは止まる。y のときは、yield でブロックを実行し、break で while ループから抜ける。n のときは、「終了します」と表示してから、exit でプログラムの実行を終了する。

　答えの判定には、正規表現を使う。/^[yY]/ となっているから、「はい」は y でも Y でもよい。同様に、/^[nN]/ で判定されるので、「いいえ」は n でも N でもよい。もっと正確に言えば、y か Y、n か N ではじまる文字列ならなんでもよい。だから yes とか No という答えも受け付けられる。ただし「いいえ」のつもりで yada とか yamero と入れても「はい」の意味に取られてしまうという弊害はある。

　これらに当てはまらない答えを入力したならば、

「y（はい）か n（いいえ）でお答えください」

と表示して、再び入力待ちの状態になる。正しい答えが入力されるま

で、何回でも繰り返しこの文が表示されることになる。完璧ではないにしても、なかなかの親切設計なんじゃないかと思う。おせっかいが過ぎるかもしれないが。

で、yield のところで実行されるブロックの中身はどうなっているか。再び create_record_folder メソッドを見てみよう。記録フォルダが存在するときは、「上書きします」と表示することになっている。フォルダが存在しないときは、フォルダを作る。このように、同じ y という答えでも、どの質問に対する答えかで動作を変えたいので、ブロックを使っている。

ここでまた FileUtils が出てきた。今度は mkdir_p メソッドだ。これは、何階層にもわたるフォルダをいっぺんに作るメソッドだ。例えば、

```
FileUtils.mkdir_p "results/estrangement/ver1"
```

というふうにやれば、results フォルダとその中にある estrangement フォルダ、さらにその中にある ver1 フォルダが作られる。よって、@record_dir で指定するフォルダは、階層が深くなっても大丈夫だ。

以上で、create_record_folder メソッドは完成だ。

19-2-5　ensure_close

と、ここまでやって、ようやく ensure_close が登場する。CSV ファイルを保存するときに、その処理をくるんでいたメソッドだ。さんざんじらしたが、ここでその全貌を明かそう。ここにもまた、筆者の老婆心がほとばしる。

ensure_close メソッドは、「ファイルのロック」を捉える。書き込もうとしたファイルが、書き込み禁止の状態であるときに警告を発する。書き込み禁止が解除されてから書き込むのだ。begin 〜 rescue 〜 end の構文を使って、Errno::EACCES というタイプのエラーを捉

えることによってそれを実現する。yieldのところで実行されるブロックの中身に、ファイル書き込みを伴う処理がくる。

　これもまた、筆者自身の悲しい歴史が作らせた機能だ。_stats.csv などの結果ファイルを Excel で開いて見ているとき、シミュレーションの設定にミスがあったことに気づいたとする。やり直しだ。上書きしますか？　の問いに y と答えてシミュレーション開始、しかし、最後の最後に "Permission denied ... Errno::EACCES" というようなエラーが出て止まる。それまでやってきたシミュレーションが台無しだ。

　Excel でファイルを開いていると、そのファイルは書き込み禁止になる。そこに、われわれの Ruby プログラムで上書きしようとすると、書き込み禁止違反のエラーが出てしまう。記録ファイルを CSV にして Excel で開きやすくしたのがアダとなった格好だ。ほかのソフトでもなることがあるが、筆者の場合はこのエラーを食らう原因のほとんどが Excel だった。

　警告のメッセージはこんなふうにしてみた。

「_stats.csv がほかのプログラムで書き込み禁止で開かれている可能性があります。ファイルを閉じてからエンターキーを押してください。」

　「ほかのプログラム」というのは暗に Excel のことを指していると思っていただいてもかまわない。Excel で開いている _stats.csv（や他の結果ファイル）を閉じてから、コマンドプロンプトに戻ってエンターキーを押す。これが、このメッセージが出たときの行動の第一候補だ。

```
while $stdin.gets
  retry
end
```

というところで、コマンドプロンプトから何らかの入力を受け取ってはretryでbeginのところに戻る、というのを繰り返す。retryは、begin～rescue～endを最初からやり直せ、という命令だ。yieldによって再びファイルを書き込もうとして、何事もなく書き込めればよし、ファイルがロックされているというエラーがまた出れば、同じ警告をまた出す。うまく書き込めるまでこれを繰り返す。

そんな心配は無用である、と思われるかもしれない。取り越し苦労で終わればいいが、さほどのコストもかけずに用心できるのなら、それに越したことはない。当局の監視の下、顧客の注文を取り次ぐ証券会社のシステムなんかに比べれば、だいぶ安上がりであろう。

以上で機能の実装は終わりだが、おせっかいついでに実運用上のヒントをお授けしよう。

もしもっといろいろな統計データが欲しくなったら、まずStatsクラスにメソッドとして実装する。そして、Recorderクラスのstats_itemsメソッドにその新しいメソッド名をキーとし、その日本語訳を値とする組み合わせを追加する。

例えばR倍数に基づくプロフィットファクターを追加したいなら、まずStatsクラスにprofit_factor_r_multipleメソッドを加える。それから「:profit_factor_r_multiple => "PF・R倍数"」を、Recorder#stats_itemsのハッシュのどこかに、例えば「:profit_factor => "PF"」の後ろあたりに入れる。そうすると、次にシミュレーションするときには、結果ファイルのその位置に新たに"PF・R倍数"という項目が加わることになる。

19-3　動作チェック

お楽しみの動作チェックだ。ますますシステムが動く様が実感できるだろう。

チェック用のコードだが、ほぼ前章の trading_system_check.rb を流用する。これを recorder_check.rb という別名で保存し、ちょこちょこっと変えればよい。

最初のほうに 1 行加える。そのあとの部分から simulate メソッドの終わりまでは同じ。そして最後のところを Recorder クラスを使って記録するように変える。変える箇所を強調して示す。

```
# coding: Windows-31J


require "./lib/trading_system"
require "./lib/recorder"
require "./lib/base"
require "./lib/text_to_stock"
require "pp"


@data = TextToStock.new(stock_list: "tosho_list.txt")
@trading_system =
  TradingSystem.new(
    entries: EstrangementEntry.new(span: 20, rate: 5),
    exits:   [StopOutExit.new,
              EstrangementExit.new(span:20, rate: 3)],
    stops:   AverageTrueRangeStop.new(span: 20),
    filters: MovingAverageDirectionFilter.new(span: 30))
```

```ruby
def simulate(code)
  stock = @data.generate_stock(code)
  @trading_system.set_stock(stock)
  @trading_system.calculate_indicators
  trade = nil
  trades = []
  stock.prices.size.times do |i|
    if trade
      @trading_system.set_stop(trade, i)
      trade.length += 1
    end
    unless trade
      trade = @trading_system.check_entry(i)
      trade.volume = stock.unit if trade
    end
    if trade
      @trading_system.check_exit(trade, i)
      if trade.closed?
        trades << trade
        trade = nil
      end
    end
  end
  trades
end

recorder = Recorder.new
recorder.record_dir = "result/test"
```

```
recorder.create_record_folder
recorder.record_setting(__FILE__)

results =
  [4063, 7203, 8604].map do |code|
    simulate(code)
  end

results = results.reject {|trades| trades.empty?}

results.each do|trades|
  recorder.record_a_stock(trades)
end
recorder.record_stats_for_each_stock(results)
recorder.record_stats(results)
```

少し解説を加える。__FILE__ というのは、現在のソースファイル名を表す。つまり、この "recorder_check.rb" だ。本来は record_setting の引数には設定ファイルの名前が入るのだが、まだ設定ファイルがないので、便宜的に実行ファイル名を入れる。保存される _setting.rb ファイルは、この recorder_check.rb と同じ中身になる。

```
results = results.reject {|trades| trades.empty?}
```

は、1回もトレードのなかった銘柄のデータを取り除くためのコードだ。reject は、配列から、ブロックの中身が真を返す要素を取り除くものだ。その次のところで record_a_stock メソッドに空の配列を渡してしまうとエラーが出るのでこうしている。

では、動かしてみよう。フォルダを作るかどうか問うてきたらしめたものだ。すかさず y を押してリターン。すると、result フォルダの中に test フォルダが出現する。中を見てみると……

_setting.rb

_stats.csv

_stats_for_each_stock.csv

4063.csv

7203.csv

8604.csv

できた！！　こんなふうにファイルが並んでいれば成功だ。ファイルを開いて中身を確認し、ちゃんとできていたならば、思う存分ニタついていただきたい。ここまで頑張ってきたあなたには、調子に乗る権利がある。

　何度もやってみよう。次にやるときには、フォルダがすでに存在するけれども上書きするか、と問うてくるはずだ。y で上書き、n で終了、両方試してみよう。test フォルダを削除してからまたやってみよう。y n 両方試してみよう。

　[4063, 7203, 8604] という配列に証券コードを足して、銘柄を増やしてみてもよい。Excel がインストールされているなら、CSV ファイルのどれかを開いた状態で実行してみよう。ファイルが書き込み禁止であるとの警告は出るだろうか。Excel でファイルを閉じてからコマンドプロンプトに戻ってエンターキーを押し、ちゃんと上書きされるか確かめよう。

　これらのテストに成功したならば、結果の出力は完璧だ。いよいよすべてを統合する最後のクラス、Simulation へと進もう。

第20章

Simulation クラス

ついに、すべてを統合するときがきた。Simulation クラスだ。

Simulation クラスは、トレーディングシステムのルールに従って売買シミュレーションを行い、その結果を記録する。本プログラムのユーザーであるわれわれは、このクラスを入り口としてトレーディングシステムの検証を行うことになる。

20-1 仕様

この Simulation クラスがやることは、大きく言って次のふたつだ。

① 1銘柄のシミュレーションを行う。
② 銘柄リストの全銘柄のシミュレーションを行う。

多数の銘柄を扱うときにはそれなりの処理をしなければならないが、本質的には①と②に大きな違いはない。①はどちらかといえばおまけのようなものであって、本当に使いたいのは②のほうだ。

このクラスのキモとなるのは、1日1日のシミュレーションの手順だ。本プログラムのウリのひとつである「ザラ場での仕掛け」を実現するために、細やかな配慮が必要となる。また、「ポジションがある

ときには仕掛けない」という仕様にもなっていて、それが手順に影響を与えている。

　1日の取引時間を「寄り付き」「ザラ場」「大引け」の3つに分ける。その3つのそれぞれで、ポジションを取る、ポジションを手仕舞う、という判断をする。つまり、このようになる。

寄り付き
　●仕掛けの判断
　●手仕舞いの判断

ザラ場
　●仕掛けの判断
　●手仕舞いの判断

大引け
　●仕掛けの判断
　●手仕舞いの判断

　1日に3回、仕掛けや手仕舞いのチャンスがあるということになる。逆に言えば3回しかない。1日のうち、はっきり値段やその順番が決められるのがこの3つのタイミングだけだからだ。
　4本値でいえば、寄り付きには始値、大引けには終値で売買すると確定できる。ザラ場で売買する場合は、高値と安値の間のどこかで約定する、と考えることができる。しかし、高値や安値は約定のタイミングとしては使えない。それらがいつになるかは、取引が進行中には分からないからだ。
　また、場中に起こることの順番は、「寄り付きのあとにザラ場があり、ザラ場のあとに大引けがある」ということしか分からない。ザラ場中

につけた価格 A と価格 B は、どちらが先か分からない場合がある。

　例えば 4 本値が 100、105、90、95 の日があったとする。始値 100 円と終値 95 円では、100 円が先、ということがはっきりしている。しかし高値 105 円と安値 90 円では、どちらが先に来たのか分からない。ザラ場中には高値 105 円と安値 90 円の間を株価が動いたとは分かるが、その間の 103 円と 98 円のどちらが先かは確定できない。現実には、1 日の間に価格が何往復も上下動することがあるので、どちらが先と仮定してもいい場合もある。しかしシミュレーションの段階でそれをあてにすることはできない。

　実際にシステムを組むときには、この「3 度の取引機会」を意識する必要がある。例えばデイトレードシステムを検証するときには、ⓐ寄り付きで仕掛けてザラ場または大引けで手仕舞う、ⓑ寄り付きやザラ場で仕掛けて大引けで手仕舞う —— ということが可能だ。

　しかしザラ場で仕掛けてザラ場で手仕舞うようなデイトレードを検証するときには、慎重に考えなければならない。上記のとおり、日中の値動きの中で、あるふたつの値段の時間的な前後関係が確定できない場合があるからだ。現実には仕掛値よりも手仕舞い値のほうが先だったかもしれないのだ。これは、普通の 4 本値のデータを使っているかぎり、どんなプログラムを組もうと生じる制限だ。

　それから、取引記録についてちょっとした選択ができるようにしたい。全銘柄の全取引を記録するかどうか、ということを選択できるようにするのだ。Recorder クラスによって作られる "1301.csv" というようなファイルのことだ。これを全部ファイルとして保存すると、大変な数になる。保存に必要なディスク容量も馬鹿にならない。何通りものルールを試すときには、特にそうだ。個別銘柄の売買記録は必要ない、統計処理をした _stats_for_each_stock.csv や _stats.csv があれば十分だ、という方のために、保存しないことを選択可能にする。ただしデフォルトは「保存する」ということにする。

20-2　実装

それではコーディングに入ろう。libフォルダにsimulation.rbを作ってスタートだ。

■ファイル：lib¥simulation.rb

```ruby
# coding: Windows-31J


require "./lib/trading_system"
require "./lib/recorder"


# 売買シミュレーションを行うクラス
class Simulation
  def initialize(params = {})
    @trading_system = params[:trading_system]
    @data_loader    = params[:data_loader]
    @recorder       = params[:recorder]
    @from           = params[:from]
    @to             = params[:to]
    @record_every_stock =
      if params[:record_every_stock] == false
        false
      else
        true
      end
  end
```

```ruby
# 1銘柄のシミュレーションを行う
def simulate_a_stock(code)
  set_dates_to_data_loader
  stock = @data_loader.generate_stock(code)
  simulate(stock)
  @recorder.record_a_stock(@trades) unless @trades.empty?
end

# すべての銘柄のシミュレーションを行う
def simulate_all_stocks
  results = []
  set_dates_to_data_loader
  @data_loader.each_stock do |stock|
    simulate(stock)
    puts stock.code
    next if @trades.empty?
    if @record_every_stock
      @recorder.record_a_stock(@trades)
    end
    results << @trades
  end
  @recorder.record_stats_for_each_stock(results)
  @recorder.record_stats(results)
end

private

def set_dates_to_data_loader
  @data_loader.from = @from
```

```ruby
    @data_loader.to   = @to
  end

  def simulate(stock)
    @trading_system.set_stock(stock)
    @trading_system.calculate_indicators
    @trades = []
    @position = nil
    @unit = stock.unit
    stock.prices.size.times do |index|
      @index = index
      before_open
      at_open
      in_session
      at_close
    end
  end

  def before_open
    @signal = nil
    return unless @position
    @position.exit_date = nil
    @position.exit_price = nil
    @trading_system.set_stop(@position, @index)
    @position.length += 1
  end

  def at_open
```

```ruby
    take_position(:open)
    close_position(:open)
  end

  def in_session
    take_position(:in_session)
    close_position(:in_session)
  end

  def at_close
    take_position(:close)
    close_position(:close)
  end

  def take_position(entry_time)
    return if @position
    @signal ||= @trading_system.check_entry(@index)
    return unless @signal
    if @signal.entry_time == entry_time
      @position = @signal
      @position.volume = @unit
      @signal = nil
    end
  end

  def close_position(exit_time)
    return unless @position
    unless @position.closed?
```

```
      @trading_system.check_exit(@position, @index)
    end
    return unless @position.closed?
    if @position.exit_time == exit_time
      @trades << @position
      @position = nil
    end
  end
end
```

initialize メソッドでは、今まで作ってきたクラスと同様に、各種設定をする。今まで作ってきたクラスを使って設定する。@trading_system には TradingSystem クラスのインスタンスが入る。@data_loader は TextToStock か PanDatabaseToStock、@recorder は Recorder だ。@from と @to は、シミュレーションするデータの開始日と終了日を表す日付の文字列（"2010/01/04" のような）だ。@record_every_stock というのは、個別銘柄の取引を記録するかどうか、という選択で、true か false が入る。

引数を params = {} とすることによって、何も設定せずにインスタンスを生成できるようにしている。TradingSystem の実装のところでも言ったが、設定ファイルを書きやすくするある技のためにこうしている。詳しくは次章で。

initialize メソッドの中で、@record_every_stock を設定するところだけがちょっとややこしい。何も指定しなければ、個別銘柄のファイルを「保存する」、すなわち true が入るようにしたい。

```
@record_every_stock = params[:record_every_stock] || true
```

と、いつものように || のあとにデフォルト値を置く書き方ができればいいのだが、あいにくこれではうまくいかない。なにも指定しないとき、params[:record_every_stock] は nil を返す。つまり「偽」だ。|| の左が偽だと、自動的に右の値を返すので、@record_every_stock には true が入る。ここまではいい。

ファイルを「保存しない」と明示的に指定した場合、params[:record_every_stock] には false が入っているはずだ。false もまた偽だ。よって || の右側の true が返される。つまり、false を指定すると、true になる。おや。

というわけで、if 〜 else 〜 end を使っている。ダサいんだけれども、確実だ。

20-2-1　simulate

これから、1銘柄のシミュレーションを行う simulate_a_stock と、すべての銘柄のシミュレーションを行う simulate_all_stocks のふたつのメソッドを作っていくのだが、その前に、それらの中で使われる simulate メソッドについて詳しく見てみることにする。private メソッドではあるが、これこそが Simulation クラスの中核だ。

simulate メソッドでやるのは以下のことだ。

- TradingSystem クラスのインスタンスである @trading_system に株価データをセットし、必要な指標を計算する
- トレードオブジェクトを格納する配列 @trades を初期化する
- @position に nil を入れ、「ポジションなし」の状態にする
- @unit に、その株の売買単位を入力する
- 日々の株価データについて、「寄り前」「寄り付き」「ザラ場」「大引け」の処理をする

最後のところが重要だ。寄り前、寄り付き、ザラ場、大引けの4つを、それぞれ別のメソッドで処理する。before_open、at_open、in_session、at_close の4つだ。
　寄り前の処理である before_open メソッドでは、シグナルやポジションの更新作業を行う。すなわち次の4つだ。

①前日に出た仕掛けシグナルをリセットする
②前日に出た手仕舞いシグナルをリセットする
③ポジションのストップを更新する
④ポジションの保持日数を1日増やす

　シグナルが出ても、執行されるとは限らない。①と②は、そういう執行されずに残ってしまったシグナルをナシにする処理だ。①が「@signal = nil」のところ、②が「@position.exit_date = nil」と「@position.exit_price = nil」だ。
　本来、寄り前の時点でポジションがあるのに exit_date と exit_price に何か値が入っているのはおかしなことだ。その状態が意味するのは、前日にシグナルが出たけれども、何かの理由、例えば寄り付きでの手仕舞いシグナルがザラ場中に出た、というようなわけで、手仕舞えなかったということだ。そういう残存手仕舞いシグナルをクリアするのが、

```
@position.exit_date = nil
@position.exit_price = nil
```

のところなのだ。こうすることによって、前日の手仕舞いシグナルがなかったことになる。Trade#closed? メソッドが、そのふたつに値が入っているかどうかで手仕舞ったかどうかを判定することと関連して

いる。これはこのあと出てくる close_position メソッドのところで明らかとなる。

②〜④はポジションがあるときのみ行う。ポジションがないときには何もしない。

シグナルのクリアやポジションの更新が終わると、いよいよその日の相場がはじまる。寄り付き、ザラ場、大引けの順に進んでいく。それらの処理をするのが、at_open、in_session、at_close の各メソッドだ。

それぞれのメソッドでは、まず take_position メソッドで仕掛けシグナルが出ているかを確認し、出ていれば仕掛ける。それから、close_position で保有ポジションに手仕舞いシグナルが出ているか確認し、出ていれば手仕舞う。

take_position と close_position はそれぞれ「仕掛ける」「手仕舞う」という意味だが、「条件を満たせば」という言葉を補って考えてほしい。

take_position と close_position は 1 日に 3 度呼び出される。寄り付き、ザラ場、大引けの 3 度だ。つまり、仕掛けや手仕舞いをするチャンスが 1 日に 3 回ある、ということだ。

仕掛けを行う take_position メソッドを見ていこう。条件を満たせば新規にポジションを取る。その条件とは、以下の 3 つだ。

①ポジションを持っていない。
②仕掛けシグナルが出ている。
③シグナルの「仕掛け時」が「今（寄り付き、ザラ場、大引けのいずれか）」と一致する。

①は return if @position というところでチェックする。この Simulation クラスの中では、あちこちで現在ポジションを持っているかどうか確認する。ちょっと気にしすぎなんじゃないかという気もするが、エラーを防いだり、無駄な処理を省いたり、一度にひとつのポ

ジションしか持てないという仕様を満たしたりするために、必要なのだ。

②の、仕掛けシグナルをチェックしているところはここだ。

```
@signal ||= @trading_system.check_entry(@index)
return unless @signal
```

||= を使っている点については説明が必要だろう。これは、@signal が nil なら仕掛けをチェックする、という意味だ。@signal が nil じゃないとき、すなわちすでにシグナルが出ているときには新たに仕掛けチェックをせず、そのすでに出ているシグナルを使うのだ。

すでにシグナルが出ているときって、どういうことだ？ いつ出たんだ？ take_position メソッドは1日に3回呼び出される、ということを思い出そう。寄り付き、ザラ場、大引け、の3回だ。

例えばこういうシナリオだ。寄り付き、at_open メソッドの中で take_position が呼ばれたときにシグナルが出たとする。ところがそれはザラ場中の仕掛けシグナルだった。上の③の条件に合致しない。よってここでの仕掛けは見送られる。このシグナルは、次に in_session の中で take_position が呼ばれたときに生かされる。そのときに、@signal には、寄り付きで出たシグナルがすでに入っている。@で始まるインスタンス変数は、メソッドが終わっても消えずに値が保持されるからだ。at_open で代入された @signal の値は、in_session が呼ばれるときにも残っているのだ。

ザラ場で仕掛けるべきシグナルが寄り付きですでに出ている、というような現象は、現実的ではない、おかしなことではある。しかし、他のやり方に比べればまだましなんじゃないかと筆者は考える。

例えば、仕掛けルールのほうに寄り付き、ザラ場、大引けのメソッドを別々に用意する、という方法もあり得るが、それはプログラムに

無用な複雑さを持ち込むことになりかねない。仕掛けルールクラスにはすでにロングとショート、ふたつのシグナルチェックメソッドがあるのだ。それらをさらに3つに分けたら……恐ろしいことになる。

　ここに来てようやく、仕掛けルールでシグナルを出すときに、仕掛け時、すなわち :open、:in_session、:close の区別をつける理由が明らかになる。実際の仕掛けが、Simulation クラスの at_open、in_session、at_close のどれで行われるのか、ということを決めておかなければならないから、というわけだったのだ。

　よって、新しく仕掛けルールを作るときには、仕掛け時がいつなのか、ということを必ず指定していただきたい。われわれが作った EstrangementEntry では、:open、すなわち寄り付きで仕掛けることが指定される。また、場合によって寄り付きで仕掛けたりザラ場で仕掛けたりするようなルールを作ることも可能だ。

　というわけでシグナルには仕掛け時の情報が含まれている。それと、take_position メソッドの引数を比較し、同じであったならば、上の③の条件をクリアーしたことになる。

```
if @signal.entry_time == entry_time
```

のところだ。

　以下、@position = @signal でシグナルをポジションに昇格させ、株数を1売買単位にセットし、@signal を nil にして「シグナルなし」の状態に戻せば仕掛け完了だ。@signal と @position は同じトレードオブジェクトだ。時と場合によって、シグナルと呼ばれたり、ポジションと呼ばれたりするわけだ。

　次に、手仕舞いを行う close_position メソッドを見てみよう。条件がそろえばポジションを手仕舞う。その条件とは次の3つだ。

①ポジションを持っている。
②手仕舞いシグナルが出ている。
③シグナルの「手仕舞い時」が「今（寄り付き、ザラ場、大引けのいずれか）」と一致する。

close_position のコードは、take_position とほとんど同じ構成であることに気づくだろう。手仕舞いシグナルが出たことの確認に @position.closed? とやっているところに気をつければ、同じようなやり方で３つの条件をチェックしていることがお分かりなはずだ。

実際に手仕舞いをするところはこうなっている。

```
@trades << @position
@position = nil
```

トレード結果を保存するための配列である @trades に取引結果である @position を入れ、@position に nil を代入して「ポジションなし」にすればよい。これで、そのポジションは閉じられたことになる。

この close_position メソッドでもまた、「ザラ場の手仕舞いシグナルが寄り付きに出る」というようなことが起こり得る。そういう場合に無駄な手仕舞いチェックを省くために、

```
unless @position.closed?
  @trading_system.check_exit(@position, @index)
end
```

と、unless @position.closed? を加えてある。

その次の行の return unless @position.closed? は、手仕舞いシグナルが出ていなければ、手仕舞わずに先に進むということ。ここらへん、

3カ所続けて unless が出てくる。さすがにしつこい。

　at_open メソッドで呼ばれたときにすでに手仕舞いシグナルが出ていて、実際に手仕舞うのは in_session で呼ばれたとき、というようなこともある。手仕舞いルールにおいても、やはり「手仕舞い時」を指定することが必須である。

　以上、寄り前、寄り付き、ザラ場、大引けの処理を経て、1日が終わる。繰り返しになるが、このとき、「使われないシグナル」というものが残る可能性に留意する。例えば前日からの持ち越しポジションがあって、それをザラ場で手仕舞ったとする。そのあと、大引け、すなわち at_close の take_position の中で仕掛けシグナルをチェックすると、その日の寄り付きで仕掛ける、というシグナルが出たとしよう。

　すでに大引けで、寄り付きの時間は過ぎているから、この仕掛けシグナルは執行されずに翌日まで持ち越されてしまう。それではまずいので、before_open メソッドの最初でリセットするのだ。手仕舞いシグナルについても同様に、執行されずに残ることがある。それも before_open でリセットする。

　以上で simulate メソッドの実装は終わりだが、ここでひとつ議論しなければならないことがある。それは at_open、in_session、at_close の各メソッド内での take_position と close_position の順番だ。なぜ take_position が先で close_position があとなのか。

　この順番だと、買いポジションを手仕舞うと同時に売りポジションを仕掛けるというような取引、いわゆるドテンができなくなる。ドテンファンのみなさんには大変残念な話だ。

　しかし、逆に close_position が先で take_position があとだと、別の問題が生じる。

　例えば寄り付きでギャップを開けて下げたときに、買いポジションがストップに掛かり、close_position で手仕舞いしたとする。その直

後の take_position で、寄り付きの買いシグナルが出れば、即座に仕掛けることになる。

買いを手仕舞うと同時に買い仕掛けるという、有り得なくはないけれどもなかなかアクロバティックな取引を、許容するべきかどうか。ザラ場中であれば、ふたつの価格の前後関係が確定できない問題がある。ポジションを手仕舞ったあと、同じザラ場で再び仕掛けられるかどうか分からない場合がある。大引けであれば、ポジションを手仕舞った瞬間に仕掛けシグナルが出たとしても、約定は絶望だ。

いろいろ悩んだ末に、現実的に考えて、take_position が先で close_position があとのほうがよい、と筆者は結論づけた。しかし、ドテンをやりたい方、アクロバティックな取引を許すという方は、close_position を先にすることを検討されたい。

ただしその場合も、約定可能性を十分に考えて、例えば at_open でだけ close_position を先にする、などの配慮は必要かもしれない。両方のパターンで自分のシステムを走らせてみて、成績に大差がなければ、あまり順番を気にする必要はないだろう。

20-2-2　simulate_a_stock、simulate_all_stocks

ここまでのところが分かってしまえばもはや勝ったも同然、あとはウイニングランだ。実際にシミュレーションを行うふたつのメソッドについて軽く見ていこう。

1銘柄のシミュレーションを行う simulate_a_stock メソッドでは、次のことを行う。

- ●データ範囲を示す日付をセットする
- ●株価データを読み込む
- ●シミュレーションする
- ●売買を記録する

特に難しいことはなく、解説は不要だろう。引数で与えた証券コードの銘柄のみを、シミュレーションの対象にする。1回の実行はあっという間に終わる。

次に、すべての銘柄のシミュレーションを行う simulate_all_stocks。これは次のことを行う。

- 結果を保存する配列を初期化
- データ範囲を示す日付をセットする
- それぞれの銘柄について
  - シミュレーションする
  - 証券コードをコマンドプロンプトに表示する
  - 銘柄ごとの取引結果を保存するように設定していれば、保存する
  - 結果を配列に格納する
- 銘柄ごとの統計情報を記録する
- すべての結果を統合した統計情報を記録する

simulate_a_stock とかぶるところもあるけれども、単純に1銘柄のシミュレーションを繰り返しているわけでもない。しかし難しくはない。ここまでにやってきたことを超えるものは何もない。ひと言だけ付け加えるなら「証券コードをコマンドプロンプトに表示する」というところは、シミュレーションの進捗状況を示すための処理だ。これがないと待つのがどれだけつらいかは、実際におやりになってみればすぐ分かる。

ここで運用上のヒント。まず、個別銘柄のトレード結果を保存しない設定で simulate_all_stocks を実行して全体の傾向をつかみ、_stats_for_each_stock.csv を見て気になる銘柄があったらあらためて simulate_a_stock を実行してみる、という形が考えられる。

もちろん、のちのち徹底的に分析するためには、生データをすべて残すのが理想ではある。はやりのビッグデータ路線を行きたい方は、全銘柄の全取引を全残しの方向で。ただしハードディスクへの物理的な負担には気を配る必要がある。

これで、Simulation クラスは完成だ。なんと、ついに、全銘柄を通してシミュレーションする手段を得たのだ。今夜は思いっきり美酒に酔うがいい。

20-3　動作チェック

いつものように、動作テストだ。テストというか、もはやこれは売買シミュレーションだ。simulation_check.rb というファイル名ではあるが、これでもってトレーディングシステムの検証の段階に入っていくことも可能だ。

```
# coding: Windows-31J

require "./lib/simulation"
require "./lib/base"
require "./lib/text_to_stock"

text_to_stock =
  TextToStock.new(stock_list: "tosho_list.txt")
estrangement_system =
  TradingSystem.new(
    entries: EstrangementEntry.new(span: 20, rate: 5),
    exits:   [StopOutExit.new,
```

```
                      EstrangementExit.new(span:20, rate: 3)],
    stops:    AverageTrueRangeStop.new(span: 20),
    filters: MovingAverageDirectionFilter.new(span: 30))
recorder = Recorder.new
recorder.record_dir = "result/estrangement/test_simulation"

simulation =
  Simulation.new(trading_system: estrangement_system,
                 data_loader: text_to_stock,
                 recorder: recorder)

recorder.create_record_folder

simulation.simulate_a_stock(8604)
simulation.simulate_all_stocks
```

TradingSystemとRecorderのチェックで使ったのと同じルールを使っている。だいたい同じ段取りでテストを実行する。

最後の2行が、実際にシミュレーションを行うところだ。1銘柄と、すべての銘柄だ。この2行は、同時に実行すると結果を上書きしてしまうので、ひとつずつやるほうがよい。simulate_a_stockのほうを実行するときはsimulate_all_stocksの行の先頭に#を付けてコメントアウトするとよい。result¥estrangement¥test_simulationフォルダの中に8604.csvというファイルができていたら中身を確認し、トレードが記録されていれば成功だ。

今度は#をつける行を逆にして、すべての銘柄のシミュレーションを行う。証券コードがコマンドプロンプトにダダダーッと表示されていくはずだ。それが最後の銘柄までいったとき、先ほどと同じフォ

ルダに、銘柄ごとのたくさんのファイルと、_stats.csv、_stats_for_each_stock.csv ができていればよい。それらのファイルの中身を確認すれば、動作チェックは完了だ。

　個別銘柄の結果を保存しない場合をテストするときは、Simulation.new の引数に「record_every_stock: false」というのを加えればよい。また、from: と to: を指定してテスト時間を短縮することもできる。例えばこんなふうに。

```
# 保存フォルダを別のところにする
recorder.record_dir =
  "result/estrangement/test_no_stock_record"
# 簡易テストバージョン
simulation =
  Simulation.new(
    trading_system: estrangement_system,
    data_loader: text_to_stock,
    recorder: recorder,
    record_every_stock: false,
    from: "2010/01/04",
    to:   "2010/03/31")
```

　ついにわれわれは登頂に成功した。ここでそれを祝し、この「乖離率システム」をいじくり倒して何日間か過ごすのも大いに結構だ。

　しかし、まだ果たされていない約束がある。それは「設定ファイルの作成」だ。売買ルールやシミュレーションの条件を簡潔な設定ファイルにまとめ、保存しておくことは、のちのち結果を見直すときに大いに役に立つ。長年にわたりシステムトレードをやっていこうとお思いの方は、ぜひとも次章にお進みいただきたい。そうすれば、Ruby

第20章 Simulation クラス

の巨大なパワーをあらためて知ることになるだろう。

第21章
シミュレーションする

　われわれはすでに、売買シミュレーションをする手段を手に入れた。今の装備で大いなる旅に出発することも十分可能だ。しかしここでもう一手間かけ、より快適な旅を目指すことは、のちのちきっと大きな効果をもたらすだろう。

　本章は、筆者の長年の夢を実現する章でもある。「Rubyっぽい書き方でシミュレーションの設定ファイルを書く」という夢を。

　コンピューターの設定を書くのに適した形式には、XMLやYAMLなど、さまざまなものがある。筆者もいくつか使ってみた経験があるが、正直に言って、新たな形式を学ばなければならないのは苦痛だった。これをRubyで書けたらなあ、と常々思っていた。

　Rubyを学ぶと、何でもRubyで書きたくなる。これは筆者だけでなく、多くのRubyプログラマーが思うことらしい。Rubyにはそれができる柔軟性がある。知れば知るほど、何でも書けるようになってくる。

　ここで作るのはシミュレーションをするための実行ファイルだが、その中に、設定をRubyで書くための仕組みを作る。これまでに学んできたことに加え、やや高度なRubyの機能を使う。力試しのつもりで読んでいただきたい。

21-1　仕様

このような呼び出し方でシミュレーションを実行できるようにする。

```
>ruby bin¥simulate.rb setting_file.rb
```

bin¥simulate.rb が本章で作る実行ファイルだ。setting_file.rb が、設定ファイルだ。実際には、設定ファイル名は estrangement.rb のようにトレーディングシステムに即したものになるだろう。

上のコマンドはリストの全銘柄についてシミュレーションするものだが、1銘柄だけのシミュレーションをするときには次のようにする。最後の4桁の数字がその銘柄の証券コードだ。

```
>ruby bin¥simulate.rb setting_file.rb 1301
```

設定ファイルは Ruby スクリプトとして書く。次のような形式で書けるようにする。

```
Simulation.setting "estrangement", "0.0.0" do
  trading_system do
    entry   EstrangementEntry, span: 20, rate: 5
    exit    StopOutExit
    exit    EstrangementExit, span: 20, rate: 3
    stop    AverageTrueRangeStop, span: 20, ratio: 1
    filter  MovingAverageDirectionFilter, span: 40
  end

  from "2000/01/04"
```

```
      to    "2012/12/28"

  data_loader TextToStock, data_dir: "data",
                            stock_list: "tosho_list.txt",
                            market_section: "東証1部"
  record_dir "result"
  record_every_stock true
end
```

　これはRubyのプログラムコードであり、Rubyの文法に則っている。メソッド呼び出しやブロックから成り立っている。メソッド呼び出しの際にカッコを省略することによって、すっきり見えるようにしている。詳しい説明がなくても、このコードを読めば何をどう設定しているかがだいたい分かるだろう。

　1行目にシステム名とバージョン情報が入る。Simulation.settingメソッドのブロックの中で設定を行う。trading_systemメソッドに伴うブロックの中が、売買ルールだ。entry、exit、stop、filterというメソッドによって、1行につきひとつずつルールを設定している。それぞれのルールカテゴリーにつき、複数のルールを設定することができる。

　上の例では、exitを2度呼び出して手仕舞いルールをふたつ設定している。仕掛けと手仕舞いについては、複数のルールがある場合には、追加した順番で優先順位が決まる。上では、StopOutExit が EstrangementExit よりも優先順位が高い。

　entry、exit、stop、filter メソッドに対しては、第1引数としてルールクラス名を入れ、それに続けてパラメーターを入れる。それらのパラメーターは、それぞれのクラスの initialize の引数と同じになっている。

その規則は data_loader メソッドに対しても当てはまる。第1引数に TextToStock または PanDatabaseToStock が入り、そのあとにデータの読み込みに必要な情報が入る。

　from と to ではシミュレーションの開始日と終了日を指定する。これらを省略した場合は、得られるデータの最初から最後まで、ということになる。片方だけを指定することもできる。

　record_dir では結果保存フォルダを指定する。それに、1行目で指定されるシステム名とバージョン情報を加えた名前のフォルダが保存先となる。上の例でいえば、"result¥estrangement¥0.0.0" というフォルダに結果を保存することになる。

　record_every_stock では個別の結果を保存するかどうかを true または false で指定する。これを省略した場合は true とみなす。

　多くの Ruby プログラムが、これと似た形式で設定を書くようになっている。実装が手軽であること、Ruby プログラマーにとって見やすくなることがメリットだ。もちろんデメリットもある。このシミュレーターを他の言語に移植したときには、Ruby スクリプトで書いた設定は書き直しが必要になるかもしれない。移植するなんてことは当分考えられないので、われわれにとってはメリットのほうがかなり大きい。

21-2　予習

　設定ファイルを Ruby スクリプトで書けるようにするのはそう複雑なことではない。ただし、若干の予備知識は必要だ。やや高度な話もあるが、ここまでの内容に習熟されたみなさんなら、恐れることはない。

21-2-1　クラスメソッドを定義する

　これまでにわれわれが書いてきたメソッドは、すべてインスタンスメソッドだった。クラスのインスタンスを生成して、それに対して呼び出す、という使い方をするものだ。ここで新たに、クラスメソッドを書く方法について学ぼう。

　クラスメソッドについては 7-2-1（196 ページ）でも触れたが、要するにクラスに対して呼び出すメソッドだ。File.open("file_name") というようなやつだ。使い方はだいたい分かるのだが、ではその定義の仕方はどうなのか。

　簡単な例を出そう。

```
class MyClass
  def MyClass.my_method(word)
    puts word
  end
end

MyClass.my_method("おい")　#=> "おい"
```

　my_method が、MyClass のクラスメソッドだ。メソッド定義のときに、クラス名のあとに . を打ち、続けてメソッド名を書けばよい。ちょうど呼び出すときと同じ形になっている。

　これは、次のように書いても同じだ。

```
class MyClass
  def self.my_method(word)
    puts word
  end
```

```
end
```

　メソッド定義の MyClass が self に変わっている。self というのは、「現在のオブジェクト」を表すものだ。この場合は MyClass のことだ。「MyClass というオブジェクト」だ。クラスというのも、オブジェクトなのだ。Ruby ではすべてがオブジェクトだ。
　このように、あるオブジェクトに固有のメソッドを「特異メソッド」と呼ぶ。これはクラスに対してだけでなく、インスタンスに対しても定義できる。

```
money = "1000000000円"
def money.talk
  puts "オレは #{self}持っている！！"
end

money.talk   #=> "オレは1000000000円持っている！！"
```

　これは、文字列、すなわち String クラスのインスタンスである money に対して talk という特異メソッドを定義している。これは、別の文字列に対して呼び出しても反応しない。上のコードに続けてこうやっても、「そんなメソッドはない」と突っぱねられる。

```
"50円".talk
#=> NoMethodError: undefined method `talk' for "50円":String
```

　talk というメソッドは、money というオブジェクトだけに定義されているのであって、ほかの文字列に対しては呼び出せないのだ。
　この特異メソッドをクラスオブジェクトに対して定義したものがい

わゆるクラスメソッドということになる。実はクラスメソッドというのは通称みたいなものであって、「クラスの特異メソッド」というほうがより正しい。

やや深入りしたが、とにかく、クラス定義内で「self.メソッド名」とやることでいわゆるクラスメソッドは定義できるのだ、ということをご理解いただきたい。

21-2-2　オブジェクトとしてのブロック

ここまで何度も、

「yield を見たらブロックだと思え」

と強調してきた。メソッド定義の中に yield とあったら、そのメソッドはブロックつきメソッドだ。そして yield のところでそのブロックが実行されるのだ。

このことを理解するのに筆者はだいぶ時間がかかってしまった。yield という単語の意味がなんだかよく分からないし、それがブロックと結びつくのがピンと来なかった。この苦い経験が、上の格言を産んだのだった。

ところで、ブロックつきメソッドを書く方法はほかにもある。こんな感じだ。

```
def my_method(&block)
  block.call
end

my_method {puts "やあ！"}   #=> "やあ！"
```

メソッド定義の引数、&block のところが、ブロックつきであることを表している。頭に & のついた引数は、ブロックなのだ。メソッドにブロックを引数として渡している、ということだ。「ブロック引数」と呼ばれたりする。つまりこれは「ブロックをオブジェクトとして扱っている」ということだ。block.call でもって、ブロックの中のコードを実行する。「コードの固まり」であるブロックを、オブジェクトに変換して使っているという感じをつかんでいただきたい。

こういう形でブロックつきメソッドを定義しても、呼び出すときには普通のブロックつきメソッドのように呼び出す。定義では &block が ( ) の中に入ってはいるが、my_method({puts "oh!"}) みたいな呼び出し方はしない。

上の例は、次のようにも書くことができる。

```
def my_method
    yield
end

my_method {puts "やあ！"}   #=> "やあ！"
```

この場合はブロックはオブジェクトではなく、「コードの固まり」だ。こっちのほうが若干タイプ量は少なくなるが、&つきの引数を使うほうが筆者には分かりやすく感じられる。yield よりもむしろそっちを好んで使っていた時期もある。

筆者の好みはさておき、ブロックをオブジェクトとして扱うのはどんなときか、という話をしよう。ひとつは、コードの実行を遅らせたいときだ。変数にブロックをオブジェクト化したものを入れておいて、必要になったら call で呼び出す、ということができる。その場でブロックの中身を実行してしまう yield にはできない芸当だ。

もうひとつは、ブロックをほかのメソッドの引数として直接渡すときだ。これこそが本章で必要とするものだ。例を見ていただこう。

```
def my_each(array, &block)
  array.each(&block)
end

my_each([1, 3, 5]) do |a|
  puts a + 5
end
```

実行結果
```
6
8
10
```

my_each に引数として渡したブロックを、そのまま Array#each にブロック引数として渡している。array.each(&block) というように、ここでもまた引数の前に & を付けている。これで、メソッドをブロック付きで呼び出すのと同じ動作をする。

メソッド定義の & つき引数と、それをそのまま別のブロック付きメソッドに渡すときの & を、セットでご理解願おう。

なお、メソッド定義では、& つきのブロック引数は引数リストの最後に来なければならない。だから上の例は def my_each(&block, array) とは書けない。

21-2-3　instance_eval

これまで数々の「Ruby の魔法」を学んできたが、ここでもうひと

つとびきりの魔法を学ぼう。instance_eval だ。

　これは非常に強力なメソッドで、場合によっては危険ですらある。多用はしないほうがいいが、われわれの「設定ファイルを Ruby で書く」という目的には大変重宝する。まずはちょっと使ってみよう。下のコードをじっくりとお読みいただきたい。

```ruby
class Trader
  attr_reader :name, :account

  def set_name(name)
    @name = name
  end

  def set_account(account)
    @account = account
  end
end


tr = Trader.new


tr.instance_eval do
  set_name     "ore"
  set_account 1000000
end

puts tr.name      #=> "ore"
puts tr.account   #=> 1000000
```

Traderという単純なクラスだ。名前と口座残高を内部データとして持つ。tr.instance_eval do 以下の4行に注目。Trader クラスのインスタンスである tr に対して instance_eval メソッドを呼び出している。ブロックの中で、Trader クラスのインスタンスメソッドである set_name と set_account を呼び出している。しかし何か変ではないか？　そう、レシーバがない。tr.set_name とか tr.set_account とかやるなら分かるが……。

これが、instance_eval の効果だ。tr に対して instance_eval を呼び出すと、それに続くブロック内では self が tr になる。よって、ブロック内では tr のインスタンスメソッドである set_name と set_account がレシーバなしで使えるのだ。tr. と何度も書かなくてすんで、すっきりする。そして、メソッド呼び出しの結果、tr の内部データがちゃんと変更される。

instance_eval を利用して、1人のトレーダーを素早く作るためのメソッドを書いてみる。

```
def generate_trader(&block)
  trader = Trader.new
  trader.instance_eval(&block)
  trader
end


tr = generate_trader do
  set_name "kare"
  set_account 5000000
end


puts tr.name        #=> "kare"
```

```
puts tr.account    #=> 5000000
```

　ここで、前項に出てきた &block が生かされる。generate_trader メソッドに伴うブロックが、オブジェクト化されて instance_eval に渡されている。これで、トレーダークラスのデータの初期化をブロック内で行える。仕様のところに出てきた設定ファイルの書き方に近づいてきた。

　ここまででわれわれの目的には十分なのであるが、instance_eval のパワーはそれだけに留まらない。それがちょっと危険なところでもある。例えば次のようなことが可能だ。

```
tr.instance_eval {@account = 10}
puts tr.account                    #=> 10
```

　口座残高が 10 円に書き換えられてしまった。Trader クラスを書いた者は set_account メソッドでもって書き換えるのが正規の手続きと考えているのだが、@account 変数に直接アクセスされてしまっている。

　この例では危険度が伝わりづらいかもしれないが、もし set_account メソッドにさまざまな安全装置が取り付けられていて、急激な資産の増減をチェックするようになっていたとしたらどうだろう。それが根こそぎすっ飛ばされてしまっては、下手をすれば世界の金融が崩壊する。

　@account のような大事なデータは、勝手に変えられないように、外から簡単にアクセスできないように、隠しておきたい。オブジェクト指向の用語を使えば「カプセル化」したいのだ。instance_eval はそれをむき出しにしてしまう。この自由さが Ruby の魅力でもあるが、危険なところでもある。その点は心の片隅に置いておかれたい。

　とはいえ、instance_eval によってわれわれは目的に向かって大き

く前進することができる。多少リスクを取ることになるにしても、リスクこそわれわれトレーダーの得意分野だ。

21-3　実装

さて、手品の時間だ。

これから、Ruby スクリプトでエレガントに書かれた設定ファイルを読み込み、シミュレーションを実行するためのコードを実装する。Ruby の魔法はふんだんに使っているのだが、結果としてトリッキーな、ちゃちな手品のようなコードに見える、と思われるかもしれない。しかし、あらゆる科学技術にはどこかしらそういう側面があるものだ。われわれは堂々と突き進めばよい。

これは実行ファイルであるから、保存するのは bin フォルダだ。ファイル名は simulate.rb で。

■ファイル：bin¥simulate.rb

```ruby
#! ruby -Ks
# coding: Windows-31J


# すべての銘柄のシミュレーション
# 使い方: ruby bin/simulate.rb setting_file_name
# 1銘柄のシミュレーション
# 使い方:
# ruby bin/simulate.rb setting_file_name stock_code


require "./lib/base"

require "./lib/simulation"
```

```ruby
require "./lib/text_to_stock"
require "./lib/pan_database_to_stock"
require "fileutils"


class Simulation
  attr_accessor :system_name, :version
  attr_reader :recorder

  def self.setting(system_name, version, &block)
    simulation = Simulation.new
    simulation.system_name = system_name
    simulation.version = version
    simulation.instance_eval(&block)
    unless simulation.recorder
      simulation.record_dir("result")
    end
    if ARGV[1]
      simulation.simulate_a_stock(ARGV[1].to_i)
    else
      simulation.simulate_all_stocks
    end
  end


  def trading_system(&block)
    @trading_system = TradingSystem.new
    @trading_system.instance_eval(&block)
  end
```

```ruby
  def from(date)
    @from = date
  end

  def to(date)
    @to = date
  end

  def data_loader(data_loader, params)
    @data_loader = data_loader.new(params)
  end

  def record_dir(record_dir)
    @recorder =
      Recorder.new([record_dir, @system_name, @version]
                     .join("/"))
    @recorder.create_record_folder
    @recorder.record_setting(ARGV[0])
  end

  def record_every_stock(true_or_false)
    @record_every_stock = if true_or_false == false
                            false
                          else
                            true
                          end
  end
end
```

```ruby
class TradingSystem
  def entry(rule, params=nil)
    create_rule(@entries, rule, params)
  end

  def exit(rule, params=nil)
    create_rule(@exits, rule, params)
  end

  def stop(rule, params=nil)
    create_rule(@stops, rule, params)
  end

  def filter(rule, params=nil)
    create_rule(@filters, rule, params)
  end

  private
  def create_rule(rules, rule, params=nil)
    rules ||= []
    new_rule = if params
                 rule.new(params)
               else
                 rule.new
               end
    rules << new_rule
  end
end
```

```
end

load ARGV[0]
```

　基本的な方針として、設定ファイルには設定情報以外のことを書かずに済むようにしたい。これを念頭に置いていただきたい。

　まず1行目の「#! ruby -Ks」という部分。これは、設定ファイル中で日本語("東証1部"など)を使うためのおまじないだ。設定ファイルのほうにマジックコメント「# coding: Windows-31J」をいちいち書かなくて済むようにするためだ。

　で、このファイルは全体として何をしているのか。これは実行ファイルなのだが、「実行」にあたるのは最後の行の、

load ARGV[0]

のところくらいだ。これは、単に設定ファイルを読み込んでいるにすぎない。設定ファイルを読み込むだけでシミュレーションが実行される。この simulate.rb というファイルはそうなるように作られている。

　なお、ARGV[0] というのは、プロンプトから実行命令を下すときの第1引数のことだ。

```
>ruby bin¥simulate.rb setting_file.rb
```

の、setting_file.rb のことだ。

　ファイルの最初と最後を見たが、その間で行われていることを大ざっぱに述べると、要するに Simulation クラスと TradingSystem クラスにいくつかメソッドを定義しているのだ。

　これらふたつのクラスは、前章までにわれわれが完成させているも

のだ。完成しているクラスをオープンクラスによってこじ開けて、メソッドを追加している。Ruby の文法上は許されていることとはいえ、ちょっと強引だ。

　ここで追加するくらいなら、最初からふたつのクラスにそれらのメソッドを書いておけばよかったのに、と思われるだろう。確かにそれも可能だが、気が引ける。なぜなら、ここで追加されているコードは、ぶっちゃけ設定ファイルの見栄えをよくするためだけのものであり、ライブラリの一部とするには問題があるからだ。だから、実行ファイルとしてここに分離したのだ。いわばタネが見えないように隠したわけで、「手品」と呼んだのはそういう理由だ。

　具体的にどんな問題があるのかといえば、「メソッド名がやっていることと食い違っている」ということだ。例えば Simulation.setting というクラスメソッドは、名前からはシミュレーションの設定を行うように思える。確かに設定もやっているけれども、実はシミュレーションの実行までやってしまっている。設計の正しさという観点からは、やりすぎと言わざるを得ない。

　というわけで、タネを分離して元のクラスはきれいなままにしておく。こうしておけば、設定ファイルの仕様を変更したいときはこの bin¥simulate.rb をいじればよい。これを破棄して新たに作り直すこともできる。

　以下、手品の種明かしをしていく。手品師の視点でコードを読みつつ、ときに観客の立場になって、仕様のところに出てきた設定ファイルの例を参照してほしい。

21-3-1　Simulation クラスにメソッドを追加する

　それでは Simulation クラスをいじっていこう。まずは :system_name と :version というアクセサを追加する。それぞれ「システム名」と「バージョン」だ。シミュレーション結果を保存するフォルダを作

るのに必要となる情報だ。

その次の行、attr_reader :recorder というところで、@recorder というインスタンス変数にアクセスできるようにする。この変数には、記録用の Recorder クラスのインスタンスが入ることになる。なぜこれにアクセスできるようにするか、ということに関してはちょっと込み入った事情がある。それはおいおい説明したい。

最初のアクセサに出てきたシステム名とバージョン情報は、次の setting メソッドのところで引数として渡されている。setting の 3 番目の引数は &block となっており、このメソッドがブロックつきで呼び出されることを示している。

```ruby
def self.setting(system_name, version, &block)
  simulation = Simulation.new
  simulation.system_name = system_name
  simulation.version = version
  simulation.instance_eval(&block)
    unless simulation.recorder
      simulation.record_dir("result")
    end
  if ARGV[1]
    simulation.simulate_a_stock(ARGV[1].to_i)
  else
    simulation.simulate_all_stocks
  end
end
```

self.setting となっており、これが Simulation クラスの特異メソッド、つまりクラスメソッドであることが分かる。呼び出すときにはこのよ

うになる。

```
Simulation.setting system_name, version do
  # シミュレーションの設定
end
```

settingメソッドの中では、まずSimulationクラスのインスタンスを生成し、引数で受け取ったシステム名とバージョンをセットしている。Simulationクラスの中でSimulationのインスタンスを生成する、という構造が奇妙に感じられるかもしれないが、settingメソッドはオブジェクトの生成も担っている、ということをご理解いただきたい。そのおかげで、設定ファイルがすっきり書ける。

で、settingメソッドのハイライトはここだ。

```
simulation.instance_eval(&block)
```

引数として受け取ったブロックを、instance_evalを通してそのままSimulationのインスタンスに渡している。ここで、各種設定を一挙に行うのだ。何をどう設定するのか、ということは、このあとすぐお知らせする。

その次のところ、record_dirメソッドを呼び出しているところが、先ほど言ったRecorderオブジェクトについての「込み入った事情」に関するものだ。

```
unless simulation.recorder
  simulation.record_dir("result")
end
```

これのすぐ上のinstance_evalに渡すブロックの中でrecord_dirメソッドを呼び出さないときに備えている。すなわち、設定ファイルの中で、record_dirによって記録用のフォルダを指定しないときだ。

　実はrecord_dirは、Recorderオブジェクトの生成も担っている。だから、どこかでrecord_dirを呼び出さないと、Recorderオブジェクトが生成されず、取引結果を記録できなくなってしまうのだ。record_dirメソッドは、このあとで定義している。そのときにすべてをお話しする。

　ということで、もろもろ設定が終わったら、シミュレーションを実行する。そのとき、1銘柄だけをシミュレーションするのか、それとも全銘柄をやるのか、ということを選択する。ARGV[1]、すなわちコマンド入力の第2引数が存在すれば1銘柄、存在しなければ全銘柄だと判断する。

```
>ruby bin\simulate.rb setting_file.rb 1301
```

なら1銘柄、

```
>ruby bin\simulate.rb setting_file.rb
```

なら全銘柄、ということだ。

　ここまでが、Simulation.settingメソッドのやることだ。オブジェクトの生成、各種設定、シミュレーションの実行と、都合3つの役割を担っている。やりすぎなんだけれども、これも設定ファイルを美しくするための方便だ。

　それで、どんな設定をどうやって行うのか、というのが次のテーマだ。ここでSimulationクラスに追加する残りすべてのメソッドが、

設定のためのものだ。

　trading_system メソッドは、トレーディングシステムの各種設定を行うためのものだ。ここでもまた、&block と instance_eval のテクニックを使う。仕掛けや手仕舞い、フィルター、ストップというルールを、ブロックの中で指定するのだ。その方法については、次項で述べる。

　from と to メソッドは簡単だ。単に @from と @to に日付を入れるだけだ。シミュレーションの開始日と終了日を指定できる。

　data_loader は株価データを読み込むのに使うクラスを指定するメソッド。われわれの作った TextToStock か PanDatabaseToStock を指定することになる。そのとき、銘柄リスト名や東証1部などの市場をパラメーターとして指定することができる。これを設定ファイルで呼び出すときには、若干の注意が必要だ。こんなふうに書く。

```
data_loader TextToStock, data_dir: "data",
                         stock_list: "tosho_list.txt",
                         market_section: "東証1部"
```

　第1引数がクラス名、そのあとに、ハッシュを使った（擬似）キーワード引数でデータのありかなどのパラメーターをセットする。これらが data_loader メソッドに渡されることによって、

```
TextToStock.new(data_dir: "data",
            stock_list: "tosho_list.txt",
            market_section: "東証1部")
```

とやったのと同じことになる。つまり new が省略できる。このテクニックは、次項で解説する TradingSystem の中でも使っている。

次が問題の record_dir メソッドだ。ここでは、シミュレーション結果を保存する場所を指定する。メソッドの中身を見ると、単に場所を設定するだけでなく、Recoder オブジェクトを生成したり、保存用のフォルダを作成したり、設定ファイルを保存したり、という仕事もこなしている。大変に重要なメソッドで、これを呼び出さなければ、シミュレーション結果の記録ができなくなってしまう。

それなのにメソッド名は record_dir と、単に保存場所を指定するだけと思わせるようになっている。いかにも省略しても大丈夫そうな雰囲気が出ている。ここを読んだばかりの読者は、「じゃあ、省略しなけりゃいいんだろ」と思うかもしれないが、しばらくしたら忘れてしまうかもしれない。ということをおもんぱかった結果が、先の setting メソッドに出てきた、

```
unless simulation.recorder
  simulation.record_dir("result")
end
```

というところである（こういう処置は、data_loader に対しても行うべきかもしれない。ただ、設定ファイルで data_loader を呼ばなかったときにはすぐにエラーが出るのでそれと分かるはずだ。それに対して、record_dir が 1 度も呼ばれないと、場合によっては全銘柄のシミュレーションが終わってからエラーになることがあり、時間の無駄がデカい。よって、このような処置をしたのだ）。これにより、保存フォルダを指定しなかったときには自動的に "result" フォルダが保存先になるという効果も生む。

なお保存フォルダ名は、"result¥estrangement¥0.0.0" のように 3 階層になる。検証を進めるにつれ、バージョンごとのフォルダが増え

ていくことになる。

　record_every_stock は、すべての銘柄の結果を別々のファイルに保存するかどうか、ということを指定するものだ。引数には true または false が入る。このメソッドには、前章で作った Simulation#initialize メソッドにも書いたようなコードが出てくる。二度手間ではあるが、これもまた方便。

　以上で、Simulation クラスの設定を行うためのメソッドは完成だ。設定をする以上の仕事をするメソッドもあるけれども。ともあれ、設定ファイルはこんなふうに書けるようになった。

```
Simulation.setting "system_name", "version" do
  trading_system do
    # 売買ルールを設定するコード
  end


  from  # 開始の日付
  to    # 終了の日付


  data_loader  # 株価データ読み込みクラスの設定


  record_dir   # 結果保存フォルダの指定
  record_every_stock  # すべての銘柄を記録するか
                      # (true または false)
end
```

　あとは、trading_system のブロックの中身の書き方を詰めれば仕込みはオーケーだ。

21-3-2　TradingSystem にメソッドを追加する

　それでは最も肝心な、売買ルールに関する設定を行うためのコードを書いていこう。オープンクラスで TradingSystem を開いて、メソッドを追加する。追加するのは、entry、exit、stop、filter という 4 つのメソッドだ。それぞれの中では create_rule という private メソッドが共通して使われている。

　これら 4 つのメソッドは、前項で出てきた Simulation#trading_system メソッドに伴われるブロックの中で使われる。こういう感じだ。

```
Simulation.setting "system_name", "version" do
  trading_system do
    entry    # 仕掛けルールの指定とそのパラメーター
    exit     # 手仕舞いルールの指定とそのパラメーター
    stop     # ストップルールの指定とそのパラメーター
    filter   # フィルタールールの指定とそのパラメーター
  end

  # その他の設定
end
```

例えばこうだ。

```
entry EstrangementEntry, span: 20, rate: 5
```

　前項の data_loader と同じく、こう書くことによって次のように仕掛けルールが生成される。

```
EstrangementEntry.new(span: 20, rate: 5)
```

これが、@entries の配列に追加される。entry メソッドを複数回呼び出せば、複数の仕掛けルールが配列に追加される。手仕舞い、ストップ、フィルターに関しても同様だ。

　create_rule メソッドの中を見ると、パラメーターのあるなしでオブジェクト生成の仕方を変えている。中には StopOutExit のようにパラメーターのないルールもあるのだ。

　クラス名が裸でメソッドの引数として渡されていることに違和感を抱く感性の鋭い読者のために説明を加える。先にも言ったが、クラスというのもオブジェクトだ。大文字ではじまるクラス名は、単なる定数だ。その定数の中身が、クラスオブジェクトであるというだけのこと。オブジェクトなんだから、「モノ」として扱って手から手へ、メソッドからメソッドへ受け渡すことができる。ブロックをオブジェクトとして扱ったときと同じように。

　ルールクラスを表す定数は、entry、exit、stop、filter の各メソッドに引数として渡されて、さらに create_rule メソッドに渡されて、new を呼び出されてルールオブジェクトを生成する。そういう手はずになっている。

　ところで、第 18 章と第 20 章で、もったいつけて言った「ある技」というのがなんだったか、お分かりになっただろうか。本章に出てきた

```
simulation = Simulation.new
```

と

```
@trading_system = TradingSystem.new
```

という2カ所のコード。こうやって引数なしでインスタンスを作っておいて、あとからメソッドでもってパラメーターを設定していく。そのために、Simulation、TradingSystem 両クラスの initialize の引数が「params = {}」、「rules = {}」となっていたのだった。

ということで、Ruby のディープな機能をいろいろ駆使して、美しい設定ファイルを書ける体制が整った。細かい点でまだ疑問が残っているかもしれないが、今後も継続的に学習を続け、プログラムを書いていけば、おのずと分かる日が来るはずだ。

それよりも、大半の読者は気がせいているだろう。バリバリ設定を書いて、どんどんシミュレーションしたいと。先に進もう。

21-4　実行

シミュレーションの実行である。設定ファイルを書き、コマンドを打ち込めばよい。

まずは設定ファイルを保存する場所を作っておこう。われわれのプロジェクトフォルダに、setting という名前の新フォルダを作る。ここが設定ファイルの保存場所だ。

保存場所ができたら、設定ファイルを書いてそこに保存する。われわれの作っているのは「移動平均乖離率システム」だから、設定ファイルの名前は "estrangement.rb" とでもするか。設定ファイルの中身は仕様のところに出てきたとおりだが、ここに再掲する。

■ファイル：Setting¥estrangement.rb

```
Simulation.setting "estrangement", "0.0.0" do
```

```
trading_system do
  entry   EstrangementEntry, span: 20, rate: 5
  exit    StopOutExit
  exit    EstrangementExit, span: 20, rate: 3
  stop    AverageTrueRangeStop, span: 20, ratio: 1
  filter MovingAverageDirectionFilter, span: 40
end


from "2000/01/04"
to   "2012/12/28"

data_loader TextToStock, data_dir: "data",
                         stock_list: "tosho_list.txt",
                         market_section: "東証1部"
record_dir "result"
record_every_stock true
end
```

設定ファイルができたら、コマンドプロンプトから次のように打ち込めば、シミュレーション開始だ。

```
>ruby bin¥simulate.rb setting¥estrangement.rb
```

もし1銘柄だけをやるならば、こんなふうになる。

```
>ruby bin¥simulate.rb setting¥estrangement.rb 1301
```

以上で実行方法は完璧に把握できたかと思う。ここから先は、運用

上のヒントをお知らせする。

　さきほどの設定ファイルは、バージョンが"0.0.0"となっている。システムの検証が進むにつれ、このバージョンが上がっていくことになる。バージョン番号をどうするか、ということについてひとつのアイデアを示す。

①日付の範囲や銘柄リスト、取引市場など、データ周りの設定変更があった場合には一番右の桁の番号を増やす。
②ルールのパラメーターを変えた場合には真ん中の桁の数字を増やす。
③ルールの数や種類を変更した場合、例えばフィルターを増やしたり、手仕舞いルールを別のに取り替えたり、といった変更があったときには左の桁の数を上げる。

実施例）

さきほどの設定ファイルについて、

● from を "1990/01/04" に変えた → "0.0.1"
● EstrangementEntry のパラメーターを span: 30 に変えた → "0.1.0"
● フィルターを追加した → "1.0.0"

　より本質的な、結果に与える影響の大きな変更ほど、大きなバージョンアップとみなす、という考え方だ。もちろんこれは一例であり、読者自身がしっくりくる、分かりやすいバージョン番号のつけ方があればそちらのほうがよい。もっと桁数を増やすこともできよう。単に ver.1 からどんどん数を上げていくだけでももちろんよい。数字にこだわる必要はなく、アルファベットや日本語を使ってもよい。ただ

し、あまりに長いバージョン名にするとフォルダ名が長くなってしまい、のちのち見づらくなる。

　筆者の考えでは、仕掛けルールを別のものに取り替えたならば、それはもう別のトレーディングシステムである、ということになる。その場合はシステム名のところを変えて、設定ファイルも別の名前で保存する。

　条件を変えるごとに、設定ファイルの1行目のバージョン番号を変更し、実行する。そうやって検証が進むと、こんなふうにフォルダが増えていく。

```
result
└── estrangement
    ├── 0.0.0
    ├── 0.0.1
    ├── 0.1.0
    ├── 0.2.0
    ├── 0.3.0
    └── 0.3.1
```

　バージョンが変わるごとに、元となる設定ファイル（settingフォルダにあるやつ）の名前を変更して保存する必要はない。それらは、上の0.0.0とか0.3.0などの結果フォルダの中に_setting.rbという名前でコピーされている。元の設定ファイルは、直接編集して上書き保存してしまって大丈夫だ。いざとなったらコピーはあるのだ。

　これで、トレーディングシステムの検証作業をひととおり行えるようになった。われわれの旅は終わったのだろうか。売買シミュレーションソフトを作るということに関しては、ある程度そうだと言える。し

かしそれがわれわれの最終目標ではないはずだ。われわれの旅はむしろこれから先のほうがはるかに長い。

次章では、ケーススタディとしてもうひとつのトレーディングシステムを実装し、検証する。自分なりのアイデアをコードにし、シミュレーションまで持っていく流れを頭からやってみるのだ。いわば総復習だ。それでようやく、旅立ちの準備ができる。次章こそ、本当に本書の最終章だ。

第22章

もうひとつのシステム

　総仕上げだ。トレーディングシステムを頭から作ってみよう。
　手順を学ぶのが目的であって、ここで作るシステムでどうこうしようというのではない。この演習が、これから先、読者が自身の手で儲かるシステムを構築するときの一助となることを願っている。

　システムを作るとき、どういう手順でやるのかということを考えてみよう。本書で作ったプログラムを使うことを前提にすれば、おおむねこんな感じだろう。

①アイデアを練る
②売買ルールを決める
③必要なクラスを作る
④設定ファイルを書く
⑤シミュレーションの実行

　①のアイデアに関しては、普段から暖めておくことが肝心だ。本を読んで気になった手法や、チャートを見て発見した現象をメモっておく。
　②の売買ルールを決めるところが、一番難しいかもしれない。あい

まいさを残さず、きっちり明確に決める。現実に発注可能かどうか、プログラミング可能かどうかを考慮に入れなければならない。それには自分が置かれている物理的な環境や、腕前などがかかわってくる。

　売買ルールが決まれば、③の必要なクラスはおのずと見えてくる。これまでに作った指標やルールのクラスが流用できるならば、むろん積極的に流用する。足りないものは新たに実装する。

　④の設定ファイルは、③までができれば簡単に書ける。そうすれば、あとは⑤の実行に移るだけだ。1回のシミュレーションが済んだら、設定ファイルのパラメーターやバージョンを変更してまた実行する、ということを繰り返し、最適化していくことになる。

　ややこしい指標やルールを使おうとすれば、プログラミングに苦労するかもしれない。そのときは、あきらめて②に戻ってルールを変更することも検討する必要があるだろう。「今はこれくらいしかできないが、そのうちやったる」くらいに考えておこう。

　また、検証作業を進めていくうちに、新たな手仕舞いルールやストップなどを追加したくなるかもしれない。その場合も②に戻ってリスタートすることになる。追加のクラスが必要になることもあるだろう。大きめのバージョンアップだ。

　検証を進めていくうちに、煮ても焼いても食えない、ということが分かることもある。むしろそっちのほうが多いくらいじゃないだろうか。そういうときは、①のアイデアから出直しになる。

　こうして、行ったり来たりしながら実際のシステム構築作業は進む。本書ではそうもしていられないので、一本道に①から⑤に進むことにする。

　なお、巻末の**付録3**に、テクニカル指標や各種ルールをプログラミングするときに使えるテンプレート集を用意した。読者自身の新システムを組むときには、参照していただきたい。

　それでは、システムの作成を開始する。

22-1　システムの設計

最初は設計だ。上記の手順のうち、①と②だ。

今回は、凝ったアイデアは使わない。オーソドックスなブレイクアウトシステムを作ることにする。何日間かの高値を上抜けたら買い仕掛け、安値を下抜けたら売り仕掛ける。手仕舞いにもブレイクアウトを使う。何日間かの安値を下抜けたら買いポジションを手仕舞い、高値を上抜けたら売りポジションを手仕舞う。

そのほかに、ATRによるストップや移動平均の方向フィルターを使いたい。これらは乖離率システムですでに使ったもので、クラスの流用が可能だ。

これを元に、ルールを固める。

- n日高値を上抜けたら買い仕掛ける
- n日安値を下抜けたら売り仕掛ける
- m日安値を下抜けたら、買いポジションを手仕舞う
- m日高値を上抜けたら、売りポジションを手仕舞う
- p日ATR（真の値幅の平均）のx倍のところにストップを置く
- q日移動平均の方向が上向きのときは買いからのみ、下向きのときは売りからのみ仕掛ける。横ばいでは仕掛けない

この段階で、実際の相場でこのルールどおりの発注が可能かどうかを考えてみる。

上抜けや下抜けでの売買は、逆指値を使えば可能だ。ただし、1日のうちで上抜けと下抜けが両方とも起きることがある点に注意が必要だ。その際、どちらが先に起きるかということは分からない場合が多い。

仕掛けに関しては、移動平均の方向フィルターによって買いか売り、どちらかに制限されるので、問題はない。手仕舞いが問題だ。高値を

上抜けて仕掛けたその日のうちに安値を下抜けていた、というような場合はどうするか。上抜けと下抜け、どちらもザラ場中に起きたならば、どちらが先か分からないのだ。また、ATRストップについても同様の問題があり、現実に手仕舞えるかどうか分からない。

解決策として、「仕掛けたその日のうちには手仕舞えない」ということにすればよいだろう。「手仕舞えるかどうか不明である」ということは「手仕舞えない」ということだ。検証可能にするためには、そうみなすしかない。というわけで、次のルールを加える。

● 仕掛けたその日は手仕舞わない

これで固まっただろうか？　いや、まだ曖昧なところがある。「上抜けたら買い」とか「下抜けたら売り」とは、どういう意味か。

具体的に考えてみよう。ここ10日間の高値が1500円だとする。それよりも本日の値段が高くなることが「上抜ける」だ。つまり1501円以上になることだ。寄り付きは1500円よりも安いが、ザラ場中に1501円をつける。その瞬間に買いたい。1501円で買い、だ。

ザラ場中に高値を抜ける場合のほかに、寄り付きでギャップを開けて高値を超える場合もある。10日高値が1500円のところ、1510円で寄り付いたなら、その時点で上抜けている。寄り付き、1510円で買い、だ。

まとめると、

● ザラ場中にn日高値を上抜けたときは、n日高値の1ティック上で買う
● 寄り付きでn日高値を超えた場合は、寄り付きの値段で買う

売りはこの逆を考えればよい。また、仕掛けにも手仕舞いにもこの定義は適用できる。

危うさの残るルールではある。ほんとにそんなんで約定するのか、という懸念はある。これはブレイクアウト系システムの宿命だ。ただ、自動発注を使えば発注は不可能ではない。ルールもプログラムコードにできるくらいに固まっている。先に進むときだ。

22-2　必要なクラスを作る

ルールが固まれば、お待ちかねのプログラミングだ。勇んでエディタを開いてカタカタやり出すのもいいが、まずは冷静に必要なクラスを洗い出すところからはじめる。

ATRストップと移動平均の方向フィルターは、前に作ったクラスをそのまま使える。ストップを使うからには、StopOutExitクラスも使う。

新たに必要なルールクラスは『ブレイクアウトによる仕掛け』と『ブレイクアウトによる手仕舞い』だ。ブレイクアウトというのは、上抜け下抜けのことだ。それらのルールに必要な指標は『n日間高値安値』だ。ブレイクアウトの仕掛けと手仕舞いは、仕掛けるのか手仕舞うのかという差があるだけで、ブレイクアウトの判定の部分は一緒だ。よってその共通部分をまとめてモジュールにしよう。『ブレイクアウトモジュール』だ。

また、「仕掛けたその日は手仕舞わない」というルールに対応するクラスも必要だ。このルールは、言い換えれば「最低1日はポジションを持つ」ということだ。もっと広げて「最低n日間は保持する」というふうにすれば使い勝手がよくなる。これは手仕舞いルールのひとつとして実装する。TradingSystemクラスを作るときに触れた、手仕舞いを制限するためのルール、つまり手仕舞いフィルターだ。

整理しよう。ブレイクアウトシステムを作るために新たに必要になるクラスとモジュールは以下のとおりだ。

- 高値安値（テクニカル指標）
- ブレイクアウトモジュール
- ブレイクアウトによる仕掛け
- ブレイクアウトによる手仕舞い
- 最低保持日数（手仕舞いフィルター）

これらを順番に作っていこう。

22-2-1 高値安値

まずは「高値安値」だ。「10日高値を超えたら買い」とか「20日安値を割ったら売り」というときの「高値」や「安値」のことだ。つまりはある期間の中での最高値、最安値のこと。計算というほどのことはしていない単純なものだが、クラスにしておけば便利だ。クラス名はそのものズバリ、HighLow で。

lib¥indicator フォルダに high_low.rb ファイルを作ってスタートだ。

■ファイル：lib¥indicator¥high_low.rb

```
# coding: Windows-31J

require "./lib/base"

# 区間の高値安値クラス
# 4本値それぞれの高値・安値に対応
class HighLow < Indicator
  def initialize(stock, params)
    @stock = stock
```

```
    @span = params[:span]
    @high_low = params[:high_low]
    @price_at = params[:price_at] || params[:high_low]
  end

  def calculate_indicator
    prices = @stock.map_prices(@price_at)
    prices.send(@high_low.to_s + "s", @span)
  end
end
```

　高値安値といったら普通は「高値の高値」とか「安値の安値」のことだが、ここではおまけとして「始値の高値」とか「終値の安値」、さらには「安値の高値」など、4本値のうちどれかを選んで高値または安値をとれるようにしてみる。

　ややこしいので例を出しておこう。ある銘柄の4本値の3日分がこんなふうだったとする。

始値	高値	安値	終値
102,	105,	101,	103
104,	108,	104,	106
105,	110,	102,	105

　そうすると、この期間の高値は110円、安値は101円ということになる。それぞれ「高値の高値」「安値の安値」だ。「始値の高値」は105円。「終値の安値」は103円。「高値の安値」は105円。「安値の高値」は104円。こんな感じだ。

　コードを見ていこう。パラメーターは3つ。「期間」と「高値か安

値か」と「どの値段か」だ。例えば「終値の 10 日高値」とか「始値の 50 日安値」とかいうふうに指定できる。「どの値段の」を指定しないと、高値ならば「高値の高値」を、安値ならば「安値の安値」を、自然と選択する。

パラメーターの :high_low には :high か :low が、:price_at には :open、:high、:low、:close のどれかが入る。こんなふうに。

```
HighLow.new(stock,
        span: 10,
        high_low: :high,
        price_at: :close)
```

これで、「10 日間の終値の高値」になる。

```
HighLow.new(stock,
        span: 20,
        high_low: :low)
```

これなら「20 日間の安値」だ。
次のコードがポイントだ。

```
@price_at = params[:price_at] || params[:high_low]
```

:price_at に何も入れなければ、@price_at の値は :high_low と同じになる。:high なら :high、:low なら :low だ。単に高値と言えば「高値の高値」、単に安値と言えば「安値の安値」のことになるわけだ。

calculate_indicator メソッドの中も見ておこう。Stock#map_prices で 4 本値のうちのどれかの配列を作る。それから、@high_low 変数

や @span 変数の中身に従って、つまり指定したパラメーターに従って、「n 日高値」または「n 日安値」を作る。

```
prices.send(@high_low.to_s + "s", @span)
```

send の第 1 引数、すなわち prices に対して呼び出されるメソッドは、highs または lows になる。prices.highs(@span) か prices.lows(@span) だ。

このようにして、@span 日の高値、または安値という指標ができあがる。

22-2-2　Breakout モジュール

次は Breakout モジュールというものを作る。これは、このあと作るブレイクアウトによる仕掛けと手仕舞いルールクラスの中で使うものだ。役割は次のとおり。

- 本日の価格が n 日高値を上抜けたか、安値を下抜けたかを判定する。
- ブレイクの際の取引値と取引時を決定する。

これらは、このあと作る BreakoutEntry クラスと BreakoutExit クラスに共通する機能だ。これをまとめるために、Breakout モジュールをを作るのだ。もともとは両クラスに別々に書かれていた同じメソッドを、このモジュールに移動させたと考えていただきたい。複数のクラスから重複するコードを抜き出してモジュールにまとめ、それを各々のクラスで include して使う、というのはよくある手だ。同じようなコードをまとめるという習慣は、プログラミング技術の中でもトップクラスの重要度だ。

例えばこういうことだ。

```ruby
class A
  def say_hi
    puts "hi"
  end
end

class B
  def say_hi
    puts "hi"
  end
end
```

と書く代わりに、

```ruby
module Talk
  def say_hi
    puts "hi"
  end
end

class A
  include Talk
end

class B
  include Talk
end
```

というふうにやる。

　こういうふうに重複するコードをまとめる仕事は、通常はモジュールではなくクラスを使って行われる。共通の上位のクラスにメソッドを上げることによってまとめるのだ。BreakoutEntryとBreakoutExitも、親の親がRuleであり、共通している。しかしこのBreakoutモジュールの内容をRuleクラスに上げてしまうと、ブレイクアウトとは関係のないすべてのルールクラスから使えるようになってしまう。それではおかしいので、新たにモジュールを作ってそこにまとめるのだ。

　それではコーディングしよう。ファイル名はbreakout.rb、保存場所はlib¥ruleだ。

■ファイル：lib¥rule¥breakout.rb

```ruby
# coding: Windows-31J


require "./lib/base"


# ブレイクアウトモジュール
module Breakout
  def initialize(params)
    @span = params[:span]
  end


  def calculate_indicators
    @highs =
      HighLow.new(@stock, span: @span, high_low: :high)
```

```ruby
            .calculate
    @lows =
      HighLow.new(@stock, span: @span, high_low: :low)
            .calculate
  end


  def break_high?(index)
    @stock.high_prices[index] > @highs[index - 1]
  end


  def break_low?(index)
    @stock.low_prices[index] < @lows[index - 1]
  end


  def price_and_time_for_break_high(index)
    open_price = @stock.open_prices[index]
    highest_high = @highs[index - 1]
    if open_price > highest_high
      [open_price, :open]
    else
      [Tick.up(highest_high), :in_session]
    end
  end


  def price_and_time_for_break_low(index)
    open_price = @stock.open_prices[index]
    lowest_low = @lows[index - 1]
    if open_price < lowest_low
```

```
        [open_price, :open]
      else
        [Tick.down(lowest_low), :in_session]
      end
    end
end
```

　まとめられるものをみなまとめたら、initialize メソッドまでここに来た。モジュールはインスタンスを生成することができないから、initialize があるのはちょっと変な感じがするが、BreakoutEntry と BreakoutExit クラスに include されることが前提のモジュールなので、これでいいのだ。

　calculate_indicators というメソッドがあるが、これはお約束ではルールクラスで定義されることになっている。これも、BreakoutEntry と BreakoutExit でまったく同じになるので、ここにもってきたのだ。メソッドの中身は、@span 日間の高値と安値というふたつの指標を計算するものになっている。

　以下のメソッドもすべて、BreakoutEntry と BreakoutExit で共通の機能をまとめたものだ。break_high? と break_low? は価格の上抜けと下抜けを判定するもの。price_and_time_for_break_high と price_and_time_for_break_low は、上抜け・下抜けしたときの仕掛けや手仕舞いの値段と時を決めるものだ。

　後ろのふたつに関しては説明が必要か。price_and_time_for_break_high は、システムの設計のところで述べた次のルールを表している。

●ザラ場中に n 日高値を上抜けたときは、n 日高値の 1 ティック上で買う
●寄り付きで n 日高値を超えた場合は、寄り付きの値段で買う

また、price_and_time_for_break_low が表現するのは次のようなことだ。

- ザラ場中に n 日安値を下抜けたときは、n 日安値の 1 ティック下で売る
- 寄り付きで n 日安値を下回った場合は、寄り付きの値段で売る

　これらふたつのメソッドは、仕掛けまたは手仕舞いの「値段」と「時」という、ふたつの値を返している。正確には、ふたつの値が入った配列を返す。なんだかややこしいんだが、筆者なりによく考えた結果、どうもこの書き方が一番まとまっているようである。
　多少の疑問は残しながらも、Breakout モジュールはできあがった。BreakoutEntry と BreakoutExit でこれを利用するところに進もう。

22-2-3　ブレイクアウトによる仕掛け

　ブレイクアウトによる仕掛け、BreakoutEntry クラスだ。機能に関しては前項でだいたい説明し終わっている。さっそくコーディングにかかろう。ファイル名は breakout_entry.rb、保存場所は lib¥rule¥entry だ。

■ファイル：lib¥rule¥entry¥breakout_entry.rb

```ruby
# coding: Windows-31J

require "./lib/base"

# ブレイクアウト仕掛けクラス
# n日高値安値のブレイクで買い仕掛け、売り仕掛け
```

```ruby
class BreakoutEntry < Entry
  include Breakout


  # 高値をブレイクしたら買い仕掛け
  # 寄り付きでブレイクした場合は始値、
  # ザラ場でブレイクした場合はn日高値の1ティック上で買う
  def check_long(index)
    if break_high?(index)
      enter_long(index,
                 *price_and_time_for_break_high(index))
    end
  end


  # 安値をブレイクしたら売り仕掛け
  # 寄り付きでブレイクした場合は始値、
  # ザラ場でブレイクした場合はn日安値の1ティック下で売る
  def check_short(index)
    if break_low?(index)
      enter_short(index,
                  *price_and_time_for_break_low(index))
    end
  end
end
```

ポイントはここだ。

```
include Breakout
```

これで前項のBreakoutモジュールのメソッドを使うことができるようになる。ルールクラスのお約束であるcalculate_indicatorsメソッドも、Breakoutモジュールにある。

　仕掛けクラスのお約束、check_longとcheck_shortメソッドを定義すれば完成だ。それらの中では、Breakoutモジュールにあるbreak_high?、break_low?が使われる。高値のブレイク、安値のブレイクを調べるのだ。ブレイクしていれば、enter_longとenter_shortで仕掛ける。

　仕掛けのときに、仕掛値とその時間（寄り付きかザラ場か）を決めるのがprice_and_time_for_break_highとprice_and_time_for_break_lowメソッドだ。前項で述べたとおり、これらはふたつの値を配列で返すメソッドだ。

```
enter_long(index, *price_and_time_for_break_high(index))
```

とこのように、頭に*をつけることによって配列の中身をバラして引数として渡している。price_and_time_for_break_highメソッドによって返されるのが例えば[1501, :in_session]であるならば、

```
enter_log(index, 1501, :in_session)
```

というメソッド呼び出しをすることになる。

　以上でBreakoutEntryクラスは完成だ。あっけない。

22-2-4　ブレイクアウトによる手仕舞い

　次はBreakoutExitだ。lib¥rule¥exit¥breakout_exit.rbだ。BreakoutEntryとほとんど一緒だ。コピーして違うところを変更するだけでもよい。

■ファイル：lib¥rule¥exit¥breakout_exit.rb

```ruby
# coding: Windows-31J


require "./lib/base"


# ブレイクアウト手仕舞いクラス
# n日高値安値のブレイクで手仕舞い買い、手仕舞い売り
class BreakoutExit < Exit
  include Breakout


  # 安値をブレイクしたら手仕舞い売り
  # 寄り付きでブレイクした場合は始値、
  # ザラ場でブレイクした場合はn日安値の1ティック下で売る
  def check_long(trade, index)
    if break_low?(index)
      exit(trade, index,
           *price_and_time_for_break_low(index))
    end
  end


  # 高値をブレイクしたら買い戻し
  # 寄り付きでブレイクした場合は始値、
  # ザラ場でブレイクした場合はn日高値の1ティック上で買い戻す
  def check_short(trade, index)
    if break_high?(index)
      exit(trade, index,
           *price_and_time_for_break_high(index))
```

```
      end
    end
end
```

　違いを探して変更する作業をして、何かやったことがあるような気がしてこないだろうか。移動平均乖離率による仕掛けと手仕舞い、EstrangementEntry と EstrangementExit が、同じような関係だった。

　システムトレーディングにまつわるプログラミングをしていると、「売りの逆が買い」とか「仕掛けと同じ手法で手仕舞う」とかいうのがしょっちゅう出てくる。似たようなコードをどうやってまとめるかが重要になってくる。Ruby の柔軟性によって極限まで重複を減らすことができるが、あまりやりすぎると分かりづらいコードになってしまう。そのさじ加減が難しい。経験を要するところだ。

22-2-5　最低保持日数

　最後に、最低保持日数というルールをクラス化した MinHoldExit を作る。

```
MinHoldExit.new(min_hold_days: 1)
```

とやると、仕掛けから最低 1 日は保持する、というルールになる。保持日数が 1 日以下のとき、つまり仕掛けた当日には手仕舞わない。「手仕舞わない」ことをルール化する「手仕舞いフィルター」だ。

■ファイル：lib¥rule¥exit¥min_hold_days.rb

```
# coding: Windows-31J
```

```
require "./lib/base"


# MinHoldExitクラス
# ポジション保有日数がn日以下のときは、手仕舞わない
class MinHoldExit < Exit
  def initialize(params)
    @min_hold_days = params[:min_hold_days]
  end

  def check_exit(trade, index)
    return :no_exit if trade.length <= @min_hold_days
  end
end
```

　手仕舞いルールの中では、check_long と check_short というメソッドを実装するというお約束になっていたはずだが、それがない。その代わりに check_exit がある。これは親クラスの Exit の中で定義されているもので、それをオーバーライドしたのだ。結局、最終的に外から呼ばれるのは check_exit なので、これさえあれば大丈夫なのだ。売りだろうが買いだろうが、ポジションを持っている日数だけが判断材料になる。だから check_long と check_short をとばして check_exit を実装したのだ。

　その check_exit の中身は、ポジションの保持日数が指定した日数以下ならば :no_exit を返す、というものだ。このとき、TradingSystem#check_exit によって「手仕舞いなし」の処理がなされるのだ。

　check_exit の引数に index というのがあるが、これはメソッドの中では使わない。使わないんなら渡さなきゃいいんだが、Exit#check_ exit には引数がふたつあることになっていて、略してしまうと呼び出すときにおかしなことになる。ほかの手仕舞いクラスでは、index を使うことが普通だからだ。まあ、大人の付き合いでしかたなく、というところだ。

22-3　実行

実行だ。まずは設定ファイルを書く。setting フォルダに breakout.rb というようなファイル名で。

■ファイル：setting¥breakout.rb

```ruby
Simulation.setting("breakout", "0.0.0") do
  trading_system do
    entry   BreakoutEntry, span: 10
    exit    MinHoldExit, min_hold_days: 1
    exit    StopOutExit
    exit    BreakoutExit, span: 5
    stop    AverageTrueRangeStop, span: 20, ratio: 2
    filter  MovingAverageDirectionFilter, span: 30
  end

  data_loader TextToStock, data_dir: "data",
                           stock_list: "tosho_list.txt",
                           market_section: "東証1部"
  record_dir "result"
end
```

お好きなパラメーターでどうぞ。
実行コマンドでシミュレーション開始だ。

```
>ruby bin\simulate.rb setting\breakout.rb
```

あとは設定ファイルのバージョン番号とパラメーターなどを変えつつ、繰り返しシミュレーションする。

これで、アイデアから検証まで、ひととおり手順をなぞることができた。いよいよ出発の時はきた。

この先まだ、シミュレーション結果をどう評価するか、パラメーター

の膨大な組み合わせをどうやって効率的に検証していくか、といった問題が待ち受けている。それらは本書の守備範囲を超える。読者自身の手で、解決していってほしい。

　本書が読者に深く愛されるならば、またいつかどこかでお会いすることもあるだろう。そのときまで、しばしのお別れだ。最後に例のあの言葉をみんなで叫ぼう。

「絶対金持ちになってやる！！」

第22章 もうひとつのシステム

付録1　参考文献

　Rubyは学びやすい言語だといわれるが、その理由のひとつに書籍の充実がある。ここに、筆者がRubyを学び、また本書を書く際に参考にさせていただいた書籍を紹介する。

　幸いなことに、試験と違ってプログラムというものは何かを見ながら書いてもいい。いい本を手に入れて本棚に並べておくだけでも、スキルが上がったも同然なのである。

入門

●『たのしいRuby　第4版』高橋征義、後藤裕蔵著、まつもと ゆきひろ監修（ソフトバンククリエイティブ）

　プログラミングの経験がない人用のRuby入門書。分かりやすい文章で、しかもガッチリ詳しく書かれており、後々まで重宝する一冊。

●『作りながら学ぶRuby入門』久保秋真著（ソフトバンククリエイティブ）

　実際にアプリケーションを作りながら、プログラミングを学んでいく本。なんだか本書と似たコンセプトだが、実はこの本をパク……いや、真似……いやいや、参考にさせていただいた。プログラミングを教えるプロが書いただけあって、さすがに分かりやすく、内容も深い。

中級〜上級

● 『プログラミング Ruby1.9 言語編』
● 『プログラミング Ruby1.9 ライブラリ編』Dave Thomas, Chad Fowler, Andy Hunt 著、まつもとゆきひろ監訳、田和勝訳（オーム社）

　筆者にとって、Rubyの本といったらこれだ。プログラミングをするときには常に傍らに置いている、まさに座右の書だ。文法からirbやWindowsプログラミングといった周辺の話題、そしてライブラリのリファレンスまで、広大なRubyの世界が扱われている。本格的にRubyの世界に入りたいなら、まずは持っておきたい本。

● 『プログラミング言語 Ruby』David Flanagan、まつもとゆきひろ著、卜部昌平監訳、長尾高弘訳（オライリー・ジャパン）

　Rubyの言語についての、かなり突っ込んだ解説書。他の言語でプログラミング経験のある人、知識を深めたいRubyプログラマー向け。動作を示す短いサンプルがたくさん載っていて、分かりやすい。Ruby上級者への架け橋。

● 『Ruby ベストプラクティス──プロフェッショナルによるコードとテクニック』Gregory Brown 著、高橋征義監訳、笹井崇司訳（オライリー・ジャパン）

　上級者向け。実際のプログラミングに役立つテクニックが詰まっている。Rubyの可能性を知ることができる一冊。本書のプログラムでも、随所にこの本で紹介されているテクニックを使っている。

● 『リファクタリング:Ruby エディション』Jay Fields、Shane Harvie、Martin Fowler、Kent Beck 著、長尾高弘訳（アスキー・メディアワークス）

　リファクタリングとは、コードをきれいに、分かりやすく保つ技術だ。コードはすぐにとっちらかる。とっちらかったコードに機能を追加するのは困難だ。無理に追加すると、プログラムは急激に複雑さを増し、やがて破綻する。大きなプログラム、何年にもわたってメンテナンスし、機能を追加していくプログラムを作るとき、リファクタリングによってコードを整理整頓することは必須だ。そしてわれわれは何年にもわたって相場からお金をいただこうと企んでいる。リファクタリングしないわけにはいくまい。

● 『メタプログラミング Ruby』Paolo Perrotta 著、角征典訳（アスキー・メディアワークス）

　Ruby の魔法書。われわれが設定ファイルを書くときに用いたような高度な技が詰まっている。高度ではあるが、難解ではない。ユーモアがあり読みやすい。ここまでくれば Rubyist として一人前。

付録2　困ったときは

　プログラミングしていると、さまざまなトラブルに見舞われる。プログラミングしていなくても見舞われるが、プログラミングのトラブルには社会生活のそれとはまた違った対処法が必要だ。筆者の経験を元に、そのやり方を考えてみたい。

　動かない、エラーが出るというのが主なトラブルだろう。大概はうっかりミスが原因だと思われる。中でも多いのがタイプミス、綴り間違いの類だ。メソッド名、変数名の間違いはいくら注意していてもやってしまう。複数形のsを落としたり、大文字と小文字を間違えたりしただけでダメなのだからやりきれない。特に名前が長いときは、綴り間違いを起こしやすく、しかもどう間違っているのか分かりづらいのでイライラする。しかし正しいメソッド名、変数名をコピー＆ペーストするなどして、ある程度予防することはできる。

　文法的な間違いも、大抵は単なるうっかりミスだ。かっこの閉じ忘れとか、endをつけなかったりとか。「.」(ピリオド)と「,」(カンマ)、「:」(コロン)と「;」(セミコロン)なんかは、見間違いやすく、気づきにくい。

　エラーが起きたとき、まずすることはエラーメッセージを読むことだ。これを読まないですまそうとすると、かえって時間がかかる。英語でずらずら出てきてなんだかおっかないが、見方さえ分かってしまえばどうということはない。

　例を見てみよう。StockListLoaderの動作チェックコード(191ページ)を実行して、次のようなエラーが出たとする。

```
check/stock_list_loader_check.rb:8:in `<main>': undefined
method `code' for #<StockListLoader:0xa3f264> (NoMethodError)
```

頭から見ていこう。まず、どこでエラーが起こったかが書かれている。

```
check/stock_list_loader_check.rb:8
```

という部分だ。これは、stock_list_loader_check.rb という今実行したコードの、8行目であることを示している。

そして、

```
undefined method `code' for #<StockListLoader:0xa3f2
```

というところで、StockListLoader で定義されていない「code」というメソッドが呼ばれた、というメッセージが示される。

```
(NoMethodError)
```

でエラーの種類が示されて、おしまいだ。

　エラーの場所と種類がきっちり書かれており、すぐさま修正にとりかかれる。NoMethodError の原因は、多くの場合、綴り間違いだ。code というメソッドが StockListLoader には定義されていない……StockListLoader のソースコードを開いて見てみると……おお、code じゃなくて codes だった。最後の s が抜けていた。ポチッと s をつけて修正完了だ。もう一度チェックコードを実行してみて、うまくいくことを確認する。

上の例では不具合のある場所は実行ファイルの中にあり、比較的見つけやすい。今度は、実行ファイル以外の場所に不具合がある場合を見てみよう。

　TextToStockの動作チェックコード267ページを実行したところ、次のようなエラーが出た。

```
C:¥trade_simulator>ruby check¥text_to_stock_check.rb
C:/Ruby193/lib/ruby/site_ruby/1.9.1/rubygems/custom_require.
rb:36:in `require': cannot load such file -- ./lib/steck
(LoadError)
        from C:/Ruby193/lib/ruby/site_ruby/1.9.1/rubygems/
custom_require.rb:36:in `require'
        from C:/trade_simulator/lib/text_to_stock.rb:3:in
`<top (required)>'
        from C:/Ruby193/lib/ruby/site_ruby/1.9.1/rubygems/
custom_require.rb:36:in `require'
        from C:/Ruby193/lib/ruby/site_ruby/1.9.1/rubygems/
custom_require.rb:36:in `require'
        from check/text_to_stock_check.rb:3:in `<main>'
```

　長い。長いが、上から順番に、丹念に見ていけば、きっと分かる。まず、

```
`require': cannot load such file -- ./lib/steck (LoadError)
```

　というのが見える。これは、requireによってファイルを読み込もうとしたのだが、"./lib/steck"というファイルが見つからなくて読み込めなかった、というエラーだ。"stock"を"steck"と綴り間違えている。

で、この綴り間違いの場所はどこなのか。実行ファイルであるtext_to_stock_check.rb の中には問題がない。どうも、それが読み込んだ先のファイルに問題がありそうだ。
　エラーメッセージを下に向かって読んでいく。from C:/Ruby193……とあるところは、Ruby の内部的なことであり、とりあえず飛ばしてもいいだろう。次の、

```
from C:/trade_simulator/lib/text_to_stock.rb:3:in `<top (required)>'
```

のところ、これは自分のプロジェクト内のファイルに言及しているので、直すとすればここかもしれない。どうやら lib/text_to_stock.rb の３行目が問題だ、と言っているようだ。そこを見てみると……

```
require "./lib/steck"
```

となっている。おお！！　"stock" と書くべきところが "steck" になっている。見つかった。ここを直してもう一度実行してみる。動いた！！成功だ！！
　もう直ったので必要ないが、残りのエラーメッセージを一応見てみると、最後の行がこうなっている。

```
from check/text_to_stock_check.rb:3:in `<main>'
```

　text_to_stock_check.rb の３行目が問題らしい。そこはこうなっている。

```
require "./lib/text_to_stock"
```

644

requireの行に問題あり、と指摘されたら、まず存在しないファイル名を指定していないか、そして、そこで読み込んだ先のファイルの中に問題はないか、疑ってみる。ここでは、読み込んだ先のtext_to_stock.rbの中に問題があったのだった。で、そのtext_to_stock.rbの中の問題というのが、存在しないファイルを読み込もうとしている、ということなのだった。ややこしいけれども、こういうケースはよくある。

　このように、エラーの場所がぱっと見で分からないときでも、エラーメッセージを順番に追えば大抵見つかる。場合によっては、読み込んだ先のファイルのそのまた読み込んだ先のそのまた読み込んだ先の……と、かなり深く遠い場所でエラーが起きていることもある。そんなときにはエラーメッセージもずらずらと長くなりがちだが、ひるまず順番に見ていくと、案外すぐ見つかることが多い。

　現実のエラーはもっと複雑でやっかいかもしれないが、基本的な手順は同じだ。エラーメッセージを読んで、修正箇所を発見し、何がいけないのかを考えて、修正する。場合によっては1回で直らないこともあるが、根気強くこの手順を繰り返せば、きっと直る。直るはずだ。

　そうしているうちに、だんだんと慣れてきて、問題の場所と原因を素早く見つけ、修正することができるようになる。時間はかかるかもしれないけれども、プログラミングする以上はエラーを出さないで進むことはまず不可能なので、誰でも、いやが応でもそういう学習過程を通ることになる。

　エラーメッセージを読んだだけでは、場所を特定しづらいエラーもある。メソッドやブロックの終わりのendを忘れると、エラーメッセージではそのファイルの最後の行に問題があるかのように示されることがある。

その場合、Rubyには、どこにendを入れたらよいかの判断まではできない。人間だって分からなくて手間取ることもある。エラーが出てからイラつくのではなく、endを忘れないように心がけたい。最初に書いてしまうのが一番だ。defと来たらend、doときたらend、というふうに最初に書いてしまって、それからその中のコードを書く。そう習慣づけよう。

　以下に、よくあるトラブル・エラーとその原因や対処法を一覧表にして示す。困ったときの手助けにしていただきたい。

付録2 困ったときは

現象・エラーメッセージ等	考えられる原因	解決法
コードを変更したのに、実行結果が変わらない。	ファイルを保存していない。	変更したファイルを保存する。
NoMethodError	メソッド名のタイプミス。	メソッド名を正しく直す。
	まだメソッドを書いていない。	メソッドを追加する。
syntax error unexpected tIDENTIFIER, expecting ')'	かっこの閉じ忘れ。	(に対する)、[に対する] などがあるか確認し、忘れていたら) や] を書く。場所は、エラーメッセージに示された行の直前のあたり。
unexpected $end, expecting keyword_end	end のつけ忘れ。	class や def や if や do に対応する end を忘れているところがないか確認する。場所は、エラーメッセージに示された行付近とは限らない。
unexpected '\n'	メソッド呼び出しの . (ピリオド) を , (カンマ) にミスタイプ。	, を . に。
unexpected tINTEGER	配列の要素間の , (カンマ) を . (ピリオド) にミスタイプ。	. を , に。
unexpected tSYMBEG	ハッシュの要素間の , (カンマ) を . (ピリオド) にミスタイプ。	. を , に。
unexpected tCONSTANT, expecting $end	文字列の前後の " や ' が足りない。	" や ' の対応を丁寧に調べ、足りないところに付け加える。
"unterminated string meets end of file" というメッセージが出る。	文字列のあとの " や ' を付け忘れている。	文字列を " または ' で閉じる。
プログラムを実行しても、何も起こらない。エラーも出ない。	実行したコードが、クラス定義のみ。	lib フォルダにあるファイルを実行しても、通常何も起きない。少なくとも文法的な誤りはないので、コードはそのままでよし。
"no such file to load" というメッセージが出る。	コマンドプロンプトで、スクリプトを実行する場所 (カレントディレクトリー) が違う。	cd コマンドを使うなどして正しい場所に移動する。
	コマンドプロンプトに打ち込む実行ファイル名が間違っている。	正しいファイル名で実行し直す。ファイル名の最初のほうを入力し、tab キーを押してファイル名補完機能を使う。
	require で読み込むファイル名が間違っている。	require するファイル名を正しく修正する。フォルダ名が間違っていないかも確認する。
	require で読み込むディレクトリーに "./" がついていない。	"./lib/stock" のように、読み込むファイル名の先頭に "./" をつける。

現象・エラーメッセージ等	考えられる原因	解決法
"NameError: uninitialized constant..." というエラーメッセージが出る。	base.rb で自動的に読み込まれるファイル名と、クラス名が一致していない。またはファイル名やクラス名が規約に従っていない。	ファイル名やクラス名の綴りをチェックする。ファイル名：moving_average.rb に対しクラス名：MovingAverage のようになっているか確認する。

付録3　テンプレート集

新しいトレーディングシステムを作る際に便利なように、各種テンプレートを掲載する。テクニカル指標や各種ルールをクラス化するときに、参照していただきたい。

ここに掲げるのは、以下のもののテンプレートだ。

- ●テクニカル指標
- ●仕掛ルール
- ●手仕舞いルール
- ●ストップルール
- ●フィルタールール
- ●手仕舞いフィルタールール

なお、これらの各種クラスを作るときには、まず下の2行を書く。

```
# coding: Windows-31J


require "./lib/base"
```

そうしておいて以下のテンプレートに沿ってプログラミングすれば、素早く成果が得られるであろう。

● テクニカル指標

```
class 指標クラス名 < Indicator
```

```ruby
  def initialize(stock, params)
    @stock = stock
    # パラメーターの初期化
  end

  def calculate_indicator
    # 「指数配列」を作る処理
  end
end
```

● 仕掛けルール

```ruby
class 仕掛けルール名 < Entry
  def initialize(params)
    # パラメーターのセット
  end

  def calculate_indicators
    # テクニカル指標の計算
  end

  def check_long(index)
    # 買い仕掛けのチェック
    # 仕掛け発生なら、enter_long(index, price, entry_time) で
    # 仕掛ける
  end

  def check_short(index)
```

```
    # 売り仕掛けのチェック
    # 仕掛け発生なら、enter_short(index, price, entry_time) で
    # 仕掛ける
  end
end
```

●手仕舞いルール

```
class 手仕舞いルール名 < Exit
  def initialize(params)
    # パラメーターのセット
  end

  def calculate_indicators
    # テクニカル指標の計算
  end

  def check_long(trade, index)
    # 買いポジションの手仕舞いチェック
    # 手仕舞いが発生していれば、exit(trade, index, price, time) で
    # 手仕舞う
  end

  def check_short(trade, index)
    # 売りポジションの手仕舞いチェック
    # 手仕舞いが発生していれば、exit(trade, index, price, time) で
    # 手仕舞う
  end
```

```
    end
```

●ストップルール

```
class ストップルール名 < Stop
  def initialize(params)
    # パラメーターのセット
  end

  def calculate_indicators
    # テクニカル指標の計算
  end

  def stop_price_long(position, index)
    # 買いポジションに対するストップの計算
  end

  def stop_price_short(position, index)
    # 売りポジションに対するストップの計算
  end
end
```

●フィルタールール

```
class フィルタールール名 < Filter
  def initialize(params)
    # パラメーターのセット
  end
```

```ruby
    def calculate_indicators
        # テクニカル指標の計算
    end

    def filter(index)
        # :no_entry、:long_only、:short_only、:long_and_short の
        # いずれかを返す
    end
end
```

● 手仕舞いフィルタールール

```ruby
class 手仕舞いフィルタールール名 < Exit
    def initialize(params)
        # パラメーターのセット
    end

    def check_exit(trade, index)
        # 手仕舞わない条件に合致するとき、:no_exit を返す
    end
end
```

■著者紹介
坂本タクマ（さかもと・たくま）
1967年5月20日兵庫県生まれ。1989年、東北大学4年のとき、漫画家デビュー。麻雀漫画を描きながらパチンコを打つ日々を送るうち、白夜書房『パチンカーワールド』でパチンコ漫画を描き始める。2002年から株式トレードを始めると同時に白夜書房（現ガイドワークス）『パニック７ゴールド』で実践株式投資漫画を描き始める。宮城県仙台市在住の楽天イーグルスファン。しかし、楽天株には興味はナシ。著書に、『坂本タクマの実戦株入門』（白夜コミックス225）、『マンガ パチンコトレーダー【初心者の陥りやすいワナ編】』『マンガ パチンコトレーダー【システムトレード入門編】』（いずれもパンローリング）。ウェブサイトは、坂本タクマの絶対ギガモトxp（http://homepage1.nifty.com/gigamoto/）。

2014年6月2日 初版第1刷発行

現代の錬金術師シリーズ ⑫

Rubyではじめるシステムトレード
── 「使える」プログラミングで検証ソフトを作る

著　者	坂本タクマ
発行者	後藤康徳
発行所	パンローリング株式会社
	〒160-0023 東京都新宿区西新宿 7-9-18-6F
	TEL 03-5386-7391　FAX 03-5386-7393
	http://www.panrolling.com/
	E-mail　info@panrolling.com
装　丁	パンローリング装丁室
組　版	パンローリング制作室
印刷・製本	株式会社シナノ

ISBN 978-4-7759-9128-2

落丁・乱丁本はお取り替えします。
また、本書の全部、または一部を複写・複製・転訳載、および磁気・光記録媒体に入力することなどは、著作権法上の例外を除き禁じられています。

©Takuma Sakamoto 2014 Printed in Japan